U0853513

社会工作实务译丛 主编 刘 梦 副主编 范燕宁

医疗社会工作

保健的视角

第二版

Social Work in the Health Field:

A Care Perspective (Second Edition)

[美] 洛伊斯·A·考尔斯（Lois A. Fort Cowles） 著
刘 梦 王献蜜 译
刘 梦 校

中国人民大学出版社
·北京·

主编简介

刘　梦　中华女子学院副院长、教授。多年从事社会工作教育和研究工作。主要研究领域为：社会工作实务研究、妇女社会工作、性别问题研究等。主要著述有：《中国婚姻暴力》、《女性社会工作：从实务到政策》等。1999年以来先后主持国内外妇女问题和社会工作研究课题10个，参加国际研讨会17次，出版专著3部，主编教材3部，译著3部，在国际社会工作和妇女研究刊物上发表英文论文10篇。

副主编简介

范燕宁　首都师范大学政法学院社会学与社会工作系主任、教授。中国社会工作教育协会理事、中国人学研究会理事。主要研究方向为：社会发展理论、社会问题、社会工作价值观、矫正社会工作。先后在《中国社会科学》、《哲学研究》、《哲学动态》、《社会主义研究》、《光明日报》等重要报刊发表有关研究论文数十篇。主要代表性论著有：《新时期中国发展观》、《邓小平发展理论与科学发展观》、《社会工作专业的历史发展与基础价值理念》、《社区矫正的基本理念和适用意义》等。主要译著译文有：《社会工作概论》（第九版、第十一版）、《契合文化敏感性的社会工作课程》等。

总 序

中国的社会工作在经过了将近20年的发展之后，进入了一个快速发展阶段。2006年，党的十六届六中全会作出了建设宏大的社会工作人才队伍的重大战略部署，提出建立健全社会工作人才培养、评价、使用、激励的政策措施和制度保障。在2007年召开的党的第十七次全国代表大会上，党中央强调要在经济发展的基础上，加快推进以改善民生为重点的社会建设，要统筹抓好以高层次人才和高技能人才为重点的各类人才队伍建设。民政部副部长李立国在"2008世界社会工作日暨中国社会工作教育发展二十年研讨会"上的讲话中指出："大力发展社会工作，加强社会工作人才队伍建设，是建立健全社会保险、社会救助、社会福利和慈善事业相衔接的覆盖城乡居民的社会保障体系，提高社会保障服务水平，切实保障人民群众基本生活权益的必然要求；是创新社会管理体制，整合社会管理资源，提高社会管理水平，健全党委领导、政府负责、社会协同、公众参与的社会管理格局的必然要求；是强化政府公共服务职能，健全公共服务体系，促进公共服务科学化、人性化和个性化，实现基本公共服务均等化的必然要求；是完善基层群众自治制度，加强基层基础工作，夯实党的执政基础，加强党的执政能力建设和先进性建设的必然要求。"可见，社会工作专业队伍是和谐社会建设的一支重要的力量。

作为社会工作教育者，在社会工作的春天到来的时候，需要回答这样一个问题：我们准备好了吗？纵观这些年的社会工作教育和专业发展，我们可以看到，中国的社会工作发展取得了很大的成就：200余所高校开办了社会工作专业，每年可以培养近1万名本科毕业生；差不多有30%～40%的毕业生会从事本专业的工作；在上海，社会工作作为一个职业，已经形成了初步的规模；深圳市政府投入了大量财力物力，以政府购买社会工作专业服务的形式来扶持社会工作专业化的发展；首次社会工作师职业资格考试将于2008年6月在全国展开……但是，与此同时，我们还要看到在教育和实务领域存在的不足和问题：专业师资的缺乏、研究不足、教学与实务的脱节、毕业生出路过窄、实务领域的专业性不强，等等。社会工作是一门新兴的、从国外引进的专业，从教育的角度来看，系统地学习国外的知识和经验，是建立适合本土社会文化环境知识的基础和关键。

为了不断提高中国社会工作教育和实务水平，中国人民大学出版社与我们一起策划了本丛书的翻译和出版工作，希望通过系统介绍国外实务领域的经典教材或专著，给国内社会工作专业的师生和实务工作者打开一个窗口，提供一个学习和参考的机会，更多地了解国外同行们在不同的实务领域中的经验和教训。在本译丛书目的选择上，基本上体现了这样几个特点：

第一，权威性。本译丛中的每本书都是在国外教学和实务领域得到认可的、具有一定影响力的著作。有些书已经几次再版、多次修订和更新，作者都是相关领域中享有很高声望的学者和实务工作者，他们不仅在著作中给读者提供了丰富的实务知识和坚实的理论基础，而且还把自己的一些研究成果融入其中，帮助读者将知识、技能和研究有机地结合起来。

第二，系统性。本译丛虽然关注的是不同的实务领域，但是每本书又是一个独立的系统。在每个领域中，作者们都将社会工作的专业价值观、职业伦理、工作原则与本领域的特点和需要紧密结合起来，构成了一个系统的、完整的、重点突出、各具特色的知识体系，从这些著作的内容来看，它们不仅仅是社会工作专业知识在某个实务领域的运用，而且是在某个实务领域的发展和深化。

第三，全面性。本译丛收入的著作涵盖了社会工作的各个实务领域，从儿童服务到老人服务，涉及不同的人群，为读者呈现出了国外社会工作实务领域的全貌。希望这样的选题能够让读者了解国外社会工作实务的内涵和外延，更加深入、全面地理解社会工作实务的过程、方法和技能，推动中国社会工作专业化发展进程。

第四，时效性。我们希望所选著作能够有针对性地服务于中国社会工作专业发展的现状，因此，在选择时遵循了这样几个原则：首先是近几年中出版的书籍；其次是著作要将实务与研究有机结合起来，能够呈现社会工作研究服务于实务的特点；最后是侧重国内目前发展比较薄弱的领域，例如医疗社会工作、学校社会工作、家庭社会工作、妇女社会工作等。我们希望这些领域的引入和介绍，能对中国相关的课程开设和实务发展，发挥一定的指导和参考作用。

第五，参照性。虽然本译丛探讨的实务领域都发生在欧美国家，但是我们相信，社会工作专业之所以能够在世界各国发展起来，是因为社会工作专业中蕴涵了全球普遍适用的原则，它对人和人的尊严与权利的尊重，对社会公正和人类福祉的追求，是社会工作在不同社会形态中得以传播的基础。因此，我们坚信，在其他国度中的实务经验，也一定会对我们开展实务工作有所启发和参照。

本译丛的策划得到了首都师范大学社会工作系教授、博士生导师范燕宁，中国人民大学社会工作系隋玉杰博士，以及中国人民大学出版社潘宇博士的大力支持。在丛书书目的选择过程中，我们进行了多次讨论、商议和斟酌。在书目确定之后，我们邀请了北京高校中从事社会工作教育、具有很好的英文水平或者有过出国留学经历的教师参与了翻译工作，以保证翻译水平。在此对上述参与策划和翻译的各位同仁表示衷心的感谢。

翻译是一个再创作的过程，专业著作的翻译，除了需要具备很好的英文理解水平之外，还需要有扎实的专业基础和较好的中文功底，因此难度很大。尽管所有的译者都在认真努力地工作，可能也难免会出现一些失误和不足，希望广大读者能够不吝赐教。

刘 梦

2008年5月1日

目　录

第三部分　卫生服务多样性与经费

序 言

自从三年前《医疗社会工作：保健的视角》一书出版到如今，我们的世界和专业领域都发生了巨大的变化。纽约的双塔大楼遭到了恐怖袭击，被夷为平地；炭疽病夺走了很多人的生命；标上色码标志的安全警报系统到处可见；人类基因组项目增加了人们对遗传疾病进行位置测定的可能性；某些流行病，例如SARS在全球范围内迅速传播；贫富之间的差距越来越大；美国进入了人口老龄化阶段；少数族裔人口不断增长。在这样一个动荡不定的环境之下，我惊喜地发现，考尔斯的最新教材，给目前和未来的卫生保健服务，提供了一个令人兴奋的、恰如其分的指引。

本书最大的特点就在于它的整合性。本书是建立在社会工作的人类行为和社会环境的理论，社会工作知识、价值观、技术和伦理之上的，考尔斯不断地将社会工作的基本观点与卫生保健领域中的实务有机地结合起来。她将服务对象的困难和社会工作的功能，置于一个复杂的、互动的环境中，这个环境融合了卫生保健的合作化、急性病向慢性病和残疾的转变、美国不断变化的人口统计学状况以及民族问题的全球化过程等内容。作者在全书中巧妙地将健康政策、研究和实务方法整合在一起，给我们提供了理解微观和宏观问题之间关系的清晰的视角。

要说考尔斯的教材内容翔实、全面，可能都不足以概括本书的特点。本书对第一版的内容进行了扩展，更多地强调了族裔、种族、文化、性别、年龄、教育、宗教信仰、城市、农村以及贫困等因素对人们的健康信念、行为和状态的影响。鉴于这些社会心理因素的影响以及范式的改变，作者更多地关注慢性病人和残疾人士等方面的内容，在本书中增加了更多的资料，涉及辅助性和替代性的医学、健康计划、危险因素以及跨学科团队的重要性等内容。作者还深入探讨了预防和减少与肥胖、抽烟、家庭暴力、老年痴呆、充血性心力衰竭等相关的医疗问题的具体方法。

根据自己多年的临床社会工作者的实务经验、大学授课经验以及在老年社会工作方面和卫生保健中的研究，考尔斯从学者的角度，用令读者赏心悦目的写作方法，呈现了有关具体疾病的严谨的最新统计数据。本书结构严谨，每个章节的安排逻辑性很强。章节的安排是根据不同的机构背景来设计的，包括初级保健、医院、家庭保健、疗养院以及临终关怀，每章开始都会系统介绍社会工作在这些行业中的历史渊源。实务工作者了解了这么多过去的知识，就会对目前和未来在不同的环境中可能会遇到的服务对象的问题、专业人士的角色和功能、机构的结构等问题有更加深刻的理解。这些章节会帮助读者准备好迎接挑战，会对医疗社会工作实务的远景有更加全面的认识。这在最后一章中有比较全面的论述。

总之，这本“必读”教材既适合于新手，也适合于经验丰富的实务工作者。尽管过去的学生们声称，自己“喜欢”本教材的第一版，然而我坚信，读者对本书（第二版）的嘉奖和称赞一定会超过第一版。

Carlean Gilbert
社会福利专业博士（DSW），临床社会工作者（LCSW）
罗耀拉大学社会工作学院，芝加哥

前　言

在本书的第二版中，主要的修改包括：增加了最新的有关医疗社会工作和卫生保健系统的研究发现和统计数据，这部分内容主要集中在第三章。另外，我运用了“方框”来特别强调某些重要的定义和概念。

本书旨在介绍医疗社会工作实务。我花了一些篇幅来强调生理健康和精神健康的问题，因为长期以来人们倾向于将这两个领域分离开，从而出现了厚此薄彼的现象。

传统上，精神健康和生理健康中的社会工作都是遵循生理和社会心理模式来开展的。现如今日新月异的科学证据表明，生理健康问题不仅能够造成心理和社会环境问题，而且在某种程度上心理和社会环境的因素也会诱导产生生理疾病。越来越多的人开始意识到，某些精神健康问题都会有一些生理表象，例如，身体中的化学成分的改变，可能在病原学上出现遗传成分。同时，情感和社会环境因素在严重精神疾病和中度精神健康问题的病因学的发展过程和控制中扮演了不可替代的角色。

本书的主题之一就是卫生专业人士需要从健康干预的三个层面将自己的关注点从修复人类问题（治疗）转向一个更具支持性的视角（保健），这三个层面分别是：(1) 健康促进和疾病的初级预防；(2) 二级预防，或者对现有健康问题进一步恶化的预防；(3) 三级预防，或者对与慢性病或终极健康问题相关的残疾和不可避免的痛苦的预防。

第一章

- 重点介绍了医疗社会工作的历史背景和现状；
- 介绍了医疗社会工作的基本概念，例如人在环境中的视角，生物—心理—社会模式，卫生保健和医疗保健，治疗和保健，并把这些概念放进了卫生服务干预的三个基本层面中；
- 讨论了人类多样性与健康行为、疾病行为和病人角色行为以及与医疗社会工作的相关关系；
- 探讨了卫生保健机构的多学科性，在这些机构中的跨学科团队，并给医疗社会工作实务以启发；

● 描述了卫生保健机构的其他特征以及医疗社会工作实务的重要性，例如它们的二级机构特征，公立机构、志愿机构和私立机构之间的差异，以及世俗机构和宗教机构之间的差异；机构功能；专业机构中的权力结构以及权力的问题和角色界定；公共医疗补助制和国家医疗保健制给社会工作实务带来的种种限制；

● 讨论了在卫生保健机构中社会工作者的基本职责，包括病人和病人家属共同面临的问题。

第二章

● 呈现了在卫生机构有效开展社会工作实务所需要的一般性和专业性知识要求；

● 提出了医疗社会工作实务需要遵循的价值观和职业伦理，以及它们与人类多样性的关系；

● 讨论了医疗社会工作实务所需要的一般性和专业性技术；

● 总结了医疗社会工作干预，特别强调了“助人性保健方法”，这种方法通过各种形式的支持性援助，来促进病人及其家人获得某种权利，减少他们的无助感。

第三章到第七章基本上探讨了在初级保健机构、医院、家庭保健、疗养院和临终关怀中的社会工作实务。

第八章概述了美国卫生保健系统的优缺点，以及卫生保健服务提供和经费管理的可选择性模式。

第九章总结了美国卫生保健中的多元化趋势，及其对未来医疗社会工作实务的启发。特别指出了有必要进行社会工作结果研究，以建立稳固的社会工作最佳实务知识体系，发展直接服务于初级、二级和三级干预的“保健技术”。

致　谢

我在本书第一版中出现了疏忽，忘记感谢那些在我写作本书过程中曾经给予帮助的人，现在我希望能够在此弥补这个不足。

对我写作本书影响最大的人就是 Martin B. Loeb 教授，他是威斯康星大学麦迪逊分校 Faye McBeth 老年研究所所长。当时我正在该研究所攻读博士学位，他聘请我做研究助手，来建立“保健的概念”，他称之为“保健项目”。

当 Martin 首次给我布置工作任务时，我几乎说不出话来，只是小声咕哝着说：“可是，人人都明白保健的意义，不是吗?”他反问道：“是吗?”然后，我试图来解释“保健”这个概念，但是发现我在表达这个概念时，远远不如我想象的那样清晰。Martin 对我的说法作出了评论：他觉得即使我们不能治愈某些人，但是，还是可以为他们做些事情的。他说：“我们常听别人说‘治愈和保健’，但是这个概念的定义到底是什么?”

要界定清楚治愈和保健这两个概念的想法，产生于跟 Martin 一起工作时，最后，终于成就了本书的写作和问世。Martin 和我最后都逐渐意识到，我们都从潜意识层面受到了医学社会学家 David Mechanic 的影响。他是 Martin 的一个朋友，曾经在威斯康星大学麦迪逊分校任教。David 在 1978 年出版的医学社会学教科书中，专门有一节讨论了“保健技术”。他指出，保健技术是“一系列技术，不仅建立在关注人们的感受，或者是与心理分析相关的技巧之上，而且还建立在如何提供人文支持的科学知识之上”(1978：309)。

我还要感谢我的论文答辩委员会主席 Myron J. Lefcowitz (Jack) 博士，他一直给予我支持和鼓励，即使在我毕业开始任教之后，他还是一如既往地鼓励和支持我。在我的博士论文基础上，我们联合发表了一系列的学术论文。他是一个原则性很强的人，他在教学时，非常喜欢提问，他称这种方法是“苏格拉底方法”。

在我写作期间，我在马里兰的姐姐 Barbara Malinowski，每周六都会给我电话鼓励我；我的弟弟 Brad Fort，在我需要休息和放松的时候，会让我住在他在蒙大拿的木屋中。

最后，我要感谢我的父母，Charles 和 Rebecca Fort，他们赋予了我生命和一切。他们活到了 94 岁高龄，在他们生命的最后几年中，我搬过来跟他们生活在一起，充当了他们的照顾者，现在我又返回这里居住。当时我在这里建了一个约 23 米×46 米的花园，当我全身心投入照顾工作时，这个花园让我从我的生活中发现了很多美好和得到了很多收获。这个花园经历了春去秋来，依然鲜花盛开。我的哥哥 Robert Fort 一直教育我要相信自己，他在我们父母的墓碑上刻上了这样一句话："他们赋予我们生命，并教导我们怎样生活。"

第一部分 Part One

1 引言与概要

第一章

医疗社会工作导论 3

历史背景和发展

医疗社会工作的诞生

医疗社会工作进入医院始于 1905 年。当时，有个名叫 Richard C. Cabot 的内科医生，任命 Garnet I. Pelton 护士为麻省综合医院（MGH）内科诊所的医院社会工作（医院社会工作为医疗社会工作的一部分）者（Cannon，1923，cited in Cowles，1990：2）。两年后的 1907 年，麻省综合医院神经病学诊所也开始提供社会工作服务，这成为精神卫生社会工作的开端（Stuart，1997：26）。当时，人们几乎无法将医务社会工作（医务社会工作为医疗社会工作的一部分）和精神病学社会工作明确地区分开。

不久，Ida Cannon（1923）接替了 Garnet Pelton 的社会工作职位，成为医院社会工作的先驱者。她认为医院社会工作的诞生，与医疗服务从内科医生的诊所和家访到医院的延伸密切相关，这种延伸使得医院成为医学诊断和治疗的机构。19 世纪末 20 世纪初出现的这种变化的一个结果，就是 Cannon 所称的内科医生“专业视野的压缩”（1923：30）。内科医生不再需要去病人家里及在其生活环境中来观察病情，因此，内科医生只需要专注于病人的生理因素即可（Cowles，1990）。

医院社会工作被称为弥补这个缺陷的一个手段，因为社会工作实务人员需要向医务人员和护士提交报告，介绍病人在家里和工作环境中的情况。Cannon（1923：14）指出，Cabot 医生发现医疗社会工作的潜能就是“一个强有力的工具，可以协助医生做出更加准确的诊断，并提供更加有效的治疗”（cited in Cowles，1990：3）。Cannon 是这样描述医院社会工作的功能的：

> 它旨在理解和治疗疾病的社会性复杂因素，在病人接受医院或门诊治疗与社会工作 4
> 提供熟练的专业服务之间建立起紧密的联系，对病人进行机构化的照顾。对病人来讲，了解自己社会处境的相关知识，会加快和确保他们的康复。（Cannon，1923：1）

1928年7月，在法国巴黎举行的国际社会工作大会上，Cabot 医生做了一个题为“医院和门诊社会工作”的演讲，他指出，医院社会工作的初级功能是向医生和护士们传授“疾病的社会和心理方面”的知识（Cabot，1928：265）。

医院社会工作的补充性功能

它旨在理解和治疗疾病的社会性复杂因素，在病人接受医院或门诊治疗与社会工作提供熟练的专业服务之间建立起紧密的联系，对病人进行机构化的照顾。对病人来讲，了解自己社会处境的相关知识，会加快和确保他们的康复。（Cannon，1923：1）

角色冲突的早期根源

就医院社会工作者角色问题的分歧，至今还存在于医生和社会工作者之间，而这种分歧始于医院社会工作萌芽时期，这一点我们比较一下 Cannon（1923）和 Cabot（1928）对医院社会工作者的不同期望，就可以窥见一斑。

他们的分歧在于，Cannon 希望社会工作的角色应该包括对病人的社会和心理问题的直接治疗。她相信，社会和心理问题是病人健康问题的原因或者影响因素，这些问题可能会阻碍病人配合医学治疗：

> 社会工作者致力于消除病人的环境或他个人态度中的障碍，从而配合成功的治疗，协助其进行有效康复。（Cannon，1923：15）

对社会工作者角色的期望还可以从 Cannon 下面的引文中得到体现：

> 有必要让能全面理解社会问题、经验丰富、接受过专业培训的人，来引导病人处
> 5 理自己的个人问题，而这些问题可能是他们疾病的结果，也可能是他们疾病产生的部分原因。（1923：30）

与此不同的是，Cabot 在谈到医院社会工作的主要功能时，把社会工作者描述成一个介于医院和病人的社会环境与社区资源治疗的联系人和桥梁：“这样一个部门（医院社会工作）的主要功能之一就是将医院与医院外面的社会力量和助人性机构有机结合起来。”（1928：260）

医疗社会工作的直接治疗角色

社会工作者致力于消除病人的环境或他个人态度中的障碍，从而配合成功的治疗，协助其进行有效康复。（Cannon，1923：15）

同样，Cabot 希望医院社会工作者能够帮助病人适应住院（例如，要向病人解释医院系统，如果他们害怕医院系统，要向他们提供支持，如果医生或护士没能向病人提供

足够的病情信息，社会工作者就得去解释），协助病人适应出院后的回家生活（例如，帮助病人及其家人理解病人出院后的身体状况，诸如可能会出现的残疾程度等）（1928：262－263）。

简言之，Cabot（1928）希望的社会工作者的角色，就是要填补医院环境与病人的社会环境之间的空白，消除妨碍有效的医学治疗的障碍，而Cannon（1923）则希望医院社会工作的职能要包括改变可能会影响病人身体状况的任何社会的、环境的或情绪的因素。

医疗社会工作的生理—心理—社会视角

这个视角从Cannon的引言中可以得到反映："有必要让能全面理解社会问题、经验丰富、接受过专业培训的人，来引导病人处理自己的个人问题，而这些问题可能是他们疾病的结果，也可能是他们疾病产生的部分原因。"（Cannon，1923：30）

医疗社会工作的发展 6

1905年，第一个社会工作者出现在医院中，从这时候开始，医疗社会工作快速发展，1913年有100所医院配备了社会工作者，到了1923年，有400所医院开始雇用社会工作者（Cannon，1923：Ⅶ）。到了2000年，76%的精神病医院、86%的急性病照顾医院都在提供社会工作服务（American Hospital Association，2002）。1995年全美社会工作者协会（NASW）对会员的调查结果表明，尽管大部分各类医院都声称提供社会工作服务，但是只有18.2%的被访者表示他们的主要工作领域是非精神病的门诊机构，而且不到1%（0.7%）的人说，自己的主要服务领域在住院病人的精神卫生机构（Gibelman & Schervish，1996：94）。

总体的实务背景和实务领域

1982年全美社会工作者协会对会员的调查结果发现，精神卫生是规模最大的实务领域，有大约9万会员（占26.6%）从业，第二大领域是生理卫生领域（18.1%），这表明，将近45%（44.7%）的全美社会工作者协会的会员都在精神或生理卫生保健机构工作（Gibelman & Schervish，1996：94）。

1995年全美社会工作者协会对会员的调查表明，精神卫生仍然是社会工作者最大的实务领域，有39%的被访者表示自己在这个领域就业，另外有12.9%的人提到了医疗卫生是自己的主要服务领域（成为排在家庭服务和儿童服务后面的第三位，有24.9%的会员在家庭和儿童服务领域从业）。这意味着，51.9%的会员报告说，自己的服务领域是精神或生理卫生保健（Gibelman & Schervish，1996：94）。

尽管这样，我们还是需要指出的是，1995年的被访者中不到4%（3.2%）指出，自己的主要服务机构是住院或门诊的精神卫生机构。有34.6%的人指出，自己的服务机构是医疗卫生机构。有18.2%的被访者提到了自己的服务机构是住院医疗机构（例如医院），仅次于社会服务机构，排在第一位的社会服务机构为 20.5%（Gibelman & Schervish，1996：94）。

这表明，在社会工作者认定的实务领域和实务机构之间还是存在很大差异的。也许，越来越多的医疗机构的临床社会工作者认为自己是在精神卫生机构工作，而不是卫生保健
7 机构。此外，很多在私立社会工作实务机构工作的临床社会工作者认为自己的服务领域是精神卫生。

2000 年，全美社会工作者协会实务研究网络调查（NASW，2000）对自己的会员做了抽样调查，结果发现，依然有 39%的被访者都认定自己的主要实务领域是精神卫生，而认为自己的实务领域是医疗卫生的只有 8%，与上次的调查的 12.9%相比有所下降。另有 14%的被访者报告说，自己在各种不同的非专业性实务领域从业，还有 14%的人将自己的实务领域定为“其他”，这样，就有 28%的人实务领域是难以解释的。根据这个报告，47%的全美社会工作者协会的会员在“卫生”领域就业，其中包括精神卫生和生理卫生。同样，与 1995 年的会员调查一样，更少的比例（20%）的被访者将精神卫生当成了实务机构，而有 39%的人认为自己的实务领域是精神卫生。令人不解的是，尽管只有 8%的被访者报告说，自己的主要实务领域是医疗卫生，却有 12%把医疗卫生当成了实务机构，此外还有 5%的人把医疗卫生当成了自己的附属实务机构。

社会工作的第一专业领域和附属专业机构

医疗社会工作有一个明确的界定，就是将卫生领域当成社会工作的第一专业领域，同时，医疗社会工作也可以被界定为附属的实务领域，它指的是在某些机构中的社会工作实务，而该机构的主要职能是该社会工作之外的专业，例如医疗保健、教育、执法机构或者商业和工业。

1918 年，医院社会工作者从四面八方走到了一起，组成了美国医院社会工作者协会（AAHSW），出版了《医院社会服务》（*Hospital Social Service*）杂志，该杂志从 1919 年一直出版到 1933 年（Bracht，1978：11，14）。1955 年，美国医院社会工作者协会与其他专业团体合并，加上美国社会工作者协会（AASW）一起，成立了全美社会工作者协会（NASW）（Popple & Leighninger，1993：72）。

目前，还有两种医疗社会工作的杂志在出版：一种是全美社会工作者协会的杂志《卫生和社会工作》（*Health and Social Work*），另一个是 The Haworth 出版公司出版的《医疗社会工作》（*Social Work in Health Care*）。在这两份杂志的首页，编辑部都从宏观的角度来明确界定卫生保健既包括精神卫生保健，也包括生理卫生保健。美国卫生保健的主要专业机构是医疗社会工作领导学会（Society for Social Work Leadership in Health Care），其前身是美国医院协会（AHA）下设的医疗社会工作管理者学会（SSWAHC），这个学会是 1965 年成立的。

医务社会工作与精神病学社会工作的分离 8

现存文献记载了精神病学社会工作的发展状况，它表明，在 20 世纪 20 年代之前，在医疗和精神病诊所就业的社会工作者所承担的角色和功能基本上与 Cannon（1923）和 Cabot（1928）所述相差不远，也就是说，给护士和医生提供病人有关的社会环境信息，协助病人出院和出院后的适应，协助病人及其家人与所需的社区资源连接起来。从下面对早期精神病学社会工作的评论中也可以得到这样的描述：

> 在 1920 年之前，精神病学社会工作基本建立在这样的假设之上：对社会环境的认识，可以帮助我们认识个体行为。从理论上来讲，由社会个案工作者来收集这些信息，是这个专业的最主要的功能。然而，在实务中，社会个案工作者的流动性很大，稳定性不够。社会工作者的日常工作主要是给痛苦中的个人提供援助和帮助，协助他们充分运用各种支持性的服务。（Grob，1983：250）

萌芽时期的“医疗社会工作”最终还是分成了医务社会工作和精神病学社会工作两个部分，这种分类方式受到 20 世纪 20 年代弗洛伊德的精神分析概念的影响。第一次世界大战结束后兴起的精神卫生运动更是推动了这样的分类。在这个运动中，精神病医院迅速得到了普及，大量的家庭服务开始提供给返乡的军人（Lubove，1965：76，89）。当时，有很多军人患上了所谓的“战斗疲劳症”，这个病现在被称为“创伤后应激障碍”（post-traumatic stress disorder，PTSD）。

在 1920 年前后，弗洛伊德的理论开始在美国得到广泛传播，那时，社会工作者正经受着 Abraham Flexnor 于 1915 年提出的论点所带来的伤痛。Flexnor 断言，社会工作根本就不是一个职业，因为它缺乏一个植根于科学之中的知识体系，它既不关注给个人提供直接服务，也不重视环境改变和咨询，无法将服务对象与其他直接服务提供者有机结合起来（Trattner，1989：234－235）。Flexnor 的论点在社会工作专业内部引起了是否需要推动改革以赢得专业地位的争论。它同时还标志着专业内部分歧的开始，分歧的一方是实务工作者继续坚持社会工作的基本使命就是要帮助人们改善环境状态，另一方则坚持希望通过运用心理分析理论来关注个人为中心的问题，以争取自己的专业地位。

1918 年，一个专门培训精神病学社会工作者的学院在史密斯学院成立了（Lubove， 9
1965：78）。接着，在 1922 年，美国医院社会工作者协会成立了一个精神病学社会工作者的分会（Lubove，1965：127）。

第一次世界大战和第二次世界大战结束后，成千上万的美国军人带着心理和生理伤痛返回了家乡。二次大战后，退伍军人管理局（VA）医院迅速发展起来，它们雇用了大批的医疗和精神病学社会工作者。

接着，到了 20 世纪 50 年代又出现了去机构化运动，成为减少在精神卫生机构中住院治疗的病人的一个推动力，这些病人被转入了以社区为基础的保健之中。当时发生了很多事件，预示着需要进行改革，这包括人们对下列问题的认识不断提高：（1）美国精神病院人满为患；（2）这些医院成了福利院，而不是治疗或康复中心；（3）这里的官僚机构造成了继发性伤残（即社会对残疾认识的反应而生产的进一步残疾），从而使得病人的精神紊乱进一步恶化；（4）纳税人需要支付的该项费用已经达到了警戒线。这场运动最终以意外发现了治疗精神病的特效药而告终（这些药物最终改变了病人的情绪或者精神功能性）。由此，以社区为基础的治疗就有可能成为机构化治疗的一个替代手段（Trattner，1989：187－188）。

社区心理卫生中心（CMHC）服务计划是伴随着去机构化运动而出现的。这个服务计划始于1963年和1965年的《社区心理卫生服务法》的通过，这两个法案在全美范围内，推动成立了以社区为基础的全方位心理卫生服务中心，由联邦政府和州政府从税收中给予拨款资助（Karger & Stoesz，1998：340－341）。

社区心理卫生中心的发展，与早期建立的退伍军人管理局医院一样，极大地增加了社会工作领域的就业机会，特别是精神病学社会工作领域。不幸的是，在20世纪80年代里根政府执政期间，联邦政府对社区心理卫生中心的资助份额从1976年的24%减少到了1984年的2%。很多州甚至无法明确社区心理卫生中心的职责，结果，社区心理卫生中心原本设计的服务对象是面向所有需要服务的人群，重点在于预防和早期干预，而现在则变成了只向病情严重的人提供政府买单的服务（Karger & Stoesz，1994：321）。

自从1905年在普通医院中设立社会工作岗位以来，医疗社会工作得到了很大的发展，服务领域延伸到了很多卫生保健机构中，例如精神病学和其他专科医院、公共卫生机构、疗养院和康复中心、健康维护机构、社区诊所、私立医疗机构、家庭保健机构和临终关怀服务等。到了1983年，大约75%的医疗社会工作者都在医院工作（NASW，1983），大部分精神病学社会工作者（即临床社会工作者）基本上都在心理卫生中心工作。截至1992年，美国劳工部报告说，全美雇用的474 176名社会工作者中，有26.02%，即123 372人在卫生保健服务机构从业。表1—1中显示了医疗社会工作者的就业分布情况。

10 **表1—1　　截至1992年医疗社会工作者在实务机构中的分布**

实务机构类型	所有社工比例（%）	卫生保健社工数量	卫生保健社工比例（%）
医生办公室	1.48	7 025	6.0
其他卫生保健行业	1.22	5 805	5.0
护理/个人保健机构	2.99	14 200	12.0
公立、私立医院	14.13	67 022	54.3
医疗或牙科实验室	0.01	51	0.04
家庭卫生保健服务	0.90	4 257	4.0
联合卫生服务	5.28	25 013	20.0
总计	26.01	123 373	101.34[①]

①原文如此。——译者注

资料来源：Ginsberg，Leon（1995）. *The Social Work Almanac*（Second Edition）. Washington，DC：NASW Press，p. 335. Data obtained from U. S. Department of Labor，Bureau of Labor Statistics，November 1993.

表 1—1 中显示的数据表明，在 1992 年之前，只有 54.3%的医疗社会工作者在医院就业，也许这反映了由于政府一直强调要控制成本，急性病住院医院规模也随之缩小了，以及卫生保健中心从急性病住院医院转向了社区机构，例如门诊诊所、门诊外科中心、门诊康复中心、正式和非正式家庭保健服务、成年人日间照顾服务项目、疗养院和临终关怀服务项目等。

2000 年美国劳工部和劳工统计局在全美职业就业和工资预测报告中指出，就业类别 21—1022（医疗和公共卫生社会工作者）大约有 103 390 名从业人员，他们的功能主要是：

> 给个人、家庭或弱势人群提供社会心理支持，协助他们应对慢性、急性或晚期疾 11
> 病，例如老年痴呆、癌症或艾滋病。服务内容包括给家庭保健者提供咨询，开展病人教育和咨询，以及给其他相关的社会服务机构提供转介服务等。（USDOL，2000）

这个职业类别没有明确分等级，但是好像包括了社会工作者不同的学位级别，包括社会工作学士、社会工作硕士和社会工作博士以及哲学博士。但是，还是没有这些人在不同机构中的分布情况数据。

理论视角

人在环境中的视角

目前所有社会工作实务共同遵循的理论视角就是：要全面理解人，并对其提供所需的帮助，必须将其纳入他们生活的环境和社会环境的资源中。社会环境指的是某人的社会状况的质量和特点，包括人际关系、资源和个人地位、角色和社会参与。具体来讲，社会环境包含的因素有家庭和家庭生活、就业和收入、学校环境和教育机会、住房和设施、社区中的社会福利资源、政治参与的机会、接受卫生服务的状况、与邻居和朋友的关系、治安和犯罪控制以及娱乐资源等。

社会学家在谈及经济、政治、家庭、教育、卫生保健、交通和宗教时，常常会使用社会机构或社会制度这样的概念，有时需要一些抽象概念，来概括社会满足自己成员基本需求的机制。从某种意义上来讲，描述某人的社会环境，意味着描述他们与社会机构相关的生活情境。

在现实生活中，这些社会机构的本质就是通过下列因素来反映的：工商业、就业机会、工资水平、学校、警察、法庭和矫正机构、宗教团体、卫生服务机构、各种住房类型和条件、不同文化的家庭、家庭结构、家庭构成以及功能性水平等。社会工作者在谈到社会环境时，指的就是这些现实生活的再现。

社会工作者相信，个体都有自己的态度、感受、价值观、信念、行为、精神和生理健 12

康状态，以及他们在家庭、工作场所、学校、邻里等场合中需要扮演的各种社会角色。要理解个体，就需要充分考虑上文中提到的他们的社会环境情境，这个理念就是人在环境中的视角。

生理—心理—社会模式和医学模式

20 世纪初期，当 Ida Cannon 开始在麻省综合医院工作时，医疗社会工作的理论视角就是相信生理、心理和社会环境因素会互相影响，在卫生机构中，要理解和帮助服务对象及其家人，就需要考虑上述因素，这就是生理—心理—社会模式。

生理—心理—社会模式与人在环境中的视角比较接近。人在环境中的视角认为，人会影响和反映自己的社会环境，这就反映了社会工作专业的双重重点。生理—心理—社会模式视角进一步阐述了人在环境中的视角，它认为，人具有心理和生理因素，两者综合起来会与社会环境产生互动。

生理—心理—社会模式有时也被称为“全人”视角，因为它试图探究人的“全方位画面”，它常常会与医学模式进行对比，医学模式强调的是健康问题的生理因素。生理—心理—社会模式与医学模式的另一个差异就是，医学模式关注的仅是个体的生理或精神疾病，而生理—心理—社会模式同时还关注健康问题的社会环境因素和结果。

生理—心理—社会模式生动地呈现了一般系统理论，因为它把人的健康状态看作是一个反映生理、心理和社会环境互相依存的系统。一般系统理论认为系统的不同层面本质上都是互相关联的，因此，一个层面的改变就会导致其他层面的改变（Engel，1977）。

医疗机构中的社会工作者关注的是服务对象的生理、心理和社会状况，这些状态既是原因又是结果。一个社会状况或者社会事件（例如婚姻解体、社会性孤立、失业或配偶去世）可能带来情感痛苦，而情感痛苦会带来生理功能性的改变，从而提高人生病的几率。另一个
13 方面，一个生理健康问题会破坏人的自信心，影响人完成习惯性活动的能力，这就会影响人的工作、婚姻或其他社会角色的扮演和关系的维护，久而久之，就会导致情感痛苦。

卫生保健和医疗保健

生理—心理—社会模式与医学模式的区别，实际上与卫生保健和医疗保健之间的区别密切相关。人们之所以很难理解它们之间的差异，主要因为美国的卫生保健系统出现了问题。

医疗保健是在监测病人健康状况、诊断和治疗健康疾病过程中，由医生提供的。而卫生保健指的是个人或社会团体为预防疾病的发展、提高整体健康水平而付出的努力。具体的例子就是人们合适的饮食计划、运动、体重控制、合适的休息和放松、安全预防以及避免使用化学用品等。此外，卫生保健还要求环境能满足人的生理需要，为个人发展、社会融合提供便利，防止各种形式的环境污染。

换言之，卫生保健既要求个人有责任选择一个健康的生活方式，又要求社会提供必要的资源和条件来配合个人的需要。世界卫生组织（WHO）一直坚持这样的立场："健康是一个完整的身体、心理和社会的完好状态，而不仅仅是没有疾病。"（World Health Organization，1978）

> **保健的概念**
>
> 治疗指的是要矫正目前不良状态的努力，而保健指的是提供支持性的援助，旨在：（1）促进健康成长和发展；（2）在某个暂时性的疾病阶段，维持功能，消除痛苦；（3）当疾病是永久性或者是不治之症时，最大限度地减少痛苦，给予安慰。

治疗和保健

目前的医疗保健基本上都是针对目前的健康问题进行的"恢复的工作"。不幸的是，大部分的严重疾病都是不治之症（McLachlan & McKeown，1971：48）。今天，人们面临的主要问题是慢性病，而不是急性传染病。在 20 世纪早期，医疗社会工作刚刚起步时，急性传染病是大部分健康问题的主要原因。

治疗指的是要矫正目前不良状态的努力，而保健指的是提供支持性的援助，旨在： 14
（1）促进健康成长和发展；（2）在某个暂时性的疾病阶段，维持功能，消除痛苦；（3）当疾病是永久性或者是不治之症时，最大限度地减少痛苦，给予安慰。尽管保健不能只限于某些特定的卫生服务领域，但是，目前的医疗保健基本上还是集中在针对急性病的二级保健层面（参见第四章）。

卫生服务的不同层面和相关的实务机构

卫生保健的提供系统有三个主要的服务层面，它们代表了健康状态的不同阶段：初级、二级和三级。这些阶段是围绕这几方面来开展的：（1）预防；（2）恢复；（3）补偿。

初级保健是卫生服务的第一个层面，关注的是初级预防和健康维护，也就是说，预防健康问题的产生，提供早期的干预。社会工作者和其他卫生专业人士的相关的实务机构包括公共卫生机构、私立的医疗机构（一般性服务、家庭服务、内科和精神科）、门诊诊所和健康维护组织（HMO）。

二级保健关注的是二级预防或者预防已经出现的疾病不要向着严重状态发展，也就是说，要进行恢复和控制。医院和其他的住院治疗中心都是二级保健机构，或者我们称之为"急性病"保健机构。

三级保健是卫生服务的最后一个层面，重点在于提供支持性援助，最大限度地降低那些身患非急性的严重疾病的人们的痛苦（他们患的可能是慢性病或者是不治之症），最大限度地维持他们的功能性。这些三级保健机构，基本上都是康复中心、疗养院、临终关怀机构、家庭保健机构和日间照顾中心等。

然而，近年来，哪些机构到底属于初级保健、二级保健还是三级保健，其划分越来越不清晰了。医院的急诊室和门诊诊所不断成为初级保健中心，特别是成为给穷人提供初级保健的中心了。此外，疗养院和家庭保健机构也开始接受大批既非慢性病又非不治之症的病人入住，这些人正在经历急性病的康复阶段，例如受伤后或者是外科手术的恢复期。

人类的多样性和行为

人类多样性指的是从生理—心理—社会的角度来讲，人与人彼此都是不同的，例如从
15 年龄、性别、种族、民族或文化、性取向、宗教信仰和习俗，以及社会经济地位（与教育、职业和收入相关）等角度来讲。人与人之间的差异还体现在智力、能力、兴趣和爱好、外表和身高、遗传特点、生理和精神健康状态、个性特征、应对机制、个人规范和价值观、支持性群体和关系群体、城市或者农村背景、家庭结构和成员构成、家庭关系以及生活史和生活经验等方面。对人类多样性保持高度敏感性，意味着能够了解、关注和尊重不同人的文化差异、观点和行为模式的差异。要培养这种敏感性，就要求个别化地对待每个个体，要深入考虑他们各自生活的方方面面。

有必要指出的是，在所有的社会工作实务领域中，都要对人类多样性的变量表现出高度敏感，因为如果缺乏敏感性，我们就不能真正理解每个人、无法理解他们的行为，也就无法有效地开展工作。对人类多样性的敏感，在卫生保健机构尤为重要，因为这些多样性因素对人们的健康行为、疾病行为和病人的角色行为产生了至关重要的影响。

健康行为指的是一个人在照顾自己的过程中做什么，不做什么。疾病行为指的是人们如何解释疾病，回应健康问题的信号和症状。病人角色行为指的是在确诊了疾病或受伤害之后人们所表现出来的行为。

对人类多样性的敏感性

对人类多样性保持高度敏感性，意味着能够了解、关注和尊重不同人的文化差异、观点和行为模式的差异。要培养这种敏感性，就要求个别化地对待每个个体，要深入考虑他们各自生活的方方面面。

人类多样性变量和行为与社会工作实务的相关性

在卫生服务机构工作的社会工作者要给病人及其家人提供一系列的服务，这些内容将在第二章中详细讨论。在提供这些服务的过程中，非常突出的一点就是，病人及其家人可能会有以下表现，如：（1）进一步损害病人的健康；（2）表现出对病人症状的不关心，或

是过度关心，或使用了一些非常规的治疗方法；（3）采用了不服从医嘱的饮食、活动、药 16
物治疗和压力等。

健康行为可能受到了某些变量的影响，例如收入、教育、种族、宗教、职业、智力、年龄和性取向等。疾病行为可以反映出一个人的性别、年龄、精神健康状态或者种族特点。一个人是否会向自己的邻居、医生、按摩师、接生婆或者灵性治疗师求助，受到了其所属的社会阶层、宗教信仰、种族、来自农村还是城市等因素的影响。最后，病人角色行为，例如人们是否会听从医务人员或其他卫生服务人士提供的建议等，可能会受到诸如社会阶级、宗教信仰、种族、社会支持状况和性别等因素的影响。

健康、疾病和病人角色行为

健康行为指的是一个人在照顾自己的过程中做什么，不做什么。疾病行为指的是人们如何解释疾病，回应健康问题的信号和症状。病人角色行为指的是在确诊了疾病或受伤害之后人们所表现出来的行为。

在精神卫生保健机构中，社会工作者的工作如果在卫生治疗服务的初级保健上，那么上述这些行为都是他们需要首先考虑的问题。在生理卫生保健机构，健康行为、疾病行为和病人角色行为是医务人员和护士们关注的首要问题。但是，医疗社会工作者在协助病人及其家人接受下列社会工作服务时，也需要考虑上面这些问题：

1. 入院前的规划。
2. 出院计划。
3. 适应卫生保健机构或服务。
4. 适应诊断、预后或者医疗治疗计划。
5. 协助他们理解有关治疗问题，并做出决定。

社会工作者要熟悉有关人类多样性的研究文献，因为这些文献会涉及一般性人类行为
的差异性。社会工作者还需要注意，不能假定某个种族或者民族、宗教团体、年龄段或者 17
社会阶层的病人都必然会有某些信念，会遵循某些习俗，或者会表现某些相同的行为。每个人都是一个具有多面相的个体。

跨学科团队

多学科机构

所有的卫生服务机构都是多学科综合的，除非在一些私立机构中，只涉及某一个学科或者专业团体。多学科机构指的是，由超过一个以上的专业团队，或者一个以上的学科专

业组成一个专业组织，在同一个机构中共同开展工作。

跨学科的概念

当然，多学科机构并不一定意味着是跨学科。跨学科指的是不同专业或者学科的人共同合作，一同工作，而不仅仅是在同一个地方工作。

合作模式

跨学科团队是合作的共识形式。Mailick 和 Jordon（1977）提出了三种形式的合作模式：（1）命令主义模式（例如操作间团队）；（2）矩阵模式（若干个专业人士之间的任意的、非正式的、低频率接触）；（3）共识模式（跨学科团队，主要依赖于集体决策）。

跨学科团队的特点

理论上来讲，跨学科团队与其他合作模式的区别就在于：（1）小组规模小；（2）以小组动力关系进行运作（例如有一种小组联系的意识）；（3）共同决策；（4）更频繁的、正式的、直接的、面对面的沟通（Mailick & Jordon，1977）。

以小组形式运作的跨学科团队

跨学科团队是小组实务的一种形式（Rubin & Beckhard，1972）。它涉及给某个特定的病人或服务对象提供服务，但是不包括常规的员工会议（这常会涉及与员工有关的事
18 宜）。跨学科团队改变了过去由一个专业人士或者一个专业小组来处理病人的所有事情的习惯，它也改变了由几个人一起工作，但是缺乏以合作的方式进行策划和干预的做法，跨学科团队成为一种新的选择。

在卫生保健机构中，社会工作者常常被要求组建这样的跨学科团队，并担任团队的领导（Kane，1978，1980）。这种团队的核心成员主要来自于为某个病人服务的所有专业人士的代表，或者是某个病人所需要的专业人士的代表。此外，团队还可以邀请一些非专业人士参与，他们可能会亲自参与照顾，例如病人和他们的家人等。

卫生机构中跨学科团队的背景

跨学科卫生保健团队最初产生于社区心理卫生中心，后来慢慢扩展到了综合性医院、康复中心、疗养院和其他卫生服务机构（Harris，Saunders，& Zasorin-Conners，1978）。

卫生保健领域出现的一些新的发展趋势，促进了跨学科团队概念和意识的传播。其中一个很重要的发展趋势就是劳动分工的不断专业化和细化（Nagi，1978）。早期只有一些综合性的实务工作者，后来，慢慢发展出了各种医学和外科专业。早期的医院工作人员基

本上就是内科医生和护士，后来很多专业人士和半专业人士、不同的技术性职业人士也开始进入医院。这种不断发展的专业分工和细化带来的变化就是，一个病人往往由几个医生和其他专业人士一起进行治疗。

第二个明显地促进了卫生保健团队出现的发展趋势就是，健康概念的广泛传播（Nagi，1978）。从把健康界定为没有疾病，到把健康界定为包括健康环境和生活方式、控制体重、足够的运动、满意的社会角色扮演、积极的精神状态、令人满意的个人发展以及整体的幸福感。

第三个因素就是人们越来越意识到，人类的问题趋向于复杂化（多元化），而不是简单化（单一化）。举个简单的例子，一个病人的主要问题可能是胆囊问题，需要进行手术切除，同时可能还有慢性肥胖症，脂肪摄入过多，缺乏正常的锻炼，可能还有社会性孤立，也可能还有婚姻问题。或者一个人被诊断出患上了精神分裂症，但同时他还酗酒，无家可归，营养不良，还有性病，远离朋友和家人，没有收入，缺少帮助，或者没有工作。

最后，第四个促进跨学科团队发展的因素，与第三个因素相关，那就是很多问题的产 19
生是互相依存的，共同构成了一个病理学系统。因此，人们在处理问题的时候，就很难只处理一个问题而不关注其他问题（Nagi，1978；Platt，1994）。

Platt 曾经指出：

> 在卫生领域，所有问题的本质都与所谓的新病态有关，例如慢性病、情绪问题、旧疾复发，同时，要重视社会、情绪和生理因素的互动，这就需要一个新的分析框架和新的实务方法。系统理论就给我们提供了一个这样的框架，而团队合作的方式则给我们提供了一种新的实务方法。（1994：5）

Payne（2000）指出，当今健康问题的本质，以及重视有效性和社区为中心的保健服务的新卫生保健系统要求，卫生保健团队不仅要有相关的卫生专业人士参与，而且还要求从服务延伸和社会支持性资源的角度，来发现病人的社会网络，并与这些网络建立联系。Payne（2000）把这样的团队称为开放式团队，或者是传统的多学科团队概念与网络概念的综合（2000，4－5）。Payne（2000：18）引用了 Wenger（1994）提出的五种网络的概念，用来进行网络分析：

> 1. 家庭依赖的网络——基本上是由家庭成员间的交往组成的。
>
> 2. 地域性整合网络 ——由家庭、邻居、朋友组成，很多朋友和邻居拥有同样的网络。
>
> 3. 地域性自我组建的网络——由远亲和接触少的邻居组成，也许与邻近的人拥有同样的网络。
>
> 4. 广泛的社区网络——主动与远方的家人接触，积极参与社区生活，拥有很多

朋友，但与邻近的网络会不同。

5. 私人拥有的网络——通常是一个独居老人，或者与配偶一起，很少与外界交往，或者跟外人完全没有交往（这些人的个性特征常常是由社会交往障碍或限制造成的）。

在谈到网络时，Payne 指的是病人的社会支持性网络，包括个人的、组织的和其他与病人有关系的资源，病人对此或多或少都有依赖。从某种意义上来讲，个人的网络包括社会工作实务中常常使用的经济社会关系图中的所有的个人和机构。

20 用 Briggs（1997：19）的话来说，有效的跨学科卫生团队，以及有效的小组，实际上就是特别强调这样的意思，即每个成员的潜能和产出，可以在与其他组员的互动和合作过程中得到激发和提高。

开放式团队

在卫生领域，所有问题的本质都与所谓的新病态有关，例如慢性病、情绪问题、旧疾复发，同时，要重视社会、情绪和生理因素的互动，这就需要一个新的分析框架和新的实务方法。系统理论就给我们提供了一个这样的框架，而团队合作的方式则给我们提供了一种新的实务方法。（Platt，1994：5）

Payne 指出，依靠团队成员并不是简单地让他们紧密地在团队内部合作，可能更加有效的方式是建立一个互惠式的交换和双赢制度，来“提高合作的动机，平衡权威，鼓励协商”（2000：29）。换言之，我是这样解释 Payne 的观点的：跨学科团队受到了一个社会支持性网络（开放式团队）的支撑，给病人提供所需要支持的整合性系统，这个系统可以被称为保健系统。

跨学科团队的理念

跨学科团队的理念就是，要使自己的效率和有效性最大化，就必须采用多种知识和技术（Jonas，1981）。效率指的是取得最大利益，也就是说用最少的费用和成本，获取最好的结果或最大的利益。另一个方面，有效性指的是人们期望实现的最成功的结果。因此，跨学科团队的有效性或者效率的目标包括提供全面的协调服务，最大化利用人力资源，提升病人保健质量，提供全人照顾，节约成本，减少各种服务的重复和盲点（Friedson，1978）。结果，“服务接受者、团队成员、学科和整个社会都会从跨学科合作中受益”（Julia & Thompson，1994a：53）。

21

跨学科团队的功能

跨学科团队的功能包括：

1. 共同评估病人的问题和需要。
2. 交流相关信息。
3. 以团队形式来教育服务对象/病人。
4. 做出符合伦理的决策。
5. 制订干预计划。
6. 分派任务和明确责任。
7. 必要时修改计划。
8. 评估结果。(Bope & Jost，1994)

跨学科团队运作时常见的问题

跨学科团队至少会遇到六个问题：

1. 行业保护。
2. 不同的价值观和对问题与需要的不同看法。
3. 各自为政的宣传。
4. 损害开放式沟通的声望和地位差异。
5. 缺乏对其他学科的语言、技术、知识和领域的了解。
6. 各自不同的问题解决的过程。(Julia & Thompson，1994b)

团队的要求

最后，要确保跨学科团队正常运作，需要满足一系列的要求，这些在很多人的著作中都有所提及（Given & Simmons，1977；Kane，1978；French，1979；Rubin & Beckhard，1972；Sheps，1974；Julia & Thompson，1994a；Briggs，1997)，这些要求包括：

1. 不仅要明确各自角色，而且要保持角色的灵活性。
2. 互相尊重和信任。
3. 对小组的规范、价值观、责任和目标要达成共识。
4. 平等的态度，有各专业具有同等重要的意识。
5. 意识到小组的联系和互相依存性，不能强调自治。
6. 开放式沟通和分享。
7. 灵活的领导和决策，共享权力。
8. 根据个案的需要选择灵活的组员构成。
9. 有一个稳定的核心组员。 22
10. 有小组意识和专业意识。

11. 能够通过协商达成共识。
12. 关注目标，明确目标。
13. 记录每次会议：日期、出席的组员、讨论的问题和决定等。
14. 既关注任务的完成，又关注团队的运作。
15. 系统的视角。

小组决策风格

在所有小组中，至少有四种决策风格：（1）不作为（没有决定）；（2）单方面的（自上而下强加的决定）；（3）少数服从多数（大部分同意）；（4）共识性（全体同意）（Rubin & Beckhard，1972）。

尽管共识性决策是最理想的结果，但重要的是要公平实现这一点。不幸的是，卫生保健机构和其他机构的团队在决策时，常常会受到那些拥有声望和地位的成员的非民主化因素的影响。在现实中，我们生活的社会中，医务人员的声望和权力，远远超过了其他卫生保健的专业人士（Caputi，1978）。此外，所有专业的专业教育基本上都是在大学校园中完成的，大学教育比较强调的是自治和独立完成，而不鼓励合作和跨学科的教育和经验（Lodge，1974）。其结果就是，不同的卫生专业人士进入卫生保健机构后，基本没有与其他专业人士合作的经验和意识（Kane，1976－1977）。另外，在很多卫生保健机构中，医生是绝对需要对病人的结果和按时出院负全部责任的。因此，从真正意义上来讲，提倡跨学科团队可能会误导人们（Lonsdale，Webb，& Briggs，1980：106），那些参加了跨学科团队的人，要试图实现理论上的理想过程和结果，就可能会遇到很多困难。

尽管这样，如果我们希望这种合作模式能够得到推广，那么我们就需要努力在专业教育中，在课堂和实务训练中，加入跨学科团队的内容（Waugaman，1994；Casto，1994）。

尽管卫生服务机构常常都是多学科的，但有时也是跨学科的。卫生服务机构的某些特点会影响在机构中的社会工作实务。下面我们就来探讨这个问题。

其他的机构层面的考虑

卫生服务机构是社会工作实务的二级机构，作为专业机构，它们有时会有双重权威系
23 统。它们可能是复杂的机构，可能会因为是公立机构、志愿服务机构或私立机构，还是世俗机构或者宗教机构，而有所不同。政府试图控制卫生服务费用的增加，它推动了专业自治、出台了文件和干预标准，也制定和确立了时间框架和优先考虑的领域。

二级机构

卫生服务机构属于社会工作实务的二级机构，因为它们的主要功能不是社会工作服

务。在这种情况下，它们的主要功能是卫生服务。因此，在卫生机构中，社会工作是对医疗和护理服务的一种附属性的（补充性或支持性的）和辅助性的（从属性）服务。与此完全不同的是在社区心理卫生机构中，社会工作者是首要的服务提供者，而不是二级服务的提供者。

这并不是说，社会工作的服务得不到医疗和护理人员的高度重视，或者说社会工作者需要对医务人员毕恭毕敬。这只能说明，对于这样的机构系统的运作来讲，医务人员的作用会比社会工作者更加重要。在一个社会工作的机构中，这种情况可能就恰恰相反。例如在一个儿童福利机构中，会聘用一个或者更多的内科医生或护士，作为社会工作者的顾问，来协助评估和治疗那些具有因受到虐待或忽视而出现不良身体体征和症状的儿童。

卫生服务机构作为社会工作二级机构的特征，给在这个领域工作的社会工作者的启发就是，要被初级服务提供者们所接纳，并充分地发挥作用，社会工作者就必须：（1）细致入微，尊重初级服务提供者以及他们的工作和要负的责任；（2）要留心这样的事实，即医务人员会把病人当成“自己的病人”，需要社会工作者随时通报有关病人及其家庭的近况；（3）要记住机构的主要功能，以及初级服务提供者的观点和关心的问题是什么。

如果社会工作者忽视了这些方面，只专注于全身心投入自己的工作，那么在与初级提供者合作时，就会出现问题。

专业机构

卫生服务机构的另一个特点就是，它们是专业机构，因为只有这些专业人员才是自己的基本员工。在专业机构中，角色的界定不仅仅是由人事部门或者专业团体自己来确定 24
的，角色还需要通过一系列的政治过程来“赢得”，在这个过程中，行业（领域）的界定需要通过不断与其他专业协商来获得（Bucher & Stelling，1978）。

这就是说，社会工作者不能指望进入这些机构后，只是简单地从自己的专业教育角度出发，按照自己的思路来开展工作。相反，他们必须明白，他们的角色定位取决于与机构中的其他专业的合作，要得到他们的默许，而这些其他专业的人，可能会接受也可能会不接受社会工作者在社工自己认可的领域开展工作。

例如，在大部分医院里，社会工作的一个主要功能就是出院计划安排。但是，医生和护士可能会认为出院计划安排是自己的工作内容。另一个例子就是，社会工作者可能会认为社会心理问题是社会工作的领域，但是，医生和护士却认为社会心理工作也是他们自己的工作领域（Cowles & Lefcowitz，1995）。

另一个方面，社会工作者可能会从病人及其家人那里收集有关信息，对病人及其家人的诊断可能会与医生的诊断有出入。如果社会工作者把自己收集的信息与医生分享，那么医生可能就感到很不自在，会觉得自己的领域受到了侵犯。

这里的关键点在于，在专业机构中，每个专业人士都不会像他们在私立机构或官僚机构中那样完全自治。

双重权威系统

医院系统中一个不同寻常的机构特点就是，同时会有两个权威系统并存：管理者管理链和医务人员管理链（Coe，1978；Smith，1978）。由于其独特的权威性、医疗专业人士的自治和责任，医务人员对管理者或理事会制定的规则、条例和政策往往不会同意或做出让步。这就是说，社会工作者和其他在这些机构中工作的人员，不要简单地认定因为他们循规蹈矩，执行了机构的官方政策，所以医务人员也不可以有例外情况，执行另一个标准。要解决这个问题，是非常困难的。重要的是，必须意识到医务人员不执行行政规定的情况的确存在，人们需要有意识地避免导致这些情况出现的因素。

25 复杂的机构

复杂的机构指的是提供多元服务，或者有多种员工职位和角色的机构。卫生服务机构，特别是医院，常常被称为复杂性机构，因为它们有很复杂的劳动分工和几个不同的功能，有时还分成了多种不同类别的服务部门。

复杂的劳动分工指的是在不同等级的员工之间进行工作任务和责任的指派。这种分派有时是非常困难的。在医生和护士之间有很多不同等级的岗位，有时某些部门还会有不同层面的人员安排，例如营养科、药房、物理治疗等。社会工作者需要熟悉自己服务部门的员工分工，如果他们对此不清楚的话，那么可能就会出现向错误的人收集或报告信息。

此外，特别是在医院，这样的机构常常会有多种功能（也就是说复杂功能）。尽管它们的基本功能是卫生保健，但医院还需要承担多重的卫生服务单位的功能，例如急诊室、门诊诊所和各种各样住院服务部门。这类机构可能还需要向不同的卫生服务专业人士和其他员工提供教育或者培训。对于很多教学医院来讲，研究是另一个常见的功能。

因此，对于社会工作者来讲，非常有必要熟悉机构的这些特点和功能。首先，为了拓展自己在机构中的角色，社会工作者必须了解机构是干什么的。具备了专业教育功能的机构可能会邀请社会工作者，让他们来给自己的专业学生传授有关社会工作的作用和功能的知识，或者传授与某些健康问题相关的生理—心理—社会视角。同样，如果机构还承担了研究功能，他们也会邀请社会工作者参与研究项目。其次，受聘于某个机构的社会工作者就是该机构的代表，因此，必须能够说清楚自己所在机构的功能。最后，机构的功能是决定社会工作者在机构中地位和作用的主要决定因素。尽管所有的卫生服务机构都具备了提供“卫生服务”的基本功能，但是，实现功能的形式和社会工作者在其中的作用，因为其干预的层面不同而不同。因为社会工作者在不同机构的干预层面可能是初级干预、二级干预，或者是三级干预。

例如，如果医院只允许在二级层面提供短期的干预，那么这就限制了社会工作者与病人或者其家庭工作的时间。这还意味着，病人在医院的大部分时间中，都处在疾病的严重时期，这就限制了社会工作者对病人的干预。因此，在很大程度上，社会工作者发现的病 26 人的社会以及情绪问题可能需要转介到机构外的服务，社会工作者需要把工作重点放在能够配合和补充医院的短期治疗目的的事项之上。另一个方面，在医院的服务计划中，卫生保健服务常常需要很长的时间，重点在于支持病人的功能性，减少他们的痛苦，而不是解决他们的健康问题。社会工作者的功能基本上就是要强化医院的功能和作用。类似的差异还存在于康复中心、疗养院和初级保健机构中。在后面的章节中，我们还将继续讨论这些问题。

资金来源和赢利目的

卫生服务机构的一个变量就是它们的资金来源，以及在多大程度上它们的运作是可以赢利的。就资金来源和赢利来讲，这些机构可以分成三类：(1) 公立；(2) 志愿；(3) 私立。

公立机构是由联邦、州政府或者地方政府管理的，它们会接受大量来自公共税收的资金，而且是非营利的。这类公共资助的卫生服务机构非常多，例如，退伍军人医院、县税收资助的医院、州政府税收资助的综合性医院以及外科医院，还有专科医院，例如慢性精神病医院和发展性障碍医院等。退伍军人医院也资助一些疗养院、家庭保健和康复项目。有些县政府也支持疗养院、药物和酒精滥用治疗计划、慢性精神病日间治疗计划，或者是生活不能自理的老人照顾，例如，老年痴呆病人等。还有一些公立机构包括联邦政府、州政府和县政府的公共卫生服务，这些机构基本上都是通过控制传染性疾病，提供产前服务、公众教育和研究等途径来进行初级预防的。

志愿性机构是私立机构，但是通常也具有教会性质（隶属于某些宗教团体）。这类卫生服务机构的例子包括天主教、犹太教、路德宗和卫理公会的医院、疗养院、临终关怀服务计划等。此外，某些民间团体，例如，圣地兄弟会、共济会和美国退伍军人协会也开办了医院和疗养院。不隶属于宗教团体的志愿性机构被称为非宗教机构。

最后，卫生服务机构私立化倾向加剧，这就是说，它们既是私人拥有的，也是以赢利为主要目的的。在上述三种机构中，私立机构的发展是最快的。例子包括美国医院集团(HCA)，这是美国最大的营利性医院；贝弗利实业是美国最大的连锁疗养院；保健标志 27 是美国最大的连锁家庭保健机构；信诺（CIGNA）保险公司成为最大的管理式保健的机构。此外，很多社区心理卫生中心建立之初是由公共税收支持的，它们也为有精神问题、药物和酒精依赖的人群提供门诊和住院服务，但是，现在它们也变成了私立的营利性机构，例如一些社区精神病中心。近年来，营利性的家庭保健机构也如雨后春笋般发展起来了（Karger & Stoesz，1998：188－191）。

上述三类机构的资金来源也很难区分。由于20世纪60年代中期开始推行了公共医疗补助制和国家医疗保健制，各类卫生服务机构的资金来源也越来越多地来自政府的税收。

国家医疗保健制是联邦政府资助的，其经费来源就是纳税人的税金。公共医疗补助制的资金来源是联邦政府和州政府，也就是说，其资金来源是联邦政府和州政府的一般性税收。今天，不管卫生服务机构是公立的、志愿的还是私立的，它们的大部分资金来源都是政府的财政拨款。

这三类机构还可以从病人缴纳的服务费中获取一部分资金（收费标准取决于服务提供的类型，还有一种预先付费系统，病人预先缴纳一笔费用，然后，从这笔费用中扣除花费）。总而言之，病人缴纳的费用可能是需病人自己掏腰包（这些费用一般是个人支付的，因为他们没有购买可以支付部分或全部费用的保险），可能是由私立或公立保险公司支付，可能由一些税收资助的服务计划负担，例如，《社会保险法》修正案的第二十条。

于是，这里的问题就变成了在三类与社会工作实务有关的机构中，是否存在实质性的区别。研究结果不足以回答此问题。而且，这里还有很多其他的问题，主要就是在营利性机构中病人照顾的质量问题，特别是在疗养院和心理卫生服务计划中。下面就罗列了一些问题，私立的卫生服务机构

1. 会尽可能低地保持直接服务中的职员与病人的比率吗？

2. 会将那些无力支付高昂的服务费用但又需要服务的病人拒之门外吗？

28 3. 会根据病人支付服务费用的能力来确定服务时间的长短吗？

4. 会主要使用精神病药物来取代耗时和耗力的干预服务吗？

5. 会忽视那些不能反映自己需要的人群的需要，例如年老体弱的病人，而更多地满足那些可以反映自己需要的人群吗？

6. 会过多关注“公众面子”，大做表面文章，而忽视内部的、看不见的设施建设和员工配备，从而不能满足病人康复和功能性的发挥吗？

7. 会将全职员工人数保持在最低水平，而更多地依赖兼职员工和临时工吗？

8. 会给主要的管理者和专业员工付高薪，要求他们努力工作，实现赢利的目标，而不关注病人保健目标的实现吗？

9. 会雇用那些只满足最低就业标准的网络员工，给他们提供最少的补偿和最低限度的福利吗？

私立机构上述问题的关键就是它们过分强调的是“底线”（利润），而不是高质量的病人照顾服务。如果这些问题真的存在的话，那么在私立机构工作的社会工作者要按照自己的职业标准、价值观和职业伦理开展工作，就会受到很大的限制。尽管在这些机构中，社会工作受到了越来越多的夸奖。

公共医疗补助制和国家医疗保健制的影响

我曾经间接地指出，近年来公共医疗补助制和国家医疗保健制会得到快速发展，这些

计划中的卫生保健的费用也会出现大幅度上升。这个发展趋势已经影响了社会工作在卫生服务机构中的实务，主要是因为政府正在极力控制卫生保健的费用。

削减支出的一个结果就是，也会削减社会工作实务的费用，而这些服务费用的支付是由两个政府健康保险计划来提供的，用来维护病人目前健康状况，以及维持目前健康状况所需要的服务。另一个影响就是需要提供越来越多的文件，来记录所有的服务报销。而这又导致了错误率和报销单据的丢失率不断上升。担心不能报销又造成了对必需的服务提供进行限制的一种趋势。鉴于两个政府资助的服务计划只涵盖了那些医生要求或认可的服 29
务，医生便成了社会工作服务提供的主要限制因素。

最后，联邦政府要限制快速增长的卫生保健费用，这直接导致了1983年的产权和财政责任课税法的通过，奠定了目前广为人知的诊断相关小组体系（diagnosis-related group system）。这个制度根据诊断结果，把病人住院时间限制在一个特定的时间段内。超出时间的住院费用需要由医院自己支付，不能向病人索要。这样，这个诊断相关小组制度的结果就是，减轻了大部分病人的负担。这种对住院时间的限制也同时限制了社会工作向住院病人提供的服务，更加强化了社会工作者协助安排出院后进入其他机构的功能，例如疗养院、家庭保健或者其他服务计划。

同样，疗养院数量的不断增加，也会需要政府赞助的项目的报销内容，特别是依靠国家医疗保健制的人群，他们需要一个机构来提供出院后的照顾服务。而通常，国家医疗保健制的报销期限只到病人准备离开疗养院之前。出院后的家庭护理费用基本上需要在疗养院工作的社会工作者去寻找资源来报销，或者作安排。

社会工作者的职责和服务对象的问题

社会工作者职责的专业标准

下面是全美社会工作者协会给卫生保健机构的社会工作实务制定的标准（标准4）：

> 社会工作专业的职责包括依据机构的使命，给服务对象人群和社区提供特定服务。这还包括直接服务、咨询、教育、政策和服务策划、质量维护、倡导和与社区联络。如果机构强调的是教学与研究功能，社会工作服务计划就要参与其中。研究、社会工作领域督导和其他的教学责任都是应尽的责任，属于社会工作服务计划的职责范围。[①]（NASW，1987：6）

这个标准（NASW，1987：6－7）将上述定义做了以下详细描述。 30

---

① Copyright 1987，National Association of Social Workers，Inc.，NASW Standards for Social Work in Health Care Settings.

向服务对象人群提供的特定服务包括但不限于下列内容：

- 社会工作服务的需求评估。
- 预先的接案计划和出院计划。
- 给个人、家庭和群体提供直接服务和治疗。
- 个案寻找和外展。
- 信息和转介。
- 机构内外的服务对象的倡导，包括关注财务状况。
- 保护服务对象的权益，包括获得赔偿的权利。
- 短期和长期计划。
- 促进和维持身体健康和精神健康。
- 预防、治疗和恢复性措施。
- 提供持续保健服务，包括确保其接受服务和有效地利用服务。

给社区提供的特定服务包括但不限于下列内容：

- 发现没有满足的需求和没有接受到服务的人群。
- 发现高危人群，并提供服务。
- 就保健和健康促进咨询外部机构和专业人士并与其合作。
- 社区联络服务。
- 社区策划和协调活动。
- 社会心理健康教育和促进。

鉴于给服务人群和社区提供的服务在很多方面是互相联系和重合的，因此，前述的社会工作功能并不仅限于上述特定的领域。

要给参与相关人群照顾的专业人士提供有关社会、环境、心理和文化方面的咨询。这些专业人士包括机构及其员工、社区、外部机构、专业人士和重要的他者。

全美社会工作者协会提出了卫生保健机构中社会工作者的四项职责：（1）要提供直接
31 和间接服务；（2）社会工作者需要接近那些需要自己服务的人群；（3）社会工作者的基本责任就是维护服务对象的权利和满足他们的需要；（4）不仅要向服务对象个人提供服务，还要给他们的家庭、群体和社区提供服务。

直接和间接服务

在全美社会工作者协会提出的第四个标准的第一段中，清楚地说明了在卫生服务机构中，社会工作者的核心职责应该包括给服务对象提供直接和间接服务，例如，咨询、教学、研究和服务计划开发。注意到这一点是非常重要的，因为在卫生保健机构中，特别是在医院中，社会工作者一直非常重视直接服务，而忽视了间接服务。研究可以帮助我们进一步发展实务知识，而这些实务知识是专业主义赖以生存的基础；服务计划的开发是改善服务、拓宽服务对象资源的机制；咨询和教学则是推进社会工作知识、技术、价值观和影响力的重要手段。

在卫生保健机构中工作的社会工作者的主要直接服务功能就是对病人的治疗。需要指出的是，社会工作者不能“治疗”病人的生理健康疾病，他们可以做的是改变服务对象的态度、感受、行为，或者是改变环境状况以改善服务对象的健康。尽管这样，在卫生机构，拥有硕士学位或博士学位以及临床社会工作执照的社会工作者常常会承担起病人精神问题方面的治疗的责任。

案例发现

全美社会工作者协会标准的第二段详细说明了在卫生保健机构中社会工作者应该提供的服务类型，包括“社会工作服务的需求评估”和“个案发现和外展”。这一点非常重要，因为它强调了卫生保健机构的社会工作者要避免这样的趋势，即只依靠医生和护士的转介，而让其他专业人士来选择社会工作者应该为什么样的服务对象提供服务。

优先考虑服务对象的权利和需要

上面提到的服务对象的倡导、保护服务对象的权益、提供持续保健服务，包括确保其 32
接受服务和有效地利用服务等都特别强调了社会工作者有必要记住，自己的主要职责就是要保护服务对象的权益，主动避免因为机构的原因或其他原因而无法满足服务对象的需要，或者侵犯服务对象的权利等情况的发生。

给各类服务对象提供服务

最后，这里提到的给个人、家庭、群体提供直接服务和治疗以及社区服务意味着全美社会工作者协会希望卫生保健机构的社会工作者要给“各类服务对象”提供服务，从这个意义上来讲，他们是通才而不是专才。

与服务对象健康相关的社会心理问题

全美社会工作者协会的卫生保健机构社会工作职责标准反映了社会工作者在与病人及其家人一起工作时，常常需要处理的问题，包括：

1. 进入机构或获得服务的障碍。
2. 适应机构或服务的问题。
3. 适应诊断、预后或卫生保健计划的问题。

4. 缺乏相关的信息，无法做出知情决策，缺乏控制感。

5. 缺乏资源来满足自己的需求。

6. 离开服务机构的障碍。

进入服务机构的障碍

首先，病人有时会面临进入服务机构的障碍，也就是说，有很多条件限制了病人接受自己所需的卫生服务。这些障碍可能是心理的、财务的、信息的，或者与家庭保健、交通等其他相关的资源问题。

举例来说，心理障碍包括害怕住院、进疗养院或其他住宿型的保健机构，因为精神病或其他健康问题向外求助会感到很不自在，因为怕疼或有副作用或害怕看见检查结果而拒绝接受诊断等。

财务障碍包括没有足够的医疗保险来支付要发生的服务费用，担心离开工作岗位会丢掉饭碗，担心因为暂时没有收入自己的债务会增加等。

33 信息障碍指的是既没有正确信息，也没有错误信息，例如，不知道到底自己要接受什么样的服务，或者因听信谣传或看到一些报道，认为“什么事情都可能会发生”。

此外，病人有时还会有其他现实性的担心。例如一旦自己住院了，谁来照顾家人和宠物；接受门诊服务时没有交通工具；由于经常不上班，落下了很多工作。大部分这类的障碍都与其社会环境或情感因素有关，因此，帮助他们在接受服务之前就处理好这些所担心的问题，是社会工作者的主要职责。

适应机构或者服务

病人和家人经历的最大的困难就是要适应机构服务，因为住院或去门诊时，他们很难觉得舒适和满意。

某些机构，例如医院、住院治疗中心以及疗养院，基本上都是把病人从其原来的支持性系统中剥离出来（Goffman，1961），也就是说，人们不能按照原来的方式生活了。这些支持包括家庭、朋友、熟悉的环境和家具、熟悉的日常用品放置的地方、自由地做决定、习惯的日常生活模式、活动甚至是可口的饭菜。一旦我们发现自己与这些东西分离之后，就会发现，原来我们对这些习惯是这么的依赖。

随着这些情况的发生以及其他方面的改变，住院可能是一个非常不舒服的经历，因为人们丧失了对自己生活的控制权。卫生保健机构的住院病人会通过各种方式来回应这些改变：有些人很快就会适应，有些会退缩（有时会表现出与现实脱节），或者变得充满敌意和抗拒，有些人甚至会试图逃离，也有人成功逃离了。

如果上述问题不在入院前得到很好的解决，医院或疗养院的住院病人还会有很多现实的担心，例如，自己的家人会怎么办，宠物和房子谁来照顾，工作又怎样，自己不在家谁来支付账单等。此外，不管是否合理，住院病人和门诊病人有时还会担心，自己究竟能够接受何等质量的卫生服务。社会工作者需要全面深入了解这些问题，并妥善处理这些问题。

适应诊断、预后或治疗计划

病人及其家人常见的另一个问题就是如何应对诊断、预后或治疗计划。可能最大的适应问题会出现在诊断、预后或治疗计划表明病人可能有死亡危险时。当然，更多的情况 34
是，诊断、预后或治疗计划可能会指出，病人以后一直会经受病痛而且功能丧失，或者有因慢性残疾会带来不舒服感，而出现功能障碍、角色责任和夫妻关系的改变，或者依靠药物、安装假肢或其他，日常饮食会受到限制，生活习惯会改变，例如喝酒、抽烟、运动和某些爱好，或者其他日常家居的改变，例如，增修坡道、把手，地面改变，门口增宽，橱柜的高度增加以及加设轻便的固定物等。

简言之，诊断、预后或治疗计划会给病人及其家人的生活带来明显的改变。这些影响通常会是情绪性的和社会环境性的。例如，一旦病人得知，自己的健康问题要求自己要停止工作，或者改变自己的工作性质，这样，他们可能就会遇到经济问题和产生情绪反应。如果病人得知自己需要住进疗养院，那么他们就会对自己的房屋和家人做出安排，而他们常常会对这样的生活变化感到痛苦。如果病人从腰椎以下永久性瘫痪的话，那么他们就需要考虑很多问题，一方面是功能丧失的问题，另一个方面就是与此相关的情绪问题，例如，自我形象问题、性关系、担心对他人产生依赖等。如果病人得了严重的肾病，需要每周去做透析，那么他们要面对一些实际问题。此外，还会因自己要依靠机器生存而出现严重的情绪问题。这些都是社会心理问题的表现，因为所有这些都构成了病人情绪和社会环境的重要组成部分。专业的社会工作者应具备处理好这些问题的能力和素质。

需要相关信息做出知情决策，获得控制感

在卫生保健机构中，病人及其家人常常遇到的另一个问题就是，会有一种控制感的丧失。很多时候在这些机构中，医生、护士或其他专业人士计划好了行动，并很快就付诸实施，但是，没有事先告知病人，也没有向他们做出解释，征求他们的意见。这样，加上病人在适应过程中出现的问题，就很容易引起病人的无助感。

这种控制感的丧失在卫生保健机构中影响很大，因为很多研究结果表明，这种感受能够导致抑郁和“放弃”，会给病人消除疼痛、恢复功能和康复产生负面影响（Schmale，1972；Levy，1974）。简言之，当人们对自己的生活感到丧失了控制感，他们可能就会放弃努力。尽管其中的生物化学过程还不是很清楚，但是，有很多证据表明，这样的情绪反应 35
可能会影响人的免疫系统和其他的生理系统，而这两个系统对人的健康状况和寿命有着重要影响。

社会工作者可以发挥重要作用的地方，主要是他们可以给病人及其家人提供相关的信息，协助他们对有关事宜做出知情决策。虽然向他们提供有关的信息是医生和护士的主要职责，但是，社会工作者还是可以发挥作为一个协调者的作用，来弥补他们之间可能出现的缝隙。社会工作者还可以协助病人及其家人认真考虑自己的决定，可能这些决定涉及一个治疗程序、出院后的保健方式，或者是选择资源来协助他们应对病人的健康问题。最

后，社会工作者需要为病人倡导，病人应该有权知道与自己选择相关的事实，确保病人能够知道这些权利，并鼓励病人去享用这些权利。

缺乏资源来满足需求

可能在卫生保健机构中，最受到病人及其家人、医生和护士欢迎的职责就是，社会工作者能够帮助病人及其家人获取资源，来满足病人的卫生保健需求。这些资源通常可以分成下列五类：

1. 医疗援助和设备。
2. 支持性服务。
3. 收入援助。
4. 环境适应。
5. 人际支持。

医疗援助和设备，或者器具和设备，可能包括很多，例如轮椅、助步器、拐杖、扶手、升降厕所椅子、便携式便桶、长柄叉、眼镜、助听器、病床、老人用椅、可调式空气压力垫、吸痰器、血糖检测仪、腕式血压剂、尿失禁垫、大小便衬垫、矫正鞋和支架等。
36 通常在家庭保健服务中，会需要这些物品。当然，在病人住院时，有时也会出现医院不提供上述物品的情况。

支持性服务的范围很广，而在卫生保健机构中最常见的支持性服务包括：

1. 个人保健服务（协助日常生活自理，例如洗澡、吃饭、穿衣、修饰和大小便等），这类服务的提供者可能是家人、家庭保健机构或者独立的护士助理等。

2. 专业的护理服务（例如，伤口处理、监测主要症状、更换导管、静脉调节，服务的提供者主要是隶属于家庭保健机构或者独立从业的护士）。

3. 物理治疗。
4. 家务管理服务。
5. 老人和残疾人士的交通服务。
6. 家庭送餐服务。
7. 家庭咨询服务。
8. 酗酒和吸毒治疗服务。
9. 临终照顾服务。
10. 电话保险服务。
11. 生命线服务。
12. 成人或儿童保护服务。
13. 休养照顾服务。
14. 日间照顾。

15. 外语翻译服务。

16. 职业再培训。

收入援助服务是病人及其家人最需要的资源。通常来讲，收入援助的需要是与支付给卫生保健服务机构的费用密切相关的，不管这些机构是属于门诊、住院、疗养院照顾、日间照顾，还是临终关怀。病人还需要收入援助来支付医疗救护和设备费用，例如上面罗列的很多设备。此外，卫生保健机构的病人有时还缺乏一些资源来支持自己的日常生活自理，例如没有足够的空间居住，吃不饱饭。如果得不到相应支持的话，那么他们的健康状况就会进一步恶化。

收入援助基本上是以两种方法来提供的：现金或者实物。现金的收入援助就是以现金或支票方式的经济援助。例如，现金的收入援助包括社会保障、补充性保障收入、对有需要家庭的临时援助、退伍军人退休金、失业赔偿金、工人赔偿金和一般性援助（在美国某 37
些州是以市镇受托人的方式来发放的）。另一个方面，收入援助并不仅限于现金，也可以以服务或者其他所需资源的形式来发放（例如，食物、衣物、住房、公费医疗等）。实物收入援助计划都包括国家医疗保健制、公共医疗补助制、公共住房、补贴性私人住房、食品票、食物和衣物银行服务计划以及给无家可归者提供的收容所等。

环境适应对于那些有精神疾病或身体残疾的人士来讲，是非常重要的资源，他们需要协助来改变他们周围的一些环境状态，使其可以尽可能好地发挥功能。对那些身体残疾的人士来说，这些可能包括新建坡道、加宽门，这样他们的轮椅可以进出，重新安排家具，以方便他们使用，地面要防滑，或者是使用短毛地毯。根据病人的精神障碍程度，来确定如何营造他们的周围环境。一些有用的手段包括给院子加护栏（防止他们乱跑），保持低噪声，避免人际冲突，准备简单的、连成一体的家具，或者有目的地贴上标记以协助他们区分不同的区域。

人际支持是大部分人都需要的服务。服务内容包括有机会接触其他人，感受人际关系和社会互动，而这些经历就是情感支持，让病人们感受到自己被关爱和受到尊重。接受这样的人际支持，是人类的基本需求，在各级各类的卫生保健服务中，占据了非常重要的地位。

出院障碍

病人及其家人不愿意出院是阻碍病人结束自己门诊或住院服务的主要因素。这些因素与他们入院时面临的障碍是类似的，可能来自心理方面、财务方面、信息方面，或者与家庭保健、交通等其他资源需求相关的方面。

出院时的心理障碍可能是，病人已经从感情上开始依赖机构服务，害怕离开这样的服务。财务障碍可能是，病人没有收入，出院后无处可去。信息障碍可能是病人对疗养院或者家庭保健机构了解甚少，因此服务应就此做出相应的安排。家庭保健障碍的例子是，病人可能还需要在别的机构接受进一步的服务，但是，由于病人还要继续长期不在家中，不知道家人应该如何处理这件事。最后，病人可能根本没有办法从现在的住院机构进入到下一个服务机构中，因此，他们需要交通援助或者是付费安排。

38 在很多情况下，住院病人及其家人都不需要专业支持，可以处理好出院和后期的照顾问题，但是，也会有一些例外。

在下列情况下，病人常常需要得到帮助来制订出院计划：(1) 在预定的出院时间点他们的健康处在这样的状况，即他们随后还需要某种援助；(2) 医护人员也不是很清楚，病人出院后的照顾到底还需要什么样的资源；(3) 病人及其家人需要有关信息，来安排疗养院、家庭保健或临终照顾计划；(4) 病人及其家人需要援助，来明确自己对后期照顾的选择和决策。

需要理解的是，社会工作者在协助处理上述各种问题、提供服务时，通常，但也不是一定，是针对病人自己或者个体的家庭成员的。社会工作者有时候也需要关注全体或一个家庭中的几个成员，或者一组面临同样问题或有同样需求的病人及其家庭——无论是提供信息、指导、建议，还是提供某种形式的咨询或者解决问题的办法。

此外，在直接给服务对象提供服务的过程中，社会工作者需要发现社区在满足这些服务对象的需要中，存在哪些资源空白，或者需要发现社区中的某些不健康状况，并进行改正，从而降低未来服务对象可能出现问题的几率。因此，社会工作者可能需要加入所谓的社区组织，参与社会行动和政策/服务计划的策划和开发。这样的社区导向的服务，加上研究和教学、咨询等活动，都是属于间接服务的内容，因为它们不是直接提供给服务对象的，但是代表了服务对象的利益。

需要记住的是，要改进资源或环境，需要政策/计划的策划和开发，这些要求都必须来自卫生服务的内部。社会工作者常常处在一个独特的位置上，可以听到来自服务对象对服务或机构的批评和要求，因为他们宁愿把这些信息告诉社会工作者，而不愿意告诉医生和护士。社会工作者有责任来努力提高自己所在机构的服务质量和改进服务提供方式。

下一章我们将讨论卫生服务机构中社会工作所需要的知识、价值观、职业伦理、技术和干预。

小结

39 自从 1905 年医疗社会工作进入了综合性医院以来，实务工作者一直认为自己的角色是对医护人员职责的补充，因为他们会处理病人及其家人面临的社会、环境和心理问题，而这些问题会影响病人的健康状况和治疗效果。目前，大约有 47%的全美社会工作者协会的成员都在卫生领域包括精神和生理卫生领域工作，其中，约有 32%的会员在精神和生理卫生机构工作，主要是治疗机构。

医疗社会工作的理论视角认为，生物、心理和社会系统会互相影响，成为健康问题的原因和结果。尽管"治疗保健"是由医生提供的，用于监测病人的健康状况，治疗他们的健康问题，但是，卫生领域的社会工作者处理的是个体的态度、行为和社会环境资源，这些因素会从预防、恢复和赔偿的层面来影响"卫生保健"。

人们在照顾自身健康时的所为和所不为，人们如何解释和回应健康问题的症状，人们在明确自己的疾病和受伤之后的行为等这些非常复杂的行为现象，反映了人类行为的多样性。现存的知识体系中有很多内容可以说明人类行为的差异性是与性别、种族、社会经济地位和年龄密切相关的。但是，这些知识还不足以预测由于个体个性的差异，某个具体的个人行为会是怎样的。

大部分卫生服务机构会聘用来自不同学科背景的雇员。有时，这样的机构会采用跨学科团队来评估和参与卫生保健服务。这些团队的使命就是在给病因错综复杂的病人协调全方位的服务，从而提高服务效率，减少服务漏洞，避免服务重复。尽管有关跨学科团队的责任、要求和问题的信息非常多，但是，非常不幸的是，大部分专业教育都没能提供足够的培训，让自己的从业人员能够适应这样的团队合作。

卫生服务机构一般来讲，是社会工作的二级机构，它们是专业机构，而不是典型的官僚机构。在这些以医生主导的服务机构中，例如医院，一般都有双重权威系统，也就是说，既具备了管理者管理链，又有医务人员管理链，两种彼此并列，同时发挥作用。此外，某些卫生机构，例如医院、社区心理卫生中心以及公立卫生机构，常常都有复杂的劳 *40*
动分工，或者是职责分工，因此，这些机构又被称为复杂机构。

卫生服务机构的区别还在于，它们是公立的、志愿机构或者是私立机构，或者它们是宗教机构还是世俗机构。私立的卫生服务机构发展速度最快，因此，很多人对这些机构因追求商业利润而对服务质量产生的影响以及对"专业"概念的影响表示出很大的担忧。

最后，由于不断增加的卫生服务费用已经成为美国最严重的社会问题之一，政府卫生保健的财政支持出现了费用削减的趋势，这种削减也开始影响到卫生服务中的社会工作。

因此，很多特点各异的卫生服务机构开始限制自己机构中的社会工作者的职责和作用。社会工作者面临的一个挑战就是，在自己的工作领域中，面对病人及其家人、机构和资金来源等限制时，如何寻找途径来实现自己的价值并使工作的有效性最大化。

卫生服务机构中社会工作者的基本和核心职责包括：给病人及其家人，个人和群体提供直接服务，同时，还有提供咨询、教育、政策和服务策划，质量维护、倡导和与社区联络等间接服务。此外，我们还建议，卫生领域的社会工作者的职责还包括参与研究、社会工作实习指导以及其他教学活动。

第二章

41 # 医疗社会工作实务基础

知识要求

专业主义的知识基础

专业区别于职业的基本特征就在于，专业“教授”一个知识体系，这样专业人士就可以以此为基础为他人提供服务。这个知识体系的专业性特点，引导非专业人士将某些专业人士当成了某些知识领域的“权威”，并赋予专业以“权威”从而可以不受外界干扰来开展专业实践，也就是说，拥有实践自治（Greenwood，1957）。这个专业的知识体系应该广泛、复杂，要进入这个专业需要很长时间的专业教育，这些通常都需要在大学中完成。

社会工作专业的定义

社会工作一直被定义为助人性的“专业”活动，它协助个人、家庭、小组、社区恢复或者提高自身的社会功能性，并创造相应的社会条件来实现上述目标（NASW，1991）。因此，作为一个专业，社会工作声称自己拥有特定的知识和技术，其从业人员能够具备相应的资格，与非专业人士有明显区别，能够提供专业性的助人性服务。

知识的含义

很多世纪以来，哲学家们、神学家们、科学家们和其他学科人士一直就什么是“知识”争论不休。主要的争论焦点在于知识产生的“过程”的问题上。哲学家和神学家属于前科学或者超科学领域，因为它们先于科学，符合人类“认识”的过程，例如逻辑演绎和
42 宗教经验，所有这些都超出了现代科学的过程。在很大程度上，很多专业包括社会工作，赞同发展知识的“科学”过程，强调非偏向性观察（客观性）和理论建设。

作为理论的知识

在科学领域中，知识不仅仅是事实发现，例如开展人口普查、民意调查或者其他形式的现象观察。相反，收集事实或信息需要与解释事实的含义紧密联系在一起，需要在解释的事实与其他事实之间寻找某种紧密的关系（Wing，1978）。初步的或意向性的解释被称

为“假设”。由于假设需要检验是否被证实，在此基础上可以发展出一个理论体系（解释），这就是所谓的知识。知识和理论从来都不能穷尽或完整，随着新的研究发现了新的证据，它们永远都需要不断修正。

科学对其他通过直观来发展知识的视角的一个让步就是，科学发展首先始于对现实某些方面的偶然的观察，或者是灵感。也就是说，在人们就某些事务进行假设时，他们常常会“碰巧注意到……”或者“突然有个念头……”。这样的事情常发生在日常生活经验中，或者在专业的实务经验之中。在专业实务过程中，我们称之为“实践灵感”，或者是实践智慧的片段。这些灵感通常就是知识发展的种子，可以用来设立一个研究问题，这就是科学过程的第一个步骤。

科学过程

所有科学领域都需要一些特定的过程。尽管最初的起因来自对现实的某个灵感，但是，科学的过程却需要一系列的步骤（Neuman，1994：11）：

1. 形成研究问题。
2. 文献回顾。
3. 提炼研究问题。
4. 设计一个研究该问题的计划，包括：
   a. 抽样方法。
   b. 数据收集。
   c. 数据分析。
5. 开展研究。
6. 分析数据，得出与研究问题相关的结论。
7. 向他人传播研究结果。

如上所述，一个灵感或者实践智慧的片段，通常是形成研究问题的基础，例如：“贫 43
困率是否与报告出来的虐待儿童的比例相关?”或者，“病人参与策划出院计划的程度会影响病人旧病复发的可能性吗?”要确定研究问题，可以通过阅读他人对该问题的研究报告，了解他们的结论和发现。根据这些研究结果，来提炼自己的研究问题，或者将这些问题变成一个假设，例如：“在某个人群中，随着贫困比例的上升，报告出来的虐待儿童的比例也随之上升”，或者，“病人参与制订出院计划越少，病人复发的时间就越早”。通过研究过程，就可以对假设进行检验，研究结果可以通过专业刊物来进行传播，从而可以帮助积累与该主题相关的知识体系（理论）。

总之，专业必须拥有一个知识体系，确保自己的实践权威。科学的知识就是通过特定的过程来进行理论建设，其作用在于：（1）确保每个新研究都建立在前人研究之上；（2）迫使研究人员认真思考自己希望研究的问题，是否真的可以研究。

一般性社会工作的知识领域

社会工作教育计划围绕着社会工作关键的四个核心知识领域，不管服务对象人群、实务领域或者机构类型是否相同，这四个领域都是一致的。社会工作的知识一般性领域主要有以下内容：

1. 人类行为和社会环境：整合了有关生物的、心理的、社会文化的因素对人类行为和发展的科学理论。

2. 社会福利政策和计划：社会福利计划和社会回应社会问题的政策的历史发展的知识和目前的特点，包括社区现有的助人性资源、资源欠缺、社会政策和计划制订的过程，以及社会工作者可以怎样影响上述过程。

3. 社会工作实务：涉及社会工作助人过程的理论，社会工作实务方法、技术、技巧和干预模式，以及专业社会工作实务的价值观和职业伦理。

4. 研究方法：科学研究过程的知识，质性研究和定量研究，符合社会工作实务的抽样原则和方法、数据收集和数据分析。

在上述四个知识领域中，第三个领域是社会工作特有的知识，即社会工作实务知识。
44 这些知识需要不断更新发展，这样社会工作才能保持其专业地位。社会工作者在自己的职业生涯中，需要处理广泛的人类问题，需要在很多不同的领域和机构中开展工作。为了有效地在特殊的服务对象人群、领域和机构中开展实务，社会工作者还需要更多的知识，需要在机构工作期间，接受正规的和非正规的继续教育。

卫生领域特定的知识领域

卫生领域的社会工作实务由于服务人群、问题领域、机构背景和工作的社区情况不同而各不相同，然而，社会工作者如果具备了下列知识基础，那么就能得心应手地开展工作了。

1. 服务对象人群和问题领域：服务对象人群的特点，机构处理的健康问题的特征，失调的共同路径、治疗和管理；从生理—心理—社会视角来看待失调；人类多样性在失调过程中的作用，以及对健康行为的影响、对疾病行为的影响以及病人角色的影响。这些知识不可避免地要涉及一些新的术语，常常都是一些内科和精神病学的术语。

2. 机构背景：机构背景及其对社会工作的影响，例如它是营利性的还是非营利性的，是世俗的还是宗教团体；它的使命和工作是什么；卫生服务干预的水平；权威结构；机构中的专业和职业类型，以及它们的角色和它们对社会工作的角色期望；机构政策、法规、条例；跨学科团队原则和实务中遇到的问题等。

3. 社区特点和资源：周围社区的特点，例如，是城市还是农村或者郊区，人口统计学特征，政治态度，主要的工商业；社区的资源包括一般性资源以及与服务对象人群需求相关的特殊资源，以及实务机构的服务领域。

45 4. 具体干预模式：给特定的服务对象人群设计的方法，问题领域，机构特点，例如危机干预、悲伤咨询、行为修正或者个案管理。

5. 研究、评估和记录：根据机构的需要，来研究、评估和记录研究的发现和方法。

一般性知识与专业知识的关系

在卫生领域开展实务所需要的专业知识与社会工作的一般性知识是没有太大区别的，它是在一般性知识基础上，增加了某些方面更加深入的知识或者深刻的认识。

与生物—心理—社会模式和人类多样性以及社区有关的知识中，有关特殊服务对象人群的知识和问题领域的知识，就是对一般性人类行为与社会环境知识的进一步发展。有关机构背景和社区资源的知识，就是对一般性社会福利政策和服务计划知识的发展。尽管所有的社会工作者在自己的基础专业教育中，都掌握了社会工作实务中的一般性干预模式，但是，在某个特殊领域的实务，还是需要最适合这个实务领域的特殊的干预方式。最后，有关研究、教育和记录的知识就是针对某些相关领域，对社会工作研究方法基础的进一步发展。

简言之，一般性社会工作知识就是所有社会工作实务的基础。卫生领域的社会工作实务只是需要进一步发展这些一般性知识，使其能够满足服务对象群体、处理的问题领域、机构和社区的需要。

价值观和伦理考虑

专业主义的价值基础

除了知识基础之外，一个专业还必须具备能够反映专业背后的价值观的职业伦理，给自己的专业人士提供一个专业行为标准。这里体现的一个理念是，既然专业从外部的监督中获得了相对的自治，它就必须明确规定自己成员相应的责任。

价值观与伦理的意义以及两者的关系 46

价值观是人们认为重要的或者是有价值的东西，伦理是行为规范，通常反映了我们背后的价值观。我们认为合适的行为（在某个情境中合适）基本上就反映了我们认为重要的，或者是有价值的核心。职业伦理就是一套行为期望或规范。

社会工作专业基本价值观和实务原则

伦理原则①

以下一般性的伦理原则立足于社会工作的核心价值：服务、社会公正、个人的尊

① Copyright 1996，National Association of Social Workers Inc.，Code of Ethics.

严与价值、人际关系的重要性、正直和能力。这些原则设定了所有的社会工作者都应追寻的理想。

价值一：服务

伦理原则：社会工作者首要的目标就是帮助有需要的人们，并致力于社会问题的解决。

社会工作者应超越个人利益来提供对他人的服务。社会工作者依其专业知识、价值和技术来协助有需要的人们，并致力于解决社会问题。社会工作者被鼓励自愿地奉献他们部分的专业技能（免费的服务），而不期望得到相当的经济回报。

价值二：社会公正

伦理原则：社会工作者要挑战社会的不公正。

社会工作者应追求社会变革，尤其要协同和代表弱势、受压迫之个人和团体。社会工作者在社会变革方面首要的努力应着重于：解决贫困、失业、歧视及其他形式的社会不公正问题。这些活动要求增加对压迫、文化和种族多样性的敏感度和知识。社会工作者应致力于确保服务对象能够获得必要的信息、服务、资源、平等的机会，以及在全民决策上有意义的参与。

47 **价值三**：个人的尊严与价值

伦理原则：社会工作者应尊重个人与生俱来的尊严与价值。

社会工作者应以一种关怀与尊重的态度对待每个人，关注个别差异和文化及种族的多样性。社会工作者应促进服务对象做出对社会负责的自我决策。社会工作者应追求促进服务对象表达他们自我的需求和增强他们改变的能力和机会。社会工作者应认识到自己对服务对象以及广大社会的双重责任。他们应寻求能够在符合专业的价值、伦理原则和伦理标准的前提下，实践社会责任，以解决服务对象的利益和广大社会利益间的冲突。

价值四：人际关系的重要性

伦理原则：社会工作者应认识到人际关系的核心重要性。

社会工作者应深知人与人之间的关系是改变的重要工具。社会工作者在助人过程中扮演了服务对象的伙伴角色。社会工作者应在有目的的努力之下尝试去加强人际关系，以增强、恢复、维持和促进个人、家庭、社会团体、组织和社区的福祉。

价值五：正直

伦理原则：社会工作者的行为应是值得信赖的。

社会工作者应始终清醒地意识到专业的使命、价值、伦理原则和伦理标准，并能付之于实践。社会工作者应以真诚和负责的行为，去履行符合其所属组织伦理的实务工作。

价值六：能力

伦理原则：社会工作者应在自己专业能力的范围内开展工作，并提升自己的专业技能。

社会工作者应持续地致力于增加自己的专业知识和技巧，并运用于实务工作中，社会工作者应鼓励自己对专业的知识基础有所贡献。 48

社会工作专业实务的伦理标准

伦理标准

1. 社会工作者对服务对象的伦理责任

1.01　对服务对象的承诺

社会工作者的首要责任是促进服务对象的福祉。一般而言，服务对象的利益是最优先的。但是，社会工作者对广大社会或特定法律的责任，也可能会在某些情形下取代对服务对象的承诺，这时便应该告知服务对象。（例如：社会工作者被法律要求通报服务对象虐待小孩，或曾威胁要伤害自己或他人的情况。）

1.02　自决

社会工作者尊重且寻求服务对象的自决权，并协助服务对象尽力确认和澄清他们自己的目标。在社会工作者的专业判断下，当服务对象的行动或潜在行动具有严重的、可预见的和迫近的危险会伤害自己或他人时，社会工作者可以限制服务对象的自决权。

1.03　知会同意

(a) 社会工作者应只在获得服务对象适当而有效的知会同意的专业关系范围内来提供服务，必须以清晰和易懂的语言告知服务对象下列内容：服务的目标、服务中有关的风险、由于第三者付费规定而产生的服务限制、相关的费用、合理的选择方案、服务对象可以拒绝或撤回同意的权利、同意的时间范围等。社会工作者应给服务对象提问的机会。

(b) 如果服务对象不识字或对实务机构内所使用的基本语言难以理解，社会工作者应采取行动以确保服务对象的理解。这些措施包括：向服务对象作详细的口头说明，或尽可能安排合格的翻译人员。

(c) 如果服务对象缺乏知会同意的能力，社会工作者应寻求适当的第三者的同意，并以服务对象所能理解的水平告知服务对象，以保护服务对象的利益。在这种情 49
形下，社会工作者应确认所找的第三者是符合服务对象的期望和利益的。社会工作者应采取必要的步骤，增强服务对象知会同意的能力。

(d) 如果服务对象属于非自愿的个案，社会工作者应提供下列信息给服务对象：服务的本质和内容、服务对象拒绝服务的权利范围。

(e) 如果社会工作者借由电子媒体（如：电脑、电话、广播和电视）提供服务，应告知服务接受者这类服务的限制和风险。

(f) 社会工作者应在录音、录像或允许第三者旁观之前，得到服务对象的知会同意。

1.04　能力

(a) 社会工作者应仅在自己所受的教育、训练，执照、证书，所受的咨询或被督导的经验，及相关专业经验的范围内提供服务，展现自己。

(b) 当社会工作者要在独立的领域提供服务，或使用新的干预技术或方法时，应在相当的研习、训练、咨询或接受具备该干预技术或方法的专家督导下才可施行。

(c) 在普遍认同的标准尚未建立的新兴实务工作领域中，社会工作者应谨慎地判断，并采取负责的步骤（包括：适当的教育、研究、训练、咨询和督导），以确保能胜任这一工作，并能保护服务对象免受伤害。

1.05　文化能力与社会多样性

(a) 社会工作者必须了解文化及其对人类行为和社会的影响，并认识到所有文化中都存在优点。

(b) 社会工作者应具备了解服务对象文化背景的知识基础，并在提供服务时能展
50 现对服务对象文化的敏感度，也要能分辨不同人群和文化群体间的差异。

(c) 社会工作者应通过教育并致力于了解社会多样性的本质，诸如民族、种族、国籍、肤色、性别、性取向、年龄、婚姻状况、政治信仰、宗教或身心障碍等问题。

1.06　利益冲突

(a) 社会工作者应警觉并避免会影响到专业裁决和公正判断的利益冲突。当实际或潜在的利益冲突发生时，社会工作者应告知服务对象，并以服务对象之利益为优先或尽可能保护服务对象最大利益的态度，来采取必要的步骤解决争端。在某些案例中，有时为了保护服务对象的利益，必须终止专业关系并做适当转介。

(b) 社会工作者不应从任何专业关系中获取不当利益，或是剥削其他人以得到个人的、宗教的、政治的或是商业的利益。

(c) 社会工作者不应与现有或先前的服务对象产生双重或多重的关系，以避免剥削或可能伤害服务对象的风险。如果双重或多重关系难以避免，社会工作者应采取行动保护服务对象，并有责任设定清楚的、适当的及符合文化敏感性的界限。（当社会工作者和服务对象产生超过一种以上的关系时，不论是专业的、社交的或商业的关系，即是双重或多重关系。双重或多重关系可能同时存在或接连发生。）

(d) 当社会工作者对彼此有关系的两种或两种以上的人提供服务时（例如：配偶、家庭成员），必须向所有的人澄清谁才是服务对象，并说明社会工作者对不同个人的专业职责的本质。社会工作者在面对服务对象间的利益冲突时，或是必须扮演可能引发冲突的角色时（例如：社会工作者被要求在儿童保护个案的争议中作证，或在服务对象的离婚诉讼程序中作证），社会工作者必须向有关人员澄清他们的角色，并采取适当行动将任何利益冲突降到最低。

1.07　隐私与保密 51

(a) 社会工作者应尊重服务对象的隐私权。除非因提供服务或进行社会工作评估、研究的必要，否则不应诱使服务对象说出隐私信息。一旦隐私信息需要被提供出来，一定要采用保密标准。

(b) 社会工作者若要公开这些保密的信息，必须经过服务对象确切的同意，或是经过合法授权的服务对象代理人的同意。

(c) 除非迫于专业理由，否则社会工作者必须对专业服务过程中所获得的所有信息加以保密。社会工作者应该严守资料机密，一般例外的情况如下：预防服务对象或可确认的第三者遭遇严重的、可预见的、迫近的伤害时，或是法律或法规要求揭露而不需得到服务对象同意时。无论如何，社会工作者公开的应是与达成目标最必要且最少量的保密信息，而且只有与目标直接相关的信息才可以公开。

(d) 社会工作者应在公开保密资料前，在可能的情况下，告知服务对象保密资料的公开以及可能产生的结果。不论是社会工作者应法律之要求还是服务对象同意而公开保密资料，均应如此。

(e) 社会工作者必须和服务对象及其他利益相关者讨论保密的本质和服务对象隐私权的限制。社会工作者应与服务对象讨论在什么情况下保密的信息需要提供出来，以及在什么情况下必须依法解密。这个讨论应在社会工作者与服务对象建立专业关系后尽快安排，如有必要，在专业关系的全程中均可讨论。

(f) 当社会工作者给家庭、夫妻或小组提供咨询服务时，社会工作者应与参与者达成协议，说明有关每个成员的保密权利，及对他人所分享的机密资料的保密义务。社会工作者也必须提醒参加家庭、夫妻咨询或小组咨询的成员，社会工作者没有办法保证所有的参与者均能遵守他们的保密协议。

(g) 社会工作者应告知参与家庭、夫妻、婚姻或小组咨询的服务对象，有关社会 52
工作者、雇主和机构对于社会工作者在咨询中在其成员间公开机密资料的相关政策。

(h) 社会工作者在没有获得服务对象授权的情况下，不可泄露保密资料给付费的第三者。

(i) 社会工作者在没有确定隐私权得到保障的情况下，不可以在任何场合讨论机密资料。社会工作者也不可以在公开或半公开的场所，如：大堂、接待室、电梯和餐厅等，讨论机密资料。

(j) 在诉讼过程中，社会工作者仍应在法律允许的范围内保护服务对象的机密。倘若未经服务对象同意揭露这些机密资料，以及泄密会伤害到服务对象，即使这是法庭的要求或是其他法定代理人的命令，社会工作者也应要求法庭撤回命令，或是尽可能限制命令的范围，要求保持记录是密封的，或是使记录在公开调查中不会被曝光。

(k) 在面对大众媒体时，社会工作者应保护服务对象的隐私权。

(l) 社会工作者应保护服务对象书面、电子或其他敏感性资料。社会工作者应采取可行步骤确保服务对象的记录存放在安全的处所，并确保其他未得到授权的人无法接触到这些记录。

(m) 社会工作者在运用电脑、电子邮件、传真机、电话、电话答录机，以及其他电子或电脑科技传送机密资料时，要注意确保其安全性。必须避免在任何可能的情况下泄露辨识信息。

(n) 社会工作者在转送和清理服务对象记录时，应保护服务对象的隐私权，也应符合国家相关法令规章和社会工作者的许可规范。

(o) 社会工作者在面临终止服务、停业或死亡等事件时，应采取可行的防备措施以保护服务对象的隐私权。

53 (p) 社会工作者因教学与训练目的而讨论到服务对象时，除非服务对象同意，否则不可泄露任何辨识信息。

(q) 社会工作者在做咨询而讨论到服务对象时，除非服务对象同意或有强制性的需要，否则不可泄露任何辨识信息。

(r) 即使服务对象去世，社会工作者也应以上述一致的标准来保护服务对象的隐私权。

1.08 记录的接触

(a) 社会工作者应向服务对象提供合理的与他们自身有关的记录相接触的机会。如果服务对象在看到与自己有关的记录时，可能会有严重的误解或受到伤害，那么社会工作者应提供适当的协助以向服务对象解释或给予咨询。只有在明显的证据显示可能对服务对象造成严重伤害的例外情况下，社会工作者才可以限制服务对象取得全部或部分的记录。在服务对象的档案中必须清楚记载对服务对象查看记录的要求以及限制服务对象查看全部或部分资料的理由。

(b) 当服务对象接触其记录时，社会工作者必须采取行动保护记录中被提及或被讨论到的其他人的隐私权。

1.09 性关系

(a) 社会工作者无论在任何情况下都不可以和当前的服务对象发生双方同意的或是强迫性的性行为或性接触。

(b) 当对服务对象有剥削的风险或潜在的伤害时，社会工作者不可以与服务对象的亲属或与服务对象有亲密关系的他人发生性行为或性接触。与服务对象的亲属或与服务对象有亲密关系的他人发生性关系或性接触可能会伤害服务对象，也会使社会工作者和服务对象间难以维持适当的专业界限。社会工作者应负有全部责任去建立一种清楚的、适当的，以及符合文化敏感度的关系界限，而不是由服务对象、服务对象的 54
亲属，或是与服务对象有亲密关系的人来负这样的责任。

(c) 社会工作者不可以和以前的服务对象发生性行为或性接触，以免对服务对象产生潜在伤害。如果社会工作者的行为违背了这项禁令，或是声称在某些特殊情况下可以例外，那么是社会工作者而不是服务对象，应负有完全的责任证明先前的服务对象并未遭受到有意或无意的剥削、强制或操纵。

(d) 社会工作者不可以对以前曾与自己有性关系之个人提供临床服务。对先前的性伴侣提供临床服务有可能对其造成伤害，并使得社会工作者与个人之间难以维持适当的专业界限。

1.10 肢体接触

如果肢体接触的结果有可能对服务对象产生心理伤害（例如：轻抱怀里或爱抚服务对象），那么社会工作者不应与服务对象有肢体接触。社会工作者在与服务对象有适当的肢体接触时，有责任设定一个清楚的、适当的和具有文化敏感度的界限以约束类似的肢体接触。

1.11 性骚扰

社会工作者不可以对服务对象进行性骚扰。性骚扰包括：性示好、性诱惑、要求发生性行为以及其他含有性本质的语言或肢体接触。

1.12 诽谤的语言

社会工作者在与服务对象沟通或提及服务对象的文字或语言中，不应使用诽谤的语言。社会工作者在与服务对象的所有沟通中或提及服务对象时，应使用正确且尊重的语言。

1.13 服务的付费

(a) 对于服务费用的决定，社会工作者应确保收费的价格是公平的、合理的，并且与所提供的服务对等，也要考虑服务对象的承受能力。

(b) 社会工作者应避免接受服务对象的礼物或服务以作为专业服务的报酬。交 55
易（特别是牵涉服务的交易）导致社会工作者与服务对象间潜在的利益冲突、剥削及不适当的关系界限。社会工作者只有在极其有限的情况下才可去探索和从事这类交易，如：当地专业人员已接受的做法、对服务的提供而言是重要的、没有强制的交易协商，以及由服务对象主动提出并得到服务对象知会同意。社会工作者在接受服务对象的礼物或服务以作为服务的报酬时，负有完全的责任来证明这个安排不会伤害到服务对象或影响到专业关系。

(c) 社会工作者经由雇主或机构的安排为服务对象提供服务时，不应请求私人的费用或其他报酬。

1.14　缺乏决策能力的服务对象

当社会工作者必须给无决策能力的服务对象服务时，社会工作者应采取合理的步骤以保障该服务对象的利益和权利。

1.15　服务的中断

社会工作者在面临如难以获取服务、搬迁、疾病、身心障碍或是死亡而导致服务中断时，应作出合理的努力来确保服务的继续。

1.16　服务的终止

(a) 当服务与专业关系不再需要时，或其不再符合服务对象需要或利益时，社会工作者应终止对服务对象的服务以及专业关系。

(b) 社会工作者应采行合理的步骤以避免对仍有需要的服务对象终止其服务。社会工作者只有在非同寻常的情况下才可仓促地撤回服务，并要审慎思考各项因素，使得负面影响减至最低。社会工作者应协助做出适当的安排以继续必要的服务。

56 (c) 社会工作者在付费服务的机构中，如果事先曾与服务对象有清楚的财务合约说明，且服务对象没有对自己或他人有迫近的危险，以及曾对服务对象说明和与之讨论未付款所造成的临床上与其他的后果，那么社会工作者可以终止对逾期未付款的服务对象的服务。

(d) 社会工作者不应为了与服务对象建立社会的、经济上的或是性关系而终止其服务。

(e) 当社会工作者预备终止或中断对服务对象的服务时，应立即通知服务对象，并且依照服务对象的需求和意愿寻求服务的转案、转介或继续服务。

(f) 社会工作者如果要离开受雇机构，应该告知服务对象适当选择继续服务以及这些选择的优点与风险。

卫生保健机构中的价值观和伦理考虑

下列与服务对象有关的社会工作价值观、原则和伦理标准，对卫生保健机构中的社会工作实务具有特别重要的指导意义。

重视尊严和个人价值

人的尊严和价值在卫生机构中具有特别重要的意义，因为在这里我们需要面对的是受到严重损伤、残疾、发疯、失常或濒临死亡的人。

此外，卫生保健机构中的服务对象群体是社会的缩影，在这里包括穷人和富人，青年人和老人，“圣人和罪人”，天才和弱智，不同种族、文化、宗教信仰的男性和女性。他们中有双性恋，有同性恋，他们的身份有大企业老板、职员、摇滚明星、运动员和政治家。

作为专业的社会工作者，我们面临的挑战就是，要记住每个个体都是有价值的。我们要接纳每一个人，无论他们的行为是怎样的。每个人都有权利发挥自己的潜能。我们要个别化对待每一个人，运用专业的方法和服务，来满足个体的需要。我们要主动接触弱势人群，为他们进行倡导，我们要避免将自己的价值观和规范强加于他们，相反，我们应该发现并尊重他们的价值观和规范，在尊重他们存在的框架内开展工作。

为服务对象保密的伦理标准 57

“保密”一词的字面意思是“带有忠诚”，或者“信任”。在卫生保健机构例如医院和疗养院中，服务对象都处在极度弱势的情境中，他们不仅要身穿睡衣甚至裸体出现在别人面前，而且还要“从习惯的支持性网络中被剥离开”(Goffman，1961)。这种弱势性可能会迫使服务对象要去讨论自己平日里不轻易与他人讨论的话题，事后他们的弱势性会得到进一步强化。此外，你可能会看到他们的医疗记录，其中还会包含很多私人信息。最后，你可能还会遇见熟人，或者听说过病人及其家人。他们可能会是过去的恋人、过去的老师或者公众人物。

因此，非常重要的一点就是，你要对自己了解的病人的情况进行保密。千万不要跟你的家人、朋友或同事来谈论这些信息。只能将那些可以公开的信息与他人分享，要将那些私密的信息锁起来。

信任是有效开展社会工作实务的前提。破坏了信任关系会降低在别人眼中的你所从事的职业的可信度。

破坏保密性标准的例外包括出现了公共卫生危险，威胁性的自杀或他杀，或其他犯罪行为。在这些情况下，社会工作者需要告诉服务对象，自己不能确保遵守保密原则。

服务对象自决的伦理标准

卫生保健机构常常会给病人及其家人提出很多重要问题，由他们来决定，这些问题涉及很多方面，例如：

- 是否需要开始或者持续进行抢救？
- 是否进行某个建议的医疗或手术程序？
- 是否接受治疗以减少一些症状，或者延续生命，但是会带来很多令人难受的副作用？
- 选择什么样的治疗方法？
- 是否要对重要他人说明自己的身体状况？
- 对自己未来生活要采取什么措施？
- 出院后是回家还是去疗养院？

此外，自决原则在卫生保健机构尤为重要。因为有证据表明，当人们经历了强烈的丧
58 失对自己生活的控制感时，他们就会选择放弃，这就会给他们的康复带来负面影响(Schmale，1972；Seligman，1975；Levy，1974)。

因此，社会工作者需要特别注意的是：(1) 协助服务对象及其家人获取相关的信息，以便做出知情决策；(2) 协助他们明确和评估各种选择，以做出最合适的决策；(3) 支持他们的选择，协助他们实现自己的目标。

社会公正的价值

我们的责任就是支持和积极推动机会平等，给所有人提供同等的治疗，不管我们个人对他们的看法是怎样的，不管他们的健康状况和行为是怎样的。尽管我们对政治、道德、宗教等问题的看法不同，但是，作为专业人士，我们必须意识到，社会公正是面向每一个人的，否则就不存在任何的社会公正。

价值观和伦理冲突

长期以来，很多实务情境会导致专业人士感到面对专业的价值观和伦理时，具有不确定性、张力或者诱惑。这些就是所谓的“价值观和伦理冲突”。这样的冲突与下列因素相关：(1) 服务对象的健康状况、个性或行为；(2) 机构的处境或实务；(3) 社区资源提供者的推波助澜。

与服务对象相关的冲突

卫生机构中的价值观和伦理冲突可能源于社会工作者对服务对象健康状况或行为的主观反应。这样的冲突会破坏社会工作者执行专业价值观和伦理的能力，下面的案例就反映了这些情况：

- 病人的健康状况极为严重，社会工作者私下质疑是否值得为他们提供费用不菲的治疗服务。
- 病人的健康问题会让社会工作者回忆起自己家庭成员曾经的不幸遭遇。
- 病人的个性与某些社会工作者非常相似，社会工作者可能担心自己也会经历类似的健康问题，从而产生痛苦。
- 59 病人的健康问题源于身体或性虐待、药品或酒精依赖、同性恋或流产，对于这些原因，社会工作者会带有强烈的个人价值评判。
- 病人决定在病情缓解后回家，或者家人决定带他们回家，而社会工作者则坚信，即使有再丰富的资源，病人也无法给自己提供足够的照顾。

与机构有关的冲突

有时价值观和伦理冲突也会在机构中发生，我们来看下面的例子：

● 机构中的一个管理者要求社会工作者与病人家人谈谈，希望这个家人“从我们身边消失”，因为这个家人曾经投诉过机构的服务。

● 机构的管理者要求社会工作者给新近入院的病人家人准备开展小组活动，使用一个由总部开发的小组手册，这个手册的主要目的是劝说病人家属不要监控自己家人在医院受到的照顾情况，要信任机构的服务，而不是让家属自由谈论自己的感受和担心。

● 很显然，卫生保健机构的人手严重不足，出现了大量的病人被疏忽照顾的事件和过分使用物理和化学限用品事件。

● 若社会工作者试图发现并接触那些面临危险的病人，有时，病人的私人医生对此会认为是骚扰“自己的病人”。

● 机构文件中常常强调的“病人权利”有时会受到侵犯。

● 营利性机构在做决定接诊和出院时，基本上是根据病人保险覆盖的年龄，而不是病人的治疗需求。

● 医生坚持说社会工作者在安排病人出院之前，没有必要一定非得从社会工作者的观点出发，对病人或家庭的福利状态做出妥协。

● 一个或者更多的病人向社会工作者抱怨说，机构中的另一个专业人士曾经对自己有身体、情感或者性虐待。

与社区联络有关的冲突 60

价值观和伦理冲突还会出现在将服务对象与社区资源连接的过程中。为了扮演好经纪人的角色（即了解资源选择，协助服务对象与那些最能满足自己需要的资源相连接），社会工作者处在一个很有影响力的位置，他们也会有自己喜好的社区资源。近年来，很多营利性机构迅速发展起来，形成了一个环环相扣的市场，这个现象就更加突出了，例如很多社区心理卫生中心、疗养院、家庭保健机构和医疗设备供应机构。

作为这些企业导向的服务机构迅速发展的一个结果，卫生保健机构中的社会工作者可能就成为铺天盖地的各种推广物品、送礼、宴请、托人情的主要目标，所有这些都希望社会工作者能够将服务对象转介到某些特定的服务机构中。可能对于社会工作者来讲，接受礼品和宴请，本身没有什么不对，只要所有这些不影响他们客观公正地评估服务对象面临的各种服务资源的质量。

应对价值观和伦理冲突

在卫生保健机构中，社会工作者要怎样处理自己面临的各种冲突，其实是没有简单的答案的。要处理因回应服务对象独特需要而产生的冲突，社会工作者只要简单地记住这样的训诫：“将个人需要和感受与专业关系区别开。”要处理那些与机构背景有关的冲突，社会工作者既需要记住“要忠诚于自己的机构”，同时还要遵守“把服务对象的利益和福祉放在第一位”的原则。最后，在处理由某些企业导向的社区资源引发的冲突时，最好是要记住“专业行为需要体现诚实和公正”。

随着社会工作者的专业能力日趋成熟，他们最终会意识到自己专业的价值观和伦理就能够帮助他们抵制各种诱惑。专业知识的培养，加上专业的价值观和伦理，能培养出具备扎实专业技术的社会工作者，下面我们会详细讨论这些技术。

技术要求

61 ### 技术的含义

在日常生活中，我们认为技术就是有能力做好某件事，如骑自行车、砌墙或者是做外科手术。将专业技术与骑自行车或砌墙区别开的核心内容就是，完成专业活动的知识水平。这些知识水平反映了某些现象的复杂性和稳定性。复杂性指的是影响因素的多重性。稳定性指的是在多大程度上这些因素是稳定的或变化的，也就是说动态性。换言之，如果每个人和人的问题都是相同的、单一性的，每个服务对象在帮助过程中的回应方式都是相同的，那么社会工作实务就会跟砌墙一样了。

区别专业技术的另一个明确特征就是，它还受到了专业价值观和伦理的约束。也就是说，有些事情我们能做，但是我们不可以做，因为我们相信这样的行为会违背我们专业认为重要的、有价值的、合适的标准。

因此，专业技术不是机械性的，而是在与一个复杂多变的环境互动时，代表了依据一个知识体系、价值观和伦理来恰当行事的能力。同样，社会工作专业技术不是仅仅通过观察他人就能学会的，也不是仅仅通过练习来获得的。相反，它植根于以下两个方面：（1）人类行为和社会环境、社会福利政策和计划、社会工作实务方法、研究和评估方法；（2）社会工作的价值观和伦理。

专业技术的四个特点

专业的实务活动作为实务活动与专业知识、价值观和伦理之间紧密联系的一个结果，人们都希望它能够表现下列特点：

1. 意识性——有意识地进行运作。
2. 目的性——具备明确的目的。
3. 规则性——有控制地进行。
4. 回应性——谨记符合专业的价值观和伦理。

62 ### 社会工作技术的含义

我们把社会工作技术定义为运用社会工作知识、价值观和伦理来开展社会工作实务活动。实际上，社会工作者在实务过程中的任何活动或所有活动，不管是给服务对象的直接服务、咨询、社区联络工作、政策/计划的策划和开发，还是教学或研究与评估，都是“技术”，也就是说技术性的活动，由于这些技术植根于社会工作的知识、价值观和伦理，因此，都是有意识的、有目的的、有规则的和具有回应性的。

一般性社会工作技术

一般性社会工作技术指的是适用于所有社会工作实务，基本上围绕给服务对象的直接服务。对社会工作技术的不同分类方式，反映了社会工作助人过程中的基本步骤和相关的活动（DiNitto & McNeece，1997；Morales & Sheafor，1989）。

助人中的技术性活动	**助人过程的不同阶段**
投入	投入
观察	资料收集
评估	评估
合作性策划	协议性干预策划
干预模式	计划实施
研究/评估	过程/结果评估
结案/结束	结案
沟通	（贯穿于整个助人过程中）
共情	（贯穿于整个助人过程中）

除了这些与助人过程相关的技术之外，基础性的社会工作教育还能协助发展广泛的研究技术以及小组和社区干预技术。

技术与技巧的差异

技术比技巧更加广泛。技术是一个工作能力的类别，能够明确做什么，而技巧是技
术表现中运用的具体的行为或者一系列行为，能明确表明如何做。例如，积极倾听是沟 63
通技术中的一个技巧。对于前面提到的技术领域中的每一个方面，或者工作能力的诸多
类别中，在具体运用时，会有一个系列的相关的技巧或行为（Morales & Sheafor，
1989）。

医疗社会工作要求的专业技术

前面我提到了在卫生保健机构中开展社会工作要具备一些专业的知识。卫生保健机构中社会工作的专业技术要与下列具体的知识领域密切相关：

1. 服务对象群体和问题领域。

2. 机构背景。
3. 社区特点和资源。
4. 具体的干预模式。
5. 适合于特定机构的研究、计划评估和记录的方法。

下面我们来详细叙述上述各种关系。

服务对象群体和问题领域

了解了卫生保健机构服务的服务对象群体和问题领域的知识，就可以从下列实务活动中提高社会工作者的技术：

1. 与帮助病人及其家人过程伴随而来的投入、观察、评估、合作性策划、干预、评估、结案、总体的沟通和共情。
2. 与机构中其他卫生专业人士沟通（因为你“能讲他们的语言”，他们被你对服务对象群体和问题领域的独到见解和敏感性深深打动了）。

机构背景

了解机构背景的特点能够帮助社会工作者在下列实务活动中提高自己的技术：

64 1. 发挥社会工作在机构中的作用，使自己成为该系统中一个有价值的、补充性的、整合性的、有效的组成部分，这样能促进社会工作者适应机构的限制、明白机构的优先领域和期望。
2. 协助跨学科团队。
3. 与机构其他员工一起参与非正式的服务对象的倡导工作。

社区特点和资源

掌握了某个特定社区的特点、资源和资源需求，能够提高社会工作者在下列实务活动中的技术：

1. 跨机构的沟通。
2. 服务对象与资源的连接。
3. 社区计划/政策的策划与开发。
4. 实务机构与社区之间的联络工作。

具体的干预模式

社会工作者掌握的适合特定服务人群需求、问题领域和机构的干预方法与视角的知识，能使社会工作者发展技术来更加有效地协助服务对象解决自己的问题。

研究、计划评估和记录方法

社会工作者掌握的符合机构的需要和赞助方的要求的研究、计划评估和记录方法的知识，能够使社会工作者在下列领域中更好地提高自己的技术：

1. 设计和开展研究，协助发展医疗社会工作的知识基础。
2. 评估机构中社会工作计划的有效性，并为未来计划的发展奠定基础。
3. 记录下能最大限度报销费用的要求。
4. 将案例活动记录在医疗记录中，告知其他专业人士，从而促进跨专业的协作。

在下面的章节中，我要讨论卫生保健机构中社会工作服务干预的几个维度。 65

助人维度

社会工作的使命

前言[①]

社会工作专业的主要使命就是，要提高人类的福祉，协助满足所有人的基本需求，特别要关注那些弱势群体、受压迫群体和生活在贫困中的群体的需求。社会工作的一个历史上公认的特点在于，这个专业重视社会情境中的个人福祉和整个社会福祉。社会工作的核心就是要关注受环境因素影响的生产创造及生活中各方面的问题。

社会工作者将代表服务对象来促进社会公正和社会变革视为己任。“服务对象”这里指的是个体、家庭、团体、机构和社区。社会工作者要对文化和多种族保持高度敏感，努力消除歧视、压迫、贫困和其他形式的社会不公平。这些活动可以以多种形式来进行，如直接服务、社区组织、督导、咨询、管理、倡导、社会和政治行动、政策开发和实施、教育、研究和评估。社会工作者致力于提高人们回应自己需求的能力。社会工作者还努力推进机构、社区和其他社会机构回应个体需要、解决社会问题的能力。

社会工作专业使命植根于一系列的核心价值观。这些核心价值观贯穿于社会工作专业发展的整个历史中，构成了社会工作独特的目标和视角的基础。

- 服务。
- 社会公正。
- 个人的尊严和价值。
- 人际关系的重要性。
- 正直。
- 能力。

---

① Copyright 1996，National Association of Social Workers，Inc.，Code of Ethics.

这里罗列的核心价值观反映了社会工作专业的独特性，核心价值观以及由此衍生的原则，必须在人类经验的情境和复杂性之间保持一种平衡（NASW，1996：1）。

66 要实现这个目标，专业的社会工作者就要通过直接服务或间接干预，来服务于自己的服务对象，旨在提高他们的社会功能性，也就是实现人在环境中的和谐。

卫生保健中社会工作的直接和间接服务

社会工作者在卫生机构中的基本职责（NASW，1987）明确指出了服务活动的领域，这些可以归结为直接服务，即直接提供给服务对象的服务，还有间接服务，即代表或为了维护某个准服务对象的利益而开展的活动。

直接服务包括：

- 案例寻找和外展。
- 评估对社会工作服务的需求。
- 干预策划。
- 干预（治疗）。
- 住院前策划。
- 出院策划。
- 信息和转介。
- 为服务对象的倡导。
- 保护服务对象的权益。
- 健康促进和维护。
- 预防性、治疗性和康复性措施。
- 提供持续性照顾——包括确保获取服务和有效地运用服务。

间接服务包括：

- 为某个群体倡导。
- 咨询。
- 与社区联络。
- 政策和计划的策划和开发。
- 质量保证。
- 研究。
- 社会工作实习指导。
- 教学（除了实习指导之外）。

社会工作角色

角色就是一种标签，表明演员需要在某个时段扮演的功能或内容，根据社会工作者需要发挥的功能，在干预中他们需要扮演的角色包括：

- 倡导者，为服务对象争取或维护权利。 67
- 经纪人，了解相关的资源，并将服务对象与这些最合适的资源连接起来。
- 个案管理者，评估服务对象的需要，将服务对象与所需要的资源联系起来，协调和监督资源的提供。
- 顾问，在必要的时候，会给需要的人提供专业建议。
- 咨询师，参与与服务对象的个性化互动，涉及服务对象的感受、态度、感觉和行为。
- 桥梁，作为两个人、机构之间的桥梁、联系人。
- 调解人，协助冲突各方，解决矛盾。
- 研究者，发展新知识。
- 策划者，准备设计行动计划。
- 教师，向他人传播知识。

社会工作助人过程

社会工作专业包含了一个特定的助人过程，或者是在对服务对象的干预中的一系列的步骤或阶段。这个概念化的过程经常会提醒实务工作者，社会工作专业干预是有章可循的、秩序井然的，它强调服务对象的参与、系统地收集和解释相关的信息、在干预之前与服务对象一起策划，再加上持续的监控和对干预过程、有效性和结果的最后评估，最终还会对干预过程的结束或结案做一个总结（DiNitto & McNeece，1997）。

干预的含义

这个助人过程是由一个概念化的系列步骤组成的，包括干预前、干预中和干预后几个不同阶段。理论上来讲，干预，或者我们常说的治疗或治疗模式，实际上就是为处理服务对象的问题而采取的措施。在实践中，很难将干预前和干预后的阶段与干预本身区别开，因为在整个过程中，社会工作者与服务对象的互动都具有治疗作用。

四个目标层面的干预

在卫生领域，社会工作服务或者干预的服务对象，可能是个体病人（一对一的），也
可能是一群病人，或者是社区或社会的一部分，例如邻居，具有某种疾病的人群，某个治 68
疗中心、康复中心或中途宿舍的住院患者，或者日间治疗中心、日间照顾中心及其他门诊

的病人等。服务对象可能是个人或小组，他们要求且/或能从社会工作干预中受益。

干预目标

尽管社会工作的总体目标是恢复或提高服务对象的社会功能性，但是，更为短期的干预目标可能是：

- 改变态度、感觉、感受或行为。
- 协助决策和自决。
- 提高适应能力和应对能力。
- 维持或提高精神和生理舒适度和功能性。

干预方法

要实现上述目标，需要采用很多方法，选择什么样的方法取决于对服务对象需求和能力的评估。主要有这样六种方法：

1. 某种形式的咨询。
2. 教育或技术培训。
3. 提供资源信息和协助联络资源。
4. 倡导协助服务对象获得自己需要的或者应该得到的东西。
5. 改变环境以满足服务对象的需求。
6. 社区资源开发。

情感—表达性干预和具体—工具性干预

历史上社会工作者将自己在卫生保健机构中的干预分成了两类：（1）情感—表达性干
69 预；（2）具体—工具性干预。

情感—表达性干预指的是不同形式的咨询，包括社会工作者与服务对象之间个性化的人际互动，其重点在于改变服务对象的态度、感受、感觉或行为。这样的服务通常将目标界定在服务对象适应卫生服务或机构方面，或者适应诊断、预后或治疗计划方面的问题上。然而，在精神卫生机构，情感—表达性干预也常常直接针对治疗健康问题。这样的干预之所以被称为情感—表达性，是因为它们的重点放在“情感”上，也就是情绪状态，以及“表达”或行为上。

具体—工具性干预指的是围绕资源信息和转介活动的干预，也就是说，将服务对象与所需资源连接起来。例如，协助安排入院手续和后续照顾；当病人不在家或残疾时，给其家人提供帮助；协助安排病人接受卫生服务所需的交通服务；协助获得医疗援助和相关设备，或者协助做出病人照顾的财务安排。换言之，具体—工具性干预通常是具体的服务，其中，社会工作者扮演了服务对象的代理人，他们关注服务对象的环境问题、需求和资源，这些问题常常会与住院和后续照顾密切相关。

近年来，社会工作者开始意识到，这种传统的将社会工作干预分成情感—表达性和具体—工具性的方式是非常肤浅的（Blazyk & Canavan，1985）。这是因为住院前计划和出院计划常常会涉及病人及其家人的态度、感受、感觉、决定或行为，如果病人很难适应卫生保健服务或机构，或者在适应诊断、预后或治疗计划上有问题，或者病人的问题主要是精神层面而不是生理层面的话，那么，他们常常会有很多具体的问题和需求。

社会心理问题的概念

社会心理问题指的是既有心理因素，又有社会环境因素的问题，它反映出两者之间不可避免的互相影响。

医疗社会工作的核心在于，它认为人的社会功能性反映了人与环境之间的互动、交叉、干扰或互相影响。从人的角度来看，会涉及人们的态度、感受、感觉和行为模式；从环境的角度来看，会涉及不同的情境、资源和支持（Germain & Gitterman，1980）。因此，个人的社会功能性反映的既是他们对情境的解释，又是他们对真实状况的解释。所以，从这个意义上来讲，社会工作者的干预要处理影响个体社会功能性的社会心理问题。

干预方法 70

干预方法有时也被称为治疗模式，都是一些比较具体的治疗方法或者干预模式。每个方法背后都带有一个命题，来说明怎样解决问题，以及为什么要这样解决问题。

有很多干预方法或治疗方法，在社会工作者看来就是一个选择大全，如何选择取决于服务对象的问题性质、需要和能力。Kerson 在自己的教材（Kerson，1989）中，综合了很多社会工作者提供的自己在卫生保健机构实务中积累的案例，提出了超过 20 个干预模式或者干预类型，主要包括：危机干预、问题解决、教育和信息提供、任务导向的咨询、自我导向个案工作、对质、朋辈小组疗法、果断性训练、小组工作、个案管理、家庭疗法、行为矫正、权利争取和倡导、具体服务、环境疗法、技术训练、心理分析、认知疗法、放松疗法、示范、支持性咨询、回忆疗法和非指导性的以服务对象为中心的咨询等。

在 Kerson 的教材《卫生机构中的社会工作：情境中的实务》（1997）（第二版）中，作者采用了类似的格式，包括对每个个案中的社会工作干预的点评，除了过去的干预方法外，还增加了一些新的案例和新的方法，包括：社区组织、支持性环境开发、严重事件压力总结，以及哀伤辅导。

尽管很多干预方法在两个版本中的名称一样的，但是，两个版本最明显的区别在于，在 1997 年的版本中，作者不断地提到运用危机干预和个案管理的方法。这里一个不可避免的问题就是，这个明显的改变，可能源于今天管理性保健和以问题解决为本的短期方法的快速发展。无论如何，Kerson 的教材都表明，精神卫生和生理卫生机构的社会工作者在自己的工作中，综合了很多方法、干预、技术和角色，以协助服务对象解决自己的社会功能性问题，因为这些问题反过来会影响他们的健康。

选择干预方法的前提

在卫生领域中，需要选择不同的干预方法来满足服务对象的需要，下列前提就构成了各种选择的基础，它们能够给服务对象提供帮助：

71 ● 教育和信息，可以做出知情决策，并能控制自己的健康和生命。

● 运用外展和关爱性对质，促使服务对象来回应自己的健康行为或健康问题。

● 演练那些能够改变问题情境的行为（任务导向的咨询）。

● 与服务对象所尊重的某一个小组成员进行社会互动（讨论、娱乐活动、共同完成任务等），从而发现问题，改变态度、感受、感觉或行为（小组疗法/朋辈小组疗法）。

● 学习新技术，以改变问题情境或发展出适应性行为（技术培训）。

● 在危机中，提供直接的、聚焦的、实务性的、支持性的援助（危机干预）。

● 学习问题解决技术，例如分解和聚焦技术。

● 学会从非威胁性角度来解释事件，发现积极方法，减少失败性的信息（认知疗法）。

● 一个支持性的环境（环境疗法）。

● 利用家庭小组咨询，发现和减少家庭成员之间的失调的沟通模式（家庭疗法）。

● 重建自我以应对压力（自我导向个案工作）。

● 对过去经验进行总结分析，以协助他们应对目前的问题（心理分析）。

● 当服务对象需要来自不同机构的服务时，要指定一个专业人士负责协调服务提供（个案管理）。

● 对服务对象行为改变中取得的进步要进行积极强化（行为矫正）。

● 让某人为争取服务对象的权利而战（倡导）。

● 在处理情感和行为问题之前，提供具体服务和资源以满足基本的物质需求。

● 学习怎样在不攻击或激怒他人的前提下，来表达自己对某个问题的态度（果断性训练）。

● 学会怎样放松来避免某些不健康行为反应（放松疗法）。

● 观察他人恰当的行为，以学习这些行为（示范）。

● 回忆过去的美好时光，协助服务对象在经历了很多生活事件的变化之后，找回完整的自我（回忆疗法）。

● 当服务对象在回想自己的问题，恢复自我功能性时，让某人倾听并提供支持（支持性咨询）。

72 DeCoster 曾经对在 1977—1999 年间的社会工作杂志上发表的有关医疗社会工作干预

的论文进行了内容分析，这个研究的目的在于发现社会工作者采用了哪些干预类型，来处理病人某些形式的情感痛苦，对某些处理情感痛苦的干预形式进行分类。DeCoster 报告说，人们采用了 45 个互相排斥的干预或策略，这些基本上可以分成两大类别：认知（69%）和行为（31%）。最常见的社会工作情感治疗的策略包括：

1. 再确信——通过谈话对目前状况建立信心，学会乐观。

2. 教育——就目前或未来的情形（程序、事件）提供准确信息，并确保其对此领悟。

3. 表达——积极宣泄、表达情感。

4. 用言语表现——讨论服务对象经历过的或表达过的感情。（2000：14－15）

DeCoster（2000）也指出，医疗社会工作者常常会综合使用这些策略，他们“倾听、正常化、赋权和发现各种需求”（2000：19）。

社会工作中咨询的含义

除了教育和信息之外，环境疗法、问题解决、技术训练、个案管理、倡导、社区组织、信息和转介、具体服务等，按照 Kerson（1997）教材中的分类，基本上都在咨询的类别中。咨询是一个宽泛的术语，指的是个性化的人际助人过程，基本上依赖工作者与服务对象之间的语言和非语言沟通。咨询服务可以提供给个人、家庭或者小组。

社会工作中的咨询常常被当成一个媒介，社会工作者借此来治疗社会功能性的问题，特别关注服务对象的态度、感受、感觉或行为。因为咨询涉及情感和行为功能性，有时它又被称为一个情感—表达性活动。咨询的目的可能是：

1. 改变人的态度、感受、感觉或行为。

2. 改变人际关系和沟通模式。

3. 协助服务对象思考，并做出必要的决策。 73

4. 维护或提高人的应对能力。

尽管咨询可以，有时也的确是包括教授新的技术、提供需要的信息、教育或倡导，或协助服务对象与需要的具体资源连接起来，但是，这些活动必须与个性化的人际过程结合起来，要与上述四个咨询的目标中的一个或更多的目标结合起来。

社会工作与其他助人职业相区别的主要特点就是，它特别强调人和环境。因此，如果开展咨询的社会工作者希望自己能够得到其他专业人士的认同，那么他们就需要不断地坚持和强调重视人和环境的概念。从理论上来讲，社会工作者如果忽视了服务对象的社会环境，那么便只能处理心理功能性的问题，而这些又不属于社会工作的实务领域。

照顾或保健的理论视角

很多严重的精神或生理健康问题一旦形成了，就难以治愈。在 20 世纪初社会工作发展初期，美国面临的主要健康问题就是急性传染病（由细菌或病毒引起的），例如，伤寒、斑疹伤寒症、肺炎和肺结核。由于这些疾病的流行，人的寿命只有今天人们寿命的 60%。但是，随着公共卫生措施和医疗技术的发展，这些疾病得到了很好的控制，人们的寿命开始延长了。

寿命延长的一个结果就是，慢性的健康问题（永久性的、无法治愈的疾病）逐渐成了主要的健康问题。这是因为慢性功能失调，例如心脏病、高血压、癌症、Ⅱ型糖尿病、中风和关节炎，都会随着年龄的增长而出现。此外，患上慢性病和残疾的年轻人，例如癫痫、Ⅰ型糖尿病、严重的精神疾病、弱智和其他发展性残疾，他们的寿命也在延长，因为有抗痉挛药、胰岛素制剂和治疗精神病的药物，以及抗生素等，都能够有效控制影响人们长寿的疾病。

虽然心脏病、高血压、中风和癌症成为死亡和残疾的主要原因，但是，某些社会心理
74 问题的发生率也不断上升，有时也成为慢性病的主要诱因。社会心理问题的例子就是酗酒和吸毒 、抽烟、饮食紊乱、家庭暴力、强奸和其他形式的性虐待、自杀和交通事故等。从某种意义上来讲，慢性健康问题和社会心理问题与急性传染病一样，都难以治愈。因此，治疗的重点应该放在照顾干预（支持性的援助）上，旨在：（1）促进健康，预防疾病的发生；（2）预防已经出现的疾病进一步恶化；（3）预防继发性伤残，或者是功能损害，避免与慢性病或不治之症相关的痛苦，如果进入了这样的阶段：

> 由于大部分严重疾病和残疾一旦出现了，基本上是难以治愈的，因此，治疗性药物的作用应该增加一个新的内容，这就是保健的概念。这样的变化会给医学科学和服务提供很多启发，这也会影响医学教育的内容和导向。（McLachlan & McKeown，1971：48）

保健和照顾两个术语得到广泛运用，但是使用的方式是不同的，需要理解它们之间的差异。我同意 David Mechanic 的观点，他是这样表述的：

> 不幸的是，很多医生认为医学保健的保健功能就是表达善心，接纳病人。在这里非常重要的是，保健包含了更为广泛的技术，不仅与人们的情感有关，与心理治疗技术有关，而且与提供人文支持的科学知识有关……简言之，保健是一个技术，其内涵需要准确地界定、研究、掌握，并传递给在特定情境中使用这个技术的实务工作者。保健远远超出了感情沟通的概念。（1978：309）

保健概念的理念

由于大部分严重疾病和残疾一旦出现了，基本上是难以治愈的，因此，治疗性药物的作用应该增加一个新的内容，这就是保健的概念。这样的变化会给医学科学和服务提供很多启发，这也会影响医学教育的内容和导向。（McLachlan & McKeown，1971：48）

保健的目的 75

人们常需要很多形式的支持，以实现：

1. 协助预防健康问题的出现。
2. 一旦出现了疾病，要加快治疗过程，防止其他健康问题的复杂化或进一步恶化。
3. 健康问题变成了慢性病或者不治之症时，要尽可能减少痛苦，提高功能性，预防继发性伤残。

保健的概念

不幸的是，很多医生认为医学保健的保健功能就是表达善心，接纳病人。在这里非常重要的是，保健包含了更为广泛的技术，不仅与人们的情感有关，与心理治疗技术有关，而且与提供人文支持的科学知识有关……简言之，保健是一个技术，其内涵需要准确地界定、研究、掌握，并传递给在特定情境中使用这个技术的实务工作者。保健远远超出了感情沟通的概念。（1978：309）

“健康是一个完整的身体、心理和社会的完好状态，而不仅仅是没有疾病”（WHO，1978）。保健干预，或者各种支持性援助，都是针对一个综合性的生理（身体的）、心理（精神和情感的）和社会的福祉。因此，保健是跨学科的、生理—心理—社会的助人方法。

这种助人的保健性方式的前提就是，服务提供者必须与病人和家属合作，而不是操纵他们，以实现：

1. 给他们赋权，让他们参与提高病人健康水平的目标实现过程（预防、恢复和补偿）。
2. 促进他们的自决，提高他们的控制感，消除无助感、无权感和放弃。

保健干预的理念

提供支持性援助的理念，也就是保健干预，在卫生服务中的三个层面如下：

1. 在初级层面上，最初的一些健康问题出现了，部分原因是： 76

(a) 人们有一些自我伤害性的或者高危行为。

(b) 人们面临了一些环境危险因素。

(c) 人们的生活中充满了压力，破坏了他们的应对能力和抵制疾病的能力。

2. 在二级层面上，当人们得病了，或受到了可以治愈或恢复的急性健康问题的影响，或者是个人的发展受到了阻碍，就会出现下列问题：

(a) 人们不会意识到自己生病了，或者需要帮助。

(b) 人们不知道去哪里获取需要的帮助。

(c) 人们有时害怕寻求帮助。

(d) 出于经济考虑或者责任的考虑，人们有时感到自己无力支付这样的服务。

(e) 人们寻求这样的帮助有很多障碍，例如交通问题、歧视或文化信仰等。

(f) 人们出现了急性健康问题时，一旦接受了需要的治疗服务，常常会经历功能丧失，或者精神、生理或社会性痛苦，这时要是得不到有效的支持，就会阻碍以后的康复。

(g) 人们病情缓解了，但是还需要一些特别的照顾，如果得不到需要的支持性援助，照顾需要中断的话，那么，他们就很容易旧病复发。

3. 在三级层面上，当人们得了慢性病或者不治之症，需要特别关注下列问题：

(a) 人们可能会常常经历精神、生理和社会性痛苦、功能性丧失。

(b) 人们需要大量的支持性援助，来协助他们补偿这些痛苦和功能性丧失。(Morris & Anderson, 1975)

当我提出从某种意义上来讲，慢性健康问题（例如心脏病、高血压、中风和癌症）和社会心理或行为问题（例如酗酒、吸毒、抽烟、饮食紊乱、家庭暴力、强奸和其他性虐待、他杀、自杀和交通事故）与某些传染病一样难以治愈时，我的意思是，社会心理和行为健康问题是难以通过我们所了解的外科手术或药物就可能治愈的。相反，它们是对社会生活和情感生活的适应。问题在于，当我们任由行为问题和社会心理问题发展时，当我们
77 忽视了人们无节制的饮食直到有一天出了问题时，当我们任由那些受到了身体、情感、性和教育不公平对待的人生活在水深火热中时，这时形成的伤害会永久性保留。大脑的功能也会受到影响，也许永远也恢复不到原来的状态了。

因此，我们必须努力防止人们习惯于那些会导致慢性病的日常行为。目前，美国人口中的相当比例的人都出现了超重或者肥胖，这两者都与当今导致死亡率最高的四个因素密切相关。所以，保健的初级形式就是初级预防。这可能需要直接针对个人和社区进行干预。保健包括支持性援助。支持是必需的基石，但是不一定能得到长久维持。我相信，在初级层面上，保健就是面对个人和社区开展的健康促进和疾病预防。

初级预防要求全社会都来促进健康：

- 控制其允许出售的食物。
- 审查允许传播的广告。
- 制定相关的标准，来净化周围的环境（空气、水和土壤）。

- 提高全民的教育质量。
- 确保给民众提供预防和早期干预，处理他们的精神和生理健康问题、人际行为问题、儿童教养的问题，服务的内容包括：支持性人际关系（社会支持）、行为矫正、教育和信息、赋权、协调发展马斯洛提出的人类需求层面，按照这个需求金字塔，各种需求是呈现上升趋势的：从基本的需求如衣食住行，到安全、归属、自尊和自我实现。（Maslow，1968）

简言之，初级预防指的是消除痛苦的根源和我们的社会结构中“疾病”的根源，例如，贫困、种族歧视、污染、教育不足和缺乏保护性的环境。

初级保健干预的例子

在一个理想的社会中，初级保健应该包括这些内容：协助预防儿童虐待，要求父母在养育子女前要获得执照。这就是说，要求希望养育孩子的父母们，要通过书面和口头考试，回答有关儿童照顾和发展、营养、合适的行为管理和管教等方面内容的问题。即使没 78
有通过这样的考试，人们照样可以生儿育女，但是，这样做至少可以在全社会建立这样的信念，即养育儿童是一个严肃的事业，社会对此有一定的期望和标准。此外，还可以提出需要社区服务来提供早期帮助，例如公共卫生护理和社会工作团队提供家访，来教育、支持和监督父母，正如瑞典目前的制度一样。虽然说人人都有生儿育女的权利，但是，他们绝对没有权利来虐待自己的子女。儿童虐待是一个造成很多社会问题的根本和主要的原因，例如青少年犯罪、精神健康问题、学习障碍、家庭暴力、吸毒和酗酒和经济依赖等。简言之，如果一个人的行为会给他人带来负面影响，那么，这就不仅仅是一个个人问题，而是一个社会问题了。我们要求人们必须有执照才能驾车、打猎、钓鱼、驾船等，出于很多原因，我们对生育和培养了完全弱势的儿童的父母们，却从来没有提出任何要求。

可要求每个社区拥有足够的合格的专业人士，来尽早发现和干预儿童虐待。这里的重点应该放在协助家庭能力建设来给儿童提供更好的照顾上。一旦儿童处在危险之中，要给他们提供替代性照顾。

要立法禁止出售合格的营养专家鉴定为有害人类健康的食物（例如，含有高度脂肪、卡路里和糖分的食物）。

要立法禁止给那些有害人类健康的商品做广告（例如烟草）。

给所有的公民提供力所能及的公共服务。这包括早期发现和干预精神、生理健康问题、人际行为问题、儿童养育问题和化学品依赖问题等。换言之，我建议，要重新建立公立综合性社区卫生中心。

当然，初级干预还应该包括有足够的生活费、包容性社区和高质量的教育等。

二级保健干预的例子

二级保健干预适用于当某人的功能性因为急性健康问题或其他问题而受到损害时，也就是说，当人经历极度的痛苦、受到威胁时，会出现妨碍其正常发挥身体功能和承担责任的疾病，或者经历其他的危机。在这个层面的保健干预例子包括：

79 ● 一个由社会工作者和护士组成的团队，外出评估个人的状况、了解他们的需求和希望，提供合适的干预计划。这包括家务服务、护士助理服务、临床危机干预服务、提供志愿访问者服务（这些志愿访问者本人也经历过类似的问题，他们与服务对象一起分享经验来提供不间断的支持）、现场的物理疗法、职业疗法和营养服务等。

● 与有需要的人保持联系，在得到他们的许可后，及时处理人们迫切的具体需要。提供人们需要的服务，来帮助他们弥补暂时性的功能不足，让他们感到能力提升，而不是受到伤害。

三级保健干预的例子

下面就是一些支持性的干预，或者是保健干预的例子。我希望读者能够从卫生服务的三个层面的保健目的和理念的角度，认真思考这些干预和其他的干预类型。

工具和设备：这指的是各种形式的医疗援助的设备，例如助步器、轮椅、扶手、升降式厕所、扶手式淋浴、手动车、去痛按摩机、血糖检测仪等。这些保健形式常常被称为辅助性技术。

支持性服务：这里包括很多领域的服务，例如发现和接触高危人群、个人保健服务、咨询、支持性小组、教育、信息、技术训练、轮椅就餐、家庭保健、临终关怀、日间照顾、休养照顾、家庭维修和维护服务、电话确认服务、生命线服务、登门足疗和理发服务，以及改善高危经济、政治、身体和社会环境状况的社会行动。

收入支持：这些包括现金支持，例如社会保障、社会保障保险、退伍军人退休金和其他以现金方式支付的福利，以及一些实物援助。例如食品票、国家医疗保健制、公共医疗补助制、补贴的住房、公共住房、收容所、营养中心和食物配膳等。

环境适应：这包括方便轮椅出入的斜坡、厨房和轻便固定物的设置、电话拨打的声音放大和扩音设备、短毛地毯、防滑地面、反耀眼镜面、遥控设备、有温度控制的水龙头等。

80 人际支持：这里指的是与其他人的互动、沟通和建立关系，借此可以感受到情感支持，也就是说，向病人表明，还是有人在关心他们的。相关的例子包括主动接触那些有需要的人，用他们喜欢的方式叫他们的名字，尊重他们的文化多样性，表现出有兴趣倾听他们的想法和感受，随时给他们提供帮助，对他们的需要给予及时的关心和回应，在可能的时候要鼓励他们自己做出决策，协助他们做自己想做和喜欢做的事情，把他们当成独立的个体，协助他们获得需要的、愿意接受的资源。

事实上，我认为保健的理论视角就植根于这样的原则，即给健康维持、恢复和补偿提供的支持性干预必须包括人际互动、沟通和建立关系，这样，病人就会感到自己“备受他人关怀”。相信人人都是有价值的，成为个人动机和能力提升的源泉，而这些又是个人健康维持、恢复和应对的前提条件。

卫生保健机构中社会工作干预的局限性

卫生保健机构中的社会工作干预常常会受到很多条件的限制，这些限制通常来自服务对象、机构和社区。

与服务对象相关的限制

在精神卫生和生理卫生机构中，病人们常常不能全程参与任何形式的社会工作干预，可能因为他们是儿童，也可能因为他们病情严重，难以进行沟通，表达自己的喜好，做出决定，或者提供需要的信息。结果，社会工作者需要与病人家属、合法监护人或其他合法代表病人的人进行合作。如果实在找不到这样的人，那么社会工作者便需要启动法律程序来指定一位服务对象的监护人。

与机构相关的限制

鉴于实务机构的特点，常见的对社会工作实务的限制主要有这些方面：（1）病人不接受其他服务，或者在出院前，没有足够的时间来与病人一起工作；（2）有些服务费用是不 81
可以报销的；（3）机构的政策可以接受哪些服务（例如，天主教机构可能不允许社会工作者去协助服务对象来流产或者进行避孕）；（4）分配什么样的员工来承担什么样的服务，例如，在某些卫生机构中，会安排非社会工作者来处理病人的入院前计划、安排出院或提供咨询服务。此外，常常由一个卫生专业人士组成的跨学科团队而不是个人，联合决定采取合适的干预。

与社区相关的限制

最后，社会工作干预的选择还会受到与社区相关的条件限制。例如，社区可能就是没有服务对象需要的资源，在这种情况下，社会工作者就需要特别有创造性，来寻找相关的解决办法。这可能包括寻找私人或不太熟悉的捐助人购买一些物品，或者他们可能要求社会工作者协助开发资源，例如建立支持性小组，或者寻找某些业内的资深人士来进行咨询（例如关于某种医疗设备），寻找某些可能的替代品。

另一个常见的情况就是，病人不住在本地社区中，或者来自其他机构，或者家属住在很遥远的社区。在这种情况下，就需要做深入的调查，以决定在他们居住的社区中会有什么样的资源。如果病人出院后进入了另一个州的一个遥远的农村社区，而这个社区中的资源又非常短缺，社会工作者就会面临一个常见的、特别具有挑战性、与社区相关的问题。在这个情况中，一个有效的方式，就是要和本地社区的大机构进行电话联系，了解他们是否清楚病人回归的那个社区附近有无相应的服务，以及这些服务机构的电话号码。通过与那个社区机构联系，社会工作者常常可以得到很多帮助，来计划给病人提供连续的照顾，包括获取当地的可利用资源。

小结

每个专业的基础就是宣称自己有一个特别的知识体系，使得自己的成员能够理解和处理自己服务领域中出现的各种现象。

82 所有社会工作实务要求的知识包括：

1. 人类行为和社会环境。
2. 社会福利政策和计划。
3. 社会工作实务。
4. 社会工作的研究方法。

只有社会工作实务知识是社会工作专业独有的，需要通过专业内部不断的研究而加以发展。

此外，卫生保健机构中的社会工作实务要求的专业知识包括：

1. 服务对象人群和问题领域。
2. 特定的机构背景。
3. 社区特点及其资源。
4. 具体干预模式。
5. 适合机构的研究、评估和记录。

除了具备一个知识体系外，一个专业还需要有一整套的价值观和伦理，来指导成员进行专业实践。全美社会工作者协会制定的新的伦理守则，就反映了社会工作专业的核心价值观、原则和标准，所有这些都给医疗社会工作实务提供了指导。社会工作者常常会面对针对自己的专业价值观和伦理的挑战，而这些挑战常常来自服务对象、机构或者社区。要解决这些冲突，通常需要认真回顾和反思自己的专业伦理。

卫生保健机构中的社会工作实务技术就是通过专业知识来培育的，它既受到价值观和职业伦理的鼓励，同时也受到限制，而这些价值观和伦理反映在实务中就表现出了这样的特点：意识性、目的性、规则性和回应性。有意识的实务活动产生于专业知识——知道在做什么。专业知识还会产生有目的的实务活动——知道目的是什么。专业的价值观和伦理会促进有规则的活动——控制冲动，还有回应性的行为——会提醒社会工作者记住自己对服务对象、同事、雇佣机构、专业和社会所负有的责任。

最后，专业价值观和伦理能够鼓励社会工作者记住这个专业就是服务他人的，只有当我们将知识、价值观、伦理和技术有机结合起来，我们才能够有效地工作，实现我们的专
83 业使命。这个使命就是协助维护、提高或者恢复社会功能性，也就是说，实现人与环境的和谐。社会工作者的功能包括为实现这些目标而提供的直接服务和间接服务。社会工作者

扮演了很多角色，反映了社会工作者功能的变化。

协助服务对象的社会工作干预或治疗是一个系统过程的组成部分或有始有终的一系列步骤。社会工作服务对象可以是个人、家庭、小组或者社区。社会工作者常常努力维持或提高人的社会功能性，其目的是：改变服务对象的态度、感受、感觉或行为；协助他们决策和自决；提高他们的适应能力和应对能力，或者提高他们的精神、身体舒适度和功能性。

尽管有很多的干预方法，但是它们都反映了六大类方法，包括咨询、教育或技术培训、提供资源信息和协助联络资源、倡导、环境改变以及社区资源开发。

除了健康问题本身，服务对象常常还会经历六种与健康有关的社会心理问题，包括：获得卫生服务或进入卫生服务机构的障碍，适应卫生服务或机构的问题，适应诊断、预后或健康治疗计划的问题，缺乏需要的信息做出知情决策和获得控制感，缺乏资源满足需求，以及出院的障碍等。精神卫生和生理卫生服务机构中的社会工作者都要处理各种类型的社会心理问题。

社会工作者一般不会直接处理身体健康问题，但是，有硕士学位或博士学位的社会工作者在精神卫生机构工作时，可以直接治疗某些类型的精神健康问题。

在社会工作实务中，咨询是一个可以有不同表现形式的干预方法，但是，它常常是个性化的人际助人性的过程，主要通过社会工作者与病人之间的语言或非语言沟通来实现，关注的重点是病人在自己特定的社会环境中表现出来的态度、感受、感觉、决策或行为。

今天的主要的健康问题需要我们采用一个更加具有支持性的方式，才能有效地预防健康问题的出现。一旦问题出现了，就要致力于提高康复的可能性，预防和减少慢性病或不治之症带来的痛苦和功能性受损。这就需要采用生理—心理—社会和跨学科的视角。这个方法我称之为保健，它是社会工作及其他卫生保健专业中正在发展的一个新的干预视角。

最后，卫生服务机构的社会工作干预有时还会受到服务对象、机构或社区状况的限制。

接下来的五章将深入探讨社会工作干预在某些特定的卫生服务机构中的机会和受到的限制。

第二部分 Part Two

2 三个层面干预的领域

第三章

初级保健机构中的社会工作 87

历史背景

在19世纪的后25年中，睦邻中心的社会工作者的早期工作是鼓励社区参与社会行动，致力于改善不利于公共卫生的社会和物质环境状况，包括那些相关的住宅区、工作场所、污水和饮用水，以及教育的缺乏：

> ……他们的目标是缩短阶级与种族之间的差距，消除贫困，并改善城市生活和工作条件。就像公共卫生改革家一样，他们经常与其合作，采用的方法也是预防性的。(Trattner，1989：147)

在1905年，Richard C. Cabot博士雇用了社会工作者在他的麻省综合医院的医疗诊所中工作。这些工作者主要进行家访（Oktay，1995：1891），给医生和护士带回来与病人的健康问题有关的家庭、工作和社区里的情况（Cabot，1928：28）。要是时间允许，他们也会亲身去体验病人们的生活环境（Cannon，1923：15，30）。

当1935年《社会保障法》通过的时候，初级卫生保健中的社会工作即使在经济大萧条时期，也取得了很大的发展。《社会保障法》要求，母婴保健项目和残疾儿童项目中必须雇用社会工作者（Oktay，1995）。

在第二次世界大战之前，大部分美国人是从他们的家庭医生——主要是全科医生和一些内科医生及小儿科医生那里得到医疗保健服务的。然而，直到20世纪60年代，医疗专业化被全世界所广泛认可的时候，人们才开始注意到初级保健越来越薄弱的状况，这标志 88
着美国政府开始做出多方面的努力，致力于促使初级保健的回归，这些努力一直持续到今天（Donaldson et al.，1996：19－20）。

到了20世纪60年代，联邦政府资助建立了一些初级保健机构，例如：移民卫生中心、社区卫生中心以及无家可归者卫生保健项目，这些项目是由美国《国家卫生服务法》提供的教育贷款所培训的医生负责实施的（Oktay，1995）。医院的门诊部也广泛雇用了社会工作者加入到这些政府资助的社区卫生中心，作为联邦政府反贫困项目的一部分，并充当了联邦政府首次资助的健康维护组织（HMO）的委托管理人，社会工作者被医院门诊部广泛雇用，因为诊断相关小组（DRG）系统减少了住院病人的保健服务，而且医院也在寻找可替代的服务形式（Oktay，1995：1891）。

20 世纪 80 年代后期，美国卫生与人类服务部（DHHS）的母婴保健中心开始支持社会工作者接受公共卫生方面的培训（Henk，1989）。目前，全美社会工作者协会（NASW）和社会工作教育协会（CSWE）——资助社会工作研究的机构，已经与美国精神卫生委员会（NIMH）一起，支持初级卫生保健社会工作的研究，以期帮助预防精神健康问题并提供早期干预（Oktay，1995：1891）。

在 1990 年，547 个社区、移民及无家可归者卫生中心的服务人群已涵盖 600 万人，占缺乏医疗卫生服务人口的 1/4（National Association of Community Health Centers，1993）。此外，政府也拨出专款支持一些母婴基金项目和公共卫生部门的初级保健项目，例如，健康婴儿门诊、产前保健、免疫及筛查项目、儿童发展项目以及为预防儿童成长问题所提供的早期干预（Oktay，1995：1889）。

20 世纪 80 年代，在保守派的强烈反对声中，联邦基金会资助培训了一批初级保健医生并支持为那些虚弱而又未接受服务的人提供初级保健服务，然而，在现在的美国，很少有卫生保健机构会提供真正的初级保健，尽管许多机构仍是使用“初级保健”这个词来描述他们的服务。也就是说，很少有初次接触的机构提供全面的、协调的、持续的保健服务，但 HMO 提供的服务可能是与初级保健服务最接近的，因为它们强烈希望保持人们的健康，避免高额的服务费用（Oktay，1995：1888）。

时至今日，公共卫生机构的社会工作要比初级医疗保健机构的社会工作做得好，这也许反映了私家医生与专业医生合作的勉强性，因为他们担心公共卫生会与“福利”和儿童
89 福利联系在一起。而且，私家医生通常不愿意承认其他精神卫生专业医生的技能，因为医生们传统上把精神卫生认为是医学的亚专业，如精神病学。另一方面，在 20 世纪早期，公共卫生就已经从医学中分离，成为一门独立的学科，在此时，医学开始从以保健为导向的社会医学，向以治疗由细菌和病毒而非社会环境所引起的疾病为导向的医学模式转变，这种模式针对的是个体。与此同时，社会工作的重点开始从以社会环境因素引起的人类问题转向以个体为中心的精神卫生领域。

公共卫生的历史本身可能是一个被大多数公众想当然地认为或理解的情形，直到最近 Laurie Garrett（2000）关于生殖方面的著作的出版，才揭开了公共卫生建设的历史起伏。它是一个真实的故事，充满了公共利益和广泛的私人利益——政治利益和经济利益，包括私人从业医生的经济利益冲突。下面这段预言性文字来自于 Garrett 的书中，出版于 2001 年 9 月 11 日之前，在 9 月 11 日这一天，恐怖主义分子袭击了纽约世贸中心和华盛顿五角大楼，紧随其后的是生物恐怖主义袭击，包括通过邮件方式送到美国平民手中的炭疽孢子，而普通市民在接到邮件时，对邮件并没有持怀疑态度。这段文

字是：

> 在21世纪，公共卫生将随着最终的全球化进程而上下起伏。如果随着时间的推移，发现贫富差距不断扩大，中间阶层不断消失，国际金融无序，个人主义升腾，那么公共卫生的基本内容将陷于危险之中，这个概念也许会在全世界范围内消失。在这种情况下，资金将会从社会基础服务方面撤走，尤其是用于满足贫困人群需求的资金，预防疾病全球范围内传播的公共卫生屏障也将几乎不能发挥作用。在这种情况下，将会消耗更多的药物才能抵御微生物感染。联合国机构，包括世界卫生组织，将会利用它们的资金和影响进一步证实恶化的情形，而且，政治的不稳定将会使国内局势更加失去理性，异常活动也许包括生物恐怖袭击将不断增加。（Garrett，2000：588）

Stephen H. Gorin（2001）描述了美国公共卫生体系的历史，列举了最近的研究发现，
指出社会经济不平等作为公众健康的一个主要决定因素，在公共卫生有效性复苏中所造成 *90*
的影响，同时 Stephen 也强调了这些发现给我们的启发就是：社会工作应该在解决社会不平等问题中发挥核心作用。

初级卫生保健社会工作的机构

初级卫生保健

初级保健领域的社会工作者可能工作在医院的门诊部、HMO、社区卫生中心门诊以及合伙开业医生组成的医疗部门中（Miller，1987：323）。而且，社会工作者也广泛参与到整个美国的家庭从业医生培训中心，来协调培训中心与美国家庭医生协会的关系（Hess，1985：57；Zayas & Dyche，1992）。初级保健社会工作的其他机构包括：医院急诊室、自由诊所、公共卫生部门（Ell & Morrison，1981：35S）以及计划生育门诊（Kerson & Peachey，1989）。

对社会不平等现象加剧的忧虑

在21世纪，公共卫生将随着最终的全球化过程而上下起伏。如果随着时间的推移，发现贫富差距不断扩大，中间阶层不断消失，国际金融无序，个人主义升腾，那么公共卫生的基本内容将陷于危险之中，这个概念也许会在全世界范围内消失。在这种情况下，资金将会从社会基础服务方面撤走，尤其是用于满足贫困人群需求的资金，预防疾病全球范围内传播的公共卫生屏障也将几乎不能发挥作用。在这种情况下，将会消耗更多的药物才能抵御微生物感染。联合国机构，包括世界卫生组织，将会利用它们的资金和影响进一步证实恶化的情形，而且，政治的不稳定将会使国内局势更加失去理性，异常活动也许包括生物恐怖袭击将不断增加。（Garrett，2000：588）

把社会工作整合到初级保健工作中的主张得到了医疗团体和社会工作团体的长期支持。在 1973 年的《健康维护组织法》中，联邦政府下令把社会工作服务作为一个基本的专业整合到健康维护组织中，以达到健康促进和早期预防的目的（Badger et al.，1977：22）。

初级预防

根据 Bloom（1995：1898）的描述，初级预防中社会工作的主要机构包括公立学校，工作场所（例如，员工援助计划、意外事故预防计划），娱乐场所，提供社会支持、技能
91 培训及教育的社会团体，例如，自助小组、社会技能及应对技巧培训（如家庭生活教育、家长培训、自信训练、照顾者支持、自杀预防、悲伤支持），保健场所，例如，以预防服务为导向的 HMO。

例如，根据乔治·华盛顿大学的学校健康和卫生保健中心所做的全国性调查，在 1999—2000 学年，以学校为基础的卫生中心增加了 7 倍，总数达到了 1 380 个。这些以学校为基础的中心通常由一个当地的医院或医疗中心来运作，为儿童青少年提供常见健康问题的预防和治疗，包括一些慢性健康问题。这些中心的职员包括护士、医生、精神卫生专家，他们主要提供年度体检和家庭咨询，并与学校工作人员一起针对学生中的问题进行干预（APHA，2001b）。

健康促进

最近有一篇文章（Poland，Green & Rootman，2000）中提到了下面几个开展健康促进的场所：家庭、学校、工作场所、卫生保健机构、临床实践、社区以及州政府。对开展健康促进的场所的选择反映了一种生态学视角，其认识到了健康是人所处于环境中的一种产物，或者说是人与环境两者相互作用的一种产物。

> 生态学视角认为健康是个人与生态系统中的亚系统之间相互依赖的一种产物，健康促进的亚系统可能包括：家庭、朋辈小组、组织、社区、文化、自然及社会环境。（McLeroy et al.，1988：16，被 Poland，Green & Rootman，2000 引用）

初级卫生保健的概念

从文字上看，初级卫生保健、公共卫生、预防医学和健康促进这几个领域有时被认为是独立的学科，有时被认为是有交叉的学科，有时又被认为是一个整体中的一部分。在这里，它们被看做是一个概念性整体的组成部分，这个整体包括：

> 1. 提供初级卫生保健的专业，例如家庭/全科医疗、内科、儿科、医生助理、护理师。
>
92 2. 开展初级卫生保健工作的机构，包括任何前面专业中的个人和团体行业场所、医院的门诊部、社区卫生中心、独立诊所、HMO。

3. 公共卫生领域。

4. 初级预防，也就是说努力预防健康问题的发生。

5. 健康促进项目。

初级保健

从专业角度来看，“初级保健”这个词意味着它的重点在于病人初次进入卫生保健系统。1973年的《健康维护组织法》为美国的初级卫生保健提供了保障（Miller，1987：321）。在1978年，世界卫生组织（WHO）指出：初级卫生保健是实现2000年人人享有卫生保健目标的关键（Okey，1995：1887），初级卫生保健的主要概念应包括实用的、可负担得起的、能被社区所接受的、可获取的和以社区为基础的并且邻近社区的卫生保健系统（WHO，1978：25）。1978年世界卫生组织关于初级保健的大会“强调了促进健康、预防疾病、整合精神与身体健康服务，倡导一种整体健康理念，即健康应包括身体、精神和社会三方面”（Oktay，1995：1887）。

尽管WHO关于初级卫生保健的概念是围绕着以社区为基础的健康促进和以初级疾病预防为目标的公共卫生而展开的，但是美国的医疗实践仍倾向于坚持初级卫生保健以个人卫生保健为主的理念，排除了公共卫生方面的工作。美国医学研究所（IOM）委员会关于初级保健未来的描述为：

> 初级保健是由临床医生提供的综合的、可获取的卫生保健服务，这些医生负有满足大多数人的卫生保健需求的责任，并与病人建立长期的伙伴关系，在家庭和社区环境中工作。（Donaldson et al.，1996：31）

Miller（1987：321）提出了初级保健的五个特征，它们是协调性、可获取性、综合性、可持续性和负责任性的。

IOM指出，与病人建立伙伴关系且在家庭和社区环境下工作体现了对于医疗专业的认识有了进一步发展，人们已经认识到有效的初级保健必须是一种相互协作的保健服务，
而不是一种独断强制的保健服务，同时，人们也受到初级保健与其他社会系统水平的相互 93
作用的影响，例如家庭和社区。IOM也承认，缺乏公共卫生的初级医疗保健的局限性在于：

> （初级保健）对健康状况的作用将会受到限制，直到或除非公共卫生和社会保健的决定因素被提出来……通过增加收入和提高教育水平而获得的对健康状况的总益处，远远超过通过医疗干预所获得的收益……同样，预防暴力伤害、儿童忽视、机动车事故以及青少年怀孕、吸毒和性疾病传播，对于社区卫生来说也是至关重要的。（Donaldson et al.，1996：71）

IOM承认，可获取性是初级保健至关重要的必要条件，如果人们在需要的时候，因为经济能力和地理位置方面的原因而不能获得初级卫生保健服务，那么，就没有办法达到

预防和早期干预的目的，预防和早期干预与提高人群健康水平和卫生保健的成本控制有关系，因此，全面健康保险或一些其他形式的加强初级卫生保健可获取性的措施是必要的(Donaldson et al.，1996：113)。

> **初级保健的概念**
>
> 初级保健是由临床医生提供的综合的、可获取的卫生保健服务，这些医生负有满足大多数人的卫生保健需求的责任，并与病人建立长期的伙伴关系，在家庭和社区环境中工作。(Donaldson et al.，1996：31)

优质的初级保健的五个主要特征如下：

1. 初级保健立足于生物医学和社会科学基础之上。
2. 初级保健认可偶尔出现的不确定性诊断的必要性，当然，前提是存在环境因素相互作用的复杂性。
3. 初级保健同时考虑身体健康和精神健康。
4. 初级保健要从根本上提供促进健康和预防疾病的机会。
5. 初级保健将不断地利用电子信息系统以便从多方面提高服务质量。(Donaldson et al.，1996：80－81，88)

94

> **初级医疗保健的局限性**
>
> (初级保健)对健康状况的作用将会受到限制，直到或除非公共卫生和社会保健的决定因素被提出来……通过增加收入和提高教育水平而获得的对健康状况的总益处，远远超过通过医疗干预所获得的收益……同样，预防暴力伤害、儿童忽视、机动车事故以及青少年怀孕、吸毒和性疾病传播，对于社区卫生来说也是至关重要的。(Donaldson et al.，1996：71)

初级卫生保健认识到一个人的身体、精神、情感以及社会功能之间的相互作用，社会功能指的是完成社会角色的能力，例如作为一个学生、父/母或者工人所承担的社会角色(Donaldson et al.，1996：37－38)。初级卫生保健提供者也被看做是一个守门人，提供更多的服务(Donaldson et al.，1996：39)。

初级卫生保健的五个主要作用在于：

1. 提供一种一站式医疗服务。
2. 帮助病人及其家人从卫生保健体系中受益。
3. 提供持续保健服务。
4. 提供预防、早期干预和健康促进。
5. 帮助联系病人、家庭及社区。(Donaldson et al.，1996：53)

优质初级保健的特征

1. 初级保健立足于生物医学和社会科学基础之上。

2. 初级保健认可偶尔出现的不确定性诊断的必要性，当然，前提是存在环境因素相互作用的复杂性。

3. 初级保健同时考虑身体健康和精神健康。

4. 初级保健要从根本上提供促进健康和预防疾病的机会。

5. 初级保健将不断地利用电子信息系统以便从多方面提高服务质量。(Donaldson et al.，1996：80－81，88)

公共卫生

1920 年，公共卫生领域的先驱者 C. -E. A. Winslow 将公共卫生定义为：

> 公共卫生是包含以下内容的科学和艺术： 95
>
> 1. 预防疾病。
> 2. 延长寿命。
> 3. 通过有组织社区的共同努力促进健康和提高效率，包括：
>   a. 环境卫生的保持。
>   b. 传染性疾病控制。
>   c. 个人卫生教育。
>   d. 预防和治疗疾病的医疗和护理服务的组织。
>   e. 开发社会资源以确保每个人的生活水平可以充分地保持健康状态……
>
> 因此，组织这些有益的事情可以使得每一个公民认识到自己享有的健康和长寿的权利。(Winslow，1920)

需要说明的是，Winslow 的定义中包含了“开发社会资源以确保每个人的生活水平可以充分地保持健康状态”的内容，这意味着他在很早的时候就已经意识到，如果想要通过公共卫生有效地预防疾病和促进健康，那么就必须关注社区的社会经济状况。

初级预防

在公共卫生领域，初级预防指的是努力预防健康问题的发生，以及早发现、早干预。这是与二级预防和三级预防相比较而言的，二级预防的目的是控制和预防健康问题向更严重的状态或水平发展（如癌症的扩散、酒精中毒对肝脏的进一步损伤），三级预防是预防慢性或晚期健康问题所导致的继发性伤残。

Martin Bloom（1987：305－306）描述了初级预防的几个新兴主题：

> 1. 初级预防的系统指导方针是要认识到很多健康问题都是由相互影响的多种因素引起的。

2. 初级预防是一种积极主动的做法而不是一种反应模式。

3. 初级预防认识到有向人们传授解决问题的技巧、减少环境压力、增加环境支持的需求。

4. 明白预防性干预在疾病变化过程中的不同阶段都能够发挥作用。

5. 意识到在提高人们的健康水平和预防健康问题上，把每个个体考虑在内是比较好的，也是符合伦理原则做法的，而不是不管人们同意或不同意，都开展很多影响他们的活动。

96 健康的决定因素——生物、心理、社会和文化因素的综合作用，可以在初级预防的五个主要技术词汇上反映出来：

1. 教育。
2. 社区/社会中的社会变迁。
3. 能力的提升。
4. 基本保健服务的提高。
5. 磋商与合作。(Gullotta，1987)

根据 Bloom 的观点，需要制定有效的初级预防策略，并且应该是具备协调性和整合性的策略：

> 在整个疾病发展过程中，不仅要预防病因，而且促使疾病发生的诱因也必须被取代。并且，在某个系统水平中取得的成绩一定不能以另一个系统水平中的否定性变化或损失为代价。(1995：1896)

Green (1995) 在讨论疾病预防中所需要的“优势视角”时，引用了 Levy 和 Kuniz (1987：938) 的观点，指出有效的疾病预防项目必须发掘和利用文化优势和社区优势，而不是靠紧缩开支或关注弱势。

健康促进

Goel 和 McIsaac (2000) 指出，不论是卫生专业人员还是非专业人员，都有可能把健康促进和疾病预防的概念给弄混淆了，他进一步解释说，健康促进比较多的是针对以社区为基础的和非医疗性的健康影响因素，例如，社会地位、社会支持、赋权以及教育/信息，而疾病预防比较多的是通过努力来降低某些疾病的风险，例如通过努力促使个人行为改变，利用生物医学筛查测试以及研发和利用药物来改变现有的生物医学危险因素等。

健康促进有助于人们积极地参与，在他们的家里、学校里、工作场所和其他社区场所里提高认识并采取行动，消除影响健康状况的因素，而不是被动地去接受，从而开展一些专业性干预来弥补那些不健康的社会、经济和政治因素。因此，健康促进活动倾向于在健康干预中去医疗化，并把干预的重心从一种家长式的方法转变为一种赋权式的方法。从某
97 种意义上看，对健康促进项目的此种描述使人联想到了 20 世纪 60 年代实施的向贫困宣战

项目的模式，例如在示范城市和项目前景等方面有异曲同工之处。事实上，Maurice Mittelmark（1999）也开始把健康促进与社区发展联系起来：

> 这些健康促进项目的重点是建设社区能力，来实施和管理不同类型的健康促进项目，或是促进繁荣社区的基础建设，内容包括教育机会均等，经济安全，市民的社会联系以及支持一致的健康目标的公共政策。这些项目可能把某个具体的健康问题或人类发展问题作为它们的主题，例如，为儿童成长创造一个健康的社会和物质环境……最理想的状态是社区发展根植于社区自身的肥沃土壤之中。（Mittelmark，1999：5-6）

Mittelmark 描述了《渥太华宪章》关于健康促进（WHO，1986）的定义，作了一个政策性解释："健康促进是一个促使人们接受并改善他们的健康的过程"（Mittelmark，1996：6）。例如，世界卫生组织的"健康城市项目"中包括了世界范围内的 1 000 个城市，是一个旨在制定健康公共政策的社区项目（Ashton，1992，被 Middlemark 引用，1999，6）。《渥太华宪章》关于健康促进的定义最早出现在 1986 年 11 月 17—21 日在加拿大渥太华召开的第一届健康促进国际会议上，在宪章中指出，"健康促进行动"应该：

1. 制定健康的公共政策。
2. 创造支持性环境。
3. 加强社区行动。
4. 发展个人技巧。
5. 重新确定卫生服务方向。（WHO，1986）

美国国内的社会卫生状况

联邦政府历来习惯于用经济指标来评估国家在社会卫生方面做出的成绩，例如国内生产总值（GDP）、失业率、股票市场指标以及与经济指标相关的一些指数指标（Miringoff & Miringoff，1999）。另一方面，大多数欧洲国家在评估它们国内的卫生状况时也会用到某些社会卫生指标，例如工资率、经济不平等趋势、自杀率、预期寿命以及未达标住宅水平。目前在美国，福特汉姆大学的社会政策创新学院（社会服务学院是其中一个分院）也在采用这种评估方式，最近有一些结果公布在《国内的社会卫生状况：美国的做法》（*The Social Health of the Nation*：*How America Is Really Doing*）这本书中（Miringoff & Miringoff，1999）。在公布这些结果时，对美国不同州之间的资料以及美国与某些其他国家的资料做了比较。 *98*

在美国，尽管以下指标在近几年有了一定的上升，但仍然存在：

- 相对比较高的婴儿死亡率，尤其是在美国黑人中（在发达国家中名列第 21 位）。
- 比较高的婴儿低出生体重率，尤其是在南部的州中。
- 在发达国家中，高中毕业率排名第 17 位（美国的高中毕业率为 77%，而日本为 99%，芬兰为 98%）。

- 尽管在 65 岁以上人口中，贫困率有所下降，但在 18～64 岁人口组中，贫困率却增加了（反映了工资率比较低）。
- 预期寿命延长了，但在发达国家中的排名仍在第 17 位。

以下指标在近几年进一步下降：

- 报告的儿童虐待率（所有形式的虐待和忽视）升高。
- 18 岁以下儿童生活在贫困中的百分比上升。
- 全球工业化国家中，有 16 个国家的儿童贫困率低于美国，美国的儿童贫困率是那些斯堪的纳维亚国家（包括芬兰、瑞典、挪威和丹麦）或比利时的三倍左右。
- 全球工业化国家中，美国的青年自杀率高居第 7 位。
- 从 1976 年到现在，没有医疗保险的人增加了 43%（初步推测原因在于就业率下降，加上低收入群体的收入不足以支付医疗保险费用）。
- 美国与许多其他工业化国家相比，制造业工人得到的计时成本补偿率（或者说工资加上收益）下降了，因此，在 1996 年，美国排名第 13 位。
- 在所有工业化国家中，美国的贫富差距最大。
- 在工业化国家中，美国是监禁率最高的国家之一，也是青年暴力犯罪率最高的国家之一。 99
- 在 22 个工业化国家中，美国的青年杀人率是最高的。
- 1995 年，美国的青少年生育率为 9%，而英国是 6%，法国是 2%，德国和日本是 1%。

这些社会指标中的大部分也是直接卫生指标，而其余的虽然不是直接卫生指标，但却是与卫生状况明显密切相关的指标，因此，也应该成为健康促进努力的目标。

健康的前提条件

拥有健康的基本条件和资源包括和平、住所、教育、食物、收入、稳定的生态系统、可持续的资源、社会公平与正义。改善健康状况要求这些基本的前提条件得到保障。（WHO，1986：1）

Macrina（1999）追溯了健康促进概念的历史发展过程，并提出了个人责任和社会责任的双重视角，Macrina 把它们叫做“市场公正”和“社会公正”。前者，也就是市场公正指的是个人最终要对自己的健康负责，而不是从经济和政治制度方面采取措施来调整市场或社会其他领域，从而提高市民的健康水平。而社会公正视角指的是社会有责任采取行动，改善社会经济、政治和物质环境，使得人们健康状况越来越好。总之，健康促进项目因为秉持社会公正视角而与其他项目有所区别。

健康行为相互影响的决定因素

与健康有关的行为既受到个人特征如性格类型、信仰和态度的影响，也受到外界的自然和社会环境的影响，因为健康行为就发生在外部的环境之中。（Gilliland & Taylor，1999：428）

《渥太华宪章》——曾经影响 WHO 的政策——指出健康的前提条件如下： 100

> 拥有健康的基本条件和资源包括和平、住所、教育、食物、收入、稳定的生态系统、可持续的资源、社会公平与正义。改善健康状况要求这些基本的前提条件得到保障。（WHO，1986：1）

然而，假设两种方法——市场公正和社会公正可能被要求最大限度发挥潜能，以继续致力于疾病预防和以社区为基础的健康促进，这样的假设是合理的。从某种意义上说，它们分别代表了健康状况决定因素的微观水平和宏观水平，或者说是个人行为和环境状况，包括身体的、社会的和心理的。正如 Gilliland 和 Tailor（1999）所述：

> 与健康有关的行为既受到个人特征如性格类型、信仰和态度的影响，也受到外界的自然和社会环境的影响，因为健康行为就发生在外部的环境之中。（1999：428）

而且，健康促进的观点认为改变个人健康行为的干预不足以对近年来广泛存在于人群中的慢性病的产生足够的影响力：

> 随着对慢性病关注程度的增加，例如癌症和心脏病，很明显地，改变高危人群行为的传统干预方法对于降低慢性病的发生率收效甚微。针对这种现象，20 世纪 70 年代早期出现了一种新策略——社区干预，它的产生基础在于认识到行为受到环境的巨大影响。这种方法试图改变与行为有关的社区规范和价值，以降低慢性病的发生。经过 15 年的努力，证明了社区健康促进是最令人振奋和信赖的新方法之一。（Thompson & Kinne，1999：45－46）

理论视角

不管概念如何变化，初级卫生保健和公共卫生都有一种共同的视角，那就是生物—心
理—社会整合性视角，考虑到人类多样性，以服务对象赋权为导向，并以流行病学、疾病 101
和残疾初级预防以及健康促进为根本。

流行病学

初级预防、健康促进、公共卫生和初级卫生保健都是建立在流行病学视角的基础之上

的，流行病学视角通过调查具体健康问题的发生率分布情况，从而追踪健康问题的致病源。流行病学研究健康问题发生的分布，包括研究外部变量如地理位置、气候、时间以及个人因素，包括年龄、性别、民族、收入、教育水平和职业。后面的这六个变量是反映一个人的社会地位的指标，而且，它们与疾病、残疾和死亡的关系是社会流行病学的研究课题（Engel，1977）。在流行病学上，受害者被称作宿主，病因被称为动因，两者相互作用的场所是环境。现代流行病学与疾病的医学模式之间的联系并不像过去那样了。传统的医学模式认为每个健康问题或多或少都要有一个病因，例如，某种疾病由某种细菌或病毒引起。如今，流行病学更多地认为健康问题是由复杂的相互作用的多因素造成的（Bloom，1995：1896）。

健康促进的社区干预

改变高危人群行为的传统干预方式对于降低慢性病的发生率收效甚微。……社区干预……试图改变与行为有关的社区规范和价值，以降低慢性病的发生……社区健康促进是最令人振奋和信赖的新方法之一。（Thompson & Kinne，1999：45－46）

Friis 和 Sellers（1996：376）描述了他们的以“社会心理流行病学为指导”的服务，用来鉴别慢性病病因学理论模型中的一些重要的自变量、中间变量和因变量。（见表 3—1）

102 **表 3—1** **慢性病的社会心理流行病学**

自变量 （预言者）	中间变量 （调停者）	因变量 （结果）
压力	性格因素，例如 A 型性格	生活和工作满意度
地位不适应	文化	精神健康，例如情感状态/压抑
个人与环境适应	社会支持	慢性病
生活事件	生活方式行为	—

资料来源：Friis，Robert H. & Sellers，Thomas A.（1996），*Epidemiology for Public Health Practice*. Gaithersburg，MD：Aspen Publishers，376.

生物—心理—社会模式

健康和疾病的生物—心理—社会模式的出现一般要归功于 George Engel（1977），他的学术文章早在 20 年前就已经发表在《科学》（*Science*）杂志上，在他的所有著作中，这篇文章可能是迄今为止最负盛誉的了。初级卫生保健的根本是相信健康状况是由生物、心理、社会、文化和物质环境多种因素相互作用的结果。良好的健康状况从来都不会仅仅通过寻求某个医学专家的医疗干预而获得，也不依赖于某个具体的健康问题自身的发展。当然，生物—心理—社会模式认为健康状况是下列因素作用的结果，包括：基因遗传、习得性行为、文化的影响、物质环境的质量、社会经济地位、年龄与性别、所经历压力的总和和类型、问题处理方式、饮食、锻炼、避免使用危险性药物、社会支持、赋权意识以及医疗保健尤其是初级医疗保健的可获取性。

生物—心理—社会模式的一个例子就是安慰剂效应。这是长期以来已经被证实了的，在医学研究的实验过程中，把有某种健康问题的病人随机分配到实验组和对照组。在对照组，病人在治疗过程中接受的是无作用的安慰剂，但他们中有相当一部分人会报告疾病症状有所改善，并能够显示出机能得到改善和症状得以减轻。安慰剂效应可以很明显地说明认知/精神态度或信念能影响躯体状态，使有健康问题的躯体症状好转或恶化。很显然，这是对生物—心理—社会模式的支持，体现了心理因素和社会因素的相互作用，而且心理因素经常会受到社会状况的影响。根据 Hafen 和他的同事们（1996）的叙述，Albert Schweitzer 曾被要求解释非洲巫医的秘密，Albert Schweitzer 是一位人道主义者和医生，有过多年在非洲行医的经历，对此问题，他回答说："巫医成功的原因与我们成功的原因 103
一样，每个病人都把他自己的医生与他自己融为一体。而我们在行医时，要尽我们最大的努力使病人的身体重新工作。"（1996：440）

在美国，作为对替代疗法广泛应用的回应，全美卫生研究所（NIH）在 1992 年成立了替代疗法办公室。替代疗法涉及的范围包括治疗性触摸和用香料按摩、中草药治疗、冥想及针灸（Cook，Becvar & Pontious，2000）。而且，在 2001 年秋天，安慰剂效应也被列入在全美卫生研究所开出的优先考虑的研究领域电子邮件清单中，该研究所正在寻找研究实施者和资金。全美卫生研究所的这些举措说明人们可能已经认识到社会和心理因素是影响健康结果的显著性变量。

显然精神、身体和社会健康之间相互影响，也就是说，社会环境状况可能使人产生一种无助和压抑的感觉，而这种感觉进而会产生生物化学变化来损伤免疫系统，并增加疾病的易感性，而且，由社会因素导致的压抑可能会增加意外事故和伤害的易感性，包括因为损伤了注意力或者是因为寻找权力感的高危行为导致的易感性增加。另一方面，疾病或残疾本身可能会引起不好的感受，那么又会因为身体健康问题对正常的社会功能产生实际的、预期的或潜在的影响。

通过回顾关于"不平等与健康"的一些文献之后，Gorin（2000：273）得出结论：

> "不平等与健康"的有关文献揭示健康本身是一个生物—心理—社会现象，社会工作研究者可以引用这些文献。而且，作为最大的精神卫生提供者群体，社会工作者能够提供关于不平等与健康关系中社会心理因素所发挥的作用的真知灼见。最后，社会公正和倡导一直以来都是社会工作职业的中心，而且从某种意义上说，我们有责任做出抑制不平等趋势上升的努力。

身体健康和精神健康的相互作用

有精神健康问题的人往往倾向于从初级保健医生那里寻求躯体上的解释，而不是去找精神卫生专家（Shannon，1989：35）。很多美国人，尤其是农村人、老年人、亚裔美国人、社会经济地位比较低的人、有某种保守的宗教信仰的人，他们通常不能接受到精神卫生专家那里去寻求心理抑郁方面的帮助。因此，病人可能会去找初级保健医生，而且又不能够给予医生一个明确的关于自身症状的描述。问题是，大多数初级保健医生没有接受过
104 专门的训练，不能提供直接的咨询或心理治疗服务，而往往倾向于依赖药物干预，药物干预通常只能在短时间内使症状减轻，而不能从根本上解决问题。Cassell 是一个著名的医生，他提出了自己关于医学教育的见解，他认为教育应该培养有能力并且有信心能够为初级保健病人解决社会心理问题的医生，并宣称，医学教育的这种改变是必需的，因为“经常可以发现医学院的毕业生没有经过正常或异常心理培训，没有非药物治疗精神疾病的经验，也不会对躯体疾病进行心理辅导”（1995：385）。

一些证据表明，精神和身体健康相互影响，患慢性病的病人往往会变得很压抑（Hill，Kelleher & Shumaker，1992）。初级保健机构中的病人，有 5%～10%被诊断伴随有很严重的抑郁症状，是有中等抑郁症状病人的 2～3 倍（Katon & Schulberg，1992）。而且，抑郁症病人通常需要较多的卫生服务（Katon，1987）。根据 Davis 的叙述（1996：83），至少有 13 项研究已经证实，有不同类型精神疾病的人，其身体疾病的发生率要远远高于一般人群中的预期发生率。有长期精神疾病的人得不到足够的关于身体健康方面的医疗保健，这一现象正被广泛关注。

Mechanic（1994）曾做过一项很有价值的研究，把精神卫生保健整合到初级医疗保健中。《精神障碍诊断与统计手册》（*DSM*-Ⅳ）目前已经被初级保健采用（American Psychiatric Association，1995），该手册提供了一种规则系统或方法系统，从而简化了对不同类型精神健康症状的诊断和治疗程序。

Clare（1982）发现，初级保健机构中有精神健康问题的病人，一般都伴随有不同类型的社会问题，例如家庭问题、住房问题及工作问题。同时，长期承受压力的人，他们的免疫系统往往会遭到破坏（Pert et al.，1985：820s－826s；Evans，Barer & Marmor，1994：13）。在一篇关于世界健康日的社论中，Neugebauer（2001）写道：

> 在精神紊乱的发作、进展和治疗过程中，社会压力和人际关系是关键要素。如果
> 105 一个人在一生当中，曾经历过儿童期的身体和性虐待、失去亲人、急性创伤性事件和长期的多种灾难，那么这些事件将会引起某些紊乱，并激活先前存在的易感性，或者影响预后。世界健康日着重指出了几种异常症状：精神分裂症、躁郁症、老年痴呆症、癫痫、智力迟钝和酒精依赖，而且，重点提出重新确定精神卫生服务的方向，从而保护病人远离忽视和暴力，把精神卫生服务整合到一般的健康体系中，加强家庭在恢复过程中的参与度，并在经济过渡时期支持社会公债，因为在经济过渡时期，社会结构的快速变化将会置脆弱人群于精神紊乱的极度危险之中。（2001：551－552）

如今，在美国的大部分地区，公共精神卫生服务的惨状使得把精神卫生服务整合到初级卫生保健工作中显得尤为迫切。正如 Keigher（1999）所注意到的：

为严重的长期精神病患者提供保健和维持生计服务的传统州立机构大部分已经不存在了……精神疾病引发的犯罪已经开始占用保健和治疗系统资源相当的一部分，因为这些系统目前的机能不够健全……事实上，监狱增加了精神卫生保健系统功能的可选择性，在圣迭戈市监狱，14%的男性和25%的女性同狱犯人正在接受精神病药物治疗。在洛杉矶市监狱系统的20 000名犯人中，超过3 000人正在接受精神病服务，洛杉矶市监狱系统可以说是目前美国最大的精神病院——毋庸置疑，按照某些人的说法，也是最大的无家可归者收容所。（Currie，1998，被Keigher引用，1999：88－89）

卫生局医务主任在一篇报告中提到，精神卫生服务的不平等状况正在进一步加剧：

即使比其他卫生和医疗领域好一点，精神卫生领域仍然被精神卫生服务的可利用性和可获得性不一致而困扰着。这些不一致正好通过种族和文化多样性、年龄以及社会性别因素被观察到。（U. S. DHHS，1999：Ⅵ）

另一个关于生物—心理—社会健康问题的例子可能是身体虐待。施暴者和受害者的心理脆弱可能会通过暴露于童年时代家庭的这种社会互动模式而被正常化。Monahan和O'Leary（1999）指出，身体暴力的严重后果之一可能是头部损伤。在他们所做的一项对家庭暴力收容所中妇女的调查中，有35%的人报告有头部受伤的经历，伴随的症状包括头痛、记忆力丧失、头晕和疾病发作。 106

整体视角

因为生物—心理—社会因素的相互影响，真正的初级卫生保健要求对整个人同时进行检查和治疗，包括身体症状、情感状态、社会和物质环境状况、文化的影响以及认知能力。许多年前，世界卫生组织就把健康定义为“身体、心理和社会的完好状态，而不仅仅是没有疾病”（WHO，1978）。WHO的定义中已经认识到健康状态与个体协调身体、精神和社会功能的能力有关，也与个人对健康的主观感受有关。

对人类多样性的敏感性

自从人们广泛认识到社会、文化和心理因素通过与生物因素之间的相互作用，从而对健康状态产生重要影响以来，初级卫生保健领域也开始意识到：年龄、性别、种族、社会经济阶层、性取向等变量的变化是确定和真正理解深奥的移情作用的必要信息。“对人类多样性的敏感性”的概念包括以下方面：

1. 理解他人的种族、性别、年龄、社会经济阶层、性取向等，以及这些对于他意味着什么。

2. 尊重他们的人类多样性特征。

3. 为他们提供服务时，要考虑到这些特征，并尊重和配合他们发挥自身的作用。

关于健康状况与这些人类多样性变量如年龄、性别、种族和社会经济阶层之间的关系，是一个庞大的知识体系，体现在很多领域，譬如流行病学、医学社会学、行为医学、人类发展、社会心理学及医学人类学。

因为人类多样性变量与健康有关，所以医疗社会工作者有必要理解这些变量。对于社会工作者及其他从事服务行业的人来说，要了解文化的多样性，有一篇优秀的文献。它是
107 由 James W. Green 所写的，他写道："文化能力意味着工作者需要跳出工作内容之外，通过直接观察和在自然场所参与他们的日常生活来了解工作对象。"（1995：97）

Green（1995）的文章有助于理解如何与服务对象/病人一起来挖掘使他们痛苦的根源，并理解他们的意思，很显然，不管是对于个人、家庭、群体、组织，还是社区，这一方法都是制定有效的健康促进和疾病预防策略的一个重要部分。

Green 强调了医疗社会工作者理解他们服务对象的种族，并加以区别对待的必要性，他写道："如果把服务对象的个性看做是这些人种学特征之外的、之后的或者是不相关的东西，那么，就等于说是把个人当做是一种不切实际的短命的东西一样。"（1995：71－72）根据 Green 的观点，对于社会工作者来说，为了根据服务对象的文化习惯加以区别对待，他们就必须了解服务对象的文化资源，包括"风俗习惯、个性特征，以及与服务对象自己生活的社区环境相关的处理问题的习惯"（1995：95）。

对人类多样性的敏感性意味着：

1. 理解他人的种族、性别、年龄、社会经济阶层、性取向等，以及这些对于他意味着什么。
2. 尊重他们的人类多样性特征。
3. 为他们提供服务时，要考虑到这些特征，并尊重和配合他们发挥自身的作用。

某些行为如喝酒、吸烟、饮食或者体育锻炼对健康的影响，在不同的文化环境中可能会有所不同。不同的健康不良行为在病因学、角色、作用以及有效的预防和治疗等方面都会有很大不同（Green，1995）。例如，饮酒在许多美国社区里被看做是一个问题。然而，对于某些人来说，它可能是一种进行精神幻想和梦想的途径。对于另外一些人来说，它可能有助于社区的团结，或者可作为一种感情交流的工具。如果不理解这一行为在特定文化氛围里的意义，那么就不能成功地对其进行管理。

上面的证据毋庸置疑地说明，在世界范围内，人类多样性变量与伤残率（疾病）和死亡率（死亡）有关。这些变量通过健康行为和疾病行为表现出来，反过来，又受到价值观和信仰（文化）的影响，以及个人对控制点的敏感性和个人效能感（权力）的严重影响。

108 Angel 和 Williams（2000）建议，我们应该有这样的敏感性，明白文化因素例如价值观、信仰、规范、方法和语言通常会与社会阶层变量如种族、年龄、阶级和性别混淆在

一起：

> 我们会怎样看待文化，是由内在化的框架或模式所告诉我们的对于符号、规则、价值、规范和语言的纯粹的认知决定的，我们用它们来解释世界，但这些认知常与社会分化的结构化系统混淆在一起。这一事实把纯粹的文化与政治和经济联系在一起。理解文化的内涵，尤其是它在健康和疾病过程中所起的作用，必须处理所有这些因素之间的复杂联系，并需要关注到不同群体之间的权力差别，包括不同的民族、种族、性别和年龄群体。（Angel & Williams，2000：29）

Marsella 和 Yamada（2000）指出了精神卫生领域出现的一种趋势，如同生理卫生领域一样，那就是认识到生物因素只是影响健康状况的许多社会经济和文化因素之一，这就使得研究的重点集中在了定性研究上。Marsella 和 Yamada 把这种趋势与下面的内容作了比较，它们是：

> 西方精神卫生专家和科学家的两种基本文化假设：（1）个人思想和大脑中存在问题，因此，个人的大脑和思想应该是治疗和预防的中心；（2）通过利用定量资料和实验资料来客观地理解我们生活的世界。这两种假设直接站在了后现代主义观点的对立面，后现代主义观点把文化与精神卫生问题之间的关系研究作为特征并报告研究结果。这些观点强调了在理解病因学和精神病理学表达方式方面，引起心理问题的社会背景的重要性，譬如无权力、贫困、边缘化、不平等。Marsella 和 Yamada 指出，个人的精神象征和反映着我们的文化环境中存在的斗争和冲突，以及我们对于我们所生活的世界的认知的主观性，从而增强了定性研究的重要性。（2000：8－9）

这种趋势对于社会工作的重要意义在于：令许多社会工作者感到舒适和熟悉的定性研究 109
究是一种比较好的增强个人认知的方法，而个人认知影响着他的健康状况，正如 Marsella 和 Yamada 所说的："文化是我们用来说明、定义和揭示现实的模板。"（2000：12）

文化和社会阶层化的混合

我们会怎样看待文化，是由内在化的框架或模式所告诉我们的对于符号、规则、价值、规范和语言的纯粹的认知决定的，我们用它们来解释世界，但这些认知常与社会分化的结构化系统混淆在一起。这一事实把纯粹的文化与政治和经济联系在一起。理解文化的内涵，尤其是它在健康和疾病过程中所起的作用，必须处理所有这些因素之间的复杂联系，并需要关注到不同群体之间的权力差别，包括不同的民族、种族、性别和年龄群体。（Angel & Williams，2000：29）

精神卫生生态学

- "新的"精神卫生专业人员和研究者相信个人和社会的精神健康是紧密联系在

一起的，我们必须理解精神卫生的生态学。因此，精神健康不但与生物学和心理学有关，而且与教育、经济、社会结构、宗教信仰和政策有关。

- 没有权力就没有精神健康，因为没有权力就会导致绝望。
- 贫困的地方没有精神健康，因为贫困带来无望。
- 不平等的地方没有精神健康，因为不平等会导致愤怒和怨恨。
- 存在种族主义的地方没有精神健康，因为种族主义会降低自尊心和自我荣誉感。
- 有文化分裂和遭破坏的地方没有精神健康，因为文化分裂和破坏会带来混乱和冲突。(Marsella & Yamada，2000：10)

Poland、Green 和 Rootman（2000），引用 Poland（1992）的理论，讨论了健康促进的现场方法并得出结论：因为健康促进是建立在对健康决定因素的整体理解基础之上的，
110 所以就要求研究方向转移到更具“解释性（定性的和历史的）的方法上，作为理解现场的复杂性，理解健康促进干预的影响以及在此情境中主动性影响的基础”（2000：350）。再者，社会工作者可能会发现这些方法类似于他们采用的与服务对象就某种行为或问题的发生和发展进行挖掘的病史方法。

最后，Paniagua（2000）列举和描述了九种综合征（2000：140－141），包括身体症状和精神症状，不管在世界上的哪个地方，这些症状都根植于某种文化，并且也反映了由此种文化所决定的经历。显然，如果临床医生不理解这些症状的文化背景，那么就很有可能给予病人不适当的治疗。例如，这些与文化有关的综合征之一就是北极癔症，这种病主要发生在北极地区的爱斯基摩人身上，其症状包括“兴奋、昏迷和抽搐发作，症状发作期间就像是病人生活当中的一个游离片段一样，一旦康复，病人很难回忆起以前的事情，而且通常与健忘症、成瘾、易怒和非理性行为如摔东西、吃排泄物及使用猥亵性语言联系在一起”(Paniagua，2000：141)。

健康行为

个人和家庭必须承担起生活方式方面的基本责任以鼓励和促进健康，这些健康行为(Cockerham，1992：81－95）包括：合理饮食、锻炼、拒绝香烟和毒品、减少酒精使用以及压力管理。当然，最具挑战性的是找到有效的方法来帮助人们远离造成疾病或残疾的高危行为。而且，最重要的是要避开谴责受害者的陷阱，尤其是在当前商业性广告正疯狂地促使人们去消费有潜在致命性危险的产品的时候。广告者迎合了人们深层次的需求，例如情感放松的、自由的、有吸引力的、友爱的和充实的需求。悲哀的是，人们依然保持许多高危行为，因为人们感觉到不舒服并寻求某种放松。

在社区中修正健康行为可能比在个人中修正健康行为更为有效，因为个人行为往往反映了文化价值和规范，一些最近在社区中实施的健康促进项目就是建立在此基础之上的

(Thompson & Kinne，1999)。尽管如此，个人水平的疾病预防和健康促进项目仍有很多，而且指导这种干预的理论体系已经发展到了一个相当高的水平。

疾病行为的文化意义 111

一种症状不单单只是一种症状，而是为我们提供了一个有价值的机会，来理解文化影响健康和疾病的种种途径。一种症状是疾病的一种迹象和表现，它也是对健康本质的洞察。它是一种交流、一种解释和一种经历，也象征着病人与其他人之间关系的变化、角色的转变，以及期待和要求的变化。以上的这些描述，不管是用习惯用语来表达的，还是用传统的西方医学术语表达的，意思都是要说明一种症状揭示了文化及其影响力。(Marsella & Yamada，2000：19)

四种健康行为理论

Kohler、Grimley 和 Reynolds (1999) 列举了个人健康行为改变的四种主要理论：

1. 健康信仰模式。(Rosenstock，1974)
2. 合理行动理论。(Ajzen & Fishbein，1980)
3. 社会认知模式。(Bandura，1986，1997)
4. 改变的超理论模型。(Prochaska & DiClemente，1983，1984，1986)

健康信仰模式 (Rosenstock，1974) 的五个主要组成部分是：

1. 感知到的某种疾病的严重性和易感性。
2. 感知到的某种疾病的威胁程度。
3. 感知到的某种健康倡导行动的益处。
4. 感知到的完成健康倡导行动的障碍。
5. 行动提示。

人类多样性变量被承认影响着上面的前四种感知，而行动提示（例如教育、疾病症状以及媒介信息）影响着对个人威胁的感知，并且反过来影响着行为改变的可能性。

合理行动理论包括 (Ajzen & Fishbein，1980)：

1. 健康行为最主要的决定因素是目的。
2. 目的反映了态度（行动倾向）和主观标准（相信一种行为将会产生预期的结果，并可以通过某个参照群体验证其社会价值）。
3. 这些受到某人的社会经济地位、年龄、性别等的影响，社会期望和个体的态度的影响以及个体性格特征的影响。 112

社会认知模式 (Bandura，1986，1997)，参照“社会学习理论”，坚持由三个要素组成的交互决定论，这三个要素被描述成一个三角形的三条边，并且是带有与三条边相平行的双向箭头的三角形，三个要素包括：人、环境和行为。

例如，一个人所处的环境是一个很吵闹的地方，有很多陌生人，可能会促使他（人）去寻求缓解紧张的行为，譬如喝几杯马丁尼酒。但是，如果周围有人在啜饮度数较低的啤酒（环境），他们可能会很快地从喝马丁尼酒的人身边走开，并且可能会对喝马丁尼酒的人做出鄙视性的评价，这种情景会促使这个人转变喝酒的行为，将马丁尼换成一杯咖啡（行为）。

按照Bandura的理论，人们可能会根据某些行动来预测结果，结果预测可根据：（1）过去的经历；（2）替代性经验（模式）；（3）其他人的观点，他们的意见很受重视；（4）利用其他的知识推测。

而且，一个人即使相信改变某些行为对健康有利，但他的行为仍会受到他对自身改变行为的能力的自我评估的影响，这被叫做感知的自我效能，它基于：（1）过去的经历；（2）通过观察某人的行为模式得来的替代性经验；（3）其他重要的人的鼓励和支持；（4）生理感觉的解释。一个人可能会认为某种健康行为带来的结果很好，但缺乏信心，不相信自己有能力去履行这种行为。因此，改变健康行为，使其更健康，必须说服人们不但要相信健康行为的结果，而且要相信自己有优势或力量这么做。

根据Bandura（1986）的理论，改变个人健康行为要求：（1）有改变的动机；（2）有改变的自我调节能力（例如，监督行为、设立目标、建立激励机制）；（3）相信个人有坚持到最后的能力；（4）具有适应期望的健康行为所要求的知识、技能和资源。

改变的超理论模型（TMC模型）（Prochaska & DiClemente，1983，1984，1986）的内容包括：行为改变是一个过程，改变的动机分不同阶段或水平，每一个阶段都要求有不同的干预策略。改变的超理论模型的五个阶段包括：

113 1. 策划前阶段——没有准备改变。
2. 策划阶段——想要改变。
3. 准备阶段——准备改变。
4. 行动阶段——开始改变。
5. 坚持阶段——继续改变。

这一理论指出了改变的十个过程，或者说是十种干预策略（前五个是情感认同，后五个是行为改变）：

1. 意识提升——增加健康行为改变的信息并明白面临的风险：媒体运动、反馈、对质。

2. 戏剧性缓解——体验并表达经历不健康行为的感受：角色扮演、心理剧、个人证言。

3. 自我再评价——明白一个人对于自己经历不健康行为是怎么想的，对自己有什么看法（自我形象），如果行为改变了，这种自我形象会有什么变化：价值澄清、意象、暴露于健康的角色模式。

4. 环境再评价——评估在个人—社会环境中或物质环境中，一个人的行为会对其他人产生怎样的负面影响，包括：同理心训练、纪录片、夫妇—家庭系统干预。

5. 自我解放——选择并坚持改变："公开"自己要改变的决定，制定一个停止或开始的日期，赋权。

6. 助人关系——与人谈话、分享情感，并得到健康行为改变的反馈：增加社会支持、建立亲和关系、联合治疗。

7. 对抗条件反射作用——学习新的健康行为代替旧的不健康行为：放松运动、自信训练、积极的"自我谈话"。

8. 突变管理——奖励自己采取了有益健康的改变或是被别人奖励：后效契约法、公开的和非公开的强化。

9. 刺激控制——避免可能刺激不健康行为的人、地、事，增加刺激健康行为的提示：学习避免技术，调整某人所处环境（例如，拿走酒精或脂肪含量高的食物，使用避孕套），设置健康行为提醒物（例如，服用医生开的药物）。

10. 社会解放运动——意识到关于健康行为的社会规范的变化：倡导、公共政策 114
变化（例如，允许吸烟的街道和饭店）。

总之，在 TMC 模型中，前五种方法往往会在健康行为变化的早期阶段被用到，而后五种方法往往会在健康行为改变的后期阶段和维持阶段被用到（Kohler，Grimley & Reynolds，1999）。

社会经济地位与健康行为、不平等与健康状况

研究结果显示，人的社会经济地位越高，越有可能采取积极的健康行为。目前关于这一现象的杰出理论是：

> 较高的社会地位带来的社会成就感鼓励人们相信自己有能力打破束缚，并相信这样做会产生好的结果。相信个人行动的有效性（或无效）也会通过个人的社会地位被认识和强化。（Evans，Barer & Marmor，1994：50）

"看起来，问题不在于贫困……而在于不平等"（Gorin，2000：270）。通过部分地测量反映相对贫困的基尼系数这一指标，有越来越多的证据表明，社会不平等是健康状况的一个主要决定因素。证据提示，并不单单是没有能力满足改善健康的需求（譬如，比较好的食物、住所、衣服），而是社会不平等引起的生物化学作用产生了负面的心理影响，譬如侵蚀了自信心和赋权感，这就是破坏作用。

最有吸引力的是，Evans、Barer 和 Marmor（1994）提出的证据证明，社会地位与健

康状况之间的直接关系存在于世界范围内。这好像是更多地反映了与社会地位相关的个体权力感、控制感、能力、自尊心、对抗应激源的资源、自我实现以及总体幸福感，而不是跟收入相关。社会地位可能是体现个人权力的最有用的指标之一（Freund & McGuire, 1991：31）。根据两个欧洲国家和联合国的调查，那些有资格接受救济金的失业人口要比那些须接受经济状况调查才能获得救济金的失业人口的健康状况好一些，表明自我形象和自我尊重在健康状况中扮演了重要角色（Rodriguez，2001）。

115 然而，把社会不平等完全归因于社会经济阶层是不正确的，因为种族是另一个完全不同于阶层的变量，当然，社会经济阶层有时候也反映了社会环境中的种族主义（Smith，2000）。正如 W. E. B. DuBois 曾经说过的："要成为一个穷人是困难的，而在这样一块遍布美元的土地上，要成为一个贫穷的民族则是最最困难的事情。"（被 Oliver & Shapiro 引用，1995：91）

如果问题是不平等，而不单单是收入，而且种族是一个反映社会地位的变量，那么性别则可能是另一个能够很好地反映社会地位的变量。在 4 300 万美国人中，绝大多数人缺乏医疗服务资源（缺乏足够的初级卫生保健服务，健康状况较差），这些群体主要是穷人、妇女、年轻人和未参加保险的人。Gaston 和他的同事们写道：

> 限制获得卫生保健服务，导致健康状况比较差的决定因素中，最显著的是低收入、社区卫生服务分布不合理、服务提供者缺乏文化能力以及不能获得健康保险。报告中指出，未参保的人主要是年轻人、低收入的美国黑人、西班牙妇女以及她们的孩子。（Center for Health Economics Research，1993，被 Gaston 等引用，1998：91）

一本必须读的书是《社会与人口健康阅读：收入不平等和健康》（*The Society and Population Health Reader*：*Income Inequality and Health*），编者是 Kawachi、Kennedy 和 Wikinson（1999）。他们对于社会不平等与健康状况之间关系的统计和解释性分析为验证生物—心理—社会视角的有效性提供了强有力的证据，并且也提供了检验和满足整个社会体制——经济、政治、教育、宗教信仰——在健康促进中的最终需求的证据，以最大限度地发挥社区或国家的健康潜能。

有证据表明，对社会不平等的感受不断增加，是与不断增加的暴力以及其他健康和社会问题密切相关的。2001 年 9 月恐怖主义者攻击美国之前发表的一篇文章曾警告说："我们相信，减少个人资助以及团体资助生物恐怖主义的唯一有效办法是减少政府资助的恐怖行动，并努力创造一个以社会公正与和平为特征的世界。"（Sidel，Cohen & Gould，2001：717）由于目前经济全球化，以及不同国家之间的相互依赖性不断增加，不同国家间的社会不平等将会削弱弱势群体的健康潜能。从一个社会工作者的视角来看，最令人感兴趣的
116 是社会地位差异带来的是一种负面影响，因为认识到了地位低下、不公正、排斥和剥削的含义，这些往往会伤害一个人的能力感、社会归属感与自豪感。因此，就会出现一个问题：真正的健康决定因素是社会经济因素，还是社会心理因素如赋权、社会凝聚力，或者

两者都是。

例如，日本虽然是世界上预期寿命最长和婴儿死亡率最低的国家，也是收入不平等水平比较低的国家，但日本同时也是世界上卫生保健费用占国内生产总值百分比最低的国家之一。

无论如何，美国公共卫生协会主席，同时也是一个有MSW和公共卫生硕士（MPH）学位的社会工作者和本土美国人，在评论美国人的卫生服务可获得性不一致与健康状况不一致时说："直到所有人都有能力和机会享受到同等的健康和福利时，我们才有可能统一成一个国家。"（Bird，2001：3）

疾病行为

文化差异主要反映在价值观的差异，以及对符号和事件的解释差异上。它在生活事件对健康状况的影响中起着关键作用（Corin，1994）。

> 疾病对于个人的意义以及他对疾病的反应的意义不仅以个体的心理因素为基础，也以对疼痛和痛苦的社会认知模式为基础，包括疼痛和痛苦的原因及后果，这些都是某人文化传统的一部分。某个人独自承受病痛，但另一个人则可能会在生病时，运用自己的文化中的认知框架和语言，来减轻痛苦，这是他从自己的祖先那里继承来的。（Angel & Williams，2000：25）

疾病行为，或者说是对某个健康问题的症状和体征的反应，对早期健康问题如何被很快注意到以及进行干预的效果，起着一定的作用。众所周知，男性和女性之间、年轻人与老年人之间、不同种族的人之间以及不同社会经济地位的人之间的疾病行为存在差异（Cockerham，1992：97-120；Weiss & Lonnquist，1994：143-144，221-244）。

医疗实践中的一个主要问题是病人对于推荐的医疗保健计划缺乏依从性，缺乏依从性可以反映价值观、信仰以及对于症状的意义和含义的认识的不同，所有这些都与人类多样性变量有关。正如Corin所描述的：

> 疾病经历不单单是对疾病过程的一个简单反映，而且它也反映了个人和群体的期望和价值。疾病经历所产生的社会和心理变化在决定寻求帮助行为和实际产生的残疾程度时所发挥的作用要比生理异常的作用更大。（1994：113） *117*

文化对于疾病行为的显著性影响可以在下面的引语中被观察到：

> 一种症状不单单只是一种症状，而是为我们提供了一个有价值的机会，来理解文化影响健康和疾病的种种途径。一种症状是疾病的一种迹象和表现，它也是对健康本质的洞察。它是一种交流、一种解释和一种经历，也象征着病人与其他人之间关系的变化、角色的转变，以及期待和要求的变化。以上的这些描述，不管是用习惯用语来表达的，还是用传统的西方医学术语表达的，意思都是要说明一种症状揭示了文化及

其影响力。（Marsella & Yamada，2000：19）

Marsella 和 Yamada 用下面这段陈述作为结束：

似乎有很多的理由得出这样的结论：在不同的精神卫生专业和科学领域里，承诺将文化因素的思考和物质文化整合在一起的生物—心理—社会方法是唯一正确和有意义的实践与研究的基础。（2000：22）

服务对象赋权与社会支持

在健康促进与疾病预防中，服务对象赋权是至关重要的，它可以促使个人采取更加健康的生活方式，鼓励他们成为国家的积极分子，鼓舞人们的信心和提高其能力来影响社会政策和社会项目的发展，以确保所有的公民能享受到发挥他们的全部潜能所需的社会支持。

目前，在美国，引起死亡和残疾的主要原因是慢性疾病，例如，心脏病、高血压、癌症、慢性阻塞性肺病（COPD）以及糖尿病。这些疾病的发生很大程度上是因为不健康行为，例如吸烟，酗酒，高胆固醇、高脂肪、高盐与高糖饮食，太少的新鲜蔬菜、水果、全谷类主食、谷类食物或粗糙的食物，缺乏体育锻炼，以及太多的压力。

118 **个人健康行为改变的主要理论**

1. 健康信仰模式。（Rosenstock，1974）
2. 合理行动理论。（Ajzen & Fishbein，1980）
3. 社会认知模式。（Bandura，1986，1997）
4. 改变的超理论模型。（Prochaska & DiClemente，1983，1984，1986）

有相当多的证据表明，社会支持在缓解压力的过程中起到了重要作用，尽管宝贵的社会支持来源随文化背景的不同而变化，但是都需要依赖家人和朋友（Corin，1994：125）。关于专业社会工作者在未来的卫生保健中所起的重要作用的最激烈的争论可能存在于中介结构譬如社会支持，是健康最重要的决定因素的证据，以及在促进健康社会中社区支持的关键作用不能被过分强调的证据上（Kelner，1985）。

Kawachi、Kennedy 和 Wilkinson（1999）指出，大量的定性和定量研究提供了明确的社会关系的数量和质量与健康结果之间关系的证据。那就是，社会整合，或者说是感受到牢固的社会支持性网络似乎与健康直接相关。他们提出：

正如社会关系的很多生态学指标与健康密切相关一样，也有很多的个体指标，包括朋友的多少、人们对社区活动的参与程度以及他们是否有一个可信任的关系网，都与健康密切相关。但是，为什么社会联系对健康有如此深刻的影响，答案还不是很清

楚。(Kawachi，Kennedy & Wilkinson，1999：XXV)

毫无疑问，基因遗传也是影响健康状况的一个基本因素。死亡的原因和寿命的长短往往取决于家庭。当然，出现这种情况的部分原因可能在于年轻的家庭成员往往会学习老的家庭成员的行为模式，包括健康和疾病行为模式、工作习惯、缓解压力的方式，甚至对待控制点的心理态度（Wheaton，1980）。尽管遗传的影响是明显的，但它的影响可能会被支持性社会环境显著地削弱（Evans，Barer & Marmor，1994）。

社会支持在调节或者缓解生活压力对健康的不良影响时发挥着最重要的作用。例如， 119
Blair（2000）在分析了124名柬埔寨难民的调查数据之后，发现在红色高棉政权解体后，那些能够与家人一起居住在国外难民营里的柬埔寨人与不能够与家人一起生活的人相比，创伤后应激障碍的发生率显著较低。

然而，社会支持会因人类多样性差异而不同。例如，如果有同性恋倾向的人被家庭和社区所拒绝的话，他们可能就会加入同性恋组织并把它作为家庭的替身。美国黑人，他们的幸福感有时候会受到外部世界的威胁，他们可能会利用教堂和扩展家庭，包括选择家庭成员，来有效地消除不利影响。这就可以解释为什么美国黑人的自杀率只是美国白人的一半。当然，并不是所有的美国黑人都能够发现教堂是一种社会支持资源，也并不是所有的男同性恋或女同性恋者都会被家人所拒绝，而到同性恋组织那里寻求支持。

西班牙裔女青少年的试图自杀率是美国白人和黑人女青少年的两倍（Zayas et al.，2000）。Zayas和他的同事们把这种现象归因于许多因素的综合作用，包括社会经济地位低下、严格独断的教育方式、缺乏大家庭成员的支持、父母与女儿的文化适应差异、没有父亲时母亲对女儿的过度依赖以及母亲不愿意去寻求家庭以外成年人的社会支持。无论如何，这一现象提示，这个群体迁移到陌生的环境之后，传统社会支持缺失。

Fitzpatrick和Bosse（2000：54）发现，被雇用是一种重要的支持来源，尤其是对被剥夺了工作权利的老年人进行身体健康评估时。Paster（2001：34）评论说，为了获得健康和长寿，一个人所处的社会环境与身体锻炼、合理饮食一样重要。而在社会领域里，Paster认为“拥有一段美好的婚姻或与之意义相同的关系，营造一个强大的社会网络，与家人和朋友建立良好的关系并促进相互的支持也尤为重要”。有一项在感染HIV病毒的妇女中进行的研究，依据压力测试量表对她们进行调查，发现实物支持和情绪支持分数越低的妇女，她们的压力测试所得分数就越高，没有家人听她们倾诉的妇女的压力分数尤其高（Richardson et al.，2001：103）。

Lisa Berkman（2000），美国哈佛大学公共卫生学院教授，进行了一项对211名65岁及以上年龄社区居民的纵向研究，她在1982年到1996年期间对他们的健康状况和社会支持情况进行了追踪观察，发现与那些报告有人可以为他们提供情感支持的被调查者相比， 120
没有社会支持的人的死亡率是他们的两倍以上。事实上，当研究者控制了一些与死亡可能性相关的身体变量的影响以后，有显著社会支持（相对于没有社会支持）与死亡率之间的关系强度进一步提高。

Berkman 回顾了其他一些关于社会支持与健康状况和死亡率之间关系的研究，发现与她自己的研究结果很相似。而且，Berkman 也报告了她的一个同事关于社区和团体内部环境的重要性的研究结果，例如公民之间的高信任程度和互惠水平，它们如同社会经济指标一样，被看做是起着协同作用的有益指标（相对于社会团体之间的冷淡、冲突和竞争的社区状况而言）。研究发现，社会经济水平与州居民死亡率有密切关系，而且呈负相关。Berkman 博士讨论了这些发现对于社会政策的意义，建议社会工作者以及其他的卫生保健专业人士做更多的努力来提高整个社区里的健康水平，其中包括制定法律政策以及开展项目来帮助那些照顾者，不管照顾的是孩子、老年体弱者或是其他有功能障碍的人，并为他们提供所需的支持，使他们可以做得更好。有显著意义的信息是，当地水平的相互支持和凝聚力是最有帮助的，应该加以利用，制定相应的机构政策，以强化当地社区之间的相互支持系统。

Hafen 和他的同事们（1996）在一本关于生物—心理—社会模式的教科书中写道：

> 如同被大多数研究者所定义的那样，社会支持指的是通过与其他人的相互作用，一个人的基本社会需求被满足的程度。它是其他人所提供的资源，不管是实物资源还是非实物资源。它是当一个人遇到问题或面对危机时，所感知到的可以依赖于他人，向他人寻求帮助的感觉。（1996：263）

下面是社会支持的五个组成部分：

> 1. 感到被关怀以及分享亲密感受。
> 2. 感到被其他人以及自己认同和尊重。
> 3. 有归属感、友情以及与其他人交流的感受。
> 4. 能够得到信息支持、建议和指导。
> 5. 在需要时，能够得到物质和生理方面的帮助。（Amick & Ockene，1994：260－261，被 Hafen 等引用，1996：263）

121 我想，我们有时候忘记了信息本身可能就是支持性资源。一项研究（Telfair & Gardner，1997）发现，参加支持性小组是一个有显著统计学意义的变量（P＜0.001），这项研究有 79 个研究对象，他们共参加了 20 个不同的青少年支持性小组，这些团体是为有镰状红细胞疾病的青少年提供服务的：学习如何解决个人问题。简言之，通过观察或是与其他人交谈来学习处理问题的技巧可能是为他们提供社会支持的一种形式。信息和教育是赋权的根源，有助于增强控制感和能力，就像拥有一张地图来发现世界上的路一样。直接从其他有同样经历的人那里学习经验可能更具有支持性。

而且，文化因素可能也是社会支持的变量，例如，相对于个体福祉而言，一个社会中家庭、团体或者社区福祉的价值要更重要。在日本（见第八章的表 8.1），其文化是以家庭和社区为导向的，而不是以个体为导向的。因此，尽管日本人有比较高的吸烟率、污染较严重、人口密度较大、压力也比较大，但他们却拥有世界上最低的婴儿死亡率和最长的预期寿命。可以说，如果整个社会以及社区的凝聚力强的话，那么就能够在减少不健康行为不良影响方面发挥长期作用。

一个社会通过社会保障计划为其居民提供保障也可能作为社会支持的一种形式。例如，在北欧的一些国家（丹麦、瑞典、芬兰）实行终身社会福利制度，如健全的国家医疗卫生系统，为有孩子的家庭提供家庭支持补贴，以及为家庭成员提供退休金，因此，这些国家的婴儿死亡率也相对较低，预期寿命也比较长。

总之，不管是什么社会环境因素，只要使得我们感到被关怀、被尊重、有能力，能够
得到所需的资源，并成为一个大家庭中的一部分，都被看做是社会支持的不同形式。社会
支持是赋权的过程，它是我们自身资源的附属物，并使我们感到更强大。它可以来自我们
对在社会、家庭、工作、宗教以及其他社区组织中的地位的满意度。当然，不管它来自哪 122
里，它都会使我们感到有价值、被尊重、被尊敬以及有安全感。

社会支持的主要组成部分

1. 感到被关怀以及分享亲密感受。
2. 感到被其他人以及自己认同和尊重。
3. 有归属感、友情以及与其他人交流的感受。
4. 能够得到信息支持、建议和指导。
5. 在需要时，能够得到物质和生理方面的帮助。（Amick & Ockene，1994：260－261）

赋权和社会支持看起来好像与控制感密切相关。压力可能并不是我们外部的东西，而是我们感到没有充足的资源来有效地保护自己对抗某些潜在的威胁。因此，压力是对易感性、缺乏充足的力量或权力来应对某些挑战的感知。另一方面，在需要的时候，有其他人以及外部资源可以依赖，成为赋权和缓解压力的一个明显的途径。事实上，任何有助于让我们感到更有能力、被保护、更强大以及能够利用其他一些资源的经历都被称为赋权。因此，宗教信仰、团体支持、学习空手道，或者获得博士学位都可能提高赋权感。

人类生活中的主要斗争是为了寻找赋权的舒适感，这些斗争也激发了许多人类行为，包括好的行为和不好的行为。Martin Seligman（1975）是一个以他的“习得性无助感”而闻名的心理学家，他发现，成就感和赋权感是从过去的经历中习得的。

跨学科协作

各学科间的合作需求显然来自初级卫生保健的理论视角。然而，正如我们经常看到的

那样，实践并不一直与理论保持同步。“初级保健的一些模式仅仅包括医生团队，而另一些模式也包括其他学科的代表，如护理、社会工作、医师助手、护士和营养学家”（Miller，1987：321）。然而，Miller 也提到：“要实现初级保健模式的目标，跨学科协作不仅是值得做的，而且也是必需的……但是，要应用生物—心理—社会方法，医生不能是唯一的服务提供者。”（1987：324）

123 美国医疗机构委员会认为，家庭和社区知识可能会对初级保健医生更好地理解病人面临的健康问题和健康风险有帮助，而且，初级保健机构和场所中的工作人员不但经常会在机构内为病人的利益而努力，也会在传统保健场所以外的地方为病人的健康而努力（Donaldson et al.，1996：59）。

很显然，初级预防和健康促进的根本是要认识到有很多因素影响着个体、社区以及社区里的亚系统的健康状况，包括文化、年龄、性别、社会经济状况、遗传、成长和发展机会、自然生态环境质量、社会整合水平、政治视角以及在政治活动中各个群体参与和被代表的程度。这种健康决定因素的多样性提示，很多学科应该适当地参与疾病预防和健康促进，包括医生和其他卫生保健提供者、政治学者、经济学家、政治家、心理学家、社会学家、社会工作者以及健康教育者。

正如 Raczynski 和 DiClemente（1999）所描述的：

> 首先，健康促进和疾病预防是新兴的不同学科。我们要用广阔的视角来学习这些不同学科的知识。但是，如果想要实现发展一门学科的目标，不仅研究者，而且实践者也有责任接受这种广阔的视角，并致力于把这个领域的理论和方法论集中在一起。（1999：661）

也许这个目标不应该被如此地集中，而应把理论和方法论整合起来，来清楚地说明一个整体当中应有的每个部分是如何组合在一起的，就像将拼图的每一片适当地组合在一起来构成一个整体画面一样。

机构考虑

初级卫生保健包括公共卫生和初级预防，社会工作在初级卫生保健中的职责和角色在很大程度上取决于：（1）资金来源；（2）初级保健的主要活动是由公共税收支持的，或是志愿非营利性的，还是私人营利性的；（3）如果是私人的，那么是否存在什么宗派因素的影响。而且，机构的地理位置，譬如在农村或者在城市，以及周围社区里的文化因素都会影响社会工作者的职责和角色。

124 初级卫生保健社会工作的资金来源依赖于主体机构，包括医疗保险和公共医疗补助、私人健康保险、私人现金支付以及行政管理费（Ell & Morrison，1981：39s）。

另一个重要的组织变量是机构设立的标准。机构对社会工作服务的要求往往是不断变化的，这些要求大大影响着机构是否雇用社会工作者，雇用多少，社会工作服务在多大程度上会被看做是必不可少的，社会工作服务与整个保健服务的整合程度，以及对社会工作服务的工作学历要求。

服务对象的问题与社会工作者的职责

服务对象的问题

生物—心理—社会健康问题产生的一些原因

我们目前面临的大多数健康问题在很大程度上是由不良人类行为、愚昧、环境压力、社会不公正以及其他社会或情感状况造成的，这些应该是社会工作者的工作领域，而非医生的。

尽管目前的趋势是把人群危险因素与个体危险因素一视同仁，但有证据表明这并不是一个恰当的措施。危险因素的概念和流行病学原因不是反映个体健康状况的良好指标，而且，把危险因素与个体疾病的原因相提并论使得人们漠视了危险因素分布的决定因素，并造成人群水平的疾病预防策略失去效力（Rockhill，2001：367－368）。

生物—心理—社会健康问题的例子

一般需要社会工作者参与治疗的生物—心理—社会健康问题包括药物和酒精成瘾，儿童虐待和忽视，老年人虐待，青少年怀孕，性传播疾病，家庭暴力，自杀，抑郁，杀人，机动车交通事故，吸烟成瘾，饮食紊乱如厌食、食欲过剩、肥胖，强迫性行为，惊慌症，恐旷症，社会隔绝，冷漠以及自残行为。

社会心理因素与身体健康问题的联系

超重。根据对女性护士健康研究以及对男性保健专业人士随访调查的结果（A-
merican Public Health Association，2001a），肥胖的人，或者即使只是超重的人，有比 125
较高的风险患心脏病、糖尿病、胆结石、高血压和中风。据估计，32%的美国人超重，25%的美国人肥胖（American Public Health Association，2001a：32）。也就是说，有超过一半的美国人有比较高的风险罹患一些主要的慢性疾病，因为他们令人担忧的健康行为。

在没有控制种族影响的研究中发现，20～74 岁年龄段的人群中，女性比男性更有可能发生肥胖，而男性比女性更有可能发生超重。（肥胖是超重群体中的一部分。）然而，比较不同种族群体“健康体重”的百分比，白人妇女最高，为 48.0%，黑人男性为 40.2%，白人男性为 38.7%，西班牙裔（墨西哥）男性为 31.6%，西班牙裔（墨西哥）女性为 28.9%，最低的是黑人妇女，为 28.9%（U. S. Government Printing Office，2000a，Table 68)。

推测起来，超重和肥胖主要是吃得过多的结果，尤其是高脂肪、高胆固醇、高糖和高盐类的方便食品，吃得过多，有时候是为了缓解长期的情感压力，有时候是因为某人的家庭、社区文化以及社会经济阶层的影响。缺乏一种排除性别和种族因素后的统一模式也许正反映了种族和性别在统计学上存在相互影响。

一项关于美国和瑞士成年人健康知识和态度的调查发现，在这两个国家中，妇女和文化水平比较高的人，健康意识好一些，但如果都暴露于相同的健康信息中，在健康知识方面两个国家的人之间存在显著性差异（Girois et al.，2001），瑞士人更注意体重控制，尽量避免高糖和高盐饮食，并保持一种高纤维质的饮食习惯，而美国人则比较注重限制脂肪和胆固醇的摄入量。

吸烟。吸烟被认为是对健康状况最不利的行为，而且也是一个消耗国家卫生资源的最大因素。吸烟不仅是引起肺癌的一个主要原因，也是造成COPD和其他肺部疾病、心脏病以及不同类型癌症的主要原因。

来自官方的资料（U. S. Government Printing Office，2000b，Table 61）显示，在1995年、1997年及1998年，18岁及以上年龄组人群中，调整了年龄因素的影响，吸烟率最高的是美籍印第安人和阿拉斯加州土著人，女性吸烟率为28.9%，男性吸烟率为
126 40.5%。吸烟率最低的是亚裔和太平洋岛屿中的人，女性为11.0%，男性为18.1%。在白种非西班牙裔妇女中，吸烟率随年龄而下降，但在被比较的三种女性中，她们的吸烟率仍然是最高的；而在黑人非西班牙裔妇女中，吸烟率随年龄而增高，最高的年龄段是35～45岁之间，然后吸烟率下降；在西班牙裔妇女中，35～45岁年龄组的人吸烟率随年龄而增高，随后又下降。吸烟率的变化与这三种妇女的最低消费率保持一致。

当把文化程度也考虑在内的时候，便会发现吸烟与受教育年限密切相关。在25岁及以上年龄组中，高中以下或同等学力文凭（GED）的人与起码受到过一些大学教育的人相比，白人男性的吸烟率高出2.4倍，黑人男性的吸烟率高出1.9倍，西班牙裔男性吸烟率高出1.7倍，白人女性吸烟率高出2.4倍，黑人女性吸烟率高出1.6倍，西班牙裔女性吸烟率高出1.0倍。不过奇怪的是，有高中文化程度或同等学力文凭的西班牙裔女性的吸烟率要高于高中以下文化程度者，但有大学文化程度者的吸烟率却低于高中以下文化程度者。

当然，吸烟并不仅仅是美国的问题，而是一个全球性的问题。Satcher（2001）指出：

> 全球范围内，每年大约有400万例死亡是由吸烟引起的……在过去20年中，发达国家的吸烟率逐渐下降，但发展中国家的吸烟率却在逐步上升……随着一些大的跨国烟草公司譬如Phillip Morris和英美烟草等转移到新的市场中，它们花费大量财力在广告和宣传上面。(2001：192)

酒精依赖。酒精依赖在19世纪的最后十年及20世纪早期达到最高峰，并已经被证实

与暴力、强奸、交通事故、学业问题及家庭冲突有关。1990 年开展的一项对大学生的调查结果显示，在一组随机选取的以前有严重酗酒经历的学生中，进行单纯的短时间干预咨询就可以显著地缓解他们酗酒的状况，对照组也是有饮酒史的学生，但没有接受干预（Beer et al.，2001：1310）。

研究结果显示：对过量酒精依赖进行早期干预能够有效地降低终生酗酒的可能性，而长期酗酒与肝脏疾病，糖尿病不良控制，日常生活能力问题如机动车事故、暴力、阳痿、 127
工作迟到、缺勤，以及承担家庭责任等都有关系。很明显，无论对个体还是群体来说，社会工作者都需要具备更多的关于危险因素及其相互作用的知识，才能有效地对他们进行干预。因此，我们呼吁加强研究方面的努力。

社会工作者的职责

公共卫生项目中，社会工作者的职责包括①：

> 1. 参与项目的策划与实施，保护社区居民远离健康危害，促进人们参加卫生保健、预防有害健康因素，包括提倡有益健康行为。
>
> 2. 当制定健康促进的干预措施时，使用流行病学方法确定社会因素与健康问题发生率之间的联系，预防疾病，提供早期干预，防止可避免的残疾发生，最大限度地提高残疾者的生活质量并发挥他们的潜能。
>
> 3. 缓解引起健康问题的社会压力，并利用社会支持提升幸福感、保护健康。
>
> 4. 参与外展活动，以确保有风险者能够得到卫生保健和需要的社会服务。
>
> 5. 在制定和提供卫生保健及相关的社会服务时，参与提高使用者的参与度和增强他们的领导能力。（NASW，1987：12－14）

因此，从 NASW 的标准中可以看出，在人们享受初级保健服务过程中，社会工作者可参与制订项目计划和政策，进行社区需求评估，在高危人群中开展外展服务，对个人和群体进行健康教育，成立自助小组并发挥其作用，开展流行病学研究以确定高危人群（Miller，1987：322）。

初级卫生保健机构中社会工作者的职责 128

实际上，在初级卫生保健中，大多数社会工作者处在直接服务的地位，为服务对象提供咨询并联系社区资源（Green & Kulper，1990；Oktay，1984）。例如，初级保健社会工作者可以提供适当的服务以满足病人的生物—心理—社会需求，否则的话，病人可能会出现躯体疾病并消耗更多的初级卫生保健资源。

---

① Copyright 1987，National Association of Social Workers，Inc.，NASW Standard for Social Work in Health Care Settings。

某城市医院与一个贫穷的非洲裔美国人居住的社区毗邻，在此医院的医疗门诊里，一群社会工作者报告了他们通过提供小组社会支持为病人赋权的项目（Dobrof et al.，1990）。根据作者的描述，支持性小组效果明显，可以减少身体症状，并使病人积极参加医疗保健。社会工作者把他们自己看做是角色示范者、服务者、老师、能力培养者以及变化促进者（Dobrof et al.，1990：36）。小组也在不断发展以解决不同的生物—心理—社会问题。

> 1. 男性压力管理小组，服务对象是那些有焦虑并引起生物—心理—社会症状的人。
> 2. 空巢症状小组，服务对象是那些需要到空巢家庭外面寻找生活乐趣的中年妇女。
> 3. 老年社会化小组，服务对象是与世隔绝的老年妇女。
> 4. 支持性小组，服务对象是患有普通身体疾病的人。
> 5. 支持性小组，服务对象是患有普通精神疾病的人。
> 6. 居家倡导小组，教给人们如何自我倡导以采取行动解决环境问题。（Dobrof et al.，1990）

大多数社会工作者似乎更喜欢面对个人的临床社会工作，而对更为宏观的干预缺乏兴趣和/或知识。在一项对初级保健机构中的家庭医疗社会工作者展开的研究中（Hess，1985），社会工作者报告说，大多数病人都有很多的生物—心理—社会问题，而不是仅有一个，而且这些问题的类型也是多种多样的。但是，社会工作者是有选择地决定解决服务对象的哪个问题的："应答者关于他们的临床工作的描述揭示了一个普遍的现象，那就是他们倾向于选择情感/人际关系冲突问题，而不是倾向于选择社会/环境问题，倾向于选择治疗类型的干预，以及选择以个人而非家庭、团体或社区为中心进行干预。"（Hess，1985：60）

另外，在 Hess（1985）的研究中，许多社会工作者通过他们的临床实践参与了对医生的教育工作。但是，一旦社会工作者开始自我选择服务对象某个方面的问题，而不是广
129 泛地选择服务对象的实际问题，就意味着他们对医生的教育也将是片面的，即只专注于情感和个人问题，而把社会环境问题和家庭问题排除在外（Hess，1985：61－62）。

Zayas 和 Dyche（1992）描述了他们在初级保健医疗门诊和住院医培训计划中的社会工作实务，他们教给医生在临床工作中要注意的四个主要概念：

> 1. 过程（事件的发展）的概念，包括从他们考虑和解释的过程中的"病人在哪里"开始。
> 2. 助人关系及有意识地运用自我的概念。
> 3. 人在情境中的视角（当健康与疾病彼此消长时，病人的生活环境正在发生什么

变化）。

4. 实情环境（从临床门诊到社区、家庭、学校或工作场所，以及病人自己所处的地理特征）。

Lesser（2000）描述了一个社区心理卫生中心与家庭医疗相结合的例子，考虑到一般生物—心理—社会问题表现的多种多样，他们要求社会工作者参与到初级医疗服务中，包括“学校学习困难、教养问题、不同文化和宗教信仰家庭的问题、青少年适应、工作压力、生活改变、婚姻和家庭问题、抑郁、酗酒和吸毒、慢性病、失去亲人以及老年照顾”（121）。同时也采取了很多干预措施，包括联系其他需要的社区服务，与父母一起解决孩子成长问题及教养问题，成立照顾者支持性小组、中年妇女小组、药物成瘾者康复支持性小组。Lesser（2000）指出，很多保健管理公司都对这种合作感兴趣。

那些还记得美国有公共资金支持的社区心理卫生中心的人将会把 Lesser 的报告作为一个提供充分的精神健康促进、预防和治疗服务的典范，社区心理卫生中心（CMHC）曾经以不同的标准在美国提供过这些服务。

Rock 和 Cooper（2000）描述了福坦莫大学学生实习手册的内容，实习是在距离纽约不远的一个经济和社会文化相对比较落后的社区中的非营利性初级医疗门诊里完成的。这个手册的目的是要向医生和保健支付者说明，应充分发挥初级保健场所社会工作 *130*
者的作用，利用筛查工具、快速评估工具以及高危指标，为学生将来在初级保健场所开展社会工作提供一些经验借鉴，因为在将来初级保健领域将会成为医疗社会工作的一个重要阵地。

尽早发现有生物—心理—社会问题的病人并对其进行社会工作干预，这一目的如果没有达到的话，那么就有可能导致医学治疗的复杂化并降低治疗的有效性。为了测量早期社会工作干预的有效性，社会工作专业的学生采用了单一系统化设计，描绘出某一目标行为发生的频率和强度曲线，包括它以前的发生情况，它的经过，以及干预阶段的随访情况，通过这些阶段来决定行为的模式并指出干预的效果和持续时间。选择执行该项目的学生都能讲几门外语，正好可以与诊所里的病人沟通，学生们对服务对象开展了各种各样的临床干预，例如，换气训练、认知疗法、帮助强化社会支持、脱敏训练、哀伤疗法以及再次转诊回到医生那里增加抗抑郁药物的用量。这篇文章还包括了对这种令人感兴趣的社会工作模式的进一步发展的介绍。

Netting 和 Williams（2000）报告了一个示范项目的定性评估结果，这个项目是在美国的九家初级卫生保健机构中实施的，旨在检验社会工作者在与医生的合作实践中发挥的作用。研究结果显示，社会工作者尤其有助于医生治疗有社会心理问题的老年病人，并为医生所接受。该项目是由哈特福德基金会资助的，哈特福德基金会曾经为社会工作专业提供了很多经济援助以促进老年医疗社会工作的发展。随着老年人口数目的不断增加以及人们寿命的不断延长，许多美国老年人都伴随有很多慢性健康问题，他们需要医疗和社会工作服务，来提高他们的机体功能和生活质量。Netting 和 Williams 报告说：

> 我们了解到这些医生以及他们的员工很希望有一些专业人士存在，使得他们能够向其谈及他们面对的有复杂问题的老年服务对象……社会工作者以及其他专业人士，是初级保健医生的理想合作伙伴。因此，社会工作者应该抓住这些机会，显示他们在处理老年人特有的麻烦、表达模糊不清的问题以及步履蹒跚行动不便的问题中的价值，当然，这些问题也是医生在工作中所要面对的。要这么做的话，社会工作者需要具备与老年人相处的知识和技巧。（2000：241）

131 初级卫生保健社会工作的局限性

根据 Miller（1987：323）的描述，社会工作者参与初级卫生保健的障碍包括：（1）医生对社会工作者的知识、作用和技能以及生物—心理—社会医学模式缺乏理解；（2）随着初级保健开始变得具有竞争性，对于初级保健医生来说可能会出现一种挑战，那就是在医疗活动中保持足够多的病人，因此对雇用其他人，譬如社会工作者会有抵触情绪，尽管社会工作者可能会对健康促进和健康问题的预防非常有帮助；（3）大多数初级保健将通过 HMO 提供，HMO 的服务可能会使人们主要在经济方面感到舒适，但 HMO 的医疗员工可能觉得不需要社会工作服务。社会工作者参与初级卫生保健的另一个障碍可能在于社会工作者对此领域的工作缺乏教育准备（Oktay，1995：1891）。

此外，初级保健中的社会工作普遍缺乏资金支持。总的来说，大多数的健康保险计划对精神卫生服务或预防服务的覆盖面都很小，因为目前的重点是成本控制，所以个案管理服务（评估、转诊以及协调其他人所提供的服务）比直接提供所需的服务更有可能获得资助（Oktay，1995：1892）。

对于初级保健中的社会工作者来说，存在的一个更大的障碍可能是缺乏有资质的社会工作者，尤其是在农村地区。1985 年，由美国《公共卫生服务法》资助，成立了一个初级保健社会服务工作队，在 330 个农村和城市卫生服务中心开展了一项研究（Young & Martin，1989），明确了这些中心对社会工作服务的利用和需求。他们发现，尽管农村和城市卫生服务中心的病人报告的社会问题类型大致相同，但他们可获得的社会工作支持却是不同的。在病人数目相同的情况下，农村卫生服务中心雇用的社会工作者人数远远少于城市，而且，有 MSW 学历的社会工作人员也远远少于城市，更别说社会工作项目了。农村卫生服务中心提供的向社区资源的转诊服务也比较少，医院转诊除外。很多农村初级保健中心都是只雇用一名社会工作专业学士（BSW）学历的社会工作人员来处理所有的社会心理问题。

然而，农村和城市地区初级保健医生的工作却因为是否有社会工作者的帮助而有所不同。农村初级保健医生不可能雇用社会工作者来帮助解决病人的社会心理问题，而在城市地区，初级保健中有社会工作者参与却是比较普遍的现象。由农村初级保健医生所做的一项关于探讨社会工作者目前的以及潜在的作用的研究提示，他们倾向于把社会工作者界定
132 为承担着资源转诊与联系任务的专业人员（Badger et al.，1997）。这一研究结果与另一项

较早开展的关于医生和护士对医疗社会工作者作用的看法的研究结果相同（Cowles & Lefcowitz，1995）。

毫无疑问，初级卫生保健中需要有资质的社会工作人员。最近开展的一项关于初级保健医生所遇到的病人社会心理问题严重程度的研究发现，初级保健医生确实是一系列社会心理问题的守门人（Gross et al.，1996：89）。Zayas 和 Dyche（1992）希望增加对初级保健的资助，包括提高对社会工作人员的要求，社会工作者的作用将更广泛，包括其在医学教育中的作用。

知识要求

初级卫生保健复杂的理论视角以及与之相关的跨学科团队工作的必然性，要求社会工作者具备不同领域的知识，以使他们在初级保健中的社会工作实务取得最佳效果。Ell 和 Morrison 指出："初级卫生保健机构中的社会工作者是一个真正的多面手，并且必须做好准备对多个水平进行干预——个人、家庭、团体和社区。"他们说：

> 初级保健社会工作有它自己对知识的独特要求，不同的初级保健机构出现的一系列医疗和情绪问题要求社会工作者具有非同一般的广泛知识，包括医学、精神病理学以及组织学理论。流行病学、疾病病因学、社会心理障碍以及医学社会学知识可以提供选择哪个病人进行治疗，以及用什么方法进行治疗的依据。(1981：37s)

假如有这一系列需要的知识，一套初级保健社会工作课程模式被建议如下。

初级保健社会工作课程模式

密歇根预防训练及课程建设项目推荐了一套适用于社会工作院校及其他专业学校的初级保健课程，他们的解释是：

> 公共卫生社会工作计划证实了对社会工作院校毕业生的要求，应在他们的课程中增加公共卫生的内容，使他们做好到更广阔的实务领域里去工作的准备，而不仅仅是 133
> 与公共卫生有关的传统领域。(Siefert，Jayaratne & Martin，1992：18)

下面几条原则是推荐课程的基础：

1. 将身体健康和精神健康作为整体健康的一部分，而不仅仅是没有疾病。
2. 以一种发展的视角，强调人一生中的能力、优势及易感性。
3. 在病因学及健康和精神紊乱预防中，注重个体及环境危险因素重要性的知识。
4. 理解社会支持的保护性功能。
5. 流行病学概念和策略。

6. 理解适用于预防的研究设计及方法学。

7. 认识使用一系列预防性方法进行多水平干预的需求。（Siefert，Jayaratne & Martin，1992：19）

上述建议的课程计划已经被整合进社会工作教育协会（CSWE）要求的主干课程中，包括人类行为与社会环境、社会福利政策与服务、社会工作实务、社会工作研究方法以及实习（Siefert，Jayaratne & Martin，1992：19）。建议的课程计划中最有意义的是，要求参与的毕业生设计一个社会工作干预项目，旨在预防，并继而验证其效果（Siefert，Jayaratne & Martin，1992：22）。

一篇关于公共卫生社会工作的社论引用了 Siefert（1995，被 Poole 引用，1995：244）的话：

> 社会工作者将需要做好准备，从事合作的、有文化能力的、以社会为基础的以及以预防和早期干预为中心的实务活动。公共卫生社会工作中的预防性干预要求社会工作者同时开展多种方法的干预，从提供直接服务到社区计划和倡导。这对于社会工作
> 134 院校是一个挑战，它们往往使学生倾向于微观或宏观性方法而非整合性方法……合作性实务也给社会工作教育提出了一个挑战，课程的专业化使得其缺乏与实务服务领域的交流。长期以来存在的跨学科教育的障碍也要求有创新性方法加以应对。

身体健康与精神健康概念整合的需要

社会工作院校面临的挑战使人们认识到以往把身体健康与精神健康割裂开来的做法已经不符合实际情况了（Siefert，Jayaratne & Martin，1992：25）。Shannon 提出："卫生保健的生物—心理—社会模式能够把精神卫生服务整合到初级保健中，生物—心理—社会模式认为，疾病是多种因素相互作用的结果，包括环境因素、身体因素、行为因素、心理因素以及社会因素。"（1989：32）Tessie Cleveland 说：

> 医务社会工作和精神病学社会工作之间的分歧变得更加严重，这使得社会工作专业中长期存在着等级制度……社会工作者还没有认识到这样的划分会使社会工作专业以外的人感到困惑并将削弱社会工作专业的基础，尽管这种划分可能会满足自我的某些需求……社会工作者必须认识到目前身体健康和精神健康实践的一致定义，并且必须寻求社会工作教育和机构行政管理方面的改革以巩固这种一致性，社会工作者应该感到自豪……他们能够从整体上保持对服务对象一致的认识和看法。总之，每种疾病……都会受到社会心理因素的影响，这对于社会工作实务来说是很重要的。（1981：125）

超越临床社会工作的需要

关于预防对象，Pray（1995）指出，目前随着卫生保健方法的不断进步，无论是美国

国内还是国际上的趋势都集中在社区组织和社区赋权以及政策改变方面，而这些方面都超出了以个人努力去改变健康行为的范畴。Pray 引用了 Bracht（1990）的描述作为这些项目的一个充足的信息来源，Bracht（1999）的《社区健康促进》（*Health Promotion at the Community Level*）第二版对于任何一个医疗社会工作专业的学生来说都应该是必读的。

社会工作院校必须付出更大的努力，引导未来的社会工作者将兴趣从专注于个人临床工作转移到社区组织和社会行动方法上，并使他们有能力承担此项工作。

课堂教学与实习结合的需要 135

最后，为了提高从事有效的医疗社会工作所必需的知识和技能水平，迫切需要课堂教学和实习机构的通力合作，这些努力包括：

1. 课堂教学和实习机构互相交换它们的课程内容和变化信息。
2. 课堂工作为现场工作提供所关注领域的书面描述、过程描述及研究项目。
3. 机构督导为课堂工作提供它们的机构计划、现场课程及研讨会的信息。
4. 双方开展更多的合作项目，以互相交换信息并分享见解。
5. 学校为机构督导者举办研讨会，以加强不同机构之间及机构与学校之间信息的互相交换。（Marshack，Davidson & Mizrahi，1988：231）

小结

从理想的角度来说，卫生领域初级保健中的社会工作实务要求具备的知识包括：健康行为、疾病行为、疾病的社会因素、社会工作实务多面手（包括如何对不同阶层的个人、家庭、团体、组织、社区及社会开展工作）、医学、精神病理学、组织学理论、流行病学、疾病病因学、社会心理障碍、医学社会学、WHO 健康概念、赋权及优势视角、个体及环境危险因素、社会支持的保护性功能、验证干预效果的实验性研究方法以及卫生保健的生物—心理—社会模式。

正如在第二章中所描述的，医疗社会工作者要求具备以下领域的专门知识：服务对象群体和问题领域，机构背景，社区特点及其资源，具体的干预模式，适合于机构的研究、评估及记录的方法。

价值观与伦理思考

与卫生保健的其他领域相比，初级保健中的初级预防和健康促进活动必须更加注意不利的社会环境状况。根据目前 NASW 提出的伦理准则：

> 社会工作专业的主要使命就是，要提高人类的福祉，协助满足所有人的基本需 136
> 求，特别要关注那些弱势群体、受压迫群体和生活在贫困中的群体的需求。……社

> 会工作的核心就是要关注受环境因素影响的生产创造及生活中各方面的问题。社会工作者将代表服务对象来促进社会公正和社会变革视为己任。“服务对象”这里指的是个体、家庭、团体、机构和社区。[1]（NASW，1996：1）

社会公正是社会工作专业的六个核心价值观之一，与其相关的伦理学原则是：

> 社会工作者要挑战社会的不公正。社会工作者应追求社会变革，尤其要协同和代表弱势、受压迫之个人和团体。社会工作者在社会变革方面首要的努力应着重于：解决贫困、失业、歧视及其他形式的社会不公正问题。这些活动要求增加对压迫、文化和种族多样性的敏感度和知识。社会工作者应致力于确保服务对象能够获得必要的信息、服务、资源和平等的机会，以及在全民决策上有意义的参与。[2]（NASW，1996：5）

如果今天卫生保健领域的所有专业正在不断感受到放弃它们的价值观和伦理学原则所带来的组织压力，那么对于社会工作者来说，记住自己最基本的职责是改善服务对象的健康，这一点很重要。“总之，服务对象的利益才是最主要的”[3]（NASW，1996：7）。

此外，社会工作者“有义务去提高服务对象的自主权，并理解和尊重服务对象的文化和社会多样性”。（NASW，1996：9）

技能要求

Ell 和 Morrison（1981）列举了初级卫生保健社会工作者所需的技能：决策、鉴别诊断、给住院病人提供建议、团队建设、咨询及教育。其他所需的社会工作技能还包括：个案发现，能识别引起病人焦虑的不同生物—心理—社会因素之间的差别，具有帮
137 助一些病人认识到他们的症状来源于社会或情感因素而非身体原因的能力，同时除社会工作外，促使其他专业学习并应用社会心理评估和治疗技能，尤其是关于如何访谈及社会心理问题如何影响健康和疾病。初级保健社会工作者也需要掌握利用社区资源开展健康促进及健康问题预防的技能，譬如把初级保健病人引导到专项活动中去，像体重控制、戒烟、嗜酒者互诫协会、支持性小组、有效的养育技能培训、自主培训、营养培训及儿童发展培训。

社会工作者也需要具备研究和评估的技能，尤其是在初级保健中，完善服务对象对社会工作服务需求的评估工具，以便使医生转诊服务对象不再仅仅局限于依靠医生对服务对

---

① Copyright 1996，National Association of Social Workers，Inc.，Code of Ethics.

② 同上。

③ 同上。

象需求的判断（Ell & Morrison，1981：38s）。最后，需要用研究技能来评估实务工作以便用更新的知识来定义初级保健社会工作实务，即哪些是有效的初级保健社会工作干预，哪些不是有效的初级保健社会工作干预。这么做，社会工作者才能够赢得可信度并获得支持其工作所需的资助。

Hess 检验了某个初级保健机构中的社会工作实务，得出如下结论：

> 除了开展家庭工作的方法以外，社会工作专业毕业生的教育需要加强其在促进优秀的教学、卫生保健协调及卫生团队参与领域中的能力，也包括身体疾病、健康行为及疾病的社会因素等方面。（注意）需要有一个有效的初级卫生保健社会工作实务模式。（1985：64）

Goel 和 McIsaac（2000：6）在谈及临床实践中的健康促进时认为所要求的技能包括：（1）沟通技巧；（2）识别病人所处的社会情境的能力；（3）整合影响病人对疾病或建议的反应模式的文化或行为因素；（4）认识家庭的作用。

助人干预

Ell 和 Morrison 提出的初级卫生保健社会工作干预如下：

> 对病人的干预包括评估、提供信息和转介、外展、个案管理、短期心理疗法、家 138
> 庭与小组疗法、危机干预、计划生育、基因咨询、行为矫正、病人教育、促使并倡导系统或社区发展与变化。（跨学科）小组干预包括咨询、员工训练、在职教育、行政管理分析及专业研究。（1981：37s）

Bloom（1995）向社会工作者建议了很多用于初级预防工作微观水平的可能干预方法，譬如问题解决、应对技巧、社交技能训练、提升自我效能感、果断性训练、认知建构、因应预期、父母效能训练及社会支持性小组。尽管这些干预无疑是有效的，但它们并没有包括那些似乎是不良健康状况根源的不良社会状况，像社会不平等与机会不平等，关于这一点在 Evans、Barer 和 Marmor（1994），Kozol（1991，1995），Kawachi、Kennedy 及 Wilkinson（1999）的研究中均有阐述。

宏观水平变化的需求

社会工作者不能改变经济体制、教育体制、政治体制以及卫生保健体制，除非他们更多地参与社区组织的活动，以及其他对公众直接赋权的宏观水平的活动（Dunlop & Holosko，1992）。

美国公众必须参与到要求大幅减少绝对和相对贫困的活动中，并且参与国家健康保险计划制订或国家卫生保障体系的其他活动，以确保能获得初级卫生保健服务，并能够早发现、早干预威胁他们身体和精神健康的家庭及社区问题。只有这样才能够预防人类发展带来的不利影响所导致的损伤自己或他人的行为：

> 初级卫生保健的宗旨强调预防、健康教育、社区参与（不是走形式，而是带有故意地听取所有当地人的观点）、环境因素的重要性以及外展工作的需求，即使是在最偏僻的地方，也要为所有人服务，包括最贫困的人。（Smyre，1993：59）

139 社会关系图

所有的初级保健干预都必须以对人类多样性的敏感度为基础，社区参与以及社区组织的工作必须运用Cochrane（1979，被Green引用，1995：100）的社会关系图，它是一种宏观社会水平的框架图，包括：

1. 认识和定位一个地区的种族群体。
2. 描述社区内的社会组织。
3. 描述居民的信仰及思维特征。
4. 识别财富模式，以及它的积累和分布情况。
5. 描述迁移模式，包括地理和社会两方面。
6. 获得和利用有效的人类服务信息。

Green描述了绘制社会关系图所产生的结果：

> 社会关系图应该包含有一个或多个物理地图的简短说明性文字及以上六条中的任意一项描述性信息，以便提供足够详细的信息给陌生人，使其读完以后能够获得某些总体认识，包括：（a）谁居住在这个地区；（b）他们如何生活；（c）他们相信什么，做过什么；（d）他们如何利用社会服务。说明中还应该澄清社区中没有解决的需求，尤其是当地居民自己感知到的需求。（1995：100－101）

初级卫生保健水平的服务

> 健康产生于人们的日常生活环境，并时刻与人们相伴，人们在这种环境中学习、工作、娱乐并相互关爱。健康来自为自己及其他人提供健康的过程，来自能够自我决策并自我控制生活的环境，也来自能够确保创造出条件使人们保持健康的社会。（WHO，1986：3）

初级卫生保健水平的服务目标是初级预防和健康促进，这一点与对儿童或幼苗的养育或其他我们认为有价值并希望做好的事的性质类似，也就是说，我们必须先弄清楚需求是什么，才能做好它，然后我们必须承担为其服务的责任。尽管保健是以提供某些服务为基础的，但那是一种表面上的理解，保健服务需要有后续保障，才能够满足服务对象的需求。

因此，如果一个社会忽视了不利于健康问题预防及健康促进的社会状况的话，那么似乎是太粗心大意了。我确信整个医疗社会工作领域都需要清醒地认识到社会结构状况在健康问题病因学中的作用，例如： 140

● 一个社会是“不健康的”，比如，在2000年，有16.9%的孩子没有经济依靠，即使是按照最低生活和健康标准而言。(U. S. Census Bureau，2000)

● 一个社会是“不健康的”，比如它依赖于当地的财产税作为公立学校的主要资金来源，这会导致不同地区的公共教育质量存在很大差异。

● 一个社会是“不健康的”，比如它的公民被监禁在监狱中的百分率是世界上最高的。

● 一个社会是“不健康的”，比如有15%的社会成员没有健康保险，尽管他们中的大部分有全职工作。

● 一个社会是“不健康的”，比如根据这个社会自身的贫困指标衡量，有超过50%的贫困人口没有得到医疗补助健康保险为贫困人口提供的补助。

● 一个社会是“不健康的”，比如它用于区别贫困人口的最低标准远远高于法定最低工资标准。

● 一个社会是“不健康的”，比如它的政府不配备足够的资金来雇用足够数量的，经过专门训练的，有能力解决身体、精神、性及儿童虐待问题的工作人员。

● 一个社会是“不健康的”，比如它没有道德上的敏感性，允许联邦立法机关的成员享有全面的健康保险，而资金却是由纳税人提供的，但这些人却没有制定出为其他纳税人提供同样健康保险的政策。

● 一个社会是“不健康的”，比如它宣称自己是“世界上最好的”，但仍然只是世界上的发达国家，却没有任何的卫生保障体系，并继续宣称医疗保健应该从提供者那里购买，提供者主要也是为了牟取利益才提供商业服务的。

● 一个社会是“不健康的”，比如它试图通过允许管理卫生保健组织的主要执行官员们每年获得数百万美元收入的这一体制来达到卫生保健的成本控制，而官员们获得利益的原因却在于他们掌握了他们的病人所需要的医疗干预资源。

● 一个社会是“不健康的”，比如它的立法机关不采取行动来确保承担医疗保险赔偿责任的医疗供应公司以竞争性投标的方式产生，就像退伍军人管理局的工作 141
一样，而是继续允许由卫生保健财政管理局来支付，没有竞争性，有时就会使得直接交易成本升高数百倍，因为立法机关已经屈从于这一公司的游说和政府捐款，并且反而通过增加实际支出成本，也就是用老年人和残疾人士的医疗保险金来对这种浪费纳税人钱的行为进行补偿。

> **健康是如何创造出来的**
>
> 健康产生于人们的日常生活环境，并时刻与人们相伴，人们在这种环境中学习、工作、娱乐并相互关爱。健康来自为自己及其他人提供健康的过程，来自能够自我决策并自我控制生活的环境，也来自能够确保创造出条件使人们保持健康的社会。(WHO，1986：3)

美国未来的初级卫生保健的主要风险在于，通过利用公共基金和立法政策来增加公司的利润从而达到成本控制的目标，增加公司利润对于股东和首席执行官（CEO）来说将是非常有利的。这将会导致美国公众经历一次卫生服务质量和数量的下降，并使得医疗专业雇用的员工数目减少。结果，整个国家的健康状况将会不断下降。

也许21世纪的医疗社会工作需要考虑向为社会服务的社会工作回归，就像在20世纪所走过的那样，也正如本章所描述的——根据需要，帮助社区建立社会结构以提升幸福感和健康生活质量。

评论

希望美国的卫生保健系统管理者能够最终意识到成本控制的唯一有效方法是通过加强
142 健康问题初级预防的力量——彻底扎根于解决贫困、种族歧视、环境污染、缺乏教育以及人与人之间普遍存在的缺乏关爱等社会问题。认识到这一点将标志着我们通常所说的“社会问题医疗化”的结束，当这一觉醒时刻到来时，就会雇用社会工作者并将其作为一支重要的力量来实现初级保健的目标了。

第四章

医院社会工作 143

历史背景

美国医院的发展

美国的医院在早年是专门为穷人而开办的救济院，因此，大多数医院后来都成为了众所周知的靠税收支持的医院。例如，纽约的贝尔维尤医院建立于1736年，是当时美国的第二个救济院，第一个救济院在费城，成立于1713年（Nacman，1977：407）。

在18世纪后半期，私立非营利性医院开始出现，这些医院是应中产阶级的要求而建立的，他们看到了人们对医院的需求，却遭遇了救济院穷人的抵制。它们在当时出现的一个原因是为了便于治疗在美国独立战争中受伤的伤员（Nacman，1977：408）。

独立战争之后，人口流动加大和都市化程度不断增加，并且伴随着出现了流行病和其他的公共卫生问题（Rosen，1958：182，201），随之而来的是建立起更多的公立医院，例如1821年成立的麻省综合医院。再如1840年成立的林肯医院，它位于纽约，主要为老年人及残疾的非裔美国人提供保健服务（Nacman，1977：408）。

然而，即使到了19世纪中期，救济院仍然是大多数经济困难人士的保健中心，尽管人们已经广泛认识到了救济院的状况确实非常糟糕，而同时，为亚人群例如孩子、老人、精神病患者及发育障碍者提供的专业保健服务开始出现，并把这些人从救济院中救了出来。因此，社会关注到了孤儿的成长，也出现了老年人之家（通常为有特殊宗教信仰的人或少数民族人群服务），以及为精神病患者和发育障碍的人而建立的州立医院（Nacman，1977）。而且，对未收容在救济院里的贫民提供施舍的项目也出现了，它们也以现金或实物的方式救助有特殊宗教信仰的人或少数民族群体。

虽然医院在18世纪的后半期就出现了，但直到19世纪末期它们才成为医疗实践的中 144
心，此时，疾病的细菌学理论开时被广泛接受（Cannon，1923）。

社会工作的出现

伴随着对新院舍照顾机构进行监督和制定标准的需求的出现，以及协调新兴的多种多样院外照顾慈善机构的需求的产生，这些从事慈善工作、矫正工作的人后来认识到，他们具有共同的作用和世界观，并采用了“社会工作者”这个称谓。救济院里的员工是第三种应对类似状况的新兴工作人员。

卫生保健领域的社会工作

卫生保健领域的社会工作通常要追溯到社会工作进入综合医院的时候，然而，从19世纪中期社会工作出现开始，它的实践者就已经涉及了多种与卫生有关的问题，包括贫困、拥挤、缺乏饮用水以及污水处理系统，这些问题是伴随着都市化和人口迁移，无规则和无计划的工业化以及不接受疾病的细菌学理论而出现的（Rosen，1958：348－349，353，360－364；Trattner，1989：133－134）。

医院社会工作的发展

1984年，美国有6 872个医院，其中有6 302个（占92%）接受了美国医院协会（AHA）的年度调查。在接受调查的这些医院中，5 209个（占83%）医院报告有社会工作服务；有5 801个医院是综合性医院和非精神病专科医院，这些医院中，大约有82%有社会工作服务；剩余的501个接受调查的医院是精神病医院，它们中95%的医院有社会工作服务（AHA，1985）。

1994年，美国有6 374个医院，其中有5 387个（84.5%）接受了美国医院协会的年度调查。在接受调查的医院中，4 533个（占84%）医院报告有社会工作服务；有4 926个医院是综合性医院和非精神病专科医院，这些医院中，4 184个（占85%）医院有社会
145 工作服务；剩余的461个被调查的医院是精神病专科医院，其中有349个（占76%）有社会工作服务（AHA，2002）。

2000年，在接受调查的4 856个医院中，86%有社会工作服务。在4 525个综合性医院和非精神病专科医院中，有3 900个（占86%）医院雇用了社会工作者，而在331个精神病专科医院中，76%雇用了社会工作者。表4—1比较了这三年的情况。

146 **表4—1　提供社会工作服务的医院数目及百分比的比较（1984年、1994年与2000年）**

医院数	1984		1994		2000	
	数目	百分比	数目	百分比	数目	百分比
精神病专科医院 N＝501（1984） N＝461（1994） N＝331（2000）	478	95	349	76	253	76

续前表

医院数	1984		1994		2000	
	数目	百分比	数目	百分比	数目	百分比
综合医院/非精神病专科医院	4 731	82	4 184	85	3 900	86
N=5 801（1984）						
N=4 926（1994）						
N=4 525（2000）						
合计	5 209	83	4 533	84	4 153	86
N=6 302（1984）						
N=5 387（1994）						
N=4 856（2000）						

资料来源：1984 data are from American Hospital Association (1985) . *Hospital Statistics*. Chicago: Author, Table 12A. 194; 1994 data are from American Hospital Association (1995). *AHA Annual Survey*. Chicago: Author; 2000 data are from American Hospital Association (2002). *Hospital Statistics*. Chicago: Author, Table 7 161, and unpublished data from the AHA annual survey.

据美国劳动部估计，在 1992 年，26.2%的社会工作者服务于卫生保健领域，14.13%的社会工作者单纯服务于医院，不管是公立的，还是私立的医院，是卫生保健中最大的社会工作者群体（Ginsberg，1995：355）。

理论视角

治疗

当疾病的细菌学理论开始被广泛接受的时候，医疗实践也意识到了手术和创伤治疗中无菌环境的重要性以及预防和治疗感染的可能性，但直到 1867 年，一名叫 Joseph Lister（Rosen，1958：317）的外科医生才发明了抗菌剂。然而，到了 19 世纪的后 10 年及 20 世纪的前 10 年，疾病的细菌学理论才得到了更好的发展和认可（1958：319）。

此时，现代化医院成为了医疗实践的活动中心，并且，医疗实践开始了从社会医学向医学模式，从保健到治疗的转变。事实上，到了 20 世纪，人类战胜疾病的希望变得更大了，最终使以医院为中心的卫生保健体系得以出现，而且其技术水平和专业化程度不断提高，导致成本也在不断增加，超出了其他行业，以至于美国政府开始采取措施，尽量减少对医院和医学专家的使用。

成本效益

成本控制成为美国医院中压倒一切的关注焦点，因为卫生保健费用所占的 GDP 比重在不断增加，从 1960 年的 5.1%增加到 1970 年的 7.1%、1980 年的 8.9%、1990 年的 12.2%、1994 年的 13.4%，此后基本维持在这个水平，1998 年，总的国内卫生消耗占
146 GDP 的 13.5%（U. S. Government Printing Office，2000a：322，Table 115）。尽管如此，与其他国家相比，美国政府仍持续对卫生保健，包括卫生保健体系有较高比例的 GDP 和人均 GDP 投入（U. S. Government Printing Office，2000a：321，Table 114）。

美国在 1998 年的卫生费用是 11 491 亿美元，其中，投入医院的比例是最高的，占 33.3%，即 3 828 亿美元（U. S. Government Printing Office，2000a：325－326，Table 118）。

自从 1984 年美国医疗保险诊断相关小组（DRG）支付体系开始发挥作用之后，逐年增高的卫生费用所占 GDP 百分比开始回落，1975—1980 年间，最高值是 13.6%，1980—1985 年间，下降到 11.6%，而到了 1995—1996 年，降到了年度百分比最低值 4.6%，但是在 1998 年，又回升到 5.6%（U. S. Government Printing Office，2000a：325，Table 118）。

1998 年，在所有的卫生经费中，80%流向了全科医院和外科医院，8%用于精神病医院，剩下的 12%分配给了其他专科医院（U. S. Government Printing Office，2000b：120，
147 Table 181）。1998 年，医院保健的财务状况，包括以医院为依托的疗养院和家庭保健服务机构的财务情况如表 4—2 所示。

148 **表 4—2　　医院保健的财务状况**

资金来源	百分比
政府项目	61.0
私人健康保险	30.8
赔钱支付	3.4
其他私人资金	4.6
总数（3 828 亿美元）	99.8[①]

①原文如此。——译者注

资料来源：U. S. Government Printing Office 2000b. *Statistical Abstracts of the United States*. Washington，DC：Author，Table 156 110.

生物—心理—社会模式

自从医院社会工作出现以来，社会工作者就已经意识到生物、心理和社会环境因素的相互影响，全美社会工作者协会对有关应急治疗医院的社会工作职责的定义如下（1990）：

> 当与疾病相关的社会和情绪需求影响到病人的身体状况、治疗、康复及机构间的转介时，社会工作者需要为病人及其家人提供社会工作服务，满足其生活和情绪需求。[①]（NASW，1990：4）

① Copyright 1990，National Association of Social Workers，Inc.，NASW Clinical Indicators for Social Work and Psychosocial Services in Nursing Homes.

然而，美国医院社会工作服务的焦点却随着国内的专业和政治优先次序的变化而不断游移于心理、社会以及社会心理模式之间。当 1905 年传染性疾病占疾病谱的主要位置时，基于对健康问题的产生具有深刻社会根源的理解，医院社会工作出现了。到 20 世纪 20 年代，为了应对 Abraham Flexnor 质疑社会工作“专业地位”的观点，社会工作重心转向了弗洛伊德的个体固有问题论，此时，医学专业已经适应了从社会医学视角向医学模式的转变（Smith & Anderson，1995：248）。

20 世纪 30 年代，正值美国经济大萧条时期，自杀率飙升，民众靠救济为生，此时，社会工作的焦点转向了关注宏观层面的政治和经济状况。在二战后环境比较鼓舞人心的几年间，社会工作又重新转向了以个体为中心的工作方法。然而，在 20 世纪 60 到 70 年代社会公正和反实利主义运动期间，社会工作又倾向于社会行动方面。最后，到 20 世纪 80 年代，由于保守主义的强大冲击力，社会工作又再次倾向于以个体为中心。虽然名义上服务重点是社会心理干预，但实际上重点却是偏向于心理层面——源于信心的缺乏而非无力感。

不幸的是，由于早期缺乏对医院社会工作重点及这个专业整体上的共识，导致专业内 *148*
部的分歧，产生了医疗社会工作和精神病学社会工作，因此在整个 20 世纪的大部分时间里，很多医院都有不同的社会工作部门，一个是医疗社会工作部，另一个是精神病学社会工作部，尽管它们的角色和功能都比较相似（Nacman，1977）。“问题是病人的保健需求是多方面的，包括身体的、功能的、情绪的、社会的及医疗的层面等。”遗憾的是，直接满足病人应急需求的高技能服务通常不足以照顾到病人的全面需求（Greenlick & Brody，1997：112）。

保健

急性病保健是卫生保健的第二个层次，指的是提供需要的帮助，使病人感到舒适，并保持其功能，当病人暂时被疾病折磨或伤害时，强化治疗或康复过程。这种类型的保健性干预可以是针对身体的、心理的或社会适应及功能方面的，但应注意：

1. 获得急性病保健服务或进入急性病保健机构的障碍。
2. 适应急性病保健机构服务的问题。
3. 适应诊断、预后或治疗计划的问题。
4. 缺乏相关的信息，无法做出知情决策，缺乏控制感。
5. 缺乏资源来满足自己的需求。
6. 出院时的障碍。

尽管社会工作者所提供的属于卫生服务第二层次的保健干预是以服务对象个体或个性 *149*
化为根本的，然而也会部分地考虑其人类多样性的特征。

人类多样性的相关性

正如在其他地方所叙述的那样，人类多样性变量，如年龄、性别、性取向、残疾、农村或城市居民、宗教信仰及社会阶层，可能会影响健康行为、疾病行为和患者角色行为，并可能会相互影响，而非单纯的附加作用。也就是说，不能假定每个群体中的人们都是相似的。例如，一个“典型女性”的特征可能只是与那些“典型老年人”和“典型非裔美国人”联系在一起，然而，女性们会在阶层、种族、性取向、年龄、健康状况等方面有所不同。同样，非裔美国人也会在阶层、性取向、年龄、健康状况等方面有所不同。因此，医院社会工作者需要熟悉这些与健康密切相关的不同阶层（收入、受教育程度和职业）、种族、性别、年龄等因素。当然，也不要假定这种不同在某个群体的所有人中都是真实存在的。一部最近出版的关于种族和卫生保健复杂性的优秀作品为《卫生保健专业的文化多样性认识》（*Multicultural Awareness in the Health Care Professions*）（Julia，1996）。

对医院社会工作者来说，理解服务对象对于其健康问题的真实想法是很重要的，同时也包括其对健康问题的原因和影响以及适当治疗的看法。否则，服务对象即使在实际上有
150 另外的想法和计划的时候，也只能是表示同意。当然，对疾病的不同看法可能归因于任何个体差异或是一些因素的综合作用，如价值观、信仰、风俗习惯、态度、资源、经历，或是单纯理解上的差异。

非裔美国人的健康理念

Congress 和 Lyons 已经谈到了健康理念的文化差异以及它们对于卫生保健机构中社会工作的意义，尽管很多当代的非裔美国人可能不熟悉他们的文化传统，但 Congress 和 Lyons 指出，非裔美国人的部分文化传统包括健康问题的概念化，可分为三类：自然的、超自然的以及精神的，而且还包括相关的干预形式。例如，自然疾病通常可以用传统疗法进行治疗，超自然的健康障碍可以用巫术进行治疗，而精神问题则可以用祈祷和行按手礼的方法进行治疗（Congress & Lyons，1992）。不过有海地血统的美国黑人可能会把他们的健康问题统统归因于超自然的原因，并请黑人巫师进行治疗。

西班牙裔美国人的健康理念

另一方面，西班牙裔美国人往往把健康问题看做是上帝允许其发生这种自然因素造成的，或者是别人通过邪恶意图这种非自然因素造成的（Congress & Lyons，1992：84）。无论是这两种情况中的哪一种，个人有力量通过自己的健康行为在很大程度上影响自己的健康这一认识可能并不存在于西班牙裔美国人的信仰理念中。西班牙裔美国人把思维和身体看作是一个统一体，健康依赖于自己所处的社会和物理环境的协调一致，因此，他们的

情绪问题往往反映了躯体上的不适（1992：85）。

如果卫生保健提供者不了解这些文化差异的话，那么西班牙裔美国病人或其家人提供给卫生保健提供者的关于症状的描述以及健康问题的解释就有可能形成误导。有波多黎各血统的西班牙裔美国人在看医生之前可能会寻求民间医生或巫师的帮助，因为病人认为这样对自己是比较好的，他们会把传统的东西包含在治疗过程中（Congress & Lyons，1992：85）。

亚裔美国人的卫生保健理念

由于国家不同以及文化起源不同，亚裔美国人的多样性也有很大不同，尽管有许多人使用民间疗法，并且相信阴阳调和的饮食疗法（Congress & Lyons，1992：86）。

与西班牙裔相似，华裔在表达他们的精神健康问题时也往往会将其躯体化，并且用身体词汇来描述它们（Congress & Lyons，1992：85）。然而，像所有的种族一样，在老一辈人以及那些较少被美国主流文化同化的人身上，经常会发现民族自身的传统习惯，此外，社会经济地位较低的人更有可能去寻求非正式的家庭和民间治疗方法，部分原因在于经济上相对能够承受。Clemens（1995）研究了医院社会工作者为老年人制订的出院计划，发现“贫困者，尤其是贫困的民族，对家长式干预尤其敏感”（Congress & Lyons，1992：89）。

不管何时，每个病人都会对那些对他们来说是很重要，但却违反了医院常规做法的东西感兴趣，只要它不会威胁到医院的功能或病人的健康，应该努力满足病人的这些需求，例如，食物、衣服，或者洗澡的嗜好、宗教仪式，或者爱上身边的人。也许，满足这些需求将会改善病人的精神状态，使其活下去，并且感受到社会支持和赋权的力量。 151

跨学科协作

Ross（1993）主张：“我们要求在一个领域里，跨学科团队必须建立在专家意见的基础之上。与其他服务提供者讨论病人及其家人的适应问题要求我们考虑得更多，而不仅仅是粗浅地关注疾病的生物—心理—社会层面。”（1993：245）社会工作者能够在医院里存在的一个关键，就是要学会与这一领域里的其他专业群体进行合作和协作，工作人员之间应该是互补的关系，而不是彼此竞争的关系（Ruster，1995）。

然而，近几年来，医院里的社会工作团体缺乏明确的角色定位，这个问题已经变得更复杂了，因为有迹象表明，医院里的医生和护士也开始逐渐把他们的视角从旧的医学模式转向生物—心理—社会医学模式（Cowles & Lefcowitz，1992）。这种局面似乎导致了在跨学科协作过程中，专业团体之间的角色更迭。例如，Cowles 和 Lefcowitz 在研究不同学科人员对医院社会工作者的角色期望时发现，至少有 60％的医生和护士希望起码能够与其他专业团体，包括社会工作者，平均分担评估病人的情绪和社会环境问题的责任，以及分担帮助病人找到解决情绪问题的办法的责任（1992：63）。

正如 Donnelly（1992）所指出的：

> 在知识爆炸的影响下，越来越多的跨学科合作成员在分享着同样的知识领域……护士、心理学家、医生以及正在不断增多的咨询师和临床医师群体经常与社会工作者读着相同的书，参加着相似的培训，分享着许多相同的技巧……总之，社会心理领域已经不再仅仅是社会工作者的舞台了。(Donnelly，1992：108－109)

同时，最近的研究也发现，有相当多的学科就城市医院里的医生、护士与社会工作者的预期角色和作用（Cowles & Lefcowitz，1992，1995）以及农村医院里的护士与社会工作者的预期角色和作用（Egan & Kadushin，1995）问题已经达成了共识。然而，还是存
152 在分歧。主要的分歧在于，社会工作者倾向于认为自己应该是评估病人情绪问题的唯一承担者，而其他专业团体则希望能够分担这一任务。

生物专家的需求

（社会工作者）要求在一个领域里，跨学科团队必须建立在专家意见的基础之上。与其他服务提供者讨论病人及其家人的适应问题要求我们考虑得更多，而不仅仅是粗浅地关注疾病的生物—心理—社会层面。(Ross，1993：245)

DeCoster 与 Egan（2001）研究了 200 多名医生的观点，试图理解医生们是如何感知到病人的情绪以及是如何对其做出反应的，从应答者对一组插图的解释中得到的发现显示，医生实际上是不太可能在精神药物的作用下对病人的情绪做出反应的，他们反而很有可能花费时间与病人交谈并试图解释他们所感觉到的东西，显然是把病人的态度和感觉看做是医生应该关心和关注的一个合理领域。这一结论支持了之前 Cowles 和 Lefcowitz 的发现（1992，1995），Cowles 与 Lefcowitz 认为，医生往往把病人的情绪问题当做是自己的工作领域，而且越来越多的医生和护士往往把社会心理领域看做是一个可以共同分担的部分。

目前有一种不断强化的认识，认为满足病人及其家人社会心理需求的责任不应归属于任何一个专业团体。这一观点反映在 Lauria 及其同事所写的一篇优秀论文中（1996：1345），她们发表了一份题为“因提供社会心理服务而被控诉的临床医生”的报告，该医生为癌症儿童及其家人提供了相关服务。文章中提出了一个概念，即在疾病的不同阶段，评估和帮助有社会心理需求的癌症儿童及其家人的系统化过程，而提出这一概念的目的，是供从事癌症治疗的多学科专家使用的，包括儿科肿瘤学家、肿瘤学护士、肿瘤学社会工作者以及儿科心理学家（1996：1347）。文章提供了对病人及其家人进行社会心理评估的大纲，以及一份关于在治疗过程中不同阶段病人的问题与需求、与病人的问题和需求相关的临床干预的详细清单（方案）。

最近，Mizrahi 和 Abramson（2000）做了一项研究，访谈了 50 对在一起工作、为超

长期住院病人提供服务的医院社会工作者和医生，研究目的是为了确定他们对彼此关于病人问题的参与数量和参与形式的同意或不同意程度。研究结果显示，大多数医生认为社会 153
工作者在合作过程中的参与是有价值的。尽管，医生在病人中发现的社会心理问题要比社会工作者发现的要少，但是双方都同意，几乎没有医生介绍病人或其家人去寻求社会工作咨询服务（2000：11）。这一点支持了之前的研究发现（Cowles & Lefcowitz，1995）：医院里的医生认为，咨询的唯一形式，也是社会工作者的主要作用就是为解决家庭关心的社会环境问题提供建议。

奇怪的是，Mizrahi 和 Abramson 的研究同时发现，有 68%的社会工作者认为自己是个案协调者，而在医生中，只有 12%的医生把社会工作者看作是个案协调者。Mizrahi 和 Abramson 的这些最新研究发现指出，医生们仍处在不断了解社会工作者在解决病人及其家人所面临的问题方面所发挥的作用，而且，医生和社会工作者对病人及其家人的问题本质的认识之间仍然存在着一些差异，对社会工作者解决某些问题的能力也存在着认识上的不一致，譬如要求对病人提供咨询。

机构考虑

医院政治上保守的根源

医院通常是较保守的组织部门，尤其是在今天。大多数医院追求的是利益，但是医疗专业在医院一直占据着主宰地位，其成员往往拥有中上社会阶层的保守观点。医疗实践解决了人们的健康问题，却并没有关注到引起这些健康问题的社会环境。

医院社会工作者面临的挑战

医院的组织环境往往会带来一种保守的氛围，这种氛围是很难被忽视的，在这种氛围中也是很难生存的。医院社会工作者需要意识到这种影响以便在适当的时候作出回应。否则，社会工作者很有可能会成为医院的一个工具——推动医院和医疗行业实现它们的生存目标和目的的代理人，而且是以牺牲服务对象（病人及其家人）的健康和幸福以及社会工 154
作的专业价值、伦理和自主权为代价的，而没有了这些，社会工作的专业地位就会受到质疑。为了避免削弱专业自主权和专业责任，正在学习医疗社会工作的社会工作专业学生需要掌握在贯彻医院政策的过程中如何设限（Kadushin & Kulys，1995：184）。

组织内的文化变异

不仅医院与医院各不相同，而且即使在同一家医院，不同部门之间也存在差异。每一项医疗服务和外科服务都有它自己的文化，表现为接受的健康状况、提供的干预类型、常见预后情况以及病人和职员的特点等方面特征的不同。例如，小儿科与产科的文化可能与心脏保健和肿瘤科有很大不同（James & Studs，1987），而外科和整形外科可能与内科有很大不同。这种不同有时反映在所提供的服务是以病人为宗旨还是以治疗过程为宗旨上。一般情况下，人们常见的假设是，与较多围绕建立良好人际关系的卫生服务相比，包含有治疗过程如使用器械和手术的卫生服务往往会产生一种多少有些不同的氛围，从某种意义看，这也是治疗与保健之间的一种差别。

现代医院的纵向整合

Robinson（1994）指出：

> 21世纪的服务体系可能仍然是以医院为中心的，尽管存在着一个纵向整合体系。在这一体系中，紧急医护床位只发挥着中等程度的作用……医院已经与门诊融为一体，在这里，诊断病人要优先于接收病人住院。医院也与亚急性病保健机构融为一体，在这里，医院要为出院病人寻找庇护所，进而也与许多和急性病住院病人保健根本没有直接联系的卫生保健融为一体。（1994：259，262）

社区医院社会工作部门已经逐渐认识到通过把自己的服务范围扩展到需要的地方，可以与其他专业和卫生保健机构形成互补而非竞争的关系。这些领域包括联合护理与社会工作出院服务、家庭保健机构与疗养院咨询，以及社区健康教育（Ruster，1995），并且跨越了初级、二级和三级保健水平之间的层次。

155 Berger 和他的同事（1996）开展了一项对全美范围内医院社会工作的研究，结果表明，美国目前的医院已经出现了多样化。89%的医院报告可以提供应急诊和门诊医疗服务，48%可以提供亚急性病或持久保健服务，62%可以提供家庭保健，36%可以提供长期医疗装备，29%可以提供家庭输液服务（1996：168）。卫生保健服务的这种纵向整合可能会引发自由市场竞争以达到成本控制（Robinson，1994：265）。

医院组织内部的水平整合

同样，在美国的医院里也存在着一种倾向，开始由官僚体制——最高权威要求贯穿在不同层次的管理当中——向一种以扁平的行政管理结构为特点的水平整合组织新模式过渡，包括减少中等管理阶层及其在功能和组织方面对专业团体的束缚。目的是要通过协作、合作和共享资源来增加成本效益（Globerman & Bogo，1995）。在这一水平整合组织里，围绕着照顾等级如外伤，以及病人类型如老年人，成立跨学科工作团队，以项目管理方式运作（1995：5）。

Globerman 和 Bogo（1995）认为这种整合组织与社会工作的价值观更为接近，医院不再是一个官僚机构，但这也确实带来了一个问题，那就是在这种情况下，某个专业团体如何保持自己的特色和标准。Globerman、Davies 和 Walsh（1996）对加拿大的安大略湖地区的医院社会工作者进行了调查，发现虽然医院社会工作者关注到了新整合组织模式对控制他们的工作和角色本质的作用，以及对其带来的变化，但他们仍觉得医院社会工作者应该在他们的理论、基本原理及正面潜能方面深刻理解组织结构的新形式（1996：182）。

在其他的文献中，一位医院里的社会工作主管描述了她参加的一项领导能力训练项目的情况，这个项目教她如何使所有正处在自由讨论状态的职员都转向部门的问题。这也适用于在工厂的生产管理中取代传统的中间管理者的作用，从而实现民主参与。这与整合组织的概念是一致的（Mayer，1995）。

组织变化对医院社会工作的影响 156

独立式医院的比例从 1992 年的 62.5%下降到了 1994 年的 45.2%，而综合医院的比例相应地有所增加。尽管大多数医院仍然是维持着一种集权式的社会工作部门，但分散型的社会工作服务也有所增加。而且，中间管理层所占的比例有所下降，有 21%的社会工作部门已经与非社会工作部门合一，将近 1/3 的组织已经通过了职工管理和生产力的正式审核。尽管大部分医院（77.5%）仍然有 MSW 社会工作管理者或主管，但许多医院报告的社会工作部门里的护理人员的数目有所增加，大部分医院所报告的情况也发生在其他地方的组织机构里。有的报告表明，社会工作者在出院计划方面的职责有所削弱。总之，大部分报告都认为这些变化都是正面的（Berger et al.，1996：172－173）。

2001 年，Mizrahi 和 Berger 报告了 Berger 在 1994 年进行的研究，并在 1996 年公布了研究结果，资料显示，有 1/3 的医院社会工作主管报告说，社会工作者存在压力（包括普遍经历了被要求做太多的事情，但拥有的资源又太少），有将近 1/4 的人报告存在着对社会工作的贬低和不认可（例如，与护理人员关于社会心理问题的冲突，并且继续要求社会工作者只接待医生所推荐的病人）。从报告发现中得到的总体印象是，随着医院资源的不断减少，生存和控制资源的冲突和斗争将会继续增加。在这样一种环境中，为了生存，承担自己本专业领域以外的责任的压力有可能会变得更加引人关注。社会工作主管所报告的其他主题包括：扩大流动性和社区场所、门诊病人服务以及家庭拜访；加强个案管理；减少临床工作和增加出院计划；为更多的协作开展交叉培训；加强对缺乏适当的、可支付得起的、有质量保证的社区资源的病人及其家人的出院后安置工作；用 BSWs 取代 MSWs。

在一份充满希望的记录中，医院社会工作主管在研究中（Mizrahi & Berger，2001）使用最多的一个词就是“初级保健”，而且大部分都是正面描述。这可能反映了一种与健康相关的知识转变，从一个当务之急即迫切需要对已经发生了的健康问题展开急性病或者是二级水平的保健干预，转变到更多地关注初级水平的疾病预防、健康促进以及对处于萌芽状态的健康问题的早期发现和早期干预。

Berger 和 Mizrahi（2001）所做的一项关于医院社会工作的随访研究，调查了影响医 157

院社会工作的因素。如果有的话，那么医院里的组织变化情况如何，以及在医院里社会工作的督导方式可能会对医院社会工作者产生什么影响。他们调查了三种社会工作督导模式：（1）传统的督导模式（由一个资历较高的社会工作者承担正式督导员的角色）；（2）同伴督导（两个或更多的社会工作者以个人或小组的形式相互督导）；（3）非社会工作督导（正式督导服务提供者并不是一个获得社会工作学位的人）。他们发现传统的督导模式仍然占据主导地位，但比例已有所下降，随之而来的是分别或同时采用另外两种督导模式的比例有所增加。

尽管从1980年到1988年的八年期间，美国的医院数目减少了944个，在1984年预付款支付体系出现后不久，86%的医院成为了社区医院，与此同时，营利性医院增加了44%，但非营利性社区医院仍然处于主流地位，承担着这一行业15.4%以外的全部业务（U. S. Government Printing Office，2000b：127，Table 194）。

然而，此时期营利性医院的增加，可能会引发一个问题，那就是与非营利性医院相比，营利性医院的相对成本和服务质量较低。Ortiz 和 Bassoff（1988）报告说，营利性医院雇用的隶属于卫生保健专业组织及医疗社会工作管理者协会的社会工作主管的人数比例显著低于非营利性医院。而且，没有一个营利性医院的所有权是隶属于大学的，它们很可能是位于城市地区，而非农村地区。社会工作主管很少是有社会工作学位的，他们通常接受的正规教育水平也较低。因此，作者得出结论：营利性和非营利性医院的社会工作人员提供了同等量的社会工作服务，但是，在营利性组织中，服务提供者的文化程度较低一些。

医院社会工作的这些变化是紧急医护向初级和三级保健转变以及住院保健向社区保健转变的整体的一部分。

服务对象的问题与社会工作者的职责

服务对象的问题

NASW（1990）已经把医院社会工作者可以处理的医院病人及其家人的主要问题进行了分类，包括：

158
- 保健和日常生活能力的问题。
- 环境问题。
- 病人及其家人的负面反应，对于疾病及功能状态变化所带来的功能障碍的适应。
- 身体虐待、性虐待及精神虐待问题。
- 关系问题。
- 行为、认知问题及精神障碍，包括药物滥用。

● 职业和教育问题。
● 法律问题。(NASW, 1990: 4-5)

社会工作者的职责

医院社会工作者的角色会随着时间的推移不断发生变化，使得人们对其作用的期望很高（Caputi，1978）。原因在于医院里的医疗社会工作和精神病学社会工作长期分裂，以及长期以来，在社会工作者和医生、护士之间缺乏对医院社会工作作用的一致认识，这些导致医院社会工作者的角色没有一个明确的专业定义。

根据AHA的定义（AHA，1993/1994：XXVIII），“有组织的社会工作服务”指的是：

> 有适当的人员督导和足够的工作人员所提供的服务，他们为病人及其家人提供帮助和咨询，通常是在他们有经济问题或需要出院计划协调时，帮助病人及其家人处理与疾病或残疾相关的社会、情绪和环境问题。

后来把医疗保险和医疗补助的管理权移交给管理中心的卫生保健财政管理局（HCFA），把合格的社会工作者定义为具有MSW学位或者是拥有与MSW同等学力、参加过由CSWE认证的社会工作教育项目的人。HCFA把社会工作助理定义为一个具备社会工作或者相关领域的学士学位的人，受到有MSW学位的人的督导（NASW，1997）。

卫生保健领域中的社会工作原则被NASW大体上界定为：

> 社会工作服务将作为整个卫生保健组织的一个有机组成部分，将被提供给个体、他们的家人及其他相关人员，特殊人群，社区以及健康相关项目和教育系统。
>
> 为了提供全面而持续的保健服务，社会工作服务将包含以下内容： 159
>
> 1. 提高和维持身体及社会心理健康。
> 2. 改善确保短期和长期保健服务发挥最大作用的必要条件。
> 3. 预防身体和精神疾病。
> 4. 提高和加强身体与社会心理功能，关注影响疾病或残疾的社会与情绪因素。
> 5. 改善伦理反应，以处理卫生保健场所中不同部门间的价值冲突。[①]（1987：3）

医院社会工作的定义

有组织的社会工作服务指的是：“有适当的人员督导和足够的工作人员所提供的服务，他们为病人及其家人提供帮助和咨询，通常是在他们有经济问题或需要出院计划协调时，帮助病人及其家人处理与疾病或残疾相关的社会、情绪和环境问题。”（AHA，1993/1994：XXVIII）

---

① Copyright 1987, National Association of Social Workers, Inc., NASW Standards for Social Work in Health Care Settings.

NASW 也制定了急性病保健医疗场所中社会工作服务的临床指标（一个临床指标指的是衡量一个标准在实践中是否实现的准则或基准），包括：

1. 个案发现和接诊：病人需要社会工作服务。

2. 出院延迟：保健服务量不够。

3. 病人及其家人参与计划：社会工作者应该让病人及其家人参与决定他们自己出院后的保健。

160 4. 时间：病人得到的社会工作服务可以从收住院开始。

5. 协作：病人出院时得到社会工作者提供的协调性出院计划的帮助。[①]（1990：6）

医疗社会工作原则

社会工作服务将作为整个卫生保健组织的一个有机组成部分，将被提供给个体、他们的家人及其他相关人员，特殊人群，社区以及健康相关项目和教育系统。

为了提供全面而持续的保健服务，社会工作服务将包含以下内容：

1. 提高和维持身体及社会心理健康。
2. 改善确保短期和长期保健服务发挥最大作用的必要条件。
3. 预防身体和精神疾病。
4. 提高和加强身体与社会心理功能，关注影响疾病或残疾的社会与情绪因素。
5. 改善伦理反应，以处理卫生保健场所中不同部门间的价值冲突。（NASW，1987：3）

个案发现——高风险筛查

多年来，医院社会工作者在很大程度上依赖于医生和护士的转诊来识别需要社会工作服务的病人，然而，早在 1977 年，AHA 就公布了急性病保健医院里的高社会风险指标，作为评估医院提供社会工作服务的专业标准的工具（AHA，1977）。尽管不同医院所使用的指标有所不同，但目前，在许多医院里，如果病人有如下特征中的任何一个的话，那么就会被识别出来并自动转诊到医院社会工作者那里去。这些特征包括：年龄在 65 岁及以上且独自生活；疾病晚期或慢性疾病、残疾、畸形，或意外伤害；自杀倾向；精神障碍或精神健康问题；异常兴奋或攻击性行为；健康问题所导致的工作限制；低收入、未婚、未成年母亲（Becker & Becker，1986：27）；缺乏社会支持（Berkman et al.，1991）。筛查可以在入院时或入院前完成（Coulton，1988）。

---

① Copyright 1990，National Association of Social Workers，Inc.，NASW Clinical Indicators for Social Work and Psychosocial Services in the Acute Care Medical Hospital.

Coulton（1988）指出，理想的筛查机制应该具有高度的敏感性和特异性。敏感性指的是筛查程序识别出需要出院计划帮助的人的能力，并在项目评估中把其作为效果目标。而特异性指的是筛查机制排除不需要出院计划帮助的人的能力，研究方法学将其称作冲击效率。换句话说，良好的医院高社会风险筛查系统将能够以较高比例识别出系统应该识别出来的人，并且不会错误地识别出许多系统不应该识别出来的人。Wolock 和他的同事们（1987）发现，当时使用的筛查工具需要完善，以提高敏感性和特异性。 161

Evans 和 Connis（1996）制定了一套简单的指标，供退伍军人管理局医院的社会工作者使用，作为筛查安置、死亡或重新接纳等高风险性的一种工具，并据此筛查早期社会工作干预的需求，同时确定他们研究中所包括的变量，这些变量对合并症（多于一种健康问题）、精神状态、居住安排、优先组织纳入、优先医院纳入、医源性伤害（继发于治疗）以及未决诉讼的预测效果最好。然而，他们也承认，他们这套工具的敏感性较高，但特异性较低。

个案发现的其他途径

尽管高风险筛查的使用有所增加，但将近一半的医院社会工作个案仍旧是由非社会工作者转介来的。一项在老年出院病人中开展的大规模调查发现，26%是由社会工作者通过筛查入选标准所识别出来的，另外有 20%是通过社会工作者与其他专业人员相互配合甄别出来的，而将近一半（49%）是由其他卫生保健专业人员转介给社会工作者的（Oktay et al.，1992：294）。

Pray（1991：184）曾经指出，与允许人们把病人转介给医院社会工作者（一种公开的转诊体系）的体系相比，社会工作者对医生的转诊（一种非公开的转诊体系）方面的依赖程度在不同的医院存在区别。然而，即使在公开的转诊体系中，医生（或护士）也可以通过给病人及其家人解释他们所理解（或误解）的社会工作的作用而影响其他人把病人及其家人转介给社会工作者。

Pray（1991）发现，医生们对适合转诊给医院社会工作者的情形的认识有所不同，而且，Pray（1991）与 Cowles 和 Lefcowitz（1995）的发现一样，认为与表达性情绪问题如 162
与健康相关的态度、感受或行为相比，医生们更有可能由于具体的工具性或社会环境问题而把病人转介给医院社会工作者，例如经济需求、出院后保健及交通问题。

长期住院的危险因素

考虑到目前所面临的成本压力，纽约许多教学医院开始寻找能识别与长期住院相关的高风险指标，社会工作者希望通过它们减少住院时间，并随之避免医院社会工作项目规模的缩小（Auerbach et al.，2000）。

长期住院（急性病治疗服务需求之后）的主要指标如下：

1. 通过急诊部收住院。
2. 记忆问题。

3. 爬楼梯困难。
4. 等待疗养院安置。
5. 与出院计划相关的家庭问题。
6. 等待医疗补助。（Auerbach et al.，2000）

这些发现实际上使得急诊室中的社会工作者人数增加，因为需要他们在急诊室中筛查病人是否符合这些指标所描述的特征，这样就使得医疗补助资格认证办公室在社会工作部门中得以建立，而不是建立在财政补助之下，同时也使得为老年病人和重症病人服务的急诊特别护理病房得以建立，这样，这两种病人就可以得到更适宜的保健服务，缓解病情恶化（同时，治疗后出现的问题也减少了）。最后，社会工作部门还建立了一套计算机化的社会工作信息体系，它已经被验证过，可以节约时间，并有助于完成追踪和结果测量系统。信息管理系统的发展得到了外部资金的援助，但持续的资金是由医院提供的，因为由社会工作者所使用的计算机咨询给医院留下了如此深刻的印象，以至于医院雇用了同样的人，在医院的其他部门中开展相类似系统的服务。在急诊室中实施的新社会工作项目令人震惊的成功之处就在于：社会工作者所接触的85%的病人都避免了不必要的入院治疗，5%的病人直接从急诊室进入了疗养院。

163 1992年在以色列实施了一个相似的社会工作信息系统（Epstein et al.，2001），从八项可供选择的项目中最多选择两项作为延迟出院的理由，这八项选择为：

1. 在出院计划中，缺乏病人的参与。
2. 在出院计划中，缺乏家人的参与。
3. 与医院工作人员或治疗过程相关的因素。
4. 社区或其他机构服务提供者的政策或程序，或不能得到主要服务提供者的服务。
5. 出院后，社区资源的可获得性滞后。
6. 缺乏病人需要的社区服务资源的类型。
7. 病人或照顾者地位的变化，要求计划有相应的变化。
8. 其他原因，如病人的服务需求要比目前社区资源所能提供的更加多样化。

这里有篇文章（Epstein et al.，2001）报告了最近实施的一项研究，研究主题是确定由社会工作来处理的延迟出院的原因。奇怪的是，研究结果表明，一般而言，住院部病人延长住院时间的主要原因与外伤（尤其是交通事故）收入院有关，而不是因为“疾病”。其他人口统计学变量，如年龄、性别、婚姻状况、生活状况及健康保险，比较它们与住院时间的关系时发现，在不同的住院部情况并不完全相同，这表明疾病和治疗的本质与人口统计学指标之间有相互作用。例如，在内科和整形外科，年龄越大，住院时间就越长。但在外科，年龄越小，住院时间却越长。一般而言，神经外科的病人住院时间比较长。

当然，这预示着负责出院计划的社会工作者在确定病人是否具有长时间留院风险时，需要根据病人所在的不同住院部门的相关指标，预先计划好他们探访病人的顺序和频率。

出院计划：医院社会工作者的主要职责

帮助病人及时安排他们出院后的保健服务仍然是很多医院社会工作者的主要职责，尤其是在 1984 年开始实施预支付系统（PPS）之后。根据 PPS 的规定，由医疗补助来补偿医院一定数目的开支，补偿数目是根据要求住院的时间而估算出来的，同时也参考具体的 164
诊断和治疗程序计划，也就是说，诊断相关小组（DRG）。

对出院计划满意的社会工作者。Resnick 与 Dziegielewski（1996）报告了他们在 1993 年做的一项对医院社会工作者以及其他从事出院计划的人员的调查，结果显示，尽管快速出院的压力不断增加，但大部分人承认对自己的工作感到满意，对病人的出院和结果感到满意。

对出院计划满意的服务对象。此外，Stuen 和 Monk（1990）调查了 141 个分别从纽约的三家急性病保健医院出院的病人，发现大部分病人对他们得到的住院服务、出院计划以及出院后的服务感到满意。然而，在不满意的人中，有相当高比例的人有长期健康问题。Stuen 和 Monk 推测，出现这一结果的原因可能是医院和家庭保健项目往往把目光放在急性病保健服务上，而较少关注有长期健康问题的人不断恶化的功能缺陷。

另一方面，Clemens（1995）在一所教学医院里做了一项研究，这所医院的病人中老年人占较高比例，而且他们的遗传背景有很大不同，大部分人的母语并非英语，英语是他们的第二语言。Clemens 发现，尽管社会工作者认为自己已经较好地完成了随机选择的 40 例病人的出院计划，而家庭看护者却提出了一种相当不同的说法，许多人认为不仅是他们自己的，而且还包括病人的愿望都没有被充分考虑到。很明显，在这所教学医院里，是医生在全天 24 小时里决定着病人是否能够成为家庭照顾或护理院照顾的候选人，以及是否把病人转诊到两个负责出院计划的部门去，一个是由护士提供的出院计划，另一个是由社会工作者提供的出院计划。到哪里去，这取决于医生的决定，可想而知，一旦作出决定，最终的决定就成为了毫无悬念的结论。

Clemens（1995）的研究揭示了医院自身的组织结构如何能够显著地影响部门职员所从事的工作，以及他们的专业自主权和专业伦理。更糟糕的是，家庭看护者认为，缺乏敏感性的出院计划制订者往往会忽略他们这一群体，同时，出院计划制订者也承认，他们往往较少关注家庭看护者，因为他们推测可能会遇到语言障碍，尽管在医院里可以找到外语翻译（Clemens，1995：259）。

出院计划：特殊病人的需求 165

精神病人。所有为有长期精神病病人提供服务的社会工作者都要明白，这些病人的家人经常面对的困难有哪些，并且采取适当的措施解决这些问题。例如，对 34 个这样的家庭的定量调查发现，大部分人认为医院没有为他们提供充分的保健信息，并且也缺乏医院或心理卫生中心所提供的随访服务。在需要时，缺乏即时的可获得性服务，缺乏出院后病人转诊到社区服务机构的帮助（Hanson & Rapp，1992）。家属的所有抱怨显示，医院被认为通过其出院计划程序，损害了病人家属的权利。这与其他研究的结果相一致，可参见本章老年病人的家庭成员对出院计划程序的认识部分。

痴呆病人。另一个不断增加的关于出院计划的难题就是关于痴呆的老年病人。Cummings（1999）调查了131个被诊断为痴呆的住院病人案例，这131个病人出院时间为7个月。收集资料时包含的变量范围广泛，分析时包括描述性分析、交互作用分析及多变量分析。结果发现，痴呆病人被转诊到另一家非痴呆专业保健机构这一变量可以解释大部分的结果变异，而且也最有可能用来预测病人的再次住院率。其他有显著性的预测变量包括：(1) 家庭看护者不接受病人的诊断结果以及功能损伤的程度；(2) 家庭看护者缺乏服务提供者的支持；(3) 服务提供者缺乏所需资源；(4) 病人出院前在医院的住院时间较长。最后一个变量是病人要求更全面服务的一个标志，而且病人出院后的调养可能也是很全面的。这一研究提示了对进一步开展类似研究的需求，这些研究结果可以用来预测不同类型病人出院计划的结果，因而有助于出院计划科学的发展。

冠状动脉分支搭桥手术病人。Ben-Zur与他的同事们（2000）在以色列做了一项研究，调查对象都在2到20个月内经历了冠状动脉分支搭桥（CABG）手术。研究目的有三个：(1) 评估他们对康复计划的依从性；(2) 评估他们的情绪功能水平，包括焦虑、悲观/乐观以及应对策略；(3) 与一个来自社区的没有经历冠状动脉分支搭桥手术的对照组（建立
166 一个没有手术因素影响的情绪功能基线）比较他们的情绪功能水平。

研究目标是要确定经历了这种手术的病人是否比没有经历此手术的人有较高水平的情绪压力，并且弄清楚病人在冠状动脉分支搭桥手术后身体功能状况是否与他们的情绪功能有关系。研究结果显示，手术后病人有较高水平的情绪压力，而且他们的压力水平与他们康复功能水平之间呈负相关，那些手术做得比较好，康复得比较好的病人往往较多地依赖于以问题为焦点的调适策略，并且与那些依从性较差，功能恢复也较差，往往依赖于以情绪为焦点的调适策略的病人相比，他们的情绪压力水平也较低。

研究调查人员（Rappaport，医疗社会工作者；Ammar，外科医生；Uretzky，外科医生；Ben-Zur，心理学家和某个学校的社会工作讲师）提出了建立干预程序的建议，他们建议医疗社会工作者为那些处于冠状动脉分支搭桥手术的不同诊断、治疗和康复阶段的病人提供服务，教给他们有效的应对策略以及所使用的认知和行为技巧，如下：

1. 提供所需的病人信息，这些信息不但是真实的，而且是可信的，直接为病人赋权服务，例如病人可以做什么来加大他们成功康复的机会。

2. 利用认知和行为干预来实施短期干预项目，例如放松和认知调适策略（如有意识地提醒自己运用某种积极的、增加权力感的思维和想象），能够增加病人的控制感。

3. 鼓励病人参加社区支持性小组，社区支持性小组已经被证实有助于延长病人的寿命、提高病人的生活质量（QOL），以及增强病人的健康行为改变能力以提高其生活质量。

充血性心力衰竭病人。一项最近的研究（Proctor et al.，2000）发现，出院后家庭保健的质量与病人是否会再住院有关，更重要的是，他们发现，为了获得适宜而充分的家庭保健，有必要在医院里做一次全面的功能评估来具体确定，即如果没有日常生活（ADL） 167
方面的帮助，病人能够做什么，不能够做什么。病人的日常生活包括：洗澡、穿衣、修饰、上厕所、吃饭、移动以及有关需要技巧的护理任务，并且具体确定正式的和/或非正式的服务提供者能够做什么，将会做什么。有特殊需要的领域包括：充血性心力衰竭（CHF）病人的合理饮食，合理服用所开的药物以及维持推荐的活动水平。

此外，一些健康维护组织已经雇用了护理人员，让他们定期打电话给充血性心力衰竭病人，以此来监测病人对所建议的保健服务的依从性，并检查他们的某些身体指标，如血压和水肿（液体潴留导致组织水肿），努力预防可避免的再住院，因为住院的代价是很高的。

出院计划面临的挑战

许多病人被认为已经做好了出院准备，并因此而被转介到医院社会工作者及其他负责出院计划的人员那里，即使存在着下面所列的一种或多种情况：

- 病人可能还没有从急性健康问题中完全恢复过来，还不能照顾自己。
- 病人可能存在永久的或暂时的精神困惑、情绪压抑或其他精神损伤。
- 病人可能需要氧气，留置的导尿管需要冲洗和更换，需要帮助吃饭、穿衣、行走、洗澡、上厕所等。
- 病人可能生了一个有特殊问题的新生儿，但病人以前却没有任何照顾婴儿的经验。
- 病人有癫痫病，但他的家人以前却从来没有见到过病人癫痫病严重发作的情形。
- 病人已经被建议不要爬楼梯，但是病人却住在一栋没有电梯的公寓楼的二层。
- 病人有艾滋病，但家人却并没有被告知这一信息。
- 病人是一个年轻人，现在患上了腰部以下永久性瘫痪，而他唯一的家人却住在数百公里以外的农村山区。
- 病人是一个需要照顾几个孩子的年轻母亲，但她在未来的几周里都不能拿东西，而孩子们的父亲却指望不上。
- 病人需要每周到医院做两次肾脏透析，而且他没有个人交通工具。

社会工作者或其他负责出院计划的人所面临的出院计划挑战，从这些例子中应该可以很 168
明显地看出来。有证据表明，出院计划要求的更多，相比于简单地把病人转诊到疗养院或家庭卫生保健机构而言。医院里的出院计划所包含的服务类型有：评估、转诊、计划与协调、家庭教育、病人教育、病人咨询、出院后随访以及家庭咨询（Oktay et al.，1992：294）。

Abramson 与他的同事们（1993）研究了不同利益群体对出院计划不满意的程度，发现高水平的不满意见不是不常见，而是正常现象。这表明了出院计划对临床社会工作者技巧的需求，要发挥其特长来有效地发掘和探索参与者的观点，以找到合理的冲突解决办法（1993：62）。

另一项关于小儿科出院计划的研究（Proctor et al.，1995）报告说，他们的结果也表明了出院计划程序的复杂性，受到家庭、资源以及协作因素的影响。在 105 个案例中，将近 90%的病人有一种或多种并发症，大部分人（67%）有经济困难或缺乏经济来源以获得所需服务，这些研究结果在很大程度上反映出了一个事实，那就是至少有 3 000 万美国儿童没有健康保险，1/4 的孩子生活在经济收入低于美国政府规定的贫困线以下的家庭里（Proctor et al.，1995：9，15）（注意：根据美国人口调查局的统计，到 1999 年，美国生活在贫困线以下的孩子所占的比例已经下降到 16.9%，是自 1979 年以来的最低水平）。

出院计划能够节省费用得到了研究发现的证实，医院社会工作者对病人干预得越早，病人住院的时间就越短（Evans et al.，1989：277；Fillit et al.，1992）。

一项在以色列开展的研究（Soskolne & Auslander，1993）调查了对医院社会工作者实施出院计划培训对病人出院后保健服务的相对影响。研究发现，如果社会工作者参加了分科室的出院计划培训项目，那么他们所服务的病人就会有较高比例不仅能够接受正式的家庭卫生保健服务，而且得到的服务时间也要比那些社会工作者在接受出院计划培训前服务过的病人所得到的服务时间长。

由 Feather（1993）所开展的一项研究强调了跨学科协作的重要性，Feather 调查了从所有美国医院里随机选择的出院计划实施人员，确定他们对有效出院计划的决定性变量的
169 认识。Feather 发现，一个重要的因素是“来自医院里的医务人员的协作与支持”（1993：1），Feather 后来评论说：“如果出院计划实施人员拥有权力和明确的目标，那么几乎任何模式的出院计划都可能是有效的，无论医院大小，是农村医院还是城市医院”（1993：11）。Feather 建议，医院里的出院计划实施人员应更多地把策略重点放在加强医生及其他医务人员对于出院计划作用的理解与协作上面（1993：12）。

改善病人及其家人参与决策的需要

Coulton（1990）回顾了关于病人及其家人参与决策的研究，她的关注点包括：

- 病人及其家人并不总能理解他们的意见是什么，以及每个意见的含义。
- 病人及其家人可能因为健康状况所带来的焦虑而不能把重点集中在要处理的问题上。
- 病人及其家人经常没有时间对他们的生活维持策略或出院后的保健问题做出重要决定，以至于他们不能够全面充分地考虑它们。

- 医院记录有时显示了病人关于某些重要事情的选择，如是否使病人苏醒，但医院记录却很少或者没有显示医院让病人及其家人参与决策。
- 有几项研究已经发现，关于病人在此类问题上的立场，在医生、社会工作者、病人及其家人之间缺乏一致的认识。
- 有证据表明，病人的决定可能是被人诱导而做出的，所以，记录的东西就是病人实际上想要的东西，这种说法并不可靠。
- 关于病人及其家人参与决策的问题，研究所显示的一个主要困难在于他们的推测是否准确，他们是否完全了解了每个选择的正面影响和负面影响。
- 还有证据表明病人更愿意他们所信任的一个家庭成员替他们做决定，而不是他们的医生。
- 大部分病人恢复得越好，他们就越能感知到他们充分参与了关于自己事情的决策。

Elsewhere、Coulton 和他们的同事们（1989）报告说，有内控点的病人，随着对出院计划的控制感增强，出院后的焦虑症状会减少。

Abramson（1990）也表达了社会工作价值观向病人的自主权和病人的主要利益妥协 170
的危险，她回顾了幸福、健康状况以及生存控制感的重要性证据，Abramson 建议，社会工作者应该为病人提供选择，探索而不是忽视关键参与者之间的冲突迹象，不断倡导病人争取关于他们自己生活的决策控制权。（1990：56）

医院社会工作的倡导

一项在加拿大开展的研究（Herbert & Levin，1996）是关于医院社会工作者对自己作用的认识的，其中包括倡导。研究发现，与评估、咨询、联络资源和咨询/协作相比，花费在倡导上的时间要少一些（1996：71）。同样的发现也出现在 Oktay 和他的同事们在巴尔的摩医院里所做的一项关于社会工作的研究中（1992：294）。加拿大医院正在实施一种和美国的医院相类似的重组程序，同样致力于改善社会工作者的状况。在社会工作者之间达成的一致意见似乎是“不要兴风作浪”，它反映了一种普遍的无权感（Herbert & Levin，1996：82）。

然而，Dobrof（1991）评价了以前所做的关于诊断相关小组系统影响的研究结果，他指出：“社会工作专业有必要利用它的专业技巧来促进出院后卫生保健资源的增加并促使建立资助此保健的机制。”

同时，Holliman、Dziegielewski 和 Datta（2001）报告了由社会工作出院计划人员所做的研究结果，他们发现倡导（倡导指的是为了病人或照顾者利益努力影响决策者改变政策或法律）很少，甚至从来不做。研究中，有 63%的应答者持该观点。

关键事件应激报告（CISD）

为了在医院重组、压缩规模和重视价值证据的要求中生存，一些医院社会工作者发现了一些创新性方法来说明他们对于医院系统的重要性。Spitzer 和 Neely（1992）以及 Spitzer 和 Burke（1993）描述了这样一个例子，他们在建立俄勒冈州全州范围内的任务报告服务中处于领导地位，这些服务是提供给危机情况下的急性病保健服务提供者的。

171 前提条件是，服务提供者，如警察、消防员、急诊医师以及急诊室工作人员，经常会从他们像“战斗”一样的经历中遭受个人创伤，并且需要帮助来缓解他们随之而来的情绪压力，否则这些情绪可能会不断积累并以诸如抑郁、暴力和身体疾病的形式表现出来，从而对他们自己或他人造成伤害。

Spitzer 和 Neely（1992）描述了任务报告程序的六个阶段，这个过程将会持续三个小时，这是一篇优秀的文章，所有想要更多地了解如何发展这样一个压力任务报告服务的人都应该读一读。作者的报告把美国的州和国家的认可带到了医院社会工作部门，并且将美国当地的消防车、救护车、牧师、精神卫生及医疗专业人员组成一个大的严重压力任务报告小组（1992：56）。

急诊室的危机干预

1996 年，美国儿科学会的青少年攻击行为受害者需求特别工作组公布了一个模式方案，适用于在以医院为基础的儿科急诊和创伤保健场所工作的服务提供者。制定这一方案的原因是，考虑到在医院急诊部门遇到的暴力攻击行为中，青少年受害者不断增加，而处理这些伤害的工作人员却缺乏对如何处理这种情况的社会心理层面的理解。方案中包括了社会工作者、儿科心理学家以及精神病学家所要遵循的具体步骤。例如，如果需要，为受害者和家人做关键事件应激报告；评估发生攻击时的情况；评估受害者在伤害发生前的心理功能以及他对于突发事件的反应；如果需要，安排精神卫生随访服务；为病人家人制订出院计划（出院计划中可能会包括住所和/或学校的变化）；如果受害者及其家人要求指认攻击者或在法庭上作证的话，为其提供持续的支持性帮助；对受害者及其家人所需的出院后服务进行定期评估，并对可能的创伤后应激障碍进行评估（Task Force on Adolescent Assault Victim Needs，1996：998）。

Bloch（1996）讲述了她作为一家大城市医疗中心急诊室的临床社会工作服务主管的经历来说明，当病人患上了严重的疾病或受到了严重的伤害，有可能会死亡或真的死在急诊室里的时候，社会工作者如何能够帮助其家人。Bloch（1996）强调为这些家人提供一个特殊房间的重要性，在这个房间里他们可以等待医生告诉他们治疗的情况以及病人的状况，并把这些状况解释给他们听。在医生走进来对所发生的情况进行简短回顾，并以简单
172 但却是温和的话语告诉家属病人已经死亡的时候，有社会工作者在场。Bloch（1996）也分享了她学习到的关于这些问题的经验。例如，家人要看尸体，发起对器官和组织捐献的讨论，医院组织验尸官检查或解剖尸体，安排葬礼以及对最亲密的或最悲伤的家庭成员幸存者的照顾。

其他常见的医院急诊部门的社会工作服务包括：简单咨询，转介，以及为有下列问题

的病人联络资源，如试图或威胁要自杀、虐待儿童、家庭暴力、药物依赖、急性精神病问题行为、强奸、攻击和殴打行为以及无家可归。这些社会工作服务可能需要一定的费用，但对于医院来说，却是有益的，而且对于病人来说更加有效，否则病人会再次住院，因为如果没有这些情况下的社会工作干预，医务人员往往不会处理这些潜在的社会心理问题（Keehn，Roglitz & Bowden，1994）。

另一个往往可能会不适当地使用医院急诊部门医疗服务的群体，就是老年人。他们可能会得到社会工作者有效和有益的帮助。他们经常会因为身体疾病到急诊医院寻求帮助，而其实真正的问题是精神健康问题，并且那些处于慢性健康问题急性期的病人可能会因为没有遵从医嘱并伴随有社会心理问题而到急诊医院寻求帮助（McCoy，Kipp & Ahern，1992）。社会工作干预可以减少这些医疗服务的重复使用。

医院急诊部门是社会工作专业学生获得评估、治疗和处理有精神疾病病人的最佳训练场所（Walsh，1985）。

医院社会工作者的其他职责

虐待老人。当然，许多有社会心理问题的病人往往最早是出现在急诊室里的，随后才被允许入院，并由不同的医疗部门或外科的社会工作者接诊，这是高风险筛查系统起作用的结果，或者说是转诊到社会工作部门那里的结果。也许，随着老年人口的增多、住院间期的缩短以及家人为有严重疾病的家庭成员提供个人保健服务负担的增加，虐待老人将会成为另一个问题。此时需要医院里的医务人员与社会工作者相互协作（Hazard，1995）。

儿童性虐待。儿童性虐待是另一个在医院的儿科病房里有时候能够被识别出来的社会 173
心理问题。Dubowitz、Black 和 Harrington（1992）报告了他们的研究发现，确定由跨学科团队成员所收集的哪种类型的证据对诊断儿童性虐待最有帮助。跨学科团队成员包括一名儿科医生、一名儿童心理学家以及一名儿科社会工作者。研究结果显示，儿童公开曾经遭受过性虐待的病史以及疾病检查结果呈阳性对于小组成员的结论最有影响力，而儿童的性特征行为、身体问题以及儿童对于体检的反应却都不会影响小组成员的结论（1992：688），因为这些可能是生活经历的指标，而不是性虐待的指标。在这项研究中，

> 医院社会工作者的评估包括虐待史、家人对于这种说法的反应、公共机构的参与以及家庭支持的来源。此外，社会工作者评估了家庭的功能、父母对于孩子的关心以及服务的可获得性。

知识要求

特殊服务对象群体与问题

医院社会工作者需要具备关于具体健康状况的医学和社会学含义的知识，包括它们的

诊断、治疗以及可能的社会心理问题，提供适当的资源来满足需求，以及提供如何获得资源的信息（Rauch & Schreiber，1985：215；Ross，1993：244－245）。

Fahs 和 Wade（1996）发现，艾滋病病人显著受益于专业部门提供的住院服务，因为在这里，有跨学科团队里的专家针对这些健康状况给他们提供专家意见。这一小组应该包含一名具有专业知识和技能的社会工作者，其可以利用自己的专业知识资源帮助制订出院计划（1996：29）。而且，Beckerman 和 Rock（1996）通过他们开展的对专门服务于艾滋病病人的医院社会工作者的调查，发现从他们的经历中可以找到一些共同的主题，并指出他们的工作是挑战与成效并存的。所报告的成效之一即是，跨学科团队在医院里往往要比在其他地方更加相互支持和相互协作，这明显是共同奉献经历所带来的情感升华的结果（1996：86）。

医院社会工作者也需要具备"对特殊的伦理和文化群体的应对模式"的知识，"并且能够适当地对他们进行干预"（Ross，1995：1373）。

174

机构背景

此外，医院里的社会工作者需要了解医院里的其他专业人员的文化、角色及职责，并且了解如何与他们合作；必须掌握卫生保健领域的专业术语以及不同类型的健康问题所需要的社区资源，并知道如何获得这些资源（Rauch & Schreiber，1985：215）。

社区资源

具有社区资源的知识要比知道哪种特殊需求、存在哪些资源更重要一些；发展和不断努力更新与如下资源密切相关的信息也是很重要的，如疗养院、家庭保健服务机构、医疗资助以及医疗器械提供者。医院社会工作者如果想要把服务对象与这些资源联系在一起，就需要拜访这些地方（Dobrof，1991：51），了解在这里工作的人，并且开展转介病人的随访研究。研究内容包括询问病人及其家庭成员对于他们获得的服务质量的意见，如时间是否合适、人际关系处理情况、身体装置的状况以及个人能力。

疗养院和家庭卫生保健机构所接收的新病人中，有很大一部分是从医院社会工作者那里转介来的，因此，为了改善这些社区资源的保健服务质量及提高及时性，医院社会工作者不仅可以利用通电话的方式对病人和/或家人进行随访，而且还可以利用登门拜访的方式达到这一目的，这样做在公共关系上可以给医院带来积极的作用，而且可以作为对出院后保健服务提供者的一个激励，使他们做得更好。"服务的持续性"，医疗社会工作的一个常见的词汇，意味着病人及其家人能够从这样的服务中受益，即他们不是被简单地从一个级别的服务机构转移到另一个级别的服务机构，而是在这种机构转介中存在着持续联系。（人们需要感到被最大程度地尊重以及被照顾，这样能使他们感到舒适并能够发挥其潜能。）

干预形式

自从出院计划成为医院社会工作者的中心任务之后，医院社会工作者就有必要了解有效的出院计划应该包含哪些内容，并且认识到一项具体的服务并不是简单的事情，而是需要相当多实务技巧的工作（Donnelly，1992：108）。Rauch 和 Schreiber（1985）提出了一个出院计划培训的框架，主要是针对在此过程中的实务示范。

研究、评估与记录需要 175

Ross（1995）指出，为了知识的发展，医院社会工作者需要充分掌握计划和实施研究这一特殊领域中现有的知识（1995：1373－1374）。

正如在这本书的其他部分中所提到的那样，目前卫生服务研究领域的主要关注点在于产出和效益（Marcus，1990），也就是说，成本效益仍然是这些活动的代表性名称，卫生保健中的社会工作研究需要继续改进信息管理系统，因为信息管理系统是研究资料的基本来源，并且也需要继续改善研究质量，尤其关注客观有效性（研究结果的概括性）和研究手段的可靠性（通过这些手段所获得的研究结果的连续性）（1990：84）。

医院社会工作者必须知道如果他们的工作记录要被医院里的其他卫生专业人员使用，那么对他们的要求是什么，例如，出于医疗保险和医疗补助的目的，出于质量担保和同伴相互评论的目的。显然，如果社会工作是为了在医院里生存并获得其可能的成绩，它就必须证明自己符合成本效益原则——它所提供的服务成本要远小于社会工作者给医院节省的成本，这通常可以通过及时的出院计划进行测量，但它也可以通过避免复发和再住院进行测量。因此，一些医院社会工作项目目前正在为家庭照顾病人提供危机热线和个案管理服务，这些项目经常是与家庭看护者和门诊病人支持性小组的成员一起开展的，因为他们会遇到需要及时干预的困境和危机，项目为病人提供所需的信息和自我照顾训练，加强对他们的情感支持并且鼓励他们朝积极的健康行为转变。

社会工作所采取的立场往往是，它不能从伦理上把实验性研究设计应用于它所寻求用比较性结果来进行回答的实际问题上。为什么我们就应该认为我们的问题比那些医生、护士、心理学家和其他专业人员所遇到的困惑重要呢？如果我们现在要使用一种特殊的方法，并且不知道这种可供选择的方法是否有效，我们所需要做的就是把我们的病人随机分配到“惯常治疗方法组”和“可供选择的治疗方法组”，然后比较两组的结果，事实上也就是说，这是我们能够建立一个用来增加我们对其他专业群体而言的可信度和影响的实践知识科学体系的唯一方法。

而且，使用实验性研究设计是医院社会工作能够证明它的成本效益的唯一方法，如果我们做什么，或可能做什么很重要，那么我们就必须通过实验来证明它不同于某种可供选择的方法，其需要的不是“不进行干预”，而是“经常进行干预”。

对结果研究的需要

176 Bartlett 和 Baum（1995）随访了由医院社会工作者转介到疗养院的住院病人，结果显示了社会工作者对其实务进行评估的重要性，并且提供了一份简要的访谈指南供电话随访访谈使用，来评估出院结果。结果的变异性提示研究者去关注其影响因素。他们是否得到了他们所需要的服务？他们对自己的安置是否满意？研究发现，在随访的 136 个病人中，28%仍然待在疗养院里，23%已经死亡，21%再次住院，12%由于资料缺失或不能使用被剔除出研究，10%已经从疗养院出院，6%被转诊到其他地方（1995：75）。

另一项研究（Travis，Moore & McAuley，1991）调查了 480 个出院病人的社会工作记录，发现 84%的病人出院后回到了家里，11.5%的病人出院后去了另外的机构，而剩余的病人在出院前就已经死亡了。这些研究没有告诉我们的是哪些变量可以作为病人出院安置结果的预报器。

知识发展中的实务经验

从理想的角度出发，为了他们自己的实务经验并且能够留在医院继续从事社会工作服务，未来的医院社会工作者应该在医院里有属于自己的一席之地。Showers（1992）发现了五个实习领域，在这些领域里，学生们对他们的就业安置感到满意是最好的预测指标。它们是：

1. 对督导关系的满意度是对实习讲师满意的最好预测指标。
2. 督导教学是对学习经历满意的最好预测指标。
3. 机会的类型是对项目满意的最好预测指标。
4. 压力水平是对医院满意的最好预测指标。
5. 项目组织水平及实习讲师间的合作是整个现场工作经历的最好预测指标。（1992：31）

关于上面提到的第三个方面，另一项研究（Cuzzi et al.，1996）也发现，如果将在医院时经历了三次工作场所变动的社会工作学生作为研究组，将那些在整个过程中保持在同一个
177 医疗或外科服务岗位的社会工作学生作为对照组，那么研究组的学生报告说，他们对于自己的经历感到比较满意。Cuzzi 和他的同事们（1996）把这一发现归因于目前的医院社会工作者待处理案件的差异比较大，以及该专业需要“全能的社会工作实践者”（1996：76）。

艾奥瓦州立大学的社会工作专业在一门先进的研究方法课程中，建立了一种创新性的方法来给 MSW 学生们讲授实务研究技巧，包括给学生们提供一种开展研究实习课的选择，这门课是在当地的一家医疗中心进行的。在那里，学生们将会与卫生保健领域的社会工作者亲密合作，一起工作。学生与社会工作者的联合证明两者都会有所收获，因为社会工作者能够发现实务研究中存在的问题，而学生则具有研究技巧来设计一项合适的研究（Hall et al.，1996）。

Holliman、Dziegielewski 和 Datta（2001）根据他们 1997—1998 年对医院社会工作出院计划者的研究，建议医院社会工作应该围绕出院计划开展，因为出院计划工作在很大程度上缺乏监督，并且应该主要由多面手完成，社会工作者的作用要求有相当的技巧与其他的卫生保健专业人员相互影响、相互协作。因此，“这些工作者的课程和现场准备应该最大限度地独立和自主”（2001：15），“这些发现支持了先前提到的多面手准备及出院计划实务的跨学科/多学科特征（2001：14）”。对社会工作者的工作来说，四种主要技巧和培训至关重要，它们是：（1）交流技巧（写作、公开演讲、倾听、非语言行为观察、自信和激励方法）；（2）社区资源知识；（3）社会评估技巧（包括经济评估）；（4）实务经验和继续教育。

价值观和伦理思考

Foster 和他的同事们（1993）调查了 255 名医院社会工作者，关于他们如何处理工作中遇到的某些伦理困境，以及他们对生物伦理学培训的需求是什么。研究发现，大部分社会工作者认为在处理工作中碰到的伦理困境时有充分的准备，但仍表达了希望获得更多培训的愿望，尤其是关于定量配给的卫生保健。

Foster 和他的同事们（1993）指出，尽管定量配给的卫生保健与这些问题有关，例如，谁将会得到或将得不到器官移植及其他高成本的医疗程序。事实上，这种定量配给也存在于社会工作的高风险筛查以及出院计划中。从某种意义上来说，选择某些病人提供服务就意味着排除了其他人。此外，做出出院计划的决定明显地包含有定量配给的成分，因 178
为它取决于公民赔偿政策、私人健康保险以及病人以现金支付的经济来源。例如，Morrow-Howell 和 Proctor（1994）在他们的实现出院计划目的的决定因素研究中报告说，有医疗补助的病人出院后进入疗养院的可能性比没有的人高出 11 倍（1994：493）。

Abramson（1996）找到了四种方法来理解社会工作中的伦理，她称其为原则方法、道德伦理学、女权主义伦理学以及非洲中心主义。Abramson（1996）认为，原则方法在对待错误观点时是最根本的，对于那些能够被清楚地识别出来的潜在价值或原则的相对重要性应该达成一致意见。相比之下，道德伦理学主要是考虑尽量识别和衡量活动者的潜在动机。第三种方法女性主义伦理学则采取多种方式考虑如何与微观和宏观水平的压力做斗争。最后，非洲中心主义被描述为关心家庭和社区利益以及为上一代和下一代的幸福着想，并且尊重人类的情感和尊严。

Abramson（1996）提醒我们，目前出现的倾向是，对于可选择性范例（世界观）采取比较灵活的和易于接纳的态度，这点可以丰富和敏化医疗社会工作者在当前的卫生保健环境中处理不同的人类难题的能力，在这些难题中，充满了对不符合伦理的行为圆滑地进行合理化的情况。

尽管在 Clemens（1995）的研究中讨论了早期的出院计划，但它只是一项小规模的研究，可能没有办法顾及代表性。事实上，Clemens 所报告的研究结果支持了这样的观点，即专业的社会工作伦理学在医院实践中面临着风险。Judith Russ（1993）提出了一个问题："社会工作出现在卫生领域势在必行，应该持续下去，但如果它意味着我们要放弃我们的专业责任和社会工作价值观、原则及目标，那么代价是不是太大了？"（1995：244）Dobrof（1991）也表达了以下关注，即诊断相关小组系统对医院社会工作者的作用和满意度以及对出院病人及其家人的幸福所带来的负面影响。他们的自主权可能受到成本控制政策的严重危害（1991：46）。

Landau（2000a）最近报告了她在以色列所做的一项很有意义的医院社会工作伦理问题的研究。她调查了 14 名医院社会工作主管的专业经历以及 18 组医院社会工作者，让他们指出自己在工作中遇到的最常见伦理难题的类型，并按照它们的重要性排序，然后简要
179 地说明他们是如何解决那些难题的。最令人感到奇怪的是，两种类型的对象所列出的主要难题都是相同的，但他们对这些难题的重要性排序却并不相同。工作在一线的社会工作者往往对他们自己个人的或者专业的价值观和伦理原则与病人、家人、医生或医院政策的价值观和伦理原则之间的冲突感到比较烦恼，因为这个问题与具体的个案情况密切相关。而社会工作主管似乎有一套理论性的方法，而且对最严重的生活和死亡问题比较关心。他们都认为医院里的伦理难题可以在一定程度上通过跨学科团队工作方式得以解决，但他们缺乏从事解决伦理难题的方案。Landau（2000a）建议，医院社会工作者所保留的他们处理伦理难题的解决程序的文字记录应该对他们有帮助作用，包括详细地描述他们是如何解决问题的（以一种"程序记录"的方式），谁将会最终推动方案的制定，不管是为了将来的工作者，还是为了教学和培训目的。

在评论她的其他研究结果（Landau，2000b）时，作者报告说，这些研究结果意味着：为了获得更多的权利并且被跨学科伦理团队里的其他同事平等地接受，医院社会工作者在与其他卫生保健专业人员的代表一起工作时，应该提高自己的交流技巧（2000b：75）。这份报告指出，参与跨学科小组决策包括伦理决策的病房社会工作者感觉到他们在这样的小组里没有地位。同时，报告也表明，其他专业团体对社会工作者的资质认同并不总是与社会工作者自己的看法一致。产生这一现象部分是因为这样的结果似乎是最近几年来存在于社会工作者与护士之间的控制社会心理领地竞争的副产品，部分是由于在向护士和其他人阐明自己的作用时，社会工作者缺乏技巧。同时，报告中也承认，护士和其他小组成员对待社会工作主管要比对待一线社会工作人员表现出更多的尊敬，并把此归因于社会工作主管在与护士和其他小组成员交流时表现得比较尊重。换句话说，一线社会工作人员的不安全感可能会引起他们与护士之间的竞争，甚至是出现敌对状况。也许这就是事实，但它可能使人想起短期的急性病保健医院往往是家长式的和竞争性的，不管是在专业内部还是在学科之间，也许都反映了在重视地位的员工眼中，社会地位是最重要的。这必然会导致一定的政治影响。正如在本章前面部分对跨学科团队工作的讨论中所说的，我认为，这与那些报告在跨学科团队中处理伦理问题时努力想找到一个适当的立足点但却遇到挫折的一线

社会工作者的经历一致。总之，越来越多的证据表明，不同的卫生专业人员对自己的专业领域的认知之间有重叠，尤其是在面对社会心理问题时。

终止生命的决定在伦理决策中占据主要地位，Csikai 和 Bass（2000）做了一个研究， 180
调查了 NASW 的成员对 NASW 在 1996 年公布的一项题为“病人的自主权和终止生命的决定”的政策的理解程度。在这一政策中，强调了病人自主决定终止生命保健的权利，以及他们自己及其家人清楚了解所有选择的权利。做这项研究的目的是为了帮助 NASW 评估社会工作者对这项政策的了解及接受程度，希望研究结果能够有助于 NASW 制定实践指南来帮助社会工作者处理终止生命的个案。终止生命的情况主要是出现在生命何时开始、何时结束的健康状况和问题中，尤其是与生命质量密切相关。同时还包括如下问题，如告知实情、保密、卫生保健定量配给、要求安乐死以及辅助自杀。其他有争议的问题可能包括钱的问题、痛苦的问题以及担心病人的愿望被忽视的问题。

Csikai 和 Bass（2000）的研究结果显示，应答者都是对处理病人终止生命决定有一定经验的社会工作者，他们的观点非常相似，都认为终止生命的决定属于伦理难题的范畴，其原因依次包括下面的问题：

1. 缺乏预先指示。
2. 不确定病人是否有能力做决定。
3. 病人和家人从没有讨论过病人的愿望。
4. 病人和医生从没有讨论过病人的愿望。
5. 病人和家人对此问题意见不一致。
6. 不清楚“预先指示”的组成内容。
7. 提高自主权。
8. 病人没有清楚地理解治疗与非治疗的含义。
9. 在家里缺乏终止生命保健的资源。
10. 病人/家人不同意卫生保健服务提供者的建议。
11. 足够的有控制的医疗保健服务覆盖面小。
12. 保密问题。
13. 病人希望得到辅助自杀的信息。(2000：11)

然而，令人感到奇怪的是，即使在报告他们花费了一半以上的时间来关注终止生命问题的社会工作者中间，也没有人熟悉 NASW 的政策（Csikai & Bass，2000：12）。59 个参与调查的社会工作者中，27%的人没有一点关于这一政策的知识。

应答者对以下十种情况达成了一致意见，认为它们对于社会工作者参与终止生命服务 181
来说是非常重要的。这十种情况是：

1. 提高病人在解决问题时的自主权。

2. 为病人、家人以及卫生保健服务提供者提供联络服务。

3. 提供持续的支持。

4. 帮助病人识别他或她的终止生命选择。

5. 为病人和家人之间的联络提供服务。

6. 鼓励家人和朋友参与决策。

7. 如果病人和/或家人在与社会工作者讨论终止生命问题时感到不舒服，那么使病人和/或家人与其他卫生保健服务提供者取得联系。

8. 与病人公开讨论他或她希望讨论的问题，包括辅助自杀。

9. 考虑对于终止生命问题的个人价值观。

10. 公开讨论所有可能的选择，不需顾及个人观点。（Csikai & Bass，2000：13）

但不幸的是，有一半的应答者表示在他们接受的正规社会工作教育中，他们的整个课程里没有面对伦理问题和需要作出伦理决策的内容，而这正是CSWE所要求的。

另一项最近开展的研究（Baker，2000）发现，在300名俄亥俄州的医疗社会工作者中，绝大多数人（82%）表示他们相当了解预先指示，例如对卫生保健类型及生存意愿书（停止或继续治疗的指示）的法定代理权。此外，几乎所有的人（98%）对预先指示持积极态度。该研究共做了两种多重回归分析：对知识评分与四个变量——年龄、服务于老年病人的年限、社会工作服务年限、主要工作场所——进行了回归分析，同时，把对预先指示的态度也与上面四个变量进行了回归分析，发现服务于老年病人的年限是影响预先指示知识水平的一个显著因素，而主要服务场所则是影响预先指示态度的一个显著因素。Baker（2000）建议：

182 医疗社会工作者可以不断鼓励所有年龄段的有能力成人考虑包含在预先指示中的选择，并且通过下面的措施来训练他们发挥自主权：（1）抓住任何可能的机会为个体及其家人提供预先指示教育；（2）为个体、家人、朋友和其他相关卫生专业人员公开讨论委托代理人及相关事宜提供便利条件；（3）讨论把预先指示整合到日常社会心理评估程序中，在卫生保健场所里，作为公开交流终止生命这一重要事件的一个手段。（2000：72）

最后，当外部因素，如赔偿政策限制了病人对自身需求及喜好的决策时，可能需要在职业道德上作出让步。

终止生命决策中存在伦理难题的原因

1. 缺乏预先指示。

2. 不确定病人是否有能力做决定。

3. 病人和家人从没有讨论过病人的愿望。

4. 病人和医生从没有讨论过病人的愿望。

5. 病人和家人对此问题意见不一致。
6. 不清楚“预先指示”的组成内容。
7. 提高自主权。
8. 病人没有清楚地理解治疗与非治疗的含义。
9. 在家里缺乏终止生命保健的资源。
10. 病人/家人不同意卫生保健服务提供者的建议。
11. 足够的有控制的医疗保健服务覆盖面小。
12. 保密问题。
13. 病人希望得到辅助自杀的信息。(Csikai & Bass，2000：11)

技能要求

Bennett、Legon 和 Zilberfein (1989) 建议，医院社会工作者应该通过热情为病人服务来努力抵消不利的出院计划所带来的潜在负面影响。他们把它看做是增加社会工作者的自我意识、理解病人对于出院计划选择的倾向，进而能够发展成为主管助理的一个技巧。

然而，也许应该考虑这样的可能性，即当工作环境使得专业人员不能够从事与其专业知识和/或专业价值观和伦理原则相一致的实务工作时，该专业就不能在这里继续开展下去了。即使社会工作不能在医院里生存，它也可能会在其他卫生保健场所里找到适合发挥其作用的地方。例如，Ross (1993) 提出，随着医院减少住院时间和住院病人的急性病治疗保健服务，他们将需要不断地为了生存而与其他保健水平的服务提供者进行竞争，像初 183
级保健和预防，在这里，社会工作可能会非常适合：

> 建立关系与咨询和沟通技巧作为我们必不可少的工作方法，应该在初级保健和健康预防中发挥作用，并且能够有助于制定以服务对象为本的策略，目前存在的病人竞赛加剧理念和实践除外。理解协商的意义以及具备协商的能力将会帮助社会工作者接受新角色和新任务。(Ross，1993：246)

助人干预

在许多可获得的干预中，社会工作者应用于医院工作中的包括筛查和个案发现、危机干预、社会心理评估与干预计划、短期心理咨询、悲伤辅导、出院计划、出院后随访与外展、小组工作、通过在线项目开展应急服务、对文件与记录的保存，以及协作 (Ross，1995)。

个案管理

根据 Naleppa 和 Reid（2000）的观点："越来越多的医院把个案管理整合到医院社会工作和护理工作中。"该模式包括三个部分：（1）一个个案管理模式；（2）一个任务中心模式；（3）一个标准治疗模式。个案管理模式有助于"个案管理核心功能的发挥"，而任务中心模式可用于"清楚地描述和组织那些有助于个案管理和服务对象的干预策略"，标准治疗模式可用来制订"个案管理中老年病人特有问题的任务计划（模式）"（2000：3）。这三个部分组成了处理具体类型问题的建议方案，可以灵活运用。

随着大部分医院社会工作者的工作进展，个案管理工作的成本控制原理阻止了病人不必要的再次住院治疗。同时，项目也明显提供了帮助性服务，帮助病人及其家人能够生活下去并在社区生活中感到舒适，这种效果是通过需求出现时进行早期干预以及解决纷争问题避免它们复杂化而实现的。这种特殊的个案管理项目主要是针对生活在社区中的老年人而开展的，由三名 MSW 社会工作者提供。他们每周与跨学科团队成员碰一次头，包括护
184 士、出院计划制订者、家庭卫生保健工作者以及医生（需要时）。该项目也得到了专业伦理委员会的帮助。服务对象的转介来源于医院、社区机构、社区医生及其他服务对象。

小组工作

除了之前那些在社会工作者的职责部分所讨论的干预外，Glassman（1991）提醒我们卫生保健场所中小组社会工作有多种作用及特殊治疗功能，例如自助、相互支持、教育、应对危机、自尊和赋权以及建立家庭和其他重要的支持性系统，并且可以通过在小组中的共同领导和轮换领导作为跨学科团队工作的方式。

Hanson 及其同事们（1994）发现，在医院里被作为酒精中毒患者对待的住院病人通过参加门诊病人的支持性小组，坚持治疗的可能性显著增大，并且如果他们参加了由出院病人所组成的酒精中毒康复小组的话，那么就会有较低的复饮几率，从而有利于从住院病人转变为门诊病人。

也许在医院里，小组社会工作最常见的作用是帮助某些健康问题的受害者更多地了解自己的状况以及学会如何应对，处理错误信息给他们带来的不必要焦虑，增强他们的控制感，帮助他们减少社会孤立并且增加来自其他所认识的人提供的社会支持。因此，医院里这样的小组社会工作通常由有共同的健康问题的一小组病人和/或家庭成员组成。Posen 等（2000）报告了一个这样的小组工作经历，他们描述了一个内容包括 12 个部分的心理教育支持性小组。这个小组由 16 个有帕金森病早期症状的妇女组成。项目设计的目的有两个，一个是处理病人对于其自身状况的感受和态度，另一个是提供应对疾病所需要的信息。这个报告是关于一种疾病对于一个人的自我印象、与其他人的关系以及控制感的普遍影响的经典描述，而且也包括了小组社会工作对于受害者的健康问题的有益作用，这些结

果得到了小组里的妇女们的证实，她们即使在参加的正式小组已经结束之后，还要求继续组建正式小组。

创新性干预

Gentry（1993）报告了费城一家医院所提供的创新性干预服务，这项服务的提供是为了应对这样的状况，即寄宿婴儿问题不断出现，以及由于早产和/或宫内酒精和药物吸收所引起的新生儿健康状况不良。婴儿的父母通常不能够或不愿意承担照顾孩子的责任，因此这些孩子被留在医院里的时间延长了。如果当地的儿童安置机构不能够很快找到收养这 185
些婴儿的家庭，那么医院里的员工就可以提出能否由他们来做养父母的要求。社会工作部门发现，可以通过为员工们提供信息和转介服务，使他们申请成为正式养父母，从而加快安置程序的启动（Gentry，1993）。

评论

如今，一个人如果没有经历一番努力，没有无论遇到什么困难都决定坚持下去的毅力，那么是不可能领略医院社会工作的真正内涵的。正如 Ross（1993）所建议的那样，此专业目前需要权衡两种选择：是要继续在卫生保健领域目前的社会工作部门提供社会工作服务，还是当面临要保留位置就要被迫放弃自己的价值观和伦理原则时，考虑放弃某些领域的社会工作。

第五章

187 # 家庭卫生保健/家庭保健社会工作

历史背景

家庭保健的概念

"家庭保健"这个词用在这里是一个综合性的概念，不仅包括提供技能性的家庭卫生服务，例如护理、物理治疗和语言障碍矫正，还包括一些所谓的非技能性服务，如家庭主妇、操持家务以及为日常生活（ADL）提供帮助的个人照料。NASW 对家庭保健社会工作的标准描述如下：

> 家庭保健不能仅仅被看做是医疗服务，家庭卫生保健包括一系列的服务——护理、康复治疗、个人照料、家政，来帮助个人获得并维持最高水平的健康、活力及独立性。[①]（NASW，1987：27）

在文献中，"家庭卫生保健"（HHC）与"家庭保健"两个词语有时可以互换使用，有时指的是不同类型的服务，有时又把家庭卫生保健看做是家庭保健的分支，而在本章多使用后一种概念。

家庭保健的发展

家庭是大多数卫生保健最原始的场所，这些卫生保健是由家人、朋友以及邻居在医生的支持和监督下所提供的，医生会不定时地拜访他们。

188 从 19 世纪的后半叶开始，志愿性的非营利机构，例如家庭病房护士组织开始以妇幼保健的形式提供正式的家庭保健服务（不同于家人或朋友提供的服务）（Balinsky，1994：1）。家庭病房护士的概念是公共卫生护理的先驱，公共卫生护理现在被称为社区卫生护

---

① Copyright 1995，National Association of Social Workers，Inc.，NASW Standards for Social Work in Health Care Settings.

理，产生于我们现在所谓的家庭卫生保健之前（Clemen-Stone，Eigsti & McGuire，1987：8)。第一家家庭病房护士协会（VNA）于1985年在纽约的布法罗成立，之后许多其他的组织很快在美国出现，并直到今天成为家庭卫生保健的主要提供者（1987：158)。在城市地区，家庭病房护士协会所提供的服务大概占到了所有家庭卫生保健服务的14%，农村地区为5%（Kenney，1993)。

公共卫生护理在Lillian D. Wald早期领导的护理和社会工作中打下了良好的基础，他于1893年在纽约创立了亨利街道社区服务中心（Clemen-Stone，Eigsti & McGuire，1987：9－10)。然而，公共卫生护理的概念最早与政府资金或服务并没有联系，直到后来它才逐渐地被市、州以及最后被联邦政府所采纳，这与公共税收支持的服务项目相类似（1987：14－15)。

公共卫生护理以及社会工作是随着19世纪后半期社会和健康问题的多元化而出现的，那个时候在美国出现了工业化、都市化以及外来移民潮。那个时期的社会变化，导致了婴儿和产妇死亡率以及感染率增高，以及传染性疾病猖獗（Clemen-Stone，Eigsti & McGuire，1987：14)。

从历史上看，尽管非营利性私立护理机构能够提供实用的服务，例如为病人更换衣物和导尿管，以及给他们洗澡，但是法律规定，公共卫生护士的服务还包括具备监督、指导和监测传染性疾病的作用。如今，这两种组织机构都可以通过他们的家庭卫生保健服务提供实用服务。

在20世纪初，卫生保健场所从家庭转移到了医院（Cannon，1923)。现在，进入了21世纪，变化的趋势是重新把卫生保健转移回家庭和社区当中去（Balinsky，1994：1；Simmons，1994)。1955年，美国公共卫生局批准了以医生为中心的家庭保健项目，计划通过一个专业小组在家中为病人提供医疗和社会服务，这个专业小组至少要由一名医生、一名护士和一名社会工作者组成（NASW，1987：27)。

家庭保健中私人领域的发展

尽管第一个以医院为基础的家庭保健服务部门于1947年在纽约的Montefiore医院成
立了（Balinsky，1994：1；Blazer，1988)，但直到1967年，只有133家以医院为中心的家 189
庭保健机构，而且没有所有权独立的家庭保健机构（Balinsky，1994：2)。1965年，在XVIII（医疗保险制度）和XIX（公共医疗补助制度）被国会通过以后，私人（营利性）的家庭保健项目开始逐渐增多，到1975年，总数达到了47个，到1980年，总数达到了186个（NAHC，2000：2)。

然而，直到1985年，正式的家庭卫生保健服务才开始由非营利性组织如家庭病房护士协会，以及公共机构如公共卫生部门来提供。事实上，在1980年的时候，公共卫生部门是最主要的家庭卫生保健服务提供者，家庭病房护士协会次之，其他非营利性的家庭卫生保健机构则居第三位（NAHC，2000：2)。

引人关注的是，到了1985年，私立家庭保健机构开始成为家庭保健机构的最常见形式，并维持这一地位直到今天。推测起来，从1980年到1985年这五年期间，私立家庭保健机构数量呈十倍的增加可能是由于1984年的医院预支付系统的引入造成的，医院预支付系统可以显著缩短住院时间，并把病人出院与其持续的保健需求联系在一起。

然而，1997年的《平衡预算法》（PL105－33）把预支付系统引入疗养院，同时也应用于家庭保健组织，也就是说，通过对病人的状况进行分类并与相关需求联系起来，把异常高水平的需求排除在外，补偿机制从单项服务收费变化到了固定收费。结果，退还给医疗保险所认证的家庭保健机构的补偿费显著降低，所有权独立的机构明显减少，在1997年到1999年间，从5 024家减少到了3 192家，减少了36.5%，而且在此期间，即使是家庭病房护士协会的家庭保健机构也从553家下降到了452家，下降了18.3%。事实上，随着医疗保险支付的减少，所有类型的家庭卫生保健机构都在减少（NAHC，2000：2）。除了家庭卫生保健机构的减少之外美国家庭保健协会（NAHC）报告，在1997年到1998年间，通过医疗保险接受家庭卫生保健服务的人数大概减少了500 000人，这明显是由于"受益人准入困难"造成的（NAHC，2000：7）。

到1999年，所有权独立的机构有3 192家，占到了医疗保险认证的7 747个家庭保健机构的41.2%，而以医院为基础的家庭保健机构有2 300家，几乎占到了所有认证的家庭卫生保健机构的30.0%（29.7%）。家庭病房护士协会的家庭保健机构下降到只有452家，占到总数的5.8%。1999年，公共卫生部门的家庭保健机构共有918家，占所有医疗保险认证的家庭卫生保健机构的11.8%（NAHC，2000：2）。

《美国统计摘要》（*Statistical Abstracts of the United States*）（U. S. Government Printing Office，2000b：132，Table 205）报告，在1998年，13 300个家庭保健机构中的53.9%是私
190 立的，36.2%是志愿性的非营利机构，而剩余的9.9%是属于政府所有的。此外，所有家庭保健机构中的84.5%是经过医疗保险认证的，85.1%是经过公共医疗补助认证的。

在美国的制造业减产的情况下，家庭卫生保健已经证明是有利的人类服务选择之一（Karger & Stoesz，1994：227）（当制造业部分开始减少之后，营利性公司有时会转向经营卫生服务行业）。医疗保险的A部分包括了医疗监督下的家庭卫生保健服务的覆盖面，如下：（1）病人要求的技能服务（专业护理服务、物理疗法或语言障碍疗法）；（2）病人应是住在家里的；（3）医生确保第一和第二项的落实（Balinsky，1994：3）。

1998年，在美国，所有来源于国家税收的卫生费用中有293亿美元用在了家庭卫生保健组织。然而，这一数字比1997年下降了4.0%，反映了1997年的《平衡预算法》的影响。但是，直到1996年，用于家庭保健机构的税收还是以每年17%到20%的比例增长的，这提示了采取某种成本控制措施的紧迫性（U. S. Government Printing Office，2000a：325，Table 118）。

家庭保健社会工作

由医疗保险支付的家庭卫生保健社会工作服务，只有在医生根据与病人直接相关的医疗状况给出医嘱时才会提供（Balinsky，1994：3）。1993 年，美国劳动部（DOL）报告，所有行业雇用的社会工作者中，大概有 26%是提供卫生服务的，具体分布情况如表 5—1 所示，其中包括服务于家庭卫生保健领域的社会工作者，其比例略低于 1%。

表 5—1　　与其他卫生服务领域相比，家庭卫生保健社会工作者的百分比分布 191

实务领域	百分比
公立医院和私立医院	14.13
卫生与相关服务	5.28
护理与个人照料服务	2.99
医生办公室	1.48
其他卫生人员办公室	1.22
家庭卫生保健服务	0.90
医学和牙科实验室	0.01
所有卫生保健领域	26.01

资料来源：Ginsberg，Leon（1995）. *The Social Work Almanac*（Second Edition）. Washington，DC：NASW Press，355. Data Obtained from U. S. Department of Labor，Bureau of Labor Statistics，November 1993.

医疗保险制度要求社会工作者参与医疗保险所认证的临终关怀医院项目。但是，在家庭卫生保健中，医疗保险制度只要求医生在认为必要并且与病人医疗状况相关的情况下才向其提供社会工作服务，而医生的判断在很大程度上依赖于护士告诉医生有这种需要，而且是以护士能够意识到这一点为前提的。

家庭保健中存在的其他局限性

医疗保险提供的家庭卫生保健并不是一天 24 个小时都有的，相反地，家庭成员、朋友或者其他服务提供者却一定是可获得的。作为这些局限性的结果，医疗保险只支付了家庭卫生保健花费中的小部分（Balinsky，1994：3）。在美国，只有非常富有的人才能够支付得起这些全天候的家庭卫生保健服务。因此，一个双重系统就产生了，在这个系统里，是否给予服务取决于个人的经济能力，而不是他是否需要服务（Olson，1994：30）。

在 1986 年和 1987 年的时候，开展了两项关于家庭卫生保健机构的调查（Binney，Estes & Ingman，1990），结果发现尽管医疗服务增加得最多，但是最常见的需要家庭卫生保健机构提供的社会/支持性服务却没有提供（1990：761）。

家庭卫生保健的成本和支付者

1998 年，在美国，个人卫生保健的费用总额是 10 193.47 亿美元，其中，大约有

292.55 亿美元用在了家庭卫生保健。这 292.55 亿美元中的 155.15 亿美元（53%），是由政府项目支付的；60.37 亿美元（20.6%）是由现金支付的；40.08 亿美元（13.7%），是由私人健康保险支付的；而剩余的 36.95 亿美元（12.6%），是由其他方式支付的，包括非病人的税收和工厂税收（见表 5—2）（U. S. Government Printing Office，2000b：110）。1998 年，个人卫生保健费用与行政管理费用、医疗设施建设费用及医学研究费用合在一起，总数是 11 491.00 亿美元，这个庞大的数字即是“美国的卫生费用”（U. S. Government Printing Office，2000b：108，Table 152）。

192 **表 5—2** **家庭卫生保健费用（1998 年）**

费用	百分比
155.15 亿美元（政府基金）	53.0
60.37 亿美元（现金支付）	20.6
40.08 亿美元（私人健康保险）	13.7
36.95 亿美元（其他）	12.6
292.55 亿美元（总计）	99.9

资料来源：U. S. Government Printing Office（2000b），*Statistical Abstracts of the United States*，Washington，DC：Author，110，Table 156.

1998 年，医疗保险支付了 128.88 亿美元为 65 岁及以上老年人、有晚期肾脏疾病的二级残疾人员提供家庭卫生保健服务，而医疗补助在同年共支付了 27.02 亿美元提供家庭卫生保健服务。因此，总的来看，医疗保险和医疗补助在 1998 年总共花费了 155.90 亿美元用于家庭卫生保健（资料摘自于不同的报表，因此总数不等于 100%）。

1998 年，医疗补助为家庭保健服务支付的费用只占到了其整个卫生保健费用的 2%，而在同年，医疗保险为家庭保健服务支付的费用占到了其整个卫生保健费用的 7.6%。

如果把所有的家庭卫生保健服务费用来源都考虑在内——医疗保险、医疗补助、其他政府项目、私人健康保险以及现金支付，家庭卫生保健费用将占到美国所有个人卫生保健费用的 3%左右（2.869%）。（U. S. Government Printing Office，2000b：110，Table 156）

家庭保健发展的原因

尽管家庭卫生保健只占了整个个人卫生保健服务的一小部分，但直到最近在 1997 年实行《平衡预算法》为止，家庭卫生保健一直是美国卫生服务行业中发展最快的一个领域。发展的原因包括：

1. 人口老龄化，尤其是老龄老人（年龄在 85 岁及以上的老人）中有很大比例的人有功能缺陷。

2. 主要健康问题从急性传染性疾病转变为慢性疾病（不能治愈但又不是处于晚期）。

193 3. 把预支付系统引入诊断相关小组的努力，此活动开始于 1983 年，由医疗保险公司发起，目的是要减少高成本医院服务的使用并且降低由医疗补助所支付的不断增加的疗养院服务成本。

4. 允许病人在家庭中就可以得到保健服务的技术的发展，包括需要医疗设备的服务，如静脉注射，使用导尿管、吸引器、便携式氧气袋、呼吸器和输液管（Balinsky，1994：9－15；Braus，1994）。

5. 艾滋病流行（Balinsky，1994：45－70）。

6. 在医学上认为处于虚弱状态的儿童人数增加令人担忧（Balinsky，1994：23）。

7. 对许多老年人来说，缺乏经济能力获得可选择性保健服务，例如疗养院服务。

8. 美国疗养院的服务质量差，促使人们选择了家庭保健（Garner，1995：1627；Olson，1994）。

9. 截至1993年，家庭卫生保健从为亚急性出院病人服务转向为那些有慢性病的病人提供服务（Welch，Wennberg & Welch，1996），这使得正式医疗保险所支付的急性病治疗保健服务和长期服务之间的保险金额差距减小（Kane et al.，1997）。

1994年，美国家庭保健医生学会主席Allen I. Goldberg提出：

> 家庭卫生保健是医疗实践要开拓的下一个新领域，因其无限的潜力，从而得到快速发展……发展速度已经超出了公共政策所界定的、社会所认可的以及政府对这一实践领域所建立的科学基础。（Goldberg，1994：911）

理论视角

尽管家庭卫生保健缺乏一个清晰而成熟的基本原理，但是其表现在美国家庭卫生保健服务体系中的价值和目的包括：（1）通过鼓励家人提供保健服务而实现成本控制；（2）促使在政策上做出让步，为医疗专业和营利性机构提供便利条件，关注病人及其家人的需求和愿望，或者是关注社会公正和人类保健问题；（3）以经济为基础，使决定服务干预适宜性的卫生保健双重体系能够长期保持下去。

保健 194

"但是，从理想的角度看，家庭保健的目的是，要使病人和照顾者的自主功能最大化，并且使他们在社区中具备个人生活能力。所有提供的帮助应该集中在改善阻碍这种能力的状况上。"（Cox，1992：180）

据估计，家庭保健是为所有年龄的病人提供服务的。当他们想待在家里的时候，同时可以获得充足的资源为他们提供所需的服务的时候，就可以提供家庭保健服务。大多数人在家里会感到比较安全，比较舒适（Garner，1995），这一点至少在理论上可以使他们的幸福感达到最大化，继而使他们的健康也达到最佳状态。

成本控制

此外，如果家人、朋友或者邻居志愿提供基本的支持性保健服务，尽管他们只是作为兼职，作为正式家庭保健服务的补充，那么家庭卫生保健费用可能会比疗养院保健的费用要低一些。然而，不论公共健康保险项目还是私人健康保险项目都限制了家庭保健中的兼职服务。

据估计，医疗保险费用中，家庭保健费用在1998年是每天93美元，而在疗养院保健机构中每天是523美元，在医院里是每天2 401美元（NAHC，2000：22）。

在1998年，家庭卫生保健的所有花费总数是292.55亿美元，占疗养院保健总费用878.35亿美元的33%，同时占政府支付的疗养院费用530.23亿美元的55%。（U.S. Government Printing Office，2000b：110，Table 156）

医学模式

美国的家庭卫生保健现在被命名为"用医学模式处理社会问题"（社会问题医学化）的一个主要范例（Binney，Estes & Ingman，1990）。

> 家庭卫生保健是医疗实践要开拓的下一个新领域，因其无限的潜力，从而得到快速发展……发展速度已经超出了公共政策所界定的、社会所认可的以及政府对这一实践领域所建立的科学基础。（Goldberg，1994：911）

195 尽管许多老年人确实存在健康问题，需要所谓的技能服务，但他们更需要支持性帮助来应对功能损伤，例如，应对行走、穿衣、洗澡、吃饭以及按医嘱服药方面存在的困难，但是，这种类型的服务无论是在疗养院还是在家庭里都没有得到医疗保险的赔付，而只是得到了一些政府医疗补助免缴保费项目的补偿，如果病人在经济上存在困难的话（Cox，1992）。

结果，需要这种支持性帮助的老年人和残疾人为了让自己符合医疗保险所规定的贫困标准，通常要用尽他们的个人经济资源。美国国民破产的主要原因竟是卫生保健费用过高，这在世界上是唯一的（Ganner，1995：1629）。

正式家庭卫生保健服务这种以医学模式来处理社会问题的做法，实际上是一种尝试和妥协。在20世纪60年代中期，医疗协会曾经长期反对政府对卫生保健实施任何形式的干预，以避免威胁到医学专业的利益。因此，人们在向国会提出医疗保险计划时，为了使提议的立法过程在政策上合乎美国医疗协会的口味，只能将家庭保健作为医疗保险的赔付提出来，并且提议家庭保健必须在医学上有必要或者是在医生的授权和监督之下才能提供，在这种形势下，只能出现这样的结果了。“总之，医疗保险和其他针对老年人的卫生政策例如医疗补助制度，从它们出现至现在，都反映了对老年人保健的控制和管理上的医学垄断。”（Binney，Estes & Ingman，1990：763－764）

人类多样性的意义

不同年龄、性别、社会经济地位、种族、农村/城市群体的健康行为、疾病行为以及病人角色行为之间存在着显著性差异，而且这些人类多样性变量之间相互影响，使得群体特征不能被简单地相加（Corin，1994）。此外，有相当多的证据表明，人们的赋权意识或者控制感对健康结果起着重要作用（Evans，Barer & Marmor，1994），同时，健康结果似乎也受到了另外一些因素的影响，如社会支持，或者处在一个有着多元文化、适宜的、熟悉的以及认知上舒适的环境中，生活于自己的传统习俗中并且与自己的地位相符合（Corin，1994）等。因此，为了使潜在的健康结果得到最大限度地实现，卫生领域中的社会工作者应该关注病人的态度、信念、习惯以及他们对于卫生保健选择的倾向，这些经常会受到人类多样性的影响。

种族特征应该作为家庭卫生保健社会工作的一个主要考虑因素，这是因为考虑到非白种 196
老年人群所占的比例可能会显著增加。1990年，在美国65岁及以上人口中，白种人占到了86.7%，但到2050年，这个比例可能降低到66.9%（U.S. Department of Health and Human Services，National Institute of Health，National Institute on Aging，1993），因此，非白种老年人所占的比例可能会从1990年的13%左右增加到2050年的33%左右，表5—3描绘了1990年到2050年间美国人口的种族构成中存在的这些预期变化。

表5—3　美国老年人口的种族分布（1990年到2050年）

种族	1990年（%）	2050年（%）
白人	86.7	66.9
黑人	7.9	9.6
美籍印第安人	0.3	0.6
亚裔	1.4	7.4
西班牙裔	3.7	15.5
合计	100.0	100.0

资料来源：U.S. Department of Health and Human Services，National Institute of Health，National Institute on Aging (1993). *Profiles of America's Elderly*：*Racial and Ethnic Diversity of America's Elderly Population*，Number 3，November，POP/93－1－8.

Erik Erikson关注到了获得“自我完整性”所必需的文化认同：

> 因为他（老年人）知道个体生活经历是与历史片段的偶然重合，对他而言，所有的人类完整性会与其自身的完整性一样，有起有落。（Erikson，1959：98）

完整性的形式随着自身的文化和文明的进步而发展，并因此而成为了自己的精神遗产，其自身道德起源的标志。(Erikson，1956，被 Giordano 引用，1992：24)

种族敏感性是社会工作价值观中个体化原则的一个体现，因为对人类多样性的敏感性的第一步，就是清楚个体之间的差异。从理想的角度看，在卫生保健，包括家庭卫生保健中，种族评估应该成为社会心理评估的一部分，Fandetti 和 Goldmeier（1988）提供了一个在微观、中观和宏观水平进行评估的框架（见框 5.1）。

197 **框 5.1　一个多水平种族评估框架**

微观水平：个人

1. 评估个体的文化倾向：所讲的语言、公开表明的宗教信仰以及主要服务对象的世代迁移情况。
2. 评估影响个体倾向的种族内部变异的重要性。
3. 作为一个协调性因素，考虑个体的社会阶层关系。
4. 选择适应于个体的种族特征的方法，来解决个体所面临的问题。

中观水平：家庭、服务对象群体以及服务提供者小组

1. 评估家人、服务对象群体以及服务提供者小组以种族为基础的动力学特征。
2. 评估群体或小组的应答情况，其成员自身可能就反映了不同的种族倾向。
3. 评估这一种族群体内部变异的重要性。
4. 作为一个协调性因素，考虑阶层关系。
5. 在家庭、群体和服务提供者小组水平上选择适应于种族特征的解决办法。

宏观水平：社区、当地以及非当地

1. 制订干预计划时，在更大的社区范围内评估家庭的界线。
2. 促使社区对种族文化需求作出回应。
3. 了解影响种族群体完整性的当地/州/国家政策。

资料来源：Fandetti，Donald V. & Goldmeier, John (1998). Social Workers As Culture Mediators in Health Care Settings. *Health and Social Work*, 13 (3): 171－179.

三个水平的人群和服务计划特征相互影响，共同决定着老年人的服务是否被公正地使用：适宜于老年人的健康和功能状况，从群体的社会和经济特征考虑具有可获得性，以及根据群体的具体标准和期望考虑具有可接受性（Damon-Rodriguez，Wallace & Kington，1994：55)。例如，大概有一半的美籍印第安人、爱斯基摩人和阿留申人中的老年人居住在农村地区（Damon-Rodriguez，Wallace & Kington，1994：57），然而，在农村地区往往缺乏正式的家庭卫生保健服务（Kenney，1993），这就意味着适宜的服务对这些种族的老
198 年人来说，是享受不到的。

关于种族特征，首先有一个因素应该被考虑到，那就是在美国少数民族老年人的贫困

率要高于白种美国人的贫困率。而且，许多少数民族的老年人没有补充性医疗保险来支付医疗保险中共同承担和扣除的部分。因此，正式的家庭保健服务可能会遭到他们的拒绝，他们反而更接受由家庭成员提供的非正式的照顾，部分原因就在于他们在经济上没有能力来支付这些正式服务。

在决定是要选择家庭保健还是疗养院保健的时候，其次要考虑的种族因素是，美国的大部分地区缺乏具有种族特征的疗养院。因此，那些对白人社会向来都不熟悉的人就不可能在疗养院中感到舒适，因为在这些疗养院中，其他人都是白人，而且在那里，食物、语言和装饰等在文化上与少数民族的习惯都是不协调的，也就是说，在文化上缺乏可接受性。

除了文化一致性以外，一些证据表明，非裔老年人的健康状况要差于白种老年人。阶级优越论和种族歧视在卫生保健体系中都扮演着重要的角色（Wallace，1990）。

在决定是要选择家庭保健还是疗养院保健的时候，第三个要考虑的种族因素是，在选择一种最好的方式度过一个人的晚年生活的时候，种族差异应该被考虑在内。欧裔老年人往往把这个看做是否能保持功能正常的关键，华裔老年人和非裔老年人通常把它看做是对自己生活满意的关键，而西班牙裔老年人通常把能够享受生活、积极生活以及与家人在一起看做是最佳的晚年生活（Wallace，1996）。

Aranda（1996）列举了在获得所需信息以制订适宜的保健计划的过程中，需要进行社会工作评估的主要种族文化因素（见框 5.2）。 199

框 5.2 卫生保健评估中的种族文化因素

- 语言。
- 关于等级关系的标准。
- 症状的文化表现。
- 精神疾病的文化视角。
- 对认知能力下降以及“器官功能丧失”的评估。
- 对认知能力下降以及个性改变的反应及耐受。
- 应对方式及行为。
- 非正式社会网络。
- 服务提供标准。
- 生物医学史。
- 死亡和濒临死亡。

资料来源：Aranda，Maria P.（1996）. *Implications of Diversity for Practice*. Presented at the California Geriatric Education Center，Cultural Diversity in Aging，Faculty Development Program，UCLA，June 18.

关于家人为有关家庭成员，尤其是老年父母提供服务，所有的文化中都保持此传统

(Mindel & Wright，1982)。对社会工作者来说，在家庭保健评估过程中，发现服务对象及其家人关于家庭责任的态度和感受是很重要的。

研究文献不断显示，非裔美国人家庭没有充分利用能够增强他们的保健质量的服务(Morrow-Howell et al.，1996)。与白人服务对象及其家人相比，非裔美国人服务对象及其家庭成员可能更喜欢家庭保健，而不是疗养院保健，存在这一现象的原因还没有完全弄清楚（1996：138）。此外，与白人服务对象相比，非裔美国人服务对象在出院后使用正式家庭卫生保健服务的比例显著较低，而使用非正式家庭卫生保健服务的比例更高。但是，他们认为他们的保健质量和数量都低于白人（Chadiha et al.，1995）。这一发现的实践意义在于，在制订出院计划时，社会工作者需要探索非正式保健网络的实际能力，以充分提供所需服务，而不仅仅是关注这样的一个网络是否存在（1995：238）。

另一项研究调查了德裔、爱尔兰裔、英裔和非裔美国人等少数民族群体的服务提供者的实践情况。一个非常不同的发现是，在非裔美国人中，家庭看护者提供保健服务的时间与他们和照顾对象关系的亲密程度之间没有相关性，然而，尤其是在爱尔兰裔中，保健服务的时间与服务提供者和病人之间关系的远近却有非常紧密的关联。这一差异是由于非裔美国人往往喜欢把比较远的亲戚甚至是非亲戚在情感上认定为“家人”，而爱尔兰裔有一个传统习惯，那就是有责任照顾近亲（White-Means & Thornton，1990a）。同时，非裔美国人中家庭看护者提供的日间保健服务时间要显著高于德裔、爱尔兰裔和英裔的家庭看护者（White-Means & Thornton，1990b）。

在日裔美国人中，也发现存在着使用疗养院保健的差异，妇女中未来有意向选择疗养院而非家庭保健的人显著多于男性，在这些妇女中，很少或者是没有社会支持性系统，而且这些人是在美国出生的，也适应了美国的生活方式（McCormick et al.，1996）。在髋骨
200 骨折的病人中，只有 12%的人将计划选择疗养院，而有痴呆的残疾病人中，有 53%将选择疗养院（McCormick et al.，1996：769）。作者指出，在某些情况下，计划使用疗养院保健的应答者比例这么高，可能是因为这个研究是在华盛顿的一个郡进行的，那里正好有“一种文化适宜的疗养院，距离应答者所在社区比较近，而且能够得到社区支持”（McCormick et al.，1996：769）。

在为亚洲老年人和太平洋岛屿老年人提供服务的过程中，社会工作者有必要对这一事实保持敏感性，那就是这一群体至少包含有 26 个种族亚群，他们在文化和社会经济地位方面存在着广泛的差异。

Applewhite（1995：248）指出，如果正式的服务提供者能够清楚并且尊重病人及其家人的文化信仰，墨西哥裔比较有可能接受所需的卫生服务。考虑到民间治疗，以及人际交往中的自信、尊重和人格价值时，墨西哥裔“可能会逃避所需的卫生保健（例如正式家庭卫生保健或疗养院保健），因为在目前的卫生保健体系中，强调的是效率和非人格性，

这与他们的文化价值观，尤其是人格主义有冲突”(1995：252)。

跨学科协作

在大多数正式家庭卫生保健场所中，由督导医生、专业护士、护理助理和家庭看护者共同组成一个小组。通常，他们之间的相互作用受到护士与医生之间、护士和护理助理之间、护士与病人及其家庭看护者之间、护理助理与病人及其家庭看护者之间断断续续的联系的制约，然而，在护理助理与医生之间却很少存在相互作用，因为医学模式在支配着正式家庭卫生保健，使得其成员之间的关系往往是分等级的——医生是主管，护士向医生报告，护理助理向护士报告，病人及其家庭看护者之间相互配合。

上面所描述的并不是一个跨学科团队，而最多是一个矩阵模型式的多学科小组(Mailick & Jordon, 1977)。在美国，跨学科协作并不是家庭卫生保健服务的一个特点，但是，它在许多其他国家里却是存在于家庭卫生项目中的一项常见的实践，在这些国家里，具有比较先进的卫生保健体系，并且得到了老年医学专家的极力推荐(Kane et al., 1997)。

这里有一项关于家庭卫生保健小组的实验性研究(Zimmer, Groth-Juncker & McCusker, 1985)，小组成员由一名医生、一名从业护士和一名社会工作者组成，目的是为了弄清楚由这一小组提供家庭卫生保健服务的病人与对照组的病人在下列内容方面是否存在显著性差异，包括：(1) 实验组病人无论在医院，还是在疗养院里所住天数是否都显著少于对照组；(2) 不论是实验组的病人，还是他们的服务提供者对于他们得到的服务的满意度是否显著高于对照组；(3) 如果病人希望的话，是否比对照组更有可能在自己的家中离开人世。但是，在费用或健康状况结果上，实验组和对照组之间却不不存在显著性差异。 201

家庭卫生保健机构在使用社会工作者方面存在着很大的不同，医疗保险制度要求医生应该授权社会工作者为家庭卫生保健的病人提供服务，前提是存在与病人的急性医疗状况相关的需求。然而，当有精神病医生参与的时候，医疗保险只赔付精神病护士提供的服务，这样一来当需要心理治疗服务的时候，就比较容易获得对精神病护士的授权，而不是有资历的临床社会工作者。护士和社会工作者之间的地盘之争，可能会导致在家庭卫生保健中不能充分利用社会工作者，因为取得资格的护士和获得硕士学位的社会工作者，在专业上都有资格进行各自领域的社会心理评估和治疗(Fessler & Adams, 1985)。

尽管在家庭卫生保健中没有充分利用社会工作者，以及存在着开展有效小组工作的障碍，但 NASW 还是提出了跨学科协作的原则，并且描述了它在家庭卫生保健场所中所体现出来的潜在积极作用，这符合家庭保健社会工作的第 4 条标准：

标准 4：家庭保健社会工作者应该把社会工作干预整合进跨学科协作时其他成员

的干预措施当中。

解释

应该评估在特殊群体家庭中出现的复杂问题，并且从不同的视角进行处理。协作小组的方法可能会比较全面、比较有效、比较有针对性地解决服务对象的需求。家庭保健社会工作者必须把社会心理计划和干预与其他服务整合在一起，并督促整个小组

202 关注服务对象的社会心理需求及其家庭。[①]（NASW，1987：30）

机构考虑

组织类型与专业社会工作服务利用程度之间存在着明显联系，公共家庭卫生保健机构，如公共卫生部门和志愿性非营利家庭卫生保健组织，就比较有可能雇用全职或兼职的社会工作人员，而营利性家庭卫生保健机构通常只在需要的情况下，或是医生要求以及护士推荐的情况下才雇用社会工作者。

总之，家庭保健组织对社会工作者未充分使用。1999 年，家庭卫生保健机构给予社会工作者的平均补偿是每小时 17.73 美元，每次拜访的平均补偿为 40 美元（National Association for Home Care，2000：21），而八小时工作日中每次家访的平均补偿是三美元，然而，在实际工作中，家庭卫生保健的社会工作者却花费了相当多的时间，用于同跨学科团队中的其他成员及社区中的资源持有者进行联络。

家庭保健机构必须得到医疗保险的认证才能够由医疗保险为卫生保健技术服务提供赔付。1998 年，美国的 13 300 个家庭保健机构中，大约有 15.7%没有通过医疗保险制度的认定，被限制提供家政服务，或者是通过现金支付的方式提供技能型服务（U. S. Government Printing Office，2000b：132，Table 205）。

服务对象的问题与社会工作者的作用

服务对象的问题

NASW 列举了家庭卫生保健中存在的社会工作和社会心理服务，主要集中在以下几类服务对象的主要问题上：

- 病人及其家人对待疾病和功能状态改变，采取不利的反应方式或有损功能的调整方式。

---

① Copyright 1995，National Association of Social Workers，Inc.，NASW Standards for Social Work in Health Care Settings.

- 职业与教育问题。
- 财务问题。
- 服务提供问题，包括服务提供者的压力。 203
- 不合格的居住条件和生活安排。
- 获得医疗保健的障碍，包括交通问题。
- 关系问题，包括社会孤立。
- 身体、性和情感虐待及忽视。
- 物质滥用。
- 其他心理疾病，包括抑郁和自杀。
- 制度化的可能性。[①]（NASW，1995：6）

这些可以概括为以下主题：

1. 接受服务或进入机构的障碍。
2. 适应服务或机构的问题。
3. 适应诊断、预后或治疗/保健计划的问题。
4. 缺乏做出知情决策的信息。
5. 缺乏所需资源。
6. 结束服务或离开机构的障碍。

服务对象的健康问题

表5—4显示了在家庭保健机构病人中存在的多种健康问题，框5.3列出了美国的十大主要死亡原因。

值得一提的是，家庭保健机构病人的主要健康问题与1993年每10万人的年龄调整死亡原因之间没有非常密切的关系，这反映了功能残疾与晚期病人之间存在的差异，功能残疾的情况如关节炎和糖尿病，往往需要功能上的支持性帮助，而晚期病人如癌症患者，并没有长时间的残疾。有人回顾了全美范围内的研究，发现“与疾病的严重程度相比，病人的功能状态似乎在决定出院后状况时起着更大的预测作用”（Kane et al.，1996：247）。

病人的健康问题与家庭卫生保健社会工作者之间的相关性，涉及健康问题是如何影响病人的精神、身体和社会功能的，尤其是日常生活的问题，以及病人的精神、身体和社会功能又是如何影响健康问题的，这是互补的生物—心理—社会相互作用。

对于慢性病来说，虚弱的老年人、闲居家中的人、生活的方方面面都会受其影响， 204
有可能因为疾病发生变化，已经很紧张的家庭关系会变得更加紧张。很多病人会因为医

① Copyright 1995，National Association of Social Workers，Inc.，NASW Clinical Indicators for Social Work and Psychosocial Services in Home Health Care.

疗保健的费用、自尊及依赖问题而成为一个贫困者。先前就存在的个性问题可能会变得更加突出，愤怒感、自哀和无望都是常见的表现。更进一步的影响就是病人常常无法进行简单的日常生活活动，像吃饭、穿衣、洗澡和上厕所。（Jacobs & Lurie，1984：89－90）

204 表 5—4　　家庭保健机构病人的主要入院诊断（1998 年）

主要诊断	百分比
循环系统疾病（心脏病和脑血管疾病）	23.5
伤害和中毒	8.9
肌肉与骨骼疾病、结缔组织疾病	8.2
内分泌、营养、代谢和免疫功能紊乱	8.2
呼吸系统疾病	7.9
神经系统疾病和感觉器官疾病	7.6
恶性肿瘤	3.9

资料来源：U. S. Government Printing Office（2000a）. *Health*，*United States*. Washington ，DC：Author，132，Table 206.

204

框 5.3　美国人的主要死亡原因（1998 年）

1. 心脏病。
2. 癌症（恶性肿瘤）。
3. 脑血管疾病。
4. 慢性阻塞性肺部疾病。
5. 意外伤害。
6. 肺炎和流行性感冒。
7. 糖尿病。
8. 自杀。
9. 肾炎、肾病综合征和肾病。
10. 慢性肝病和肝硬化。

资料来源：U. S. Government Printing Office（2000a）. *Health*，*United States*. Washington，DC：Author，172，Table 32.

205 服务对象的资金来源问题

服务对象需要家庭卫生保健服务解决的许多非健康问题之一，就是当前缺乏经济来源支付服务费用。目前，家庭保健的所有资金来源包括医疗保险（条款 XVIII）、医疗补助（条款 XIX）、《社会保障法》中的条款 XX（社会服务补助金）、《美国老年人法》中的条款 III、退伍军人管理局和武装部队的文职人员保健医疗计划（CHAMPUS）（National Association for Home Care，1996：5－6）。私人健康保险只支付了家庭卫生保健费用中的一小部分。结果，家庭卫生保健费用中的21.0%是由消费者以现金形式支付的（NAHC，2000：4；U. S. Government Printing Office，2000b：110，Table 156）。

在美国，随着卫生服务其他领域的发展，家庭卫生保健所提供的服务出现了相当大的变化：

- 如果是老年人，或是残疾人，并且符合医疗保险的条件，如果医生有书面文件证明其需要技能服务（例如需要专业服务，需要护理师、物理治疗师或语言治疗师），可能会获得家庭卫生保健。
- 如果病人很穷，并且符合医疗补助保险的条件，他或她就有可能会得到家庭保健提供的技能性服务或管理家务之类的日常性服务，尤其是当病人可能会需要疗养院保健的时候。
- 然而，对于那些不符合技能性服务条件的人，以及不够贫困，不符合医疗补助帮助条件的人，但如果他们的年龄在65岁及以上，地方老年机构（AAA）可能会有资金帮助他们获得个人保健服务或家政服务。
- 依靠州政府的社会服务补助金使用计划（原来的条款XX），病人可能会被许可获得帮助，支付其家庭保健费用。

家庭看护者的负担

尽管有数百万的美国人得到了正式家庭保健服务，但据估计，有3/4的老年人得到的家庭保健服务是由免费的非正式服务提供者（家庭或其他免费的帮助）提供的（U. S. Government Printing Office，1990）。根据美国家庭保健协会（NAHC）华盛顿研究中心主任Karen Pace的估计，900万到1 100万的美国老年人需要帮助才能够在家里生活（Braus，1994：41），大多数有功能缺陷的老年人都需要依赖于家庭和其他非正式资源（Wilcox & Taber，1991），18%的脑损伤病人（由阿尔茨海默病、中风、帕金森病、亨廷顿舞蹈病、外伤性脑损伤引起）的家庭看护者由于要提供保健服务，而不得不离开了他们的工作岗位，另外42%的人为了提供保健服务而减少了他们的工作时间。非正式保健提供者平均每周提供73小时的服务，或者每天超过10小时的服务。1/3的人报告他们没有得到家庭或朋友的帮助。58%的人有临床抑郁症症状，而且他们自身的身体健康风险不断增加（Califonia's Caregiver Resource Center，2001）。 206

谁是非正式服务提供者？配偶，大部分是妻子，是老年人最大的服务提供者群体，成年女儿是第二大群体（Brody，1981；Horowitz，1984；Califonia's Caregiver Resource Center，2001）。然而，单身妇女会比其他家庭成员奉献更多的时间来照顾年老的父母，是因为社会往往把她们看做是照顾者，她们一直承担着大部分老年人的照顾服务，无论她们是否有家庭以外的其他工作。“有超过一半（53%）的年龄小于65岁的照顾者在家庭以外仍有工作”（California's Caregiver Resource Center，2001）。大多数家庭看护者是中年人或老年人，大概有1/3是中年人，另外25%年龄在65岁及以上（Braus，1994：41）。

根据加利福尼亚服务提供者资源中心的资料，家庭看护者的平均年龄为60岁，大约有33%的家庭看护者是妻子，29%是成年女儿，14%是丈夫，7%是儿子，5%是父母，2%是兄弟姐妹，5%是“其他人”[①]（California's Caregiver Resource Center，2001）。

尽管家庭保健往往被当做是减少医院和疗养院服务政府支出的一个办法，但这种公共费用的节约是由于家庭成员的付出而实现的，尤其是妇女。这些志愿服务提供者的付出包括花费时间，失去收入和退休金，忽略他们自己的健康，缺少娱乐和社会生活以及妨碍事业发展（California's Caregiver Resource Center，2001）。

1988年报道的一项调查结果发现，除了哥伦比亚和波多黎各地区以外，如果服务对象有比较高的风险需要送进某个机构的话，有35个州会对家庭看护者为服务对象提供的家庭保健服务提供某种形式的经济补偿，尽管医疗保险和医疗补助制度都规定，禁止对提供个人保健服务的家庭成员进行补偿（1988：206），这部分补偿金通常由州政府的附加社会保障收入（SSI）支付，资金的数目会因不同州的裁决权不同而有所变化。然而，在35个州中，只
207 有13个允许补偿为老年服务对象提供服务的家庭看护者。而大部分情况下，家庭保健服务需要者往往是一个有精神或身体残疾的非老年人。除了州政府的SSI资金外，其他资金来源有时也会被用于补偿老年人的照顾者，包括《社会保险法》条款XX即社会服务补助金，《美国老年法》中的条款Ⅲ、个人照料之外的医疗补助，以及州政府的一般基金。家庭医疗补助和以社区为基础的服务似乎成为了越来越重要的补偿来源（1988：209）。

Barnes、Given和Given（1992）比较了四种家庭看护者群体——有子女的配偶、没有子女的配偶、有兄弟姐妹的成年子女以及没有兄弟姐妹的成年子女，他们发现，配偶最有可能承受对自身健康的损害，而成年子女照顾者最有可能提出放弃照顾，尤其是如果他们有兄弟姐妹的话。研究结果显示了社会工作者在家庭保健中进行早期需求评估以帮助家庭制订服务提供计划的重要性（1992：286－287）。

家庭保健比疗养院保健是否更经济的问题显然是一个复杂的问题，其答案取决于很多指标。然而，一项研究发现，当提供正式家庭保健服务的时候，非正式服务提供者往往就会减少他们自身提供的免费服务，并且直到由正式服务所取代。尽管这么做会增加家庭保健的短期费用，但能够使家庭看护者把病人留在家里的时间延长，从而减少长期费用支出（Ettner，1994）。

新的家庭看护者支持性项目。明显地，为了减轻美国非正式服务提供者的负担，全美家庭看护者支持计划（NFCSP）形成，并于2000年12月得到了美国国会批准，包括12 500万美元新资金作为最近重获批准的《美国老年人法》的一部分。NFCSP计划为患者家人提供重要的支持以帮助他们保持家庭看护者的角色，为他们家庭中有病的老年人或有残疾的老年人提供服务，并且也可以为家庭中年长的成年人提供帮助，他们承担了照顾

---

① 数字疑有遗漏，原文如此。——译者注

年轻子女的主要责任。联邦资金已经发放到了州一级的老年机构，它们将会与地区一级的老年机构一起合作实施新计划。NFCSP 在州一级以灵活的方式实施，第一步工作，要求大多数州要开展一项全州范围内的需求评估，以确定看护者的人口学特征、需求、可获得的资源以及缺乏的资源，同时，相关的基础设施/项目建设要求制定有效的州政策（Center for the Advanced Study of Aging Services，School of Social Welfare，University of California，Berkeley，2001）。

其他家庭受害者。必须注意，不管受损害的人是否在家里面得到了家庭成员、正式服务提供者，或者是两者的照顾，在一个家庭里，只要有这种需要特殊保健服务的家庭成员，那么就会对这个家庭的其他成员造成负担，包括孩子。这些家庭成员有可能会成为没有被注意到的家庭保健的受害者。最近有一项在以色列儿童中开展的研究，这些儿童都有一个患有癌症的兄弟姐妹，研究结果显示了这种倾向（Hamama，Ronen & Feigin，2000）。由于过多的关注和时间都用在了有病或有残疾的家庭成员身上，其他家庭成员的需求往往被忽略了，伴随而来的问题就是被忽略的家庭成员经常会因为被排除在外而有负疚感，有时会憎恨有病或有残疾的家庭成员，这一现象也成为在家庭保健中需要社会工作者的许多原因之一。 208

社会工作者的作用和干预

根据 Jacobs 和 Lurie（1984）的描述：

> 社会工作者成为了家庭保健小组里不可缺少的一部分，他们能够提供咨询，帮助病人解决具体的经济、住所以及医疗设备问题，维护病人的福利（由卫生保健体系以及医疗补助制度保障的），协助病人遵从治疗方案，帮助病人理解并应对紧张的家庭关系，以及帮助病人适应慢性疾病。确实，缺乏良好的社会工作服务，家庭保健服务只可能是应用医学技术的一种练习，但病人却仍然是悲惨的，身体虽然存活着，但却处于情绪混乱和痛苦当中。
>
> 家庭保健中的社会工作，是在家中提供服务，利用最基本的专业技巧，并巧妙地加入支持、咨询和倡导，而这些正是社会工作者所擅长的工作。（1984：90）

Garner 增加了其他一些经常所需的社会工作者的角色和作用，包括：

> 1. 帮助病人和/或家人应对他们的丧失，包括已经预料到的丧失。
> 2. 提高医疗依从性。
> 3. 在需要时，提供社会心理咨询。
> 4. 维护病人及其家人的利益。
> 5. 当病人不再需要家庭保健机构所提供的服务时，或是当他们需要另一个层次的服务时，如疗养院、医院或康复中心，提供出院计划。（1995：1632） 209

Silverstone 和 Burack-Weiss（1983）指出，从家庭保健社会工作的基本原理来说，所有人都需要在他们的生活中有一个人可以让他们在情感上有所寄托和依靠，当他们有需求时，为他们提供服务满足其需求，这称为“辅助功能”（1983：11）。这是一个基本功能，当需要时，社会工作者可以单独或与其他家庭卫生保健小组成员以及病人家属一起提供服务。同时，这也是一个情绪和工具性支持功能，包括支持性关系和支持性角色，例如解释、调解、倡导以及监督人与环境之间的互动（1983：22）。在需要时，动员支持性网络也是家庭卫生保健社会工作者的一项主要作用（1983：23）。

NASW 提出的家庭保健社会工作的作用和角色如下：

> 社会工作者可以帮助病人及其家人适应家庭环境并做出计划，减轻压力，进行危机干预，帮助解决经济问题，提供信息和转介，帮助制订计划，提供情绪支持，提供适当咨询，针对病人和家人的需求向其他卫生保健人员和服务提供者作解释，教育病人及其家人，帮助病人调适他们的状况，以及帮助家人继续把病人留在家中而不是过早求助于不恰当的机构服务。[①]（NASW，1987：28）

此外，NASW 在家庭保健场所社会工作的标准 6 中（1987：30）指出，家庭保健社会工作者的作用应该包括列举在标准 4 中的特殊服务，标准 4 是家庭保健社会工作的主要标准（参见本章第四节）。

NASW 列举了在家庭卫生保健中社会工作者所起到的作用和提供的服务，如下：

210
- 评估影响病人及其家人适应疾病和治疗的社会、经济、环境和情绪因素。
- 为病人及其家人解释社会工作的服务内容和目标，并制订治疗计划。
- 为长期计划和决策提供咨询。
- 为病人及其家人提供咨询、教育和支持，以帮助他们了解明确的医疗状况。
- 为了病人的利益，识别并获得所需的社区资源。
- 为病人倡导因为精神或身体限制所需的服务。
- 提供短期治疗。
- 提供咨询、联络和跨学科协作。
- 提供出院计划。[②]（NASW，1995：5）

> 家庭保健中的社会工作，是在家中提供服务，利用最基本的专业技巧，并巧妙地加入支持、咨询和倡导，而这些正是社会工作者所擅长的工作。（Jacobs & Lurie，1984：90）

---

① Copyright 1995，National Association of Social Workers，Inc.，NASW Standards for Social Work in Health Care Settings.

② Copyright 1995，National Association of Social Workers，Inc.，NASW Clinical Indicators for Social Work and Psychosocial Services in Home Health Care.

家庭保健个案管理

从理想的角度看，社会工作者应该在家庭卫生保健个案管理中扮演重要角色，有谁比社会工作者更了解如何从相关资料中收集重要信息来评估病人的需求和资源，继而利用各种各样适宜的社区资源来帮助满足他们的需求？谁能够与病人、来自不同学科的专业人员和专业辅助人员比较好地协作来提供及时的资源以及提供持续的监测，以确保病人持续适宜性，并且在需要时做出调整？

经纪人角色。家庭卫生保健社会工作者的一个主要角色应该是一个经纪人，另一方面是作为个案管理者，把病人和/或家人与所需的社区资源联系在一起，例如支持性小组、家庭送餐服务、家务劳动服务、电话再确认服务、志愿者家访服务、成人日托服务、医疗援助和医疗器械、家庭变化/环境适应服务（Garner，1995：1632）。

确保及时提供家庭保健服务。在医院或疗养院里提供出院计划的社会工作者也会影响到家庭卫生保健服务，因为在这个工作范围中，他们经常会把病人转诊到家庭卫生保健机构，而且会安排在特殊的时间提供特殊的服务。然而，一项监测家庭卫生保健服务及时性 211
和适宜性的随访研究发现，在40%的病例中存在有一项或两项计划的服务没有提供，而且大多数医院没有按照出院计划对病人进行随访（Proctor，Morrow-Howell & Kaplan，1996）。

社会工作者的常见角色和作用

1. 帮助病人和/或家人应对他们的丧失，包括已经预料到的丧失。
2. 提高医疗依从性。
3. 在需要时，提供社会心理咨询。
4. 维护病人及其家人的利益。
5. 当病人不再需要家庭保健机构所提供的服务时，或是当他们需要另一个层次的服务时，如疗养院、医院或康复中心，提供出院计划。（Garner，1995：1632）

Egan和Kadushin（1999）从他们的家庭保健社会工作研究中发现，只有20%的家庭保健社会工作者接到过医院社会工作者的转介，这一发现表明，在医院转介资源与能够确保所需服务持续性的家庭保健机构之间缺乏协调。然而，他们也发现，2/3或更多的社会工作者在研究中报告，他们每周至少会进行两次下面的活动：

- 服务协调。
- 直接评估。
- 咨询病人及其家人。
- 机构间合作。

- 评估后家访。
- 为病人服务进行倡导。

家庭保健的一个明显衰落就是，医院、家庭保健机构、资助项目如医疗保险、NASW以及病人及其家人之间在家庭保健社会工作的角色和作用方面，缺乏合作和协调——不协调的地方在于医疗需求是什么，病人及其家人最大限度感到舒适和有效时希望得到的是什么，认为可负担得起的是什么，以及社会工作专业所认为的对于社会工作者来说合适的活动是什么。

212 NASW所描述的家庭保健社会工作的标准5是：

> **标准5：**家庭保健社会工作将致力于提供适宜且连续的服务，确保病人得到持续的服务以满足他们的需求。
>
> 解释
>
> 家庭保健社会工作者必须考虑作为连续性服务一部分的所有社会工作服务提供者，包括家庭、转介机构和组织以及其他的社区社会工作者。在可能的时候，他必须与最初的转介机构亲密合作，以确保病人有一个合适的出院计划并安全转移到家中。同样，在病人从家庭保健场所出院之前，如果有迹象表明需要的话，社会工作者必须与社区资源或其他机构建立必要的联系，以确保其需求得到满足。① （NASW，1987：30）

家庭保健中的需求评估。当然，个案管理的第一步就是需求评估，而且需求评估的第一个问题就是决定家庭保健的适宜性和可行性。探索与病人及其家人相关的情况，从而决定他们是否需要家庭保健，包括：

1. 病人的状况在家中能否得到适当的管理？
2. 是否有家庭成员愿意并且能够提供所需的非正式服务（身体、情绪、合适的时间、其他工作以及家庭责任）？
3. 病人和/或家人愿意选择家庭保健，而不是疗养院保健，原因是什么？
4. 病人是否符合任何由第三方支付的所需技能性服务的条件？
5. 如果不符合，病人或家人是否愿意并且能够为其所需的技能性服务支付现金？
6. 如果在社区中可以获得文化适宜的高质量服务的话，病人和/或可能的家庭看护者是否更愿意让病人进入疗养院机构？

213 7. 可能的家庭看护者是否真的愿意承担为病人提供非正式服务的责任，或者他是否只是简单地认为这是对他的厚望？

---

① Copyright 1995，National Association of Social Workers，Inc.，NASW Standards for Social Work in Health Care Settings.

8. 病人和/或家人是否对家庭卫生保健机构的正式服务提供者的性别或种族有强烈偏好或禁忌?

9. 病人或家人是否有任何文化价值观、信仰、习惯、禁忌等是家庭卫生保健机构应该知道的，因为这些会影响到病人对正式服务的可接受性?

10. 病人和家人是如何理解病人的健康问题的? 也就是说，他们认为什么会对健康问题有利，以及他们认为需要做什么才能最好地应对它?

11. 家庭看护者将不得不提供的保健服务类型是否与家庭内部关系的文化传统相一致 (例如，女儿为父亲洗澡，包括生殖器部位)?

家庭保健评估对于老年病人来说具有双重作用，它为病人提供了基本的信息来理解他们的问题、需求、资源、应对机制及优势。它同时也充当了一种工具，使病人能够回顾他们的生活经历，可以帮助他们获得自我完整性 (Erikson，1950)，或者在把他们的故事告诉给一个感兴趣而且富有同情心的倾听者以后，获得整体感和成就感 (Kerson & Michelson，1995)。

除了在危机干预的情况下，如虐待老人的个案，家庭卫生保健社会工作一般都应该从一个完整的社会心理评估开始 (Garner，1995：1632；Silverstone & Burack-Weiss，1983)，家庭保健社会工作者的评估应该像同时期的社会工作所一直奉行的原则一样，要识别和理解病人的需求和优势 (Cox，1992：180)。

依靠参与小组的其他成员的帮助，社会工作者的评估可能不但包括经常要做的社会心理领域的评估，像病人的病史和目前的状态、关系以及显著性的生活事件，同时也包括日常生活功能、改变家庭环境的需求评估、支持性服务的需求评估、收入支持的需求评估、工具和设备的需求评估以及人际支持的需求评估。

病人的日常生活 (吃饭、穿衣、洗澡、走路、移动、上厕所、外出) 以及帮助性日常生活 (操持家务、做饭、购物、驾车、付账、处理银行业务) 是环境改变、支持性服务、收入支持、工具和设备以及人际支持需求的主要决定因素。实际上，日常生活状况是家庭保健服务需求的主要决定因素之一 (Fredman，Droge & Rabin，1992)。 214

精神状况评估也是经常要做的，因为一个人如何更好地适应、如何压抑或者如何健忘，这些并不是一直都很明显的，但这些又是老年人的常见问题，尤其是在那些住院病人和受到医疗程序损伤的病人中，而且在通常情况下，一个陌生人会害怕环境改变，如进入医院或疗养院。抑郁孤独的症状在家庭保健病人中也很常见，这些病人通常都经历了一种惨痛的丧失感和依赖感。精神状况评估结果应该作为制订服务计划的一个重要决定因素 (见框 5.4)。

目前可以获得许多评估工具来测量日常生活功能，例如美国老年人资源调查 (OARS)，或美国老年人研究与服务中心的工具 (Duke University Center for the Study of Aging and Human Development，1978)，最近，与健康相关的研究工具第二版也已经出版了，该书增加了大量的篇幅，包括数种测量日常生活能力的方法，由牛津大学出版社出版

(McDowell & Newell，1996)。

评估技巧包括富有同情心地交流、口头随访、综合信息以及不断进行反馈和评估(Aranda，1996)。

215

框 5.4　家庭保健病人的社会心理评估

传统的社会心理评估领域

幼年家庭生活史以及重要经历

婚姻史

教育史

工作和退休史、收入、保险

目前的家庭情况和住房情况

交通资源

健康史和目前健康状况的进展情况

目前正式和非正式的支持性系统

宗教信仰和倾向

政治地位和倾向

娱乐、才能、特殊的爱好、消遣

反思

家庭卫生保健增加的评估领域

日常生活功能

精神状况检查

惯用的应对方式

详细说明家庭看护者能够/将要做什么

工具和设备需求评估

支持性服务需求评估

家庭环境改变需求评估

收入支持需求评估

人际支持需求评估

家庭保健中服务对象的外展与倡导

许多人，尤其是有功能缺陷的老年人，不了解他们可以获得的社区资源，或者不愿意寻求帮助(Blazer，1988)。因此，家庭卫生保健社会工作者应该确保社区可以提供外展服务，如通过大众传媒、医生、物业管理人员、邮递员、医院急诊室以及老年人自己，提供所需的信息及转介服务(Silverstone & Burack-Weiss，1983：27)。

倡导通常是与外展联系在一起的，是家庭保健社会工作者的一个重要功能，假如大多数家庭保健是由家人或朋友提供的，与正式家庭卫生保健服务没有关系的话，那么，很可能在这些非正式家庭卫生保健的情况下，看护者或接受者会有被提供外展服务并且倡导的需求。家庭看护者经常是超量工作和处于过度劳累状态的，甚至是损害了自身的健康，因此，需要有人为他们提供外展服务并且为他们倡导，而这些倡导者可能是服务接受者、其他家庭成员、家庭卫生保健机构、家庭医生或政治领导人。同时，服务接受者有时会在更愿意得到一种不同安排的时候，接受家庭看护者或正式家庭保健机构的服务，但当他们有依赖需要的时候，却会犹豫地表达他们的抱怨。

弱势群体尤其需要倡导，如那些艾滋病患者（Marder & Linsk，1995）。在美国，曾经花了一段漫长的时间来确保疗养院、家庭卫生保健和临终关怀医院能够接受艾滋病病人并对他们进行适当治疗，而这场战斗到目前为止仍然没有结束。倡导可能需要社会工作者提供教育和信息来更正误解，教给人们一些适当处理新情况的技巧，向病人强调先前拒绝的可选择性方法的益处，并让他们利用法律来保护自己。

美国社会工作者协会提出了一种在任何卫生保健场所中社会工作者需要提供的特殊服务，“在组织内部和组织外部进行倡导，包括关注财政方面的不足”[1]（NASW，1987：6）。 *216*

家庭保健咨询

Kerson 和 Michelson（1995）描述了以医院为基础的老年保健中心的咨询工作。这些老年保健中心可以为个人和机构提供个案管理服务，服务范围覆盖全美。只要当地有老年保健中心，就可以提供由医疗保险支付的服务。但提供服务的前提是，不管他们身体损伤程度如何，只要老年人还有内省能力、从过往经历中学习的能力以及社会心理成长能力（1995：160）。

老年保健中心（Kerson & Michelson，1995）的一个主要目标是在安全能够保障的条件下，帮助虚弱的老年人留在自己的家里，并且为老年人赋权以使他们可以保持其精神和身体状况所允许的最大限度的独立性（1995：160）。

老年保健中心所提供的一些咨询活动包括：

1. 努力帮助家庭成员理解病人保持对接受所需服务的控制权的重要性。
2. 与“慎重的”（不情愿建立关系）老年人建立信任和相互尊重的关系。
3. 对某些服务对象使用宠物疗法。
4. 帮助服务对象了解家庭看护者通过接受辅助服务来缓解压力的需求。
5. 利用生命回顾和回忆疗法帮助服务对象建立自我完整性并减轻对死亡的恐惧。
6. 使有抵触情绪的服务对象接受所需的环境改变以提高他们的生活质量，例如，为坐轮椅者提供坡道。

---

① Copyright 1995, National Association of Social Workers Inc., NASW Standards for Social Work in Health Care Settings.

7. 利用积极的影像和放松反应来降低服务对象的抑郁和焦虑，例如提供书籍、磁带及磁带播放机来帮助病人愉快地度过一段时光。

8. 帮助病人恢复与以前的一些支持性资源的联系，如以前的牧师。

9. 通过优先考虑问题来源和选择可行的解决办法，表达与探究引起病人悲伤的原因，以及通过把看护者与看护者支持性小组联系起来，从而与家庭看护者一起减轻他们的压力。

217 家庭保健咨询中存在的挑战是，不但能够与病人和看护者一起工作，而且在主要支持病人的同时，能够让看护者也感到被关爱（Kerson & Michelson，1995：183）。

有一点很重要，那就是需要记住：家庭卫生保健的需求者往往正在体验着不断增强的依赖感，并且没有准备好接受不同类型的帮助，接受依赖以及帮助会养成的依赖感，而这种依赖感可能会成为对情绪的危险刺激（Cox，1992）。因此，对于社会工作者来说，有必要对这种依赖抵抗保持敏感性，提供咨询来支持病人和家人做出决策并适应支持性服务的需求（Simmons，1994）。在这里采用认知疗法，可能会有助于让病人和家人明白依赖和接受帮助对他们的意义是什么，并且帮助他们重新审视和形成解释，从而认清现实，对自己更加宽容。

政策行动主义

社会工作者在微观层面倡导是不够的。让社会工作者发表他们对于目前家庭保健状况的看法，以及建立一种能够识别社会需求重要性的家庭保健模式来对抗依赖因素是至关重要的。社会工作者的第一要务应该是游说、推荐和参与制定一项更具人道主义的政策，尽可能提高病人在社区中独立生活的权利（Cox，1992：182）。

NASW 的标准 2 中提出了关于家庭卫生保健的如下论断：

> **标准 2**：家庭保健社会工作应该支持那些有慢性、急性和/或晚期疾病的人并为他们倡导适宜的家庭卫生保健。
>
> **解释**
>
> ……家庭卫生保健社会工作者必须为确保这些个人、家庭、机构和社区拥有资源及计划来支持他们而倡导。同时，倡导也必须在美国的州和国家层面上展开，以有助于家庭保健的立法促进。[①]（NASW，1987：29）

知识需求

218 除了社会工作者的角色、职责和服务干预知识以外，NASW 还提出了如下的要求：

---

① Copyright 1995，National Association of Social Workers，Inc.，NASW Standards for Social Work in Health Care Settings.

标准 1： 家庭保健社会工作者应该具备急性疾病、慢性疾病、晚期疾病和身体残疾的知识，以及所处年龄段对个体和家庭系统存在必然影响的知识。

解释

家庭保健社会工作者必须具备急性疾病、慢性疾病、晚期疾病以及长期和暂时残疾状况的知识，他们必须熟悉疾病的发展过程，了解治疗性干预和适应对病人及其家人来说将会是必要的。社会工作者也必须熟悉特殊群体的一般关注点，他们必须明白这些疾病通常都是长期的、慢性的，会导致功能丧失、社会孤立和经济压力，这些会影响个体和家庭的应对能力。（NASW，1987：28－29）

这些领域可能会依据不同的知识需求分为不同类别，包括：（1）服务对象群体及其问题；（2）组织场所；（3）社区及其资源；（4）所需的研究、评估和记录；（5）适当的干预形式。

服务对象群体

家庭卫生保健具有性别特异性、以老年医学为中心、主要由老年未婚妇女组成等特点（Kaye & Davitt，1995）。

1999 年，美国有将近 190 万（188.18 万）人曾经接受过家庭保健机构提供的服务，在这些病人中，68.7%的人年龄在 65 岁及以上，大概有 66.4%是妇女（U.S. Government Printing Office，2000b：132，Table 206）。 219

年龄和性别

随着年龄增大，尤其是妇女，对家庭卫生保健机构的利用增加，老年妇女比老年男性有更大的可能性使用家庭卫生保健机构提供的服务，这在很大程度上一方面是由于妇女通常比男性的寿命长，同时也因为老年男性经常会得到非正式看护者的照顾，也就是说，老年男性可以通过再婚，而且经常会选择较年轻的配偶而得到照顾。此外，因为女性通常比男性的寿命长，她们更有可能出现功能缺陷，而且功能缺陷会随着年龄的增加而增多，所以会经常需要日常生活功能上的帮助。

在 1998 年，将近 1/3（31.3%）的家庭保健机构的病人年龄小于 65 岁，68.7%的人年龄超过 65 岁或更大（见表 5—5）。尽管在这里没有描述这一资料，但《美国统计摘要》（U.S. Government Printing Office，2000b：132，Table 206）显示，在 65 岁及以上年龄组人群中，接受正式家庭保健机构服务的人所占的比例呈上升趋势，如，在 85 岁及以上年龄组的人群中，家庭卫生保健的利用率是 65～69 岁年龄组人群的 2.3 倍。

220 表 5—5 家庭保健机构病人的年龄和性别分布（1998 年）

病人的年龄分布（%）		病人的性别分布（%）	
		女性	男性
小于 45 岁	15.5		
45～54 岁	7.1		
55～64 岁	8.7		
	（合计：31.3）		
65～69 岁	8.3		
70～74 岁	11.5		
75～79 岁	14.4		
80～84 岁	15.5		
85 岁及以上	19.0		
合计	100.0	33.6	66.4

资料来源：U. S. Government Printing Office（2000b）. *Statistical Abstracts of the United States*. Washington，DC：Author，132，Table 206.

种族和婚姻状况

1998 年，家庭保健机构的病人主要是老年人和妇女。按种族来看，69.5%的家庭卫生保健病人是白人，13.5%是黑人，另外 17.0%不确定其种族（U. S. Government Printing Office，2000b：132，Table 206）。从婚姻状况来看，29.7%是已婚的，32.5%是丧偶者，17.4%是未婚的，4.8%是离婚或分居的，还有 15.6%的人婚姻状况不明（U. S. Government Printing Office，2000b：132，Table 206）（见表 5—6）。

221 表 5—6 家庭保健机构病人的种族与婚姻状况分布（1998 年）

种族	百分比	婚姻状况	百分比
白人	69.5	丧偶	32.5
黑人	13.5	已婚	29.7
未知	17.0	未婚	17.4
		离婚或分居	4.8
		未知	15.6
合计	100.0		100.0

资料来源：U. S. Government Printing Office（2000b）. *Statistical Abstracts of the United States*. Washington，DC：Author，132，Table 206.

2000 年，在美国人口中，有 75%是白人，而且在 65 岁及以上年龄人口中，白人所占的比例更高。尽管如此，这些资料也提示，白人不能充分代表家庭保健服务机构的病人，这一结论也体现在老年黑人和西班牙裔中功能缺陷的发生率比较高，同时也显示，非白人有比较大的可能性使用家庭保健而非疗养院保健服务（Morrow-Howell et al.，1996）。

家庭保健病人中大多数是单身的，这一信息表明，单身的人有比较大的可能性需要正式服务。正如 Kane 和他的同事们（1996）最近在一项全美范围内所做的关于出院后保健目的预测指标的调查中发现的："非正式服务的可获得性在出院决定中起着重要作用，至少反映了病人不是独自生活的。"(1996：247) 220

有一项研究比较了老年人中接受正式家庭保健服务的病人与只依赖于非正式帮助的病人之间的特征，发现正式家庭保健接受者的非正式帮助网络比较薄弱，这一点也能够帮助我们解释他们选择家庭卫生保健机构的原因（Wilcox & Taber，1991：258）。此外，血缘关系越近，那么服务提供者与老年病人住得就越近，也就会提供越多的非正式家庭保健服务（1991：259）。但是，有32%接受非正式家庭保健的老年人是从非家庭成员那里得到帮助的（1991：261），很少或没有证据表明正式家庭卫生保健会减少非正式的帮助（1991：264）。

机构背景

正如我已经在本书其他部分所表明的那样，考虑受雇于家庭卫生保健机构的社会工作者在接受这个职位之前，需要了解它的组织特征。例如它是一个公立机构还是一个私立机构，志愿性（非营利性）机构或私立（营利性）机构；它雇用社会工作者的历史和目前的状况如何；对社会工作人员的学历有何要求；对于其他专业人员有怎样的角色期望。

此外，可能会受雇于家庭卫生保健机构的社会工作者应该了解，作为机构政策的结果，有没有一些非常限制条件可能会强加于社会工作实务之上，机构是否会屈从于它的支 221
持来源/联系如宗教信条，或者屈从于组织的优先事项如利益分配。

社区及其资源

正如在所有社会工作实务领域一样，社会工作者需要非常熟悉社区的特征及其资源，社区资源处于不断流通之中，而且需要不断更新信息。

每一个社区都有一系列的正式和非正式资源——政府资源和通过口口相传了解到的资源。非正式资源可以为特殊宗教信仰、种族和职业群体提供服务，在危急情况下，当不能获得正式资源或者正式资源不能发挥作用时，作为正式资源系统的补充。非正式服务也可以表现为社区中在某种特殊情况下由某个人所提供的、不为人所知的服务。

在使用医疗保险家庭卫生保健服务模式包括医务社会工作服务方面，存在着城乡差异（Kenney，1993）。城市的使用率比农村的使用率高出9.1%，人口密度与家庭卫生保健的使用密切相关，每个医疗保险公司所登记的疗养院数目与家庭卫生保健使用率之间呈显著性相关。农村地区的医疗保险赔付最高限额较低，相应地寻求护理组织的人较少，而且辅助服务的获得率也较低，如医务社会工作，身体、职业或语言障碍的治疗。21.8%的城市医疗保险认证的家庭卫生保健机构报告，在其机构内不能获得医务社会工作服务，而在农 222
村地区，62.7%的机构报告不能通过他们的机构获得医务社会工作服务（Kenney，1993：413）。Kenney指出：

> 农村居民获得辅助服务，如身体治疗和医务社会工作服务的限制比较多，这样的结果需要进行评估：当农村老年人需要这些服务时会怎么样？他们是否会进入疗养院？或者他们是否有未被满足的服务需求？（1993：413）

家庭保健所需的研究、评估和记录

正如在所有社会工作实务领域一样，家庭卫生保健社会工作者也需要掌握研究方法的知识，特别是需要实验设计和临床试验技能来检验社会工作干预的有效性，以效率为主导的家庭保健政策制定者是不会对不被研究结果所支持的有效性论断感兴趣的（Ell，1996）。

此外，监测家庭保健的质量尤其重要，因为很多保健服务是由没有经过系统培训的护士助理提供的，通常没有人帮助指导他们的活动和判断。一项过程导向的家庭卫生保健质量研究发现，在所回顾的由 47 家不同家庭卫生保健机构提供服务的案例中，14.4%的案例存在服务质量缺陷（Jette，Smith & McDermott，1996）。

Kramer 和他的同事们（1990）提出了一个评估家庭卫生保健质量的概念性框架，主要集中在两方面的质量控制措施上：过程和结果，而在某种程度上，也可以包含第三个内容，即结构。他们也在考虑应将家庭卫生保健病人分配到同质性指标组（QUIG）。

选择的结果测量指标应该能够反映家庭卫生保健希望影响的结果，这一点会随着诊断种类的不同而变化。例如，对于一个从髋骨骨折恢复过来的病人来说，功能状况（洗澡、穿衣、走路）就是适当的结果测量指标；而对于一个心脏病人或糖尿病人来说，知识水平、依从性以及服药能力就是比较合适的结果测量指标（Kramer et al.，1990：416）。

另一方面，对于那些结果很难测量的病人，例如精神病人或晚期病人，比较适当的方法就是测量家庭卫生保健提供服务的过程，也就是说，提供服务的程度如何。例如，比较
223 家庭卫生保健所提供服务的次数与标准服务次数，这在很多个体家庭卫生保健机构和联合家庭卫生保健机构都已经发展起来了（Kramer et al.，1990：417）。

结果测量的结构标准包括：组织结构指南、不同类型员工的资格、入院和出院程序、记录保持以及药物治疗或设备提供。这些标准是测量组织基础的有效指标，但对于测量服务提供质量来说却比较薄弱（Kramer et al.，1990：418）。很多组织都制定了结构标准，包括医疗机构评鉴联合会（JCAHO）、美国护理联合会（NLN）、得克萨斯州家庭护理协会以及科罗拉多州家庭保健管理协会（1990：442－443）。

Kramer 及其同事们提出了 16 种最有可能得到医疗保险赔付的家庭卫生保健病人的情况，同时也提供了一份表格，列出了适合于每种情况的结果和过程评估指标。在结果指标中，与社会工作干预有关的指标包括：病人的知识、依从性、家人/看护者的压力以及病人的满意度。Tebb（1995）提供了一份看护者的健康量表，并在最近的另一篇文章中确定了它的有效性和可靠性（Berg-Weger，Rubio & Tebb，2000）。该量表的一个显著的特

征就在于可以用它来测量看护者的优势和健康感，而不是用来测量缺陷，反映了一种优势视角。

然而，根据 Lawlor 和 Raube（1995）的论断，当前正处于卫生保健结果研究过程的第二个阶段，包含有不同的原则，重点是研究干预结果的成本效益，以处理病因复杂、伴随有生物—心理—社会因素以及需要同时进行医学和心理干预的健康问题。这种观点似乎是直接指向产生具体方案来处理具体的健康问题。同时，在研究中也发现，医疗干预随地区和服务提供者的不同而有着非常大的变化，而且，需要测量的社会心理变量虽然在个体水平上并不总能观察到，但可以从家庭支持、文化、社区和环境方面进行测量（1995：391）。

有一项包含 36 个条目的简明测量工具（SF-36）（Ware & Sherbourne，1992）可以用来评估八种健康状况和功能：

1. 身体功能。
2. 身体问题导致的角色限制。
3. 社会功能。
4. 身体疼痛。
5. 精神健康。
6. 情绪问题导致的角色限制。 224
7. 生命力。
8. 对综合健康状况的理解。（Lawlor&Raube，1995）

因为健康问题的原因通常都是生物—心理—社会因素的综合作用，所以，干预和研究也就需要经常采用生物—心理—社会的方法（Lawlor & Raube，1995）。这一跨学科研究中的第一步是描述不同专业人员和辅助专业人员在社区卫生保健场所中实际做了什么，然后比较他们在具体情况下的效率，目的是要测量病人的健康结果，如生活质量、病人的满意度和社会功能，尤其是在家庭保健和临终关怀保健中（1995：395）。

八种需评估的健康状况和功能

1. 身体功能。
2. 身体问题导致的角色限制。
3. 社会功能。
4. 身体疼痛。
5. 精神健康。
6. 情绪问题导致的角色限制。
7. 生命力。
8. 对综合健康状况的理解。（Lawlor&Raube，1995）

Lawlor 和 Raube（1995）论述了需要不断测量的变量令人头疼的复杂性，以确定家庭卫生保健干预的结果，他们提出了这样一个研究设计框架，包括下面五组变量：

> 1. 病人特征（健康状况、经济状况、社会支持、社会文化和家庭环境）。
> 2. 组织特征（结构、赞助者身份、在家中工作的雇员的动机、组织文化和社区环境）。
> 3. 服务提供者特征（专业、教育水平、年龄、性别、种族、工作时间）。
> 4. 干预特征（成本、质量、复杂性、工具、依从性）。
> 5. 结果特征（功能状况、满意度、生活质量、医疗结果、看护者负担、利用情况）。（1995：398）

225 医疗功效运动提出了一个合理且传统的评估问题：哪种卫生保健干预在发挥作用（Lawlor & Raube，1995）？不管这一多元研究的复杂性是怎样的，Lawlor 和 Raube 还是提出了这样的建议：

> 提出和回答这一问题的个体、学科和专业应该优先制定未来 25 年内提供服务的标准，通过整合社会科学、公共卫生和医学领域的专家意见，包含医学和非医学干预的卫生服务有效性和结果才能够被评估。（1995：401）

Fashimpar（1991）提出了一种“快速而随性的”方法来评估家庭卫生保健服务，目的是为了机构的自我监测，Fashimpar 公布了这一工具（Fashimpar，1983），它既可以调查消费者的满意度，也可以评估个体和机构目标所取得的进步和成就。

新的家庭卫生保健社会工作者需要确保能够对机构所要求的文件进行分类，机构要求这些文件的目的为了赔付和审查医疗保险许可证明，并且能够让其他小组成员了解情况。有三本书对医疗社会工作者可能会有帮助，它们是：《在人类服务中的结果测量方法：跨部门问题和方法》(*Outcomes Measurement in the Human Services*：*Cross-Cutting Issues and Methods*，Mullen & Magnabosco，1997)、《临床实践措施：资料总汇》（*Measures for Clinical Practice*：*A Sourcebook*）的第三版（Concoran & Fischer，2000）、《测量健康：指南量表和问卷》(*Measuring Health*：*A Guide to Rating Scales and Questionnaires*）的第二版（McDowell & Newell，1996）。

价值观与伦理思考

> 当社会工作者必须在两种对立的伦理原则或指示之间做出选择的时候，或者每一种选择都会给某个人或更多的人带来一种不希望的结果的时候，就会出现一个伦理难题。（Loewenberg & Dolgoff，1996，被 Kadushin & Egan 引用，2001）

Egan 和 Kadushin（1999）在威斯康星州的家庭卫生保健社会工作中进行了一项研究，

发现社会工作者面临的最常见的伦理难题就是，关于病人的独立性/自主权问题、病人的精神能力问题、预先指示问题以及获取服务的问题。此外，根据社会工作者的报告发现，非营利性和营利性机构之间存在着显著性差异，后者的社会工作者往往会关心获取服务的障碍以及对必要的服务进行倡导的需求，即使这些必要的服务并不都是可以得到补偿的。

> 当社会工作者必须在两种对立的伦理原则或指示之间做出选择的时候，或者每一种选择都会给某个人或更多的人带来一种不希望的结果的时候，就会出现一个伦理难题。(Loewenberg & Dolgoff，1996)

一项随后在家庭卫生保健社会工作者中进行的研究（Kadushin & Egan，2001），曾调查了家庭保健社会工作者经历的伦理难题的次数，以及他们在解决这些难题时遇到的困难，社会工作者的相关特征、他们的机构和待处理案件之数量、股东以及社会工作者咨询时可获得的资源也被包括在内。这项研究是在 1997 年的《平衡预算法》以后开展的，介绍了预支付系统的早期阶段，有效减少了符合医疗保险条件的家庭卫生保健机构服务病人的费用。 226

总之，研究发现，股东的人数越多，解决伦理难题的困难也越大。大多数社会工作者报告，他们通常会咨询护士或其他社会工作者，发现其他社会工作者是最有帮助的。存在难题的最常见的原因是感觉他们已经放弃了自己的专业伦理，而这种感觉又是“赔付限制”和“政府规章”带来的，但大多数社会工作者报告他们很少放弃他们的专业伦理。

有意思的是，大概有 2/3 的社会工作者报告说，家庭卫生保健机构中有伦理委员会，但只有 46%的社会工作者是他们机构伦理委员会的成员，在应答的家庭卫生保健社会工作者中，80%有 MSW 学位，超过 2/3 的人在非营利性机构工作，而且他们在家庭卫生保健机构的平均工作时间是 7 年。同样有意思的是，只有少数社会工作者（12%）有办理老年病人案件的数量限制，剩余 88%有案件数量限制的其受限范围也包括孩子和/或 HIV 携带者/艾滋病病人。几乎所有有案件数量限制的案件都涉及接受比较复杂的医疗保健的病人，如需要使用呼吸器、静脉滴注和药物治疗泵。

还有一些与家庭卫生保健相关的特殊问题（Robbins，1996：11－12），如，病人的财物有被美国医院集团（HCA）的雇员偷窃的危险：

> 家庭保健环境为病人和服务提供者提供了比较大的自主权。这种自主权是一把双刃剑，它有时候不总是有助于保护某一方，但有时它又是获取指导和支持的必要条件，这些指导和支持有助于处理不容易解决的病人家庭问题。(Robbins，1996：2) 227

社区伦理委员会

Robbins（1996）指出，家庭卫生保健服务提供者经常要面临病人所需要的服务不能得到赔付的难题，然而，服务提供者对抱怨资金来源很犹豫，如医疗保险、医疗补助、HMO 或私人保险公司，因为他们担心会被看做是在谋取自己的私利。Robbins 推荐建立一个由当地卫生保健组织代表、社区领导和当地牧师组成的社区伦理委员会。这样一个委员会能够帮助解决特殊的个案问题，转介到他们那里的个案的汇集资料显示了社区伦理委员会的疏通作用（1996：158)。社区伦理委员会的出现减轻了卫生保健机构不得不处理此类问题的压力，以及为病人、他们的家人和公众人物提供担保，这个公众人物是受市民尊重的一个公正的人，而且在活动中起决策作用。

预先指示

1991 年的《病患自主权法》(PSDA）要求所有的卫生保健服务机构例如医院、疗养院和家庭保健机构，做到了解它们的病人在某种特殊的情况下关于康复、治疗和生活支持措施的愿望并给予预先指示（Davitt & Kaye，1996)。预先指示是被写下来的文件，例如生活愿望和卫生保健律师的权利。生活愿望将会详细说明病人自己的愿望，卫生保健律师的权利将会分配责任给一个特殊的人，他有权作出这样的决定：病人是否有需求以及病人是否丧失功能。

按照美国各州的法律要求和组织的政策，社会工作者可以给病人解释预先指示的意义，回答他们的问题，并且评估病人完成这一指示的能力（Davitt & Kaye，1996)。与病人讨论这些事情，帮助他们做出决定和计划可以锻炼病人的自主权和自我赋权意识。

有一点很重要，即指示应该是具体的，要根据病人的健康状况的类型，哪种情况下病人希望被治疗，以及哪种情况下他或她希望不被干预。当病人有精神残疾的时候，例如有
228 阿尔茨海默病，被指定的作为决策代理人的家庭成员，必须向保健机构和保健人员清楚地表明他们不希望任何医学治疗会导致病人发展成肺炎，但希望通过治疗能够使病人的骨折康复或创伤能够得到稳定。否则，疗养院可能会简单地认为在任何情况下，没有任何干预是人们希望得到的，到最后，家庭成员会感到很沮丧，因为他们所爱的人将会承受不必要的痛苦。

预先指示需要让所有参与为病人服务的人员都知道，尤其是在病房里的人员和做服务记录的人员。如果一个病人从一个机构转到了另一个，要确保预先指示也被转了过去，这一点很重要（Robbins，1996：7)。

伦理问题分析

Harry Moody（1982）已经提出了家庭保健和疗养院中存在的伦理难题，他使用了来自 Reamer 和 Abramson（1982）的分析框架，包括在解决难题时考虑下面的问题：

1. 难题的来源在哪里，是机构还是病人的健康状况，或其他情况？（是什么使它

成为了一个“难题”?)

2. 问题真的是一个伦理难题，或只是一个简单的实务问题?（它是一个我们不知道应该做什么的问题，还是一个我们知道做什么但不能够去做的问题?）

3. 相关专业视角是如何影响对这个问题的理解的?（专业价值观和伦理原则的差异是否有助于解决这个难题?）

4. 需要什么水平的行动?（目前状况是要求个体改变、政策改变，还是专业实务改变?）

5. 伦理理论如何对难题进行分类?（它是否能使问题清楚明白地显示出来，无论你是否把它看做是权力、工具、个人价值，或社会公正中的一个?）（Moody，1982：100）

在解决伦理难题时应该问的问题 229

1. 难题的来源在哪里，是机构还是病人的健康状况，或其他情况?（是什么使它成为了一个“难题”?）

2. 问题真的是一个伦理难题，还是一个简单的实务问题?（它是一个我们不知道应该做什么的问题，还是一个我们知道做什么但不能够去做的问题?）

3. 相关专业视角是如何影响对这个问题的理解的?（专业价值观和伦理原则的差异是否有助于解决这个难题?）

4. 需要什么水平的行动?（目前状况是要求个体改变、政策改变，还是专业实务改变?）

5. 伦理理论如何对难题进行分类?（它是否能使问题清楚明白地显示出来，无论你是否把它看做是权力、工具、个人价值，或社会公正中的一个?）（Moody，1982：100）

技能要求

医疗社会工作者需要具有很多技能，正如在前面论述的那样，社会工作者在从事任何活动的过程中，他或她的工作都可能会被认为是技能型的，如果它反映了社会工作的知识、价值、伦理原则，并且是有意识、有目的、有原则和负责任的。

Simmons（1994）考察了家庭保健社会工作的前景，并对社会工作者提出了如下的技能要求：

1. 病人的问题是多方面的，需要来自许多服务提供者提供的服务，在实施复杂的保健计划和服务协调方面，社会工作技能是至关重要的。

2. 从事卫生和个人保健的服务提供者来自不同的领域，他们的报酬来源也有所不同，包括公共基金、私人资金以及现金等，社会工作的报酬管理知识在协调保健服务时非常有用，有来自不同收入水平的服务体验也是不错的。

3. 家庭成员提供了很多支持性服务，朋友和邻居提供了其他的非正式服务，社会工作技能有助于促使家庭成员分享决策并适当地偏向服务提供一方。家庭咨询技能也会在这一工作中得到很好的应用。

4. 自我照顾在管理慢性疾病以最大限度地保持健康状况中是一个关键因素，社会工作健康教育和咨询技巧是必需的。

5. 精神行为能力、情绪和精神状况是自我照顾的关键因素，对于这一群体来说，社会工作技巧和其他相关技能在评估、治疗过程中有重要价值。

6. 医疗社会工作经历有助于在复杂的伦理情况下制订跨学科保健计划，有助于病人和家人参与决策，它是一个重要的专业技术实践舞台。（1994：39－40）

230 评论

目前，我们正处于卫生保健快速转变的中间阶段，其中，作为医疗社会工作重点的医院社会工作，正面临规模日益缩小的境地，这是美国以效率为中心的医疗成本控制过程的一部分。同时，卫生保健的重心转移到了家庭和社区，而在家庭和社区中，专业社会工作还没有被正式承认是卫生保健系统的必要成分，如果它是为了获得效率的话。

根据 Simmons（1994）的论断，社会工作者需要进入社区场所中，例如初级保健医生办公室、家庭保健机构、技能型疗养院机构、住院机构以及成人日托机构，目的是为了识别出需要进行个案管理和帮助的人，并向他们伸出援手（1994：41）。然而，为了达到医疗社会工作者最大限度地帮助病人的目的以及卫生保健系统的整体目标，社会工作者可能需要找到某种不受卫生保健组织体系约束的方法。

当社会工作者被医院、疗养院、家庭保健机构或其他组织雇用的时候，在这些领域中，社会工作起到的是次要作用，因此一些限制条件就会被强加在社会工作者可能会做的事情上。例如，疗养院有一个既定的关注点，那就是保持它们的床位是满的，因此及时的康复和出院回家或到另一个有较少约束的机构就不太可能成为一个优先考虑的安排。而医院却急于让病人快速出院，以免超过 DRG 的规定天数，并且要是可能的话，在 DRG 的时间限制到来之前，通过让病人出院从而减轻病人的负担。因此，快速出院计划变得比高质量出院计划更具有吸引力，高质量出院计划要求病人和家人感到控制了计划并确定这样的安排对持续保健来说是适当的。如果营利性家庭卫生保健机构能够在一个充满激烈竞争的社区中发挥作用，那么当病人或家庭看护者的需求出现，显示需要被转介到一个不同的保健场所时，它们就会倾向于把病人留在他们自己家中。

在任何情况下，正如 Garner（1995）所述："时至今日，社会工作者在家庭保健中只起着次要作用。"（1995：1632）造成这种现象的原因在于当医疗保险要求家庭保健机构的病人可以获得社会工作服务的时候，它却并不要求社会工作者参与病人的需求评估，结果，非社会工作者决定了病人是否需要社会工作服务。医疗补助计划各州不同。对在享有医疗补助补偿的家庭保健个案中可以获得社会工作服务的要求也没有统一的标准（Garner，1995：1632）。

第六章

231 疗养院社会工作

历史背景

美国疗养院的发展

目前，美国的疗养院包括私立的（私立营利性的）、志愿性的（私立非营利性的）以及公立的（税收支持的、非营利性的）三种。美国疗养院的发展历史随这三种组织类型而有所不同，每种类型都有自己的历史。

长期公共保健机构

在美国，早期为老年人、有精神或身体疾病的人、残疾人以及其他不能独立生活的人提供保健的公共机构的形式多种多样，主要有救济院、济贫院、救济农场或公立养老院。在殖民地时期，这样的机构有时在比较大的社区里能够看到，但在 19 世纪早期却成为了为病人和不能独立的人提供服务的主要形式——因为工业化、都市化和人口流动破坏了早期能够为病人及需要者提供非正式服务的家庭和社区保健。上面提到的那些机构都是由当地税收支持的公共机构（Boondas，1991）。在美国的许多城市和县里，这些养老院一直存在到 20 世纪 60 年代（Dieckmann，1993）。

然而，到 19 世纪中期，人们越来越认识到，在许多救济院中存在着的不适宜状况，因为在救济院中，居民相互照顾以及形成自食其力的农场式管理模式的理论和实践之间被证明存在着差距。相应地，在 19 世纪的后半叶，出现了许多大的专业机构，大多数是由州税收支持的公共机构。例如，为精神疾病、癫痫或精神智力发育迟缓的人提供服务的机构。根据一位 20 世纪 50 年代在一家精神卫生机构工作的心理学家的描述，这些专业机构所提供的服务取代了 19 世纪时期的救济院，为无家可归者、酗酒者、成瘾者、大脑受损者、精神错乱的老年人以及其他受损伤的人提供支持性照顾，正如为那些经机构所确诊者提供任何专业治疗一样（Vogel，1991）。

232 长期志愿保健机构

此外，到 19 世纪中期，许多慈善服务机构出现了，来为一些特殊群体提供服务，它们由志愿组织资助——通常与宗教、民间组织或职业群体有关。因此，“老年之家”出现了，为了一些特殊群体，如德裔、犹太裔、卫理公会派教徒、路德派教徒、浸信会教友、天主教徒或共济会教徒、慈善互助会会员及退休教师等提供服务。总之，非营利性机构为其成员，即某个特殊的亚群体所提供的服务质量都是非常高的，并且随着传统的疗养院的发展，建立了一套为老年人提供服务的标准（Boondas，1991）。

长期私立保健机构

早在殖民地时期，就出现了一些私立营利性的提供膳宿的机构，它们是今天私立疗养院的前身（Boondas，1991）。这些提供膳宿的机构一直持续到今天，主要是为轻度受损伤的病人提供适当的支持性非技能服务，而现在的私立机构大多数则被划分为技能型服务机构。

随着美国步入 20 世纪，联邦政府面临了很多压力，这些压力要求政府有责任帮助老年人，因为：（1）随着农业向工业化的转变，老年人被“贬值”了，因为工业化关注的是速度和效率；（2）从农村迁移到了城市地区，家庭成员减少；（3）转变为工资经济后，失去了以前组织严密的农村社区提供的社会支持。1935 年国会通过了《社会保障法》，提供了许多联邦社会保险和公共救助项目，包括为老年人提供退休金的社会保险计划，而且把“老年人”的年龄界限武断地定为 65 岁。

然而，《社会保障法》规定，社会保障金不能提供给居住在保健机构中的老年人，这一规定使得大批老年人离开了保健机构，并进入了提供膳宿的私立机构，它们中有一些是由经过护理训练的人经营的，这些地方也就开始被称为“疗养院”（Boondas，1991）。

1946 年，美国国会通过了《希尔—伯顿法》，为创立疗养院和其他卫生保健机构的公共机构和其他非营利性组织提供直接资助。

1960 年，国会制定了《克尔米尔斯法》，为州政府提供联邦配套资金来帮助支付老年人和穷人的卫生保健费用（Karger & Stoesz，1994：282）。这些资金通常用于支付疗养院的服务，此时的疗养院服务通常是在疗养院经营者自己的家里提供的。 233

1958 年，小企业主利益保护局成立了，它为疗养院提供贷款。这些新的发展满足了老年人的长期保健需求，但不幸的是，也导致了老年人保健的医疗化（Boondas，1991）。

也就是说，在 20 世纪 60 年代中期医疗保险和医疗补助制度建立以后，州政府把许多长期居住在由州政府资助的机构中的人转移到了疗养院，努力把州政府的开支负担转嫁给联邦政府。然而，通过为疗养院提供公共财政补偿的联邦立法的另一个影响就是，它使得许多疗养院从很小的家庭式的场所，变成了像汽车旅馆一样有组织的大规模机构。在那里，有成排的一模一样的房间，像孤立的蜂窝一样，住在那里的病人被以流水线的方式进行有效的管理。因此可以说，美国的补偿政策从根本上决定了其长期的保健形式（Olson，1994：31）。Olson 评论说：

> 其他大多数国家的营利性机构的数目是可以忽略不计的，因为没有一个国家建立了像美国那么多的疗养院，这真是一种独特的机构。（1994：33）

资金来源与疗养院保健

医疗保险为疗养院保健支付的费用全部是用于技能性服务的，这笔资金在 1998 年提供给了 1 443 000 个年龄在 65 岁及以上的人，以及 75 000 个年龄在 65 岁以下的晚期肾病患者（U. S. Government Printing Office，2000b：114，Table 167）。因为医疗保险只支付技能性服务，它赔付的范围要比医疗补助更宽，结果，许多疗养院就比较喜欢有医疗保险的病人，而避免接受那些使用医疗补助的人（Olson，1994：29），这样就产生了一个双重轨迹的保健系统（Boondas，1991），一方面是福利的享有者，另一方面是除前者之外的人。

奇怪的是，并不是所有的疗养院病人都居住在我们所认为的传统的疗养院中。最近进行的全美疗养院调查（1997）数据刊登在《美国统计摘要》上（U. S. Government Printing Office，2000b：134，Table 209），结果显示，疗养院中大多数病人的住所分布如下：

医院：44.5%
私立机构：32.2%
疗养院：12.2%
234 退休之家：2.3%
心理卫生机构：1.3%
提供膳宿和/或寄宿机构：4.6%

注意，此表的脚注表明，严格来说，提供膳宿的机构不能被算在疗养院之列，因此，这个 4.6%必须是指那些居住在不但提供膳宿而且也提供一些保健服务的机构里的人。

时至今日，最好的疗养院服务往往是由退休之家或社区为老年人提供的。它们提供不同层次的服务，包括在家里或公寓里提供的支持性生活照顾以及在机构里提供的技能性护理服务。这些服务不但包括志愿性机构为宗教人员、专业人员提供的服务，也包括民间组织或私人组织为富有者提供的服务。民间组织或私人组织提供的服务通常会要求一次性支付大笔服务费用，以及以月支付的终身保健。推测起来，这些服务也包括了退休之家的病人。

1998 年，美国花费了一万多亿美元用于个人卫生保健，其中的 878 亿美元是用于疗养院保健的（U. S. Government Printing Office，2000a：327 - 328，Table 119）。878 亿美元中的大约 60.4% 即 530 亿美元疗养院保健费用是由政府支付的。其中 407 亿美元（46.3%）是由医疗补助为贫困人群支付的，104 亿美元（11.9%）是由医疗保险为符合技能性服务条件的人支付的，其他 19 亿美元（2.2%）是由美国退役军人管理局和国家补贴支付给医院的（见表 6—1）。（U. S. Government Printing Office，2000a：327 - 328，Table 119）

1998 年，医疗补助支付的技能性和中间性疗养院保健服务的病人数是 1 646 000 个，精神发育障碍的人除外。总之，在 1998 年，由医疗补助和医疗保险帮助支付疗养院保健费用的病人总数是 3 164 000。

因此，我们可以看到，最大部分的疗养院保健（46.34%）是由医疗补助支付的——它要求个人的收入和资源居于贫困线以下，第二大部分（32.5%）是由现金支付的。事实上，除非病人是由医院直接转介来的，或者住院时间在 30 天以内并且需要技能性服务，否则是不符合医疗保险为疗养院保健支付费用条件之列的，因此，要想符合医疗补助的条件，就必须把他或她的资源降低到贫困线以下。

表 6—1　　疗养院保健费用（1998 年） 235

支付者	美元（10 亿）	百分比
政府	53.0	60.4
医疗补助	40.7	46.3
医疗保险	10.4	11.9
VA 和其他政府项目	1.9	2.2
现金	28.5	32.5
私人健康保险	4.7	5.3
其他私人资金	1.6	1.8
合计	87.8	100.0

资料来源：U. S. Government Printing Office（2000a）. *Health*，*United States*. Washington，DC：Author，327.

1997 年，由疗养院病人或其家人支付的服务费用是平均每月 3 643 美元（医疗补助支 235
付的是 3 081 美元，医疗保险支付的是 6 037 美元），这一数目随不同地区及家庭规模不同而有所变化（U. S. Government Printing Office，2000a：335，Table 124）。因此，对于老年人来说，消耗掉他们的生活积蓄并且变得符合医疗补助的福利资助条件是不需要用很长时间的。对许多老年人而言，根据他们的一些负面生活事件判断，进入疗养院就被看做是离死亡不远了。如果老年人也必须依靠福利来支付疗养院的服务，那么他们的自尊和自我整体感可能会在很大程度上受到破坏，毋庸置疑，许多疗养院里的老年病人正在遭受着情绪抑郁的煎熬。

如果个人赋权对于使病人的健康状况达到最佳状态是必需的，正如被广泛争论的那样，那么，疗养院保健，正如以前在美国提供的那样，是一个破坏此目标的主要力量。营利性疗养院有一个最重要的目的——尽可能获得最大收益，因此，它们的经营是为了满足管理者和股东的需求，而不是那些病人以及他们的家人的需求（Olson，1994：32）。

然而，1997 年的《平衡预算法》通过引入预支付系统（PPS），从而显著减少了医疗保险对技能性护理机构（SNF）赔付的数额。暂时地，这一因素导致了许多疗养院拒绝接受有医疗保险的病人，宣称因为赔付数额的减少，它们“负担”不起。1999 年，随着《平衡预算改进法》（BBRA）的通过，规则也改变了，增加了对某些类型的疗养院病人的

236 赔付数额，这些病人一般有比较复杂的医疗需求。PPS 被引入疗养院可以和诊断相关小组（DRG）系统相比较，DRG 系统是在 1983 年引入医院的，旨在努力对病人的每一项收费服务项目建立一个“合理的”基础，而且 DRG 系统也是自《社会保障法》中的第 XVIII 条款被引入美国的医疗保险系统以后，对技能性护理机构赔付的第一次变革。在疗养院中，DRG 被资源利用群体（RUG）所取代，RUG 使用了一种量表来评估急性病保健服务即技能性专业服务的需求水平（Society for Social Work Leadership in Health Care，2000）。

1997 年，在美国大约有 17 000 家疗养院，其中 11 400 个也就是大概 67%是营利性的，4 400个即 26%是私立非营利性组织，剩下的 1 200 个即 7%是公共税收支持的机构。（U. S. Government Printing Office，2000b：133）

疗养院在美国是一个“大行业”。1997 年，如果除医院之外的 67%的疗养院是营利性组织，而且大概有 878 亿美元用于美国的疗养院服务，那么在国家税收中，大概有 590 亿美元支付给了营利性组织。

疗养院行业很快被合并进了一些大的集体组织中（Karger & Stoesz，1994：224 - 225），而且是与卫生保健不相关的联合企业。例如，雅芳公司和万豪公司，也已经进入了这个市场（Margolis，1990：157，被 Olson 引用，1994：32）。1996 年，有 94 家美国公司提供技能性疗养院服务，其中有四家的联合创收达 67.01 亿美元，如表 6—2 所示。

237 **表 6—2　　四家营利性疗养院公司（1996 年）**

公司名称	1996 年的创收（10 亿美元）	雇员人数（千人）
1. 贝弗莉企业公司	3.243	82
2. 庄园保健公司	1.322	31
3. 太阳医疗保健集团	1.136	28
4. 大陆医疗系统公司	1.000	14
合计	6.701	155

资料来源：Gale Publishing Company（1997）. *Wards Business Directory of U. S. Private and Public Companies*, Volume 5. Detroit，MI：Author，115 - 116.

疗养院保健的质量

1998 年实施了一项最新的视察疗养院现状的全面调查（Harrington et al.，2001），从调查报告中发现：与非营利性疗养院相比，投资者所有的疗养院的缺乏引证的比例是 46.5%；与公共机构相比，缺乏引证的比例是 43.0%。投资者所有的疗养院比非营利性疗养院严重缺乏引证的比例 40.5%，比公共机构严重缺乏引证的比例是 35.8%，而且在所有缺乏引证的案例中，有 1/4 是比较严重的。作者在他们的讨论部分总结道：

> 我们的结果显示，投资者所有的疗养院提供的服务质量要低于非营利性机构或公共机构。而且，投资者所有的机构通常是某个链的一部分，而链所有权本身就与更进

一步的质量降低有关系。(2001：454)

在 13 693 家疗养院中，65.8%是由投资者所有的，27.7%是非营利性的，6.5%是公共的。 237

总的来说，自从医院内部出现疗养院，但却没有能够提供大部分医院所提供的高质量服务之后，美国的疗养院就处在一种艰难境地，而且，很多疗养院也缺乏充分的康复服务、精神健康评估和治疗服务、有意义的社会活动以及努力鼓励病人进行决策（Olson，1994：34)。

大部分服务是由几乎或根本没有经过培训的外行提供的，像注册护士助理（CNA)。来自于 CNA 及其家庭成员的轶事报告表明，州政府通常不会遵守 CNA 人员与病人之间的人员比例要求，尤其是当病人较少的时候。根据纽约大学护理部 GITT 中心的项目主任 Ellen Flaherty（2001）的描述，“很少有疗养院的护士是经过了专业老年病学培训的”(2001：49)。

自从 1987 年的《综合预算调整法》(OMBRA）被通过以后，要求疗养院的护士助理必须至少经过 75 个小时的培训才能从事病人的护理、社会心理、身体、环境以及医疗需求方面的服务，尽管许多人认为少于两周的培训并不足以做好充分准备承担责任重大的工作（Kane & Caplan，1990：277)。

使用化学和物理的方法限制病人，在疗养院里是一种常见现象，尽管 OMBRA 在努力减少这种滥用，要求限制只能用于紧急情况以及病人、家人或医生同意的情况下，但限制措施还没有使机构里的实践行为发生重大变化（Olson，1994：35)。卫生保健财政管理局(2000）总结了在疗养院中努力减少限制使用的行动、困难以及成功的地方，其中提到了宾夕法尼亚州在减少限制使用方面取得了令人瞩目的成绩，包括物理和化学限制，以及在对卫生保健机构的工作人员进行行为管理、跌倒预防和个别化评估程序培训的项目中取得了显著成效。一些来自富有创意的革新性方法中的明显具有推动作用的例子也被展示了出来。新闻报道称：一些疗养院里的工作人员认为某个特殊的设置不是一种限制，如果它是被用于预防病人跌倒的话，例如“圆形的过道”或侧栏，同时，这样的设置在使用时通常并没有预先对病人的力量和虚弱程度进行全面评估。病人评估方案应该被制定并用于这种评估（2000：6)。 238

理论视角

医院保健或家庭保健的选择

疗养院的存在是由于有一些有健康问题以及伴随有功能缺陷的人，但这种情况不需要住院治疗，可在家里又不能得到照顾，他们不能进行自我保健，他们没有家人或其他志愿者愿意并能够提供所需的服务，或者他们没有经济来源足以支付 24 小时全天候的正式家庭保健服务。

健康问题、功能缺陷以及丧失家庭成员的支持的问题会随着他们年龄的增加而增多，而大部分疗养院的病人又都是老年人。然而，估计只有 5%的 65 岁及以上、20%的有功能缺陷的老年人可以一直住在疗养院里（Pepper Commission，1990：92，被 Olson 引用，1994：27），因此，大部分老年人，不管是否有功能残疾，是居住在疗养院或其他机构之外的，这种情况表明，留在家里或是进入疗养院的决定很可能取决于社会和经济的支持，而不取决于健康状况。实际上，在 1997 年，大部分（将近 58%）疗养院病人是从医院或另一个疗养院转介来的，大概有 1/3 来自于社区的私人家庭里，其中大约有 60%是与家人生活在一起的，而剩余 40%是独自生活的。大多数进入疗养院的病人在入院时是丧偶的（Sahyoun et al.，2001）。

239

节约成本

疗养院存在的另一个理由就在于它比医院保健的成本要低一些。1998 年，医院总的个人卫生保健费用达到 3 828 亿美元，占当年个人卫生保健总费用 10 193.47 亿美元的 37.5%（U.S. Government Printing Office，2000b：Table 156），而与此相比，疗养院保健费用仅占 8.6%。1998 年，技能型疗养院保健的费用平均每天 523 美元，而医院的费用却是每天 2 401 美元（U.S. Government Printing Office，1999：2）。

PPS 和 DRG 系统意味着医院不能再以它们认为合适的时间来要求病人长期住院，并且还希望得到相应的补偿了。相反地，它们需要在一定时间内让病人出院，而多出的住院天数既不能得到医疗保险的赔付，也不能得到病人自己的补偿。此外，如果病人在规定的住院期满之前出院了，那么医疗保险还是会赔付剩余住院时间的费用的，这部分赔付数额就是医院的纯利润。

保健的概念

从理论上讲，疗养院应该提供广泛的支持来帮助有慢性病和/或晚期疾病的病人，使他们最大限度感到舒适并发挥自己的最大潜能（身体、情绪和社会）。这是卫生保健的第三个阶段的保健服务。这种类型的保健意味着提供给病人所需的工具、设备、服务、环境支持、收入支持以及支持性人际交往，使病人能够最大限度地感到舒适并发挥出他们的最大潜能。

当然，最基本的保健服务是要缓解疼痛。目前，有很多卫生专业文献显示，在美国的卫生保健体系中，普遍缺乏足够的疼痛缓解服务。Joan Teno 博士，布朗大学老年病学及卫生保健研究中心的主任助理，与他的同事们开展了一项由罗伯特·伍德·约翰逊基金会资助的研究，研究主题是关于在疗养院病人中存在的没有充分治疗疼痛的问题。Teno

（2001：50）报告说，没有得到治疗的疼痛“是人群中普遍存在的一个重要公共卫生问题”。

Teno 及其同事们（2001）建议，病人及其家人应该要求疗养院制定出治疗疼痛的政策以及工作人员是否评估疼痛的政策。报告资料表明了疗养院工作人员弄清楚了什么，以及他们有一个低估病人疼痛的坏名声。同时，疗养院工作人员报告，在 1999 年 4 月 1 日 240
遭受疼痛的病人中，41.2%的病人仍旧每天承受着中等程度的疼痛，或者在 60～90 天以后仍经受着疼痛的折磨。在疗养院的住院时间为 2～6 个月的病人中，7 个人中就有 1 个有长期疼痛。在全美范围内，疗养院病人的疼痛率在 39.5%～49.5%之间波动。

医疗机构评鉴联合会（JCAHO）的一项新标准规定，医院和疗养院现在必须把疼痛作为第五项生命体征，与血压、脉搏、呼吸和体温一起进行监测，并用文字形式记录下来。

JCAHO 评估和管理疼痛的新标准如下：

- 评估所有病人疼痛的性质和强度。
- 制定安全的药物处方和服用程序。
- 确保工作人员有能力进行疼痛评估和管理，并指导新的工作人员进行疼痛评估和管理。
- 监测病人在使用治疗程序之后的情况，并对病人的问题进行适当再评估。
- 教育病人在治疗过程中疼痛管理的作用。
- 在制订出院计划的过程中，考虑病人对症状管理的需求。
- 收集监测资料。（Solovy，2000）

亚急性病保健

从某种程度上讲，人们希望疗养院提供的是卫生保健第二个层次的保健服务。自从预支付系统开始运作以后，急性病保健的病人尽可能早地从医院里出院，而且许多人在回家之前被转介到了疗养院里接受亚急性病保健来慢慢康复，这些病人不一定都是老年人。此外，许多老年人会因为中风或髋骨骨折而被转介到疗养院，不是因为他们需要帮助恢复功能，而是因为他们需要身体治疗和/或语言障碍治疗才能康复回家，这些治疗方法或处理是治疗的形式，而有助于鼓励这些治疗方法的可接受性和有效性的干预被称为治疗性或支持性干预。

JCAHO 的疼痛评估和管理标准 241

- 评估所有病人疼痛的性质和强度。
- 制定安全的药物处方和服用程序。
- 确保工作人员有能力进行疼痛评估和管理，并指导新的工作人员进行疼痛评估和管理。

- 监测病人在使用治疗程序之后的情况，并对病人的问题进行适当再评估。
- 教育病人在治疗过程中疼痛管理的作用。
- 在制订出院计划的过程中，考虑病人对症状管理的需求。
- 收集监测资料。(Solovy，2000)

在1990年，2/3进入疗养院的病人在那里的住院时间都在三个月以下（U. S. Senate Special Committee on Aging，1990）。根据Sahyoun等人（2001）的资料，在1997年，有30%的疗养院病人完全康复并返回社区中，他们在疗养院的平均停留时间是45天；有36%的病人被转诊到了医院或其他疗养院，他们的平均停留时间是284天；25%的病人死亡，他们的平均停留时间是562天（大约一年半时间）；剩余9%的病人结果不明。

医学模式

尽管医疗保险的规定要求有跨学科团队工作来帮助实现生物—心理—社会模式，但病人的身体条件以及大多数疗养院里的日常活动、日程安排及服务都不利于达到“全人”目标。

许多疗养院枯燥乏味的环境反映了一种尝试创造类似于医院环境的努力，在那里人们不仅得到安置，而且也获得治疗。但病人的房间通常都被装饰成相同的样式，在医院里，所看到的病床、床边的桌子以及椅子都是一样的，地板是没有装饰的瓷砖，房间都是成排排列起来的，通过窄窄的走廊通向护士站，等等。总之，大多数疗养院里的环境不像是家，不利于社会交往和个人赋权。

1991年，有一个93岁的疗养院病人，他是建筑学学士，曾写了一篇文章（Mead，
242 1991），描述了他对两种不同类型机构环境之间差别的感受，一个是他之前曾经住过的老年之家，现在已经关闭了，另一个是他从老年之家转入的这间疗养院。他写道：

> 如果我们认识到人类最初的本性是去寻求伙伴关系、人与人之间的了解和内心的理解、受到相互鼓励和人际关系的滋养，那么疗养院就是一种非常不利和不适当的限制形式（1991：12）……而如果把关注点集中在这一机构的医疗和居住条件方面，像前面提到的身体因素，那么，我们通常会高估了它的精神健康功能（1991：14）……维持正常的身体功能可能会被认为是主要的，但如果不能使人感到高兴、有能力和充满活力，我们又能在多大程度上来评估其是良好的健康状况呢？（1991：15）

这些评论表明，不得不关注人们精神和情绪以及心灵上的需求，同时也包括他们的身体需求，这些需求会相互影响。

Caplan（1990）认为，大多数疗养院病人进入疗养院不是为了得到急性病医疗保健，“然而，疗养院的日常生活中充斥着的工作人员和病人之间的关系模式，是从急性病医疗保健机构那里演变来的，但却深深扎根于疗养院之中”（1990：41）。

人类多样性的意义

在比较高质量的疗养院、老年之家等机构中，会根据服务对象的特征为他们提供服务。例如，犹太老人保健机构一直提供高质量的服务，那里有经过良好训练的专业工作人员、适当的民族饮食，以及其他与种族习惯和传统相关的考虑。这些考虑也比较可能会在一些特殊种族人群聚集的大城市里看到，他们通常会使用不同的语言，有不同的饮食习惯和风俗习惯。

不幸的是，主要由白种欧洲人组成的群体中，种族多样性却很少见，关于他们的习惯关注较少，也就是说这一种族群体在社会上可能会受到相对比较不敏感的对待，同样，在卫生保健机构中也一样，包括疗养院。

种族特征

直到最近几年，美国的医院和疗养院还一直存在着种族隔离现象，而且有证据表明这种趋势还在继续。从技术上看，卫生保健机构中的种族歧视应该在 20 世纪 60 年代中期随着医疗保险和医疗补助制度的通过而结束了，但是，在实际工作中，大部分地方还存在着 243
种族隔离现象，就像在公立学校里那样。这种卫生保健机构的种族隔离大部分是通过把美国医学会（AMA）中的黑人医生排除在外而实现的，这导致了在他们的医院实际工作中也要求排除这种伙伴关系（Smith，1990）。这种情况持续了很多年，即使在 1946 年的《希尔—伯顿法》通过之后，该法案规定为医院和疗养院机构提供政府资金，保证不存在歧视，但却把“隔离但平等”的机构排除在外。不管是在美国南部还是在北部，医院里的种族隔离一直持续到了 20 世纪 60 年代中期（Smith，1990：564）。

美国有色人种促进会（NAACP）以及全美医学会（NMA）、黑人医生专业组织领导了反对卫生保健机构中存在的种族歧视的斗争（Smith，1990：567），直到 1963 年，美国上诉法院呼吁通过了一个大部分人都同意的意见，即医院应该充分参与到州政府和联邦政府反对机构存在种族歧视的行动中。外科医生立即制定出了新的严格的非歧视规定，在那些得到希尔—伯顿资金支持的机构里实施（Smith，1990：574）。

之后，在 1964 年，《民权法》通过，该法案的主题Ⅳ论述如下：

> 在美国，没有人应该因为种族、肤色或民族差异而在任何联邦资金资助的计划或活动中被拒绝参与，或被拒绝受益，或受到歧视。（U. S. Civil Rights Commission，1963）

最后，在1965年，医疗保险和医疗补助制度出台后，更增加了医院执行反歧视法案的力量，不执行法案就意味着该医院的病人将不能使用他们的医疗保险或医疗补助，就意味着医生和医院将会损失他们的收入（Smith，1990：575）。

然而，该法案对疗养院与对医院的影响并不一致，疗养院并不是非常热切地希望贫困的病人得到最低医疗补助的补偿，而且也不希望得到医疗保险，因为它的限制条件，申请赔付的花费就相当于它们的很大一部分收入（Smith，1990：576）。但事实证明，州政府的医疗补助费用的到位比预期的要快很多，而且自从加大力度确保黑人有平等的机会进入
244 疗养院接受保健服务之后，就意味着会有更多的医疗补助支出，而用于执行反歧视法案的力量则会相对减弱（1990：577）。

尽管医院很快成为了医疗保险的依从性机构，更有助于加强医院的种族一致性，但疗养院却没有成为医疗保险的依从性机构。1989年，美国卫生保健财政管理局（HCFA）观察到：

> 尽管在1985年黑人占到了31%的医疗补助受益者以及全部医疗补助费用的21.8%，但他们只占到了技能性疗养院机构的医疗补助受益者的8%以及费用的8.9%。（HCFA，1989：85）

1981年，医学会指出，“大部分研究和报道过黑人对疗养院使用情况的人都认为，种族歧视是一个主要的解释因素”（Institute of Medicine，1981：98）。

有人认为与疗养院保健相比，黑人家庭可能更喜欢提供家庭保健支持性帮助（Morrow-Howell et al.，1996）。医学会认为，在公立的精神病和慢性病保健机构中，黑人所占比例相当大的现象表明，黑人比较倾向于选择利用那些使他们感到会被接受和尊重的服务（Smith，1990：585-586）。

Morrison（1995）报告了在纽约黑人和西班牙裔中观察到的相似发现：“黑人占公立机构病人的32%，私立机构的13%，志愿性机构的11%，对于西班牙裔来说，比例分别是8%、1.5%和4.5%。”（Morrison，1995：19）

Morrison（1995）提出疑问：美国是否会继续保持一种双重体系的疗养院：公立的疗养院为少数民族服务而私立的疗养院为白种老年人服务。但其实这些少数民族群体在全部人群中占有一定的比例，有许多证据表明少数民族老年人有比较高的疾病发生率，高于同龄白种人（1995：24）。

Salive和同事们（1993）报告了一项大型纵向研究结果，比较白种人和非裔美国老年人对疗养院的使用情况，发现非裔美国老年人被接受进入疗养院的人数只相当于白种老年人的一半，主要影响因素在于疗养院接受的白种人是城市居民以及有精神认知问题的人，而这些因素在非裔美国老年人中没有被发现是显著性因素。事实上，该研究没有成功地识别出疗养院接受率中存在种族差异的决定因素。

245 Morrison（1995）提议美国应该探索由少数民族来拥有和管理疗养院、家庭保健服务

机构及其他卫生保健服务的可行性，为应对目前存在的不满意状况提供一种选择。

美国有很大比例的犹太裔、日裔、印第安人、西班牙裔以及其他种族群体，尽管有时存在有种族特色的居民保健机构为老年人服务，但提议为非裔美国老年人建立独立机构的原因是可以为其提供适宜的满足他们特殊文化需求的服务，因为他们经常说的是另一种语言，而不是英语，而且有不同的饮食和风俗习惯。而对美国黑人来说，则需要在面临主流部门的种族歧视情况下，更努力地确保保健服务的质量。

医疗社会工作者需要认识到，即使在一种传统上把比较重要的照顾老年人的责任放在家人身上的文化中，随着文化传统的变化，被任命为看护者的家庭成员也可能会经历相当大的传统期望与目前情况之间的冲突（Freed，1990）。例如，在日本，有一项研究探讨了一组从事家庭保健工作来照顾老年家庭成员的家人的态度、感受和行为，发现（像在美国一样）妻子、女儿或儿媳是主要的看护者，而且在大多数情况下，她们承认自己是勉强接受这个角色的，而且会抱怨不得不这样做（Freed，1990）。

正如在美国一样，许多日本妇女在家庭之外也有工作，而且与以前相比也得到了比较好的教育。尽管日本有疗养院，但它们主要是用作短暂休息之用，而如果老年家庭成员被送进疗养院里，会被认为是一种耻辱。因为在日本，住院治疗没有得到高度重视，所以许多家人会让老年人在医院里住上很长时间，以避免出现家庭保健和疗养院保健之间的冲突（Freed，1990）。

假如家庭被看做是一个社会系统，承担接受和照顾老年父母的责任对于这个系统来说通常会起到分裂作用。

另一个缺乏接受适宜疗养院保健的种族群体是印第安老年人（Mercer，1994）。根据 Mercer 的研究，71%的 60 岁以上美国印第安人有 ADL 功能损伤，但却很少有疗养院是为他们设计的。目前，大多数要求疗养院保健的印第安老年人必须离开居住地，不能与家人住在一起。不幸的是，大多数机构都没有可以讲印第安语的工作人员，也不能提供传统的食物或符合传统风俗习惯与需求的服务，这样就会导致他们出现社会孤立和压抑的状况，并且破坏健康状况和降低生活质量（1994：4）。 246

在 Mercer 的研究中存在的一个显著例外就是纳瓦霍人疗养院，位于亚利桑那州的钦利，纳瓦霍居留地。在那里，纳瓦霍老年人从事一些他们所钟爱的和感到受尊重的活动，那里也提供纳瓦霍人的食物。如果他们愿意，可以被允许按照本民族的方式睡在地板上。所有工作人员中有两个是纳瓦霍人。尽管它是一个中介性的保健机构，但那里的人仍感到舒适和满意。根据 Mercer（1994）的研究发现，美国印第安人对高质量的疗养院有一种特殊需求，即希望疗养院在文化传统上是适宜的，因为许多人居住的地方都比较偏远，在那里不能得到正式的家庭卫生保健服务，而且家庭成员通常也不能照顾他们（Mercer，1994）。在这篇文章以及另一篇文章中，Mercer 描述了她观察到的纳瓦霍老年人所具有的许多迷人的文化特征（Mercer，1994，1996）。

艾滋病歧视

疗养院社会工作者需要对为艾滋病病人提供适宜服务的问题保持敏感性，因为社会工作者经常承担着准许入院的责任。Linsk 和 Marder（1992）发现，医院社会工作者很少在住院艾滋病病人出院前对其做出疗养院安置，因为之前的努力遭遇了普遍失败。然而，许多这样的病人缺乏经济来源或非正式支持，所以得不到家庭卫生保健（1992：106），这样的困难往往导致病人长时间住在医院里，这在卫生保健系统中是一个最高成本的选择。

Linsk 和 Marder（1992）随后发现，新的医院社会工作者做出了很多努力以获得对艾滋病病人的疗养院安置，但都不成功，而有经验的社会工作者则会提倡较少为人所知的可选择性社区资源，例如艾滋病病人可以联系 HHC 机构。作者报告说，可获得的解决方法通常都少于所需要的，而且往往会不断遇到疗养院拒绝接受艾滋病病人的苦恼。他们也指出，疗养院应该明白目前的状况是，已经有病人感染了 HIV，因此目前应该做的是让工作人员普遍提高警惕。与此同时，需要有为艾滋病病人提供服务的专业机构（Linsk & Marder，1992：114）。

在一封针对医疗社会工作的信中，长期护理全美基金会主席指出：确实需要为艾滋病
247 病人服务的专业机构，同样，并不是所有的机构都能够提供所有的服务，如为艾滋病病人、阿尔茨海默病人或依赖于供氧设备的孩子提供服务（Freeman，1988）。

这种情形是疗养院社会工作者可能会遇到的许多潜在伦理难题之一。

性与性行为

至少从 20 世纪 70 年代以后，疗养院里的性表现问题得到了承认（Kaas，1978；Wasow & Loeb，1979；Brown，1989）。最近开展了一项研究，调查了工作在纽约 29 个随机选择的疗养院里的社会工作者（Fairchild，Carrino & Ramirez，1996），了解他们对于住院者性行为的态度和认识。社会工作者报告，所有 29 个参加研究的疗养院都同意已婚夫妇共用一房间，如果双方都同意的话；手淫被认为是疗养院住院者最常见的性表现方式；一半以上的社会工作者认为疗养院管理者不能容忍住院者中存在的同性恋行为。此外，许多应答者认为他们没有努力去弄清楚住院者的性取向。在所有疗养院中，有一家疗养院的社会工作者报告，关于住院病人的性表现权利，没有正式的政策或工作人员指南，尽管有一半人表示在工作人员会议上这个问题已经被提出来了。Fairchild、Carrino 和 Ramirez（1996）提供了一些建议来制定区分住院者性表达权利的在职培训指南。

尽管很多人都同意疗养院的老年病人在性活动方面需要更多的隐私，但是一项发人深省的研究调查了平均年龄在 70 岁以上的男性，他们都住在 VA 医学中心的长期保健机构，当被问到如何评价亲密的社会、智力、情绪或身体功能的重要性时，他们认为身体上的性亲密行为是最不重要的，而社会亲密性是最重要的，在已婚和未婚男性中也存在同样的看

法（Bullard-Poe，Powell & Mulligan，1994）。

在适宜的疗养院政策和实务方面，关于住院病人的性行为需要有更多的研究。

跨学科协作

由医疗保险［卫生保健财政管理局，现在被称为联邦医保和医助服务总局（http://www.cms.gov)］和医疗机构评鉴联合会（JCAHO）（1993）联合制定的疗养院规则要求 248
每一个病人都有一份建立在健康和社会心理状况全面评估基础上的个别化跨学科保健计划。社会工作被描述为跨学科保健团队的基本组成部分，主要负责社会心理评估，并且需要参加病人的社会心理需求会议。

所有得到医疗保险和医疗补助补偿的疗养院都被要求在病人入院后一定时间内开展规定的跨学科团队会议，并在此后定期开展。这一规定的主要思想在于让每一个主要小组成员都参与病人的状况和需求评估，在各自的专业技能领域中识别出可能存在的目标，并制订出病人的综合干预计划，这些信息会在小组成员中分享以理解干预计划和目标，并相互协作。

希望接收有医疗保险的病人的疗养院必须经过医疗保险机构的认证，并且通过卫生保健财政管理局（HCFA）的调查，联邦保护伞机构负责医疗保险和医疗补助计划，至少每10个月进行一次调查（Williams，1997）。然而，疗养院却不要求得到JCAHO的认证，而JCAHO是一个独立的非营利性组织，而且也是卫生保健领域中资格最老、最大的标准化认证机构。只有10%左右的疗养院经过了JCAHO的认证（Williams，1997）。

而且，JCAHO在提供社会服务方面允许有多种选择存在：一个社会工作者可以是从CSWE认证的社会工作学校毕业，完成了社会工作课程，并且得到了MSW的人；也可以是得到了同等教育、培训和/或有经验学力的人（合格的社会工作者）；或者是有学士学位、有社会工作经历并且经过在职培训的人（“社会工作助理”）（JCAHO，1993）。社会服务助理必须每月向合格的社会工作者咨询一次。如果不选择上面这些人，也可以与外面的机构联系，例如学校社会工作或社区机构，从而使用合格的社会工作者的直接服务（JCAHO，1993：53）。显然，经费紧张、需要减少日常开支的机构往往会做出成本最低的选择。

最后，我观察到，在疗养院的高质量跨学科协作中存在着相当大的不同。在一些疗养院，会定期有规律地召开由所有专业工作人员都参加的小组会议，参加会议的人都经过了
充分准备分享对病人的评估经历，并提出他们的救助干预计划，有时相关的家人和/或病 249
人也会参加会议。而另一种极端情况则是，在一些疗养院中，跨学科团队工作会议完全是一场闹剧，表现为不定期召开小组会议，很少的专业工作人员参加，有时他们会把出席小组会议看做是一种必要，但却认为这样的会议是招人烦的，是机构要求的，并且很少提出

建议或准备制订全面的保健计划。

机构考虑

跨学科协作在疗养院里实现的程度很大一部分取决于疗养院是如何看待其价值的，是否把它看作是一种理想并且采取适当措施为其提供便利条件。

所有的卫生保健领域都是社会工作的次级场所或“主”场所，因此机构职责是由机构管理者来界定和主宰的，而不是社会工作者（Dane & Simon，1991，被 Kruzich & Powell 引用，1995）。

官僚主义

Brannon（1992）指出：

> 在组织研究者看来，疗养院是一个充满矛盾的地方。尽管疗养院的规模通常与官僚主义水平呈显著相关，但疗养院却是直接表现出官僚结构的小规模组织。住院者和家人经历了各种各样的官僚主义，包括：惯例化，有时候作息照顾就像是“装配线”；存在高度等级化的信息交换和工作人员的权威；关系协商时主要把规章和程序作为行为指南……但是，有些疗养院被认为比其他疗养院的官僚主义要少一点，一些加强组织自主权策略的例子已经被引用（Kane & Caplan，1990），而且行业内部的改革也很明显。对第二代疗养院研究者提出的挑战是如何看待机构内部和机构之间的组织设计、工作设计模式以及增加病人福利的人类资源策略。这就要求有交叉学科的思考，
> 250 这种思考会带来在组织环境框架内对个人行为变量及个人加入机构的差异所进行的研究。（1992：294）

机构的优先事项与目标

如果一个机构是由商业管理人员管理的（营利性机构可能会这么做），那么机构的目标和优先事项往往会不同于那些由卫生保健专业人员如注册护士或 MSW 社会工作者所管理的志愿性机构或公共机构。这些卫生保健专业人员的机构目标往往是较多地从生物—心理—社会和跨学科的视角来承诺提高住院者的生活质量和保健质量。

优先事项越少关注经济利益，机构就越有可能雇用经过良好训练的专业工作人员来提供高质量的服务，而且他们有人类多样性的敏感性，会有助于促进病人赋权和健康状况之间的关系，他们理解那些病人服务量较少的护士助理的需求，因此他们能够提供受病人和看护者称赞的敏感的、个别化的、高质量的保健服务。

权力机构/决策模式与赋权意识

有证据表明，疗养院对官僚主义权力机构的依赖程度越小，组织的民主参与功能就越大，工作人员包括社会工作者的赋权意识就越强。一项疗养院研究（Kruzich，1995）比较了护士主管、社会服务主管、活动主管、分管护士以及护士助理对于决策权的控制感。研究结果显示，护士主管获得的控制感越强，分管护士的影响力就会越小；分管护士获得的控制感越强，护士助理的影响力就会越大；活动主管对住院者的保健决策控制感越强，社会服务主管对病人保健决策的影响力就会越大（1995：210）。

三个机构变量与所有工作人员获得的影响力密切相关，这三个变量是非营利性组织、较大的组织规模以及非工会组织，而与工作人员获得的影响力相关的过程变量包括护士助理参与交接班汇报，以较大频率召开工作人员会议，以及在住院者和机构中减少护士助理工作人员的轮换（Kruzich，1995：213）。 251

在威斯康星州开展的一项对疗养院社会工作者的研究发现，在疗养院中存在着五个社会工作者有潜在影响力的领域。其中，疗养院社会工作者和社会工作主管都同意有两个领域的影响力最大，它们是：（1）保健计划，包括保健计划的变动以及为住院者制订计划；（2）病人转介，尤其是决定病人是否需要转入或转出机构（Kruzich & Powell，1995：218）。

同样的研究也发现，疗养院社会工作主管认为自己在公立机构和非营利性机构中的影响力要大于在营利性机构中的影响力，这样的机构雇用了比较多的全职社会工作者（Kruzich & Powell，1995：218）。

奇怪的是，受雇于有住院者理事会的疗养院的社会工作者认为自己比没有住院者理事会的疗养院的社会工作者有更大的影响力。同时，社会工作者获得的影响力程度与病人在疗养院里的自主权和满意度显著相关（Kruzich & Powell，1995：221）。

尽管不清楚社会工作者的影响是组织灵活性和共享决策权的原因还是结果，但研究结果显示，营利性机构中孤立的社会工作者有可能处于相对无权的地位（Kruzich & Powell，1995）。这些研究发现的显著意义在于它们提供了一些线索来研究组织变量对工作人员以及病人满意度的影响，而工作人员和病人的满意度被认为与获得自主权或影响力有关系，相应地，获得自主权或影响力又与幸福和健康状况有关系（Kruzich，1995）。

利用私立疗养院作为社会工作学生的实习场所

1991年开展了一项对大学MSW教育项目的调查（Hancock，1992），探索它们利用营利性组织场所作为实习现场的情况，发现卫生保健组织通常会被使用，参加研究的大学被相当平均地分成了两类：使用这些场所时没有限制条件或标准以及不使用这些场所。超过一半，大约55.4%报告使用了营利性疗养院作为实习场所，其中大概有61.8%在使用时没有受到任何限制（1992：334）。利用营利性机构作为社会工作学生实习场所的百分比随地域不同而变化，西南部的利用率最高（57.1%），其次为东南部（43.7%）、大西洋中部（33.0%）、西部（28.6%）和中西部（26.7%），利用率最低的是东北部（18.2%）。而且，西南部的项目受到的限制最少，而东北部的项目受到的限制最多（1992：335）。总
252 之，尽管大部分大学的 MSW 项目使用了营利性机构作为实习场所，但在这些机构中感受到的舒适程度有相当大的不同（1992：337）。

角色冲突与工作人员的倦怠

另一项研究（Barber & Iwai，1996）调查了下列因素的相对影响，包括：（1）工作人员的特征；（2）工作量及服务提供情况（与病人的情绪密切程度、服务的病人数、每周的工作时间）；（3）工作环境的特征（角色定位不明确和角色冲突）；（4）疗养院里为阿尔茨海默病人提供保健服务的工作人员中出现可能存在的倦怠时所能得到的社会支持。

角色冲突，被定义为存在着两种或以上不能调和的期望，使得一个很难去服从另一个，角色冲突被发现可以解释倦怠可能性的大部分（56.5%）变异。这就预示着能够使角色冲突最小化的组织策略应该可以减少倦怠程度（Barber & Iwai，1996：113）。此外，研究发现强调了不管是工作人员还是病人/住院者，当他们有权力感的时候，他们的功能会变得更好一些，而无权感或无助感则对人们具有破坏性。

服务对象的问题与社会工作者的职责

服务对象的问题

正如前面所建议的，在卫生保健领域，定义服务对象的问题会很有用，他们的问题包括：

1. 准许进入机构或获取服务的障碍。
2. 适应机构或服务的问题。
3. 适应诊断、预后或保健计划的问题。
4. 缺乏做出知情决策和获得控制感的信息。
5. 缺乏资源来满足需求。
6. 离开机构或结束服务的障碍。

1992 年，Vourlekis、Gelfand 和 Greene 列出了疗养院住院者及其家人的 28 项社会心
253 理需求：“这 28 项需求是通过疗养院里不同部门的专家对问题的反复实验及直觉识别过程，并且回顾了社会心理方面的文献之后确定的……同时经过了专家组的指正和修订”（1992：114）。因此，就出现了框 6.1 所列的清单，清单中列出了疗养院社会工作者应该关注的疗养院住院者及其家人所具有的社会心理需求项目。

253

框 6.1　疗养院住院者及其家人的社会心理需求

1. 有助于住院者及其家人应对入院的情绪支持。

2. 在整个住院期间帮助住院者及其家人应对丧失感。

3. 在整个住院期间帮助住院者及其家人应对恐惧/焦虑……

4. 在住院者及其家人准备和应对死亡时提供其所需的特殊帮助。

5. 工作人员对住院者“困难行为”的认知，包括攻击性和退缩/冷漠，这些可能预示着存在情绪抑郁，并且需要建立在理解这些情绪抑郁基础上的干预。

6. 进入疗养院之前，帮助住院者及其家人制订经济计划和决策，在整个住院期间，帮助住院者及其家人寻找和获取经济资源。

7. 获得活动和事件所需的机会及帮助要多样化，以满足每个住院者非常不同的功能和兴趣。

8. 获得外界活动和事件所需的机会及帮助。

9. 帮助住院者及其家人获得或替换所需的个人物品或其他实际事务。

10. 选择重要的日常事务。

11. 选择和控制影响住院者及其家人保健的决策。

12. 认识到住院者及其家人表达宗教信仰、种族和文化特征的需求及机会。

13. 认识到某人的生活史及完整性。

14. 住院者与家人及所爱的人的关系和亲密性。

15. 了解对家庭成员/重要的人特有的情绪支持，以应对他们的需求或反应。

16. 在制订保健计划和决策过程中，家庭成员之间合作。

17. 提供给其他住院者非正式社会机会。

18. 某人自己做事情时功能和机会有独立性，不管其功能水平如何。

19. 疗养院内外存在社会组织及团体相互影响的机会。

20. 维持住院者与疗养院之外的朋友/同事/社区之间的联系纽带。

21. 有助于疗养院团体生活和功能。

22. 深入定位疗养院、工作人员、政策及程序。

23. 定位住院者/家人权力/责任以及不平之事。

24. 家人/住院者加入调查/证明以及认证的情况。

25. 在疗养院保健方面，住院者及其家人对工作人员满意度进行正式反馈的机会。

26. 就服务管理问题，家人、住院者以及工作人员之间进行有组织对话的机会。

27. 无论是入院时、住院期间还是出院之后，提供适当保健服务的安全性 。

28. 确保预计要提供的保健/资源被提供了。

资料来源：Vourlekis，Betsy S.，Gelfand，Donald E. & Greene，Roberta R.（1992）. Psychosocial Needs and Care in Nursing Homes：Comparison of Views of Social Workers and Home Administrators. *The Gerontologist*，32（1）：115. Copyright© The Gerontological Society of America，Reproduced by permission of publisher.

254 社会工作者的职责

Vourlekis、Gelfand 和 Greene（1992）也提出了社会工作者的 23 项功能，它是由 NASW 的疗养院临床指标工作组在 1988—1989 年间制定出来的（1992：114）（见框 6.2）。

255 **框 6.2　疗养院社会工作者的功能**

1. 评估入院申请的适宜性并提供所需的信息和转介。
2. 促进申请者参与决定进入疗养院。
3. 实施全面的社会心理评估，包括住院者的爱好。
4. 帮助住院者及其家人应对决定进入疗养院所带来的直接影响。
5. 指导住院者及其家人选择机构。
6. 帮助住院者及其家人制订经济计划。
7. 使住院者及其家人参与制订保健计划，包括在他们愿意的前提下参加保健会议。
8. 与相关工作人员一起合作实施每一个住院者的保健计划，尤其关注他们的个别化及身份认同问题。
9. 利用不同的治疗干预（小组、个体、家庭）使住院者的社会功能得以发挥。
10. 帮助住院者适应机构环境。
11. 调解住院者、家人以及工作人员之间出现的问题。
12. 改善住院者和家人的情绪抑郁。
13. 通过获得其他系统的知识，提供社区资源联系，提供转介/联络，并识别出未满足的需求。
14. 给住院者赋权，使其在影响自己的事件中最大限度地发挥决策权。
15. 提供危机干预。
16. 帮助住院者、家人及工作人员准备并应对死亡。
17. 监测政府及机构条例和规章以及它们的相互作用对住院者及其家人的日常生活的影响。
18. 影响机构的政策/实践以促进对时间表和生活方式的选择。
19. 培训并为其他工作人员和志愿者提供关于住院者个人以及住院者群体的社会心理需求咨询。
20. 在个体层面进行倡导。
21. 在政策和计划层面进行倡导。
22. 参与影响住院者保健以及家人参与方面的政策制定。

> 23. 在住院者及其家人参与的情况下制订出院计划，以确保住院者在入院和出院时保健服务的可持续性，并且能够顺利从疗养院出院。
>
> 资料来源：Vourlekis, Betsy S., Gelfand, Donald E. & Greene, Roberta A. (1992). Psychosocial Needs and Care in Nursing Homes: Comparison of Views of Social Workers and Home Administrators. *The Gerontologist*, 32 (1): 115. Copyright© The Gerontological Society of America. Reproduced by permission of publisher.

在 Vourlekis、Gelfand 和 Greene（1992）的研究中，就疗养院社会工作者的角色问题，比较了 NASW 的社会工作者以及疗养院管理者的期望，结果如下：

1. 除了所列的住院者、家人以及工作人员的需求之外，在所有的项目中，疗养院管理者报告的期望值都高于社会工作者；关于所希望的功能成效，他们所报告的期望值也高于社会工作者的。

2. 关于功能等级问题，一般社会工作者与社会工作督导者之间存在差异，一般 255 社会工作者多以为住院者提供直接服务为中心，而社会工作督导者较多参与培训及与其他工作人员的合作。

3. 管理者希望社会工作者花在住院者出院上的时间多于社会工作者所报告的时间。

4. 在疗养院病人的 28 个社会心理需求中，管理者和社会工作者都认为比较重要的五个中有三个是一致的：（1）入院支持；（2）帮助应对丧失感；（3）关系和亲密性。

NASW 的标准中社会工作的功能 256

根据 NASW 的标准 4，长期保健机构的社会工作服务为：

> 社会工作项目的功能应该不仅仅只是局限于为个体、家人以及其他相关人员提供直接服务，还包括对住院者及其家人的健康教育、倡导、出院计划、社区联络和服务，参与政策和项目计划、质量保证、在机构中创造治疗环境，以及为长期保健小组的其他成员提供咨询。
>
> **解释**
>
> 社会工作项目是直接提供服务的，识别和满足每个住院者的社会和情绪需求，帮助每个住院者及其家人适应疾病/残疾、治疗以及住院带来的影响，确保适宜出院计 257 划以及适当利用社区资源和社会卫生资源。[①]（NASW，1981：5）

详细的社会工作服务功能包括：

---

① Copyright 1981, National Association of Social Workers, Inc., NASW Standards for Social Work Services in Long-Term Facilities.

- 入院前服务，包括社会心理评估以及参与个体需求的跨学科评估，以制订机构保健计划并为住院者入院做好准备。
- 制订满足住院者、家人以及相关人员需求的个体社会服务计划，个体计划的最基本目标应该是提高住院者的适应能力并减少居住在新环境里所带来的创伤。
- 帮助住院者、可能的住院者、家人以及相关人员发现和利用经济、法律、精神卫生以及其他社区资源。
- 为个体、家人提供旨在加强其社会心理功能、解决其社会和情绪问题的小组服务，例如适应疾病或残疾、机构生活、机构内部或机构之间的转介、人际关系、社区生活重建以及应对分离、丧亲、濒临死亡和死亡等。
- 参与跨学科保健小组，为住院者制订全面的治疗计划并且评估和协调病人的保健服务。
- 通过制定和实施机构政策以及成立住院者自治委员会，倡导住院者的权利，确保监护人的职责、管理委员会的职责得以实现以及住院者在需要时可以获得个案管理服务。
- 通过出院计划和随访服务推动住院者的社区融入。
- 在适当的时候，指导和督导志愿者。
- 作为机构整体的一部分，参与制订计划和政策，包括与其他工作人员协作识别出改善病人的治疗环境和身体状况所必需的社会、心理及文化因素。
- 参与其他机构人员的指导和在职培训。

258 ● 通过参与社区团体发起、计划和执行的与目标人群的健康和幸福需求相关的项目，来促进社区资源的发展。

- 加入合格的社会工作学校，督导现场工作。
- 参与研究和示范项目，无论是独立完成的项目还是合作完成的项目。[1]（NASW，1981：5－6）

为了帮助社会工作者和评论者监督和评估疗养院社会工作服务的适宜性，NASW 已经制定了服务指标或标准来完成此测量，这些指标中有四个是与社会工作服务过程相关的，有两个是与服务结果相关的。

疗养院社会工作的功能

社会工作项目的功能应该不仅仅只是局限于为个体、家人以及其他相关人员提供直接服务，还包括对住院者及其家人的健康教育、倡导、出院计划、社区联络和服务，

① Copyright 1981，National Association of Social Workers，Inc.，NASW Standards for Social Work Services in Long-Term Facilities.

参与政策和项目计划、质量保证、在机构中创造治疗环境，以及为长期保健小组的其他成员提供咨询。

解释

社会工作项目是直接提供服务的，识别和满足每个住院者的社会和情绪需求，帮助每个住院者及其家人适应疾病/残疾、治疗以及住院带来的影响，确保适宜出院计划以及适当利用社区资源和社会卫生资源。(NASW，1981：5)

根据 NASW 制定的疗养院社会工作和社会心理服务临床指标，四个与疗养院社会工作服务过程相关的指标是：

1. 及时的社会心理评估（全面的住院者评估应该在进入疗养院后不久进行）。 259
2. 全面的社会心理评估（对住院者的心理和社会环境进行适当评估）。
3. 住院者参与制订保健计划（住院者被包括在保健计划的制订和决策过程中）。
4. 家人参与制订保健计划（了解住院者家人的愿望和想法，考虑到文化敏感性因素和生活方式，并且让家人了解保健计划以及保健计划小组做出的决定）。①

两个与疗养院社会工作服务结果相关的主要指标是：

1. 住院者对选择的满意度（住院者对于在疗养院的日常生活中可获得的选择度感到满意）。
2. 问题解决（住院者的社会心理问题得到改善）。

这六个反映疗养院社会工作服务质量的指标存在的基本原理依次是：

基本原理 1：全面的社会史及社会心理评估信息，结论中应该包括民族、文化、种族、宗教信息以及性取向，这些都必须及时获得，以作为指导制订保健计划和提供保健服务的基础。

基本原理 2：为了适当地指导计划和决策，必须了解社会心理史并评估住院者的需求和优势（例如资产和资源）。根据住院者的情况，清楚地说明这一信息对于保健计划的意义。

基本原理 3：住院者的计划应该包括那些影响日常生活的事件。它必须反映他或她的喜好和选择，包括文化、种族、宗教背景以及性取向。住院者或他们的代理人必须清楚哪些体现在了保健计划中，也有权利拒绝保健计划的某些内容。

基本原理 4：家人参与保健计划可以提供重要的信息以指导决策。如果一项保健 260
计划是适当的，那么家人就应该充分知情以加强积极合作，社会工作者要在保健计划

① Copyright 1993，National Association of Social Workers，Inc.，NASW Clinical Indicators for Social Work and Psychosocial Services in Nursing Homes.

会议之前和之后都促进家人与保健小组之间的交流。

基本原理5：较多地控制个人生活被认为有助于其社会和心理健康，尽管不仅仅是社会工作为这一方面的正面或负面结果负责。社会工作的功能之一是在社会心理评估中识别住院者的偏好和个别化特征，并且通过直接为住院者及其家人提供服务、教育工作人员使其具有敏感性、建立选择机制以及在疗养院的政策层面做工作等来帮助他们做选择。

基本原理6：社会工作干预的目的是为了帮助满足住院者的社会心理需求，促进并解决与疗养院的生活和保健相关的问题。解决问题是衡量干预是否达到其目标的一个指标。（NASW，1993：6－8）

知识要求

服务对象群体

年龄

1997年，在美国大约有4.5%的65岁及以上的人居住在疗养院中，随着他们年龄的增大，老年人生活在疗养院的比例也会增加。例如，对于男性来说，65岁及以上的人居住在疗养院的比例是3.2%，而85岁及以上的人中居住在疗养院的比例增加到11.9%。对于女性而言，1997年，居住在疗养院的两个比例分别是5.4%和22.2%（U. S. Government Printing Office，2000a：298，Table 96）。

1997年，在65岁及以上的人中，进入疗养院的人的平均年龄是82.6岁，略超过一半（51%）的疗养院住院者的年龄为85岁及以上（Sahyoun et al.，2001）。

261 #### 种族

1985年到1997年间，美国65岁及以上人口中，居住在疗养院里的白种人的比例显著降低，但黑人的比例显著升高，从6%增加到10%（Sahyoun et al.，2001）。这些趋势在85岁及以上年龄组中表现得更为突出，对此的解释还不清晰，尽管它可能反映了这一群体预期寿命的普遍增加（U. S. Government Printing Office，2000a：298，Table 96）。

但是，在美国疗养院住院者的种族人数中白人仍旧是不成比例地偏高。根据1997年对全美范围内疗养院的调查，88.4%的疗养院住院者是白人，只有9.4%是黑人。该调查把剩余2.2%的疗养院住院者划分为西班牙裔，尽管其不止包括一个民族（U. S. Government Printing Office，2000b：134，Table 209）。

性别

同样是根据1997年的全美疗养院调查结果，发现25.4%的疗养院住院者是男性，而剩余74.6%是女性（U. S. Government Printing Office，2000b：134，Table 209）。推测起来，这一结果反映了女性的平均寿命比较长，同时也反映了有较高比例的老年男性是已婚者这一趋势，在需要的时候，通常是比较年轻的妇女来充当其丈夫的看护者。

疗养院社会工作者说他们需要了解更多的是什么

1987 年的《综合预算调整法》（PL100－203）重新把重点放在了疗养院社会心理保健的重要性上面，从理论上强调了疗养院社会服务的重要性（Greene et al.，1992）。从技术方面，与病人的医疗相关的社会和情绪需求必须被识别出来，并且要求有一个清晰的计划来帮助每个病人在社会和情绪方面适应其疾病、治疗以及所住的机构（1992：40）。每一家拥有 120 张及以上床位的疗养院都必须雇用一名社会工作者提供服务。

但现实情况是，联邦法律只规定，如果机构有 120 张及以上的床位，那么要求有一名“合格的社会工作者”，结果，许多疗养院的社会工作者只是具有社会工作学士学位或“相关领域”的学士学位（Quam & Whitford，1992），并且可能会被期望承担他们不能够很
好胜任的责任。当 301 个疗养院社会工作者被要求按照兴趣水平、工作相关性以及目前的 262
能力水平来评价学科领域的多元性时，他们普遍表示需要更多地了解老年人的行为问题、医学术语和处方信息、精神健康问题、随年龄增加出现的认知变化以及如何对他们的家人开展工作（Quam & Whitford，1992：151）。

一项调查（Greene et al.，1992）研究了 152 个专业社会工作者，他们都是 NASW 的成员，受雇于疗养院，许多是做咨询的。研究的目的是为了了解他们关于疗养院特征、对自己工作的认识以及因为工作需要知道的知识，他们的报告并不是一幅理想的图画。在这些社会工作者中，87%有 MSW 学位，11%有 BSW 学位（Greene et al.，1992：43）。超过一半的人（54%）报告他们的机构只雇用了一名社会工作者（1992：44）。社会工作人员比较可能出现在非营利性机构中，而从事咨询工作（兼职的、协议的）的社会工作者比较经常出现在营利性机构里。

Greene 及其同事们（1992）发现，在应答的社会工作者中，至少有 1/4 的人认为他们所工作的疗养院只是在最低限度范围内提供充分的服务，他们认为自己协调组织政策与住院者的偏好之间冲突的有效性较差，他们的跨学科团队功能有效性较差或几乎没有。在应答的社会工作者中，18%的人把他们自己在机构的整体有效性评价为居于“边缘或之下”（1992：44）。

Greene 及其同事们（1992：48）将需要社会工作者识别的主要教育/训练内容分类如下：

1. 人类行为——如老化过程的知识、药理学、神经缺陷、生物—心理—社会过程、生命周期、迷失行为管理和/或侵袭性患者管理。

2. 方法——如交流、访谈、干预（尤其是危机干预、压力管理、家庭及小组治

疗干预)、时间管理以及资料管理。

3. 政策与服务——如赋权项目、老年人项目以及OMBRA立法。

4. 研究——如统计学技术、项目评估以及目前的研究发现。

跨学科协作

263 25％的社会工作应答者认为他们在跨学科团队中处于相对低效的地位，这表明医疗社会工作者需要提高教育方面的准备以适应跨学科团队工作（Greene et al.，1992：52）。

Cohen-Mansfield及其同事们（1991）从研究中发现，护士和社会工作者对病人的认识存在差异，从而得出结论，针对这两种专业的教育计划必须使他们了解彼此的专业（1991：146）。他们也总结道：对住院者的认知功能、社会功能以及抑郁水平状况的专业认识差异可能反映了彼此的专业技能以及学科职责的差异（1991：143）。

社会工作咨询角色

建议希望被疗养院雇用而成为咨询者的社会工作者熟悉州立规章（通过州立疗养院协会）、联邦指南以及疗养院调查程序（州立卫生部门）（Horejsi，1987）。长期保健工作坊也被推荐，并且有的书中收集了可参考的经典协议和形式的例子（1987：155）。评估社会工作者的教育背景和技能也会有助于确定咨询者最可能提供的帮助类型（1987：155）。

病人转诊的重要性

因为病人对生活的控制感与其健康状况和幸福感呈正向相关，因此鼓励医疗社会工作者支持服务对象的自我决策原则，并且避免发生可能会给人们带来非意愿、计划外的经历的情况和事件。因此，社会工作者弄清楚会对疗养院病人造成创伤的高危情况或事件的类型是很重要的。

需要知道的知识之一就是关于转入和转出疗养院的问题。研究已经证实，疗养院住院者通常不能很好地适应突然的、被迫的环境变化（Beirne et al.，1995）。曾有一个机构因为暂时没有得到医疗补助认证而突然关闭，有人于一年后开展了一项追踪研究，随访了在机构得到重新认证后三个月内返回该疗养院的病人以及留在其他地方的病人的结局。研究
264 发现，65％没有返回该疗养院的病人病情恶化或死亡，而返回该疗养院的病人中，只有19％发生病情恶化或死亡（1995：116）。此外，得到社会支持的人与没有得到社会支持的人在预后上也存在显著性差异（1995：119）。

另一项最近开展的对进入疗养院的老年人的随访研究（Reinardy，1995）发现，住院者认为他们参与决定进入机构的程度与他们对于机构的满意度之间存在显著的正向相关，住院者希望进入机构的程度与他们对机构的满意度以及他们参与疗养院活动的水平之间也存在显著的正向相关（1995：36）。

Scharlach（1988）发现，利用经过培训的同伴咨询者，也就是其他住院者去给新住院病人提供所需的信息和社会支持，这对于新住院者适应机构有显著的积极影响。

入院前精神疾病和智力迟缓筛查

负责病人入院和出院的社会工作者需要知道 OMBRA 在 1987 年提出的如下法律要求。关于疗养院改革的许多规定之一就是在 1989 年 1 月 1 日之前居住在疗养院里的病人以及那些目前正被考虑入院的病人必须接受由一名医生、医院出院计划制订者（注册护士或注册社会工作者）或一名合格的精神卫生和智力迟缓专业人员实施的入院前筛查。这样的筛查将决定病人是否有严重的精神障碍、智力迟缓或“相关的紊乱”，或者是其他严重的发育障碍（Mosher-Ashley，Turner & O'Neill，1991）。每个州都制定了一套入院前的筛查标准和住院者复查标准。

相关的精神紊乱主要包括精神分裂症、偏执狂、主要情感失常、精神分裂症障碍，以及 DSM-Ⅲ和现在的 DSM-Ⅳ-TR 所定义的非典型性精神病（Mosher-Ashley，Turner & O'Neill，1991：250）。要求进行筛查的目的是确定病人需要哪个方面的专业治疗。

对精神紊乱的关注是从 20 世纪 50 年代的去机构化运动开始的，去机构化运动导致大量机构的精神病人及有发育障碍的人从州立医院转移到经过医疗补助认证的疗养院。在疗养院 265
里，对大部分人来说，得不到他们所需要的保健。OMBRA 要求任何一个不需要疗养院保健的病人必须重新被转介到一个更适合的地方去，除非他们在该机构的居住时间在 30 个月以上，并且他们愿意继续留在这里（Mosher-Ashley，Turner & O'Neill，1991：250）。

疗养院监督员计划

疗养院社会工作者应该明白，自从美国国会在 1978 年根据《美国老年人法》创立了长期保健监督员计划以后，现在大多数州都有这一项目。州政府有权选择雇人来从事这一职务或是使用志愿者。这些项目的有效性有相当大不同，但评论家一致认为最好的监督员计划应该是一个能够吸引、锻炼和留住志愿者的地方（Nelson，1995）。1987 年的《美国老年人法》强调了监督员的自主权和责任，确保他们能够进入疗养院机构，而且许多州都具体规定了责任，例如投诉调查、技术帮助和培训、倡导与其他州的机构合作、公众教育以及项目管理和发展（Nelson，1995：32）。优秀的监督员计划的其他特征包括高度的机动性、快速处理投诉、法律支持、独立地位以及强大的立法功能（1995：36）。正如一名监督员的报告：

> 当我们走进去的时候，工作人员开始忙碌起来，他们非常清楚我们是谁以及我们为什么在那里。很难说他们是否确切知道，但他们能感觉到我们在那里。我们非常关注行政管理人员和工作人员对病人的保健和尊重。（Nelson，1995：39）

价值观与伦理思考

病人信息的合法来源

有多种复杂的价值观和伦理问题是疗养院社会工作者应该认识到的。其中之一就是，

利用病人家人或工作人员作为住院者信息的代理人是有风险的做法，因为有证据表明这些
266 代理人可能有时不如住院者那么了解实际情况（Tennstedt et al.，1992）。

住院者的权利以及主动保健选择

自从《病患自主权法》在1990年被颁布，1991年生效之后，指定给疗养院社会工作者的许多任务之一就是在每个住院者入院后不久，就需要告诉住院者或者他的家人，病人是否出现机能不全，以及病人在机构里有哪些权利。然后，社会工作者应该与病人探讨关于医疗决定的愿望，并且决定他们是否有聘请律师的权力，或者是否有兴趣聘请长期律师的权力，以及他们的生活愿望。大多数疗养院都以书面文字的形式记录下来以帮助实现这一过程，并且通常会获得一份生前遗嘱（签字，有两个证人，确定病人的愿望是否希望得到医学治疗、营养和碳水化合物以及缓解疼痛的药物）。长期律师权是一份法律文件，需要在病人意识清醒的情况下完成，这份文件会授予某个人权利，在病人不能独自做决定的时候，他应该根据病人的利益做出某些特殊的决定。病人被希望与委任者或代理人讨论假定在某些情况下，他或她在未来希望做什么，并希望代理人尊重他们的这些愿望。

毫无疑问，与疗养院住院者及其家人讨论将来的残疾或死亡问题时，需要对他们的感受相当敏感。可以理解，新入院的病人及其家人会感到焦虑，并且通常会对适应入院及相关变化和不确定性感到不安。因此，社会工作者在选择最适当的场合试图让住院者和/或家人考虑这些严重问题的时候，应该个别化对待每种情况。

但是，他们需要尽快讨论，原因如下："缺乏预先指示可能会带来压力、困惑、痛苦
267 的自我反省，浪费由家庭成员和卫生保健提供者所提供的时间和情感以及经济资源，因为他们会被迫努力找到一个替代判断。"（Spears，Drinka & Voeks，1993：409）

当服务对象已经处于没有能力做出自主选择及做出预先指示的情况下，任命一个合法的监护人可能是必要的行动（Spears，Drinka & Voeks，1993：409）。关于这一程序，每个州的法律规定有所不同，因此社会工作者需要根据自己所在的州的具体情况来熟悉这些法律规定。

住院者的自主权问题

希望在疗养院类型机构工作的社会工作者最好看一本优秀的书——由Kane和Caplan（1990）编写的《日常伦理：在疗养院的生活里解决难题》（*Resolving Dilemmas in Nursing Home Life*）。它能不断提供文献资源以帮助社会工作者解决伦理问题，并且可以用于对疗养院工作人员的在职培训。在此书中所采取的立场是：

> 疗养院的职责必须是帮助住院者尝试锻炼他们的自治能力，而不是管理他们的行为。让所有的住院者都确定自己获得了自主权，并且必须以此来取代机构的功效，这

才是主要目标。(Foldes，1990：35)

病人的自主权或自我决策权问题与其生活质量密切相关。疗养院病人被允许拥有长期自治权或实现一种生活愿望的程度还不够；所有对日常生活的小决定都会造成个人控制感的差异，而个人控制感对于快乐、健康和幸福来说是至关重要的。人们需要由自己决定早上什么时间起床以及晚上什么时间睡觉，什么时间吃东西以及吃什么东西，什么时候需要去洗手间，将要穿什么衣服，以及他们想要从事什么活动（Caplan，1990：39－41)。

尊重自主权原则意味着疗养院中的个别化服务（Kane & Caplan，1990：81)，并且要求工作人员真正了解他们的住院者喜欢什么，不喜欢什么，以及他们的价值观、信仰、习惯和行为模式等等。

死亡和濒临死亡的住院者

在疗养院保健中，通常比较难处理的另一个领域就是住院者的死亡。大部分住院者以及他们的家人需要并且希望知道情况怎么样，并且真诚而尊重地对待死亡和即将死亡的问题。濒临死亡的住院者、家人、其他住院者以及疗养院的工作人员不可能从孤立地对待濒临死亡的住院者以及当做什么事都没有发生的行为中受益，其他住院者需要表达他们的感受，并且能够意识到他们将来的死亡会怎样被周围的人以仁慈、温暖和尊重的方式对待。 268

疗养院的职责

疗养院的职责必须是帮助住院者尝试锻炼他们的自治能力，而不是管理他们的行为。让所有的住院者都确定自己获得了自主权，并且必须以此来取代机构的功效，这才是主要目标。(Foldes，1990：35)

疗养院社会工作者可能经常会在促进这样一种环境方面帮助工作人员、住院者以及住院者的家人，即给每个人提供机会，让他们交流他们的感受并且相互支持。此外，了解并尊重住院者家人以及道德传统对死亡和濒临死亡的态度是很重要的。

助人干预

用小组工作的方法处理住院者的抑郁问题

疗养院住院者的常见问题之一就是与多种丧失、社会对老年人的歧视、药物治疗副作用以及由于功能依赖和失去惯常的社区支持所引起的无助感相关的情绪抑郁（Dhooper et al.，1993)。

三个 MSW 水平的社会工作者被一个研究项目雇用，来实验应用小组工作方法处理某个疗养院里老年住院者的抑郁问题（Dhooper et al.，1993）。干预采取折中式的联合方法，包括回忆疗法/生命回顾、解决问题、认知疗法、交流理论以及感受探讨和交流，目的是帮助小组成员重新获得或建立自我完整感，让他们感到有权力，体验社会支持和社会亲密性，并且获得认知功能和社会技能。

选择被诊断为轻度到中度抑郁的病人，并把他们随机分配到实验组和对照组中。实验
269 组的对象参加九次活动，每次一小时，其目的由 Dhooper 及其同事们在他们的文章附录部分加以描述（Dhoope et al.，1993：99）。在实验前，研究对象的抑郁水平非常一致，但在实验后，实验组的分数显著低于平均抑郁水平，与实验前和对照组的实验后结果相比，都有显著性差异。

该研究结果显示，社会小组工作中的折中式方法，由于允许住院者分享他们的生活经历、认识并表达他们的感受并且获得了解决问题的技能，在治疗疗养院住院者的情绪抑郁方面，与一种比较局限的方法相比，可能是一个更有效的干预措施（Dhooper et al.，1993：97）。

通过家庭会议帮助家庭成员

从接受住院者及其家人的要求准许病人进入机构那一刻开始，就应该强调社会工作者与家庭成员一起亲密工作的重要性（Bogo，1987）。从事家庭状况评估并把它们看作与住院者的潜在需求有关系是必不可少的，这么做部分是考虑到老年父母进入疗养院通常是存在家庭危机的一个象征，而这一家庭危机可能通过住院得到解决，但也可能得不到解决（Bogo，1987）。疗养院社会工作者已经很清楚系统理论对于家庭的意义，而且 Bogo（1987）详细描述了早期把家庭包括在工作范围之内的过程及其可能带来的结果。

另一项疗养院社会工作干预是组织和领导一个家庭会议，其目的包括帮助住院者的家人适应住院安排，促进住院者与工作人员建立良好的关系以及加强与其他住院者的关系（Palmer，1991：122）。

家庭会议是一种把住院者的家人包括在内，让他们分享彼此的期望和关心的机制，从而获得信息并弄清楚他们的问题所在，一起解决问题，并且让他们感到他们的建议被管理部门听取了（Palmer，1991：124）。在提供报告的组当中（Palmer，1991），社会工作者和某个家庭成员一起为该小组提供便利条件。Palmer 提供了关于这一小组的详细过程以及小组的经验（1991）。

Judith Weisberg 描述了在有一位亲属被送进了疗养院后，家庭成员所经历的痛苦。Judith Weisberg 是一名疗养院社会工作者，她的母亲也是一个疗养院病人（Weisberg，1991）。那是一个温馨而感人的故事，应该能够帮助其他疗养院社会工作者更好地理解并更有效地应对其他家庭所经历的事情。

通过住院者理事会为住院者赋权 270

Silverstone 和 Burack-Weiss（1982）指出：

> 必须找到在疗养院这样的环境中能让住院者重拾或感到他们获得了一些对自己生活的控制权的方法，疗养院的限制条件越少越好……一个可靠的经过验证的方法就是建立住院者理事会。（1982：30）

Silverstone 和 Burack-Weiss（1982）建议，为了使住院者理事会能够更有效地工作，疗养院管理部门必须宣布理事会的成立并支持其发挥职责，具体的任务应该分配给理事会的成员（例如，计划一项活动的时间表或节目单），并且应该为住院者提供反馈的机会（1982：30）。必须小心避免理事会成为一个无权的组织，或者很快就面临解散的局面，只留下令人苦涩的感受。

Getzel（1983）认为，一个住院者理事会应该起到“协调的功能”，也就是说，提供解决冲突的机会，前提条件是基于疗养院里所有的人员都彼此需要才能够更好地发挥功能。因此，建立一种机制，使冲突能够尽快得到交流、处理和解决，这是一种对彼此都有益的做法。

Getzel（1983）把住院者理事会的八个发展阶段加以概念化：

> 第一阶段：介绍住院者理事会的概念并且在住院者中选出领导者。
> 第二阶段：机构形成。
> 第三阶段：与孤立的住院者接触。
> 第四阶段：表达感觉到的关心和解决问题。
> 第五阶段：与主要机构人员接触。
> 第六阶段：加强住院者的团结。
> 第七阶段：在成员遇到危机情况时，提供支持和相互帮助。
> 第八阶段：社区联系和社会活动（在某个地理区域内形成住院者理事会联盟）。

Getzel（1983）评论道：

> 对于住院者理事会来讲，一个真诚的办法就是给住院者提供更广泛活动的机会，而不管老年住院者是否虚弱和灵活性受到限制。要有一种信念，即相信人们民主参与和成长的能力并没有随着他或她进入疗养院而结束。（1983：185）

用于疗养院住院者的宠物疗法 271

有相当多的证据表明，对于那些喜欢动物、不会对动物过敏并且不会受到动物伤害的疗养院住院者来说，宠物的可获得性可能会对他们产生许多积极的影响。例如减轻他们的孤独感、使他们的心跳节奏趋于平稳、提供关心其他人的乐趣和被爱的感觉以及满足触摸的需求（Hoffman，1991）。此外，有时宠物能够给他们带来比较多的身体活动或锻炼，增强他们的自尊心，给他们提供一些希望要做的事情，并且会刺激他们的记忆，可能会对回忆疗法有帮助。

疗养院通常会允许外面的组织定期带一些经过良好行为训练的宠物来，实际上所有的州目前都允许宠物住在疗养院里，并把它们当做"福神"看待（Hoffman，1991：202）。允许住院者享受与宠物住在一起的时间持续越长，那么他们所获得的舒适感和愉悦感也就越持久。

疗养院里宠物的潜在重要性得到了另一项研究的验证，该研究发现疗养院里的住院者一般都不能在彼此之间形成亲密的人际关系，因此缺乏获得亲密感的机会（Gutheil，1991）。结果表明，住院者应该利用疗养院里的友谊关系作为一种应对那里的生活的方法，但是很少谈到任何非常私人的东西或情感问题，尤其是悲伤的经历，似乎为了应对疗养院里的生活，他们太过于"防卫"——处于一种防卫的状态，以至于不能充分暴露自己的脆弱以分享内心深处的悲伤情绪。

应对有敌意的—攻击性的疗养院住院者

Cox（1993）提醒我们，社会工作的主要目标是为了提高个人在他或她所处环境关系中的功能，因此，假定疗养院住院者的敌意或攻击行为的原因完全是发自内心深处的，并且试图使用化学药品和或身体限制来对待他们是不适当的。相反地，Cox（1993）提出了一个建议，通过行为评估来寻求潜在的问题解决办法。例如，倾听或说出损伤，器质性脑病综合征，与工作人员、室友及家人的人际关系，最近的丧失史，以及疗养院的规则、制度、活动和限制对住院者自主权的影响。

Cox（1993）指出，住院者的攻击性行为通常是感觉受到威胁的自然反应，在某些方
272 面，可能是一种比较健康的行为，选择放弃以及放弃之后带来的退缩和抑郁，对于机构来说却是有损其功能的。因此，希望社会工作者能够在住院者的需求与疗养院的运作之间进行协调。

根据已经发现的破坏性行为的原因，干预措施可能包括支持性疗法和咨询、行为疗法、环境改变、强化疗法、现实定向、身体限制以及药物治疗（Cox，1993：186）。Cox（1993）讨论了每一种干预方式，并且举例说明了它们所适用的情况。

1. 支持性疗法——包括小组疗法，能够帮助他们解决适应疗养院安置的相关问题，重点在于让他们表达感受，并接受来自其他人的情绪支持以增强应对疗养院安置的能力感。

2. 行为疗法——包括识别需要改变的行为发生的前提条件，并且学习一种应对它的新方法，例如放松技巧或自信训练，在不激怒他人的情况下表达想法和感受。

3. 环境改变——可能包括变换室友、倡导更多的工作人员适应住院者的选择，包括通过参与活动和/或社会相互影响以及在职培训来提高工作人员对住院者需求的理解和敏感性。

4. 强化疗法——包括使用正面的反应（奖励）或负面的反应（失去喜欢的东西）来刺激期望行为的出现。行为和反应必须一致并能够迅速结合在一起以使个体可以重新适应状况或再次接受训练。一般优先选择正面的奖励，不仅由于人道主义的原因，而且因为它具有增加希望的行为的作用，而不是简单地否定不希望的行为。

5. 现实定向——被用于那些由于太多的环境改变和刺激而发生暂时性混乱和不安的住院者，这些症状有时与早期认知障碍一起出现。这种方法可以包括在没有刺激的情况下维持一种平静而持续的日常规则，由家人和工作人员提醒日期和时间，以及用诚挚而可靠的方式来规范期望的行为并使住院者平静下来。日历、钟表、照片以及熟悉的事物可能会对这种方法有帮助。

6. 身体限制和药物治疗——一般不鼓励使用，这种方法被发现对病人有身体和心理方面的伤害。自从1987年的OMBRA出台以后，疗养院里使用任何一种限制的权力都受到了严格制约。社会工作者应该从不参与它们的使用并且应该要求采取行动预防它们的使用，除非是暂时的、可怕的紧急情况下以及得到医生命令的情况下才能使用。身体限制现在被认为与跌落下床而受到伤害的风险增加有关（Evans & Strumpf，1989，被Bruno引用，1994：139），体内化学成分的异常变化会增加基础代谢率和血流量，引起直立低血压、挛缩、轻度四肢水肿和褥疮（床或压力引起疼痛），降低肌肉的数量、质量和力量，引起骨质疏松、机会感染增加以及脑电图（EEG）改变（Evans & Strumpf，1989，被Bruno引用，1994：132）。 273

此外，限制可能会导致行为紊乱、情绪孤独、害怕被放弃、被惩罚感、感觉剥夺以及丧失自尊心（Bruno，1994：132）。Bruno（1994）引用Williams（1989：385）的文献，写道：

> 免费服务的主要限制……在于提供“个别化服务”、以个体为中心并且满足他或她特殊的需求……工作人员必须开始了解住院者，不仅仅把他们看做“病人”……而且他们需要继续一起工作以交换信息和观点。（1994：141）

另一个受雇于一家退伍军人长期保健机构的社会工作者（Lerer，1995）报告了她与“易发脾气的”病人一起工作的经历。她观察到在大部分机构的病人中，作为退伍军人，绝大多数是男性，“有强烈的权利感”（1995：171），并且往往有完好的认知功能，但身体上受到了严重伤害，通常不能走动或大小便失禁，此外，他们经常会缺乏冲动控制能力，并且具有长期社会关系极少的历史背景。Lerer（1995）表达了她的观点，她认为这些病人的生理依赖性导致他们的自尊心较低以及出现一些奇怪的行为（1995：172），这些都反映了一种向早期发育阶段回归的现象（1995：173）。

Lerer（1995）描述了她对于这些病人的活动建议：在“早期阶段”，专心聆听病人的抱怨，提供支持和认可，并且使他们的行为重归平静。在“中期阶段”，她探索了病人的历史、兴趣和爱好，以及病人对于是什么因素构成了工作人员提供的理想服务的看法。来自于工作者的理解和认可会使病人逐渐平静下来，他会开始触及自己内心深处的孤独和绝望感，他会记得在身体伤害和成人依赖性发生之前自己是谁，这有助于恢复他的自尊心。在“持续阶段”，病人开始对自己的丧失感到悲伤，增强自尊心，并且变得不太抑郁。即使与其他工作人员的关系改善了，社会工作者仍会提供次数较少但仍旧是持续性的情感和社会支持。工作者使护理工作人员了解了他们是如何帮助社会工作者更好地理解病人口出恶言的行为其实是害怕失去控制感的反应的（Lerer，1995：178）。由社会工作者为一线
274 工作人员提供在职培训是更有效地处理易怒病人的一个重要补充，再加上通过教育、提供交流机会、交换关心和观点以及相互支持等联合发挥作用。

疗养院病人的躁动管理

目前，绝大多数疗养院病人都有某种形式的痴呆（Ouslander，Osterweil & Morley，1997，被 Nasr & Osterweil 引用，1999）。许多疗养院住院者患有痴呆，但同时有一些疗养院住院者没有患痴呆，却有时有明显的躁动行为。自从 1987 年的 OMBRA 以及其后关于此法案的 HCFA 的建议被公布以后，服务机构被期望避免使用药物干预，而是使用某些形式的行为管理。

躁动可以是以口头形式表达的，或者是以不适当的重复动作表达出来的，这种行为的例子包括踱步、制造特殊的噪音、脱衣服、口头请求帮助（例如，“请过来这里”），或者口头表达焦虑（例如，“喔，天哪，喔，天哪……”）。躁动症状可以是有攻击性的，也可以是没有攻击性的，躁动行为的实际结果可能包括对自己及其他人的伤害。最重要的是理解下面的话：

> 躁动不是一种随机行为，它来自老年人所经历的潜在悲伤，这种悲伤可能源于认知损伤、心理紊乱和治疗紊乱，以及功能伤害。（1999：7）听力、视力以及活动性损伤可能会增加认知功能受损住院者所经历的孤独感……如果病人因为功能受损而不能够实现或表达这些需求的话，饥饿、口渴或者上厕所的需求可能会引起躁动。（Nasr & Osterweil，1999：8）

在医生对病人进行全面的疾病史和体格检查之前，考虑到可能的“身体、治疗、功能和心理原因”，需要获得许多关于住院者的基本信息，包括描述其行为、它的前因后果、治疗史、社会史以及身体症状（Nasr & Osterweil，1999：4）。关键在于应该尝试努力来识别并适当地处理任何潜在的能够治疗的状况，无论是医疗的、心理的还是功能的。有许

多等级量表可以用来评估躁动行为，而且这些量表“对于确定主要的行为混乱类型、适当的治疗方法以及治疗反应来说可能是无价的”（1999：9）。Nasr 和 Osterweil 逐个引用了这些等级量表中的八个，它们都是对评估和治疗躁动行为很有用的工具。 275

尽管认知缺陷经常与躁动行为有关系，但也可能存在其他的原因，例如其他心理紊乱或内分泌和神经功能紊乱，而且适当的干预取决于正确的诊断性评估。在评估结果的基础上，可能的干预范围包括音乐疗法，宠物疗法，白色噪音（例如森林、海洋或鸟叫的录音带），触摸，强光疗法，增加活动或锻炼水平，增加社会作用或娱乐性活动，角色扮演，减少噪音和其他刺激，增加个人空间，以及利用特殊设计的、工作人员可操作的特殊身体设备以满足特殊人群的需求，例如用于阿茨海默病病人的设备。此外，某些形式的行为疗法有时可能会是有效的，不管病人是否有记忆损伤，例如改变先前的躁动行为刺激因素，或者对其后的行为做出反应，或者利用正面的反应来加强期望的行为。回忆和生命回顾有时也有帮助作用。在任何情况下，“药物治疗都应该被用作最后一个解决办法或者在紧急情况下使用，并且要尽量缩短使用时间”（Nasr & Osterweil，1999：15）。

应对住院者家人中有攻击性行为的成员

据报道，在疗养院中还存在着一种不太常碰到的问题，即住院者的家庭成员有时会比较粗鲁，在言语上对工作人员有谩骂现象，大多数情况下这是一种他们认为工作人员为其所爱的家人提供的服务质量不好的反应。有一项调查（Vinton & Mazza，1994）研究了佛罗里达州的 70 家疗养院里的情况，在为期六个月的时间里，据报告，住院者的家庭成员对疗养院保健工作人员的言语攻击行为超过 1 000 次，身体攻击行为有 13 次。

女儿（31%）和妻子（28%）与丈夫（14%）和儿子（11%）相比，更有可能成为报告中的攻击行为实施者，然后是其他一些亲戚（16%）（Vinton & Mazza，1994：530）。社会工作人员被报告是最经常被要求解决这些冲突的人，而且 Vinton 和 Mazza（1994）认为，因为大多数冲突与护理服务的质量有关系，那么就存在一个疑惑，为什么不是护理 276
主管最经常被要求解决此类问题呢？

最经常被用于解决此类冲突的策略包括：（1）与相关工作人员讨论事实情况；（2）与有攻击行为的家庭成员讨论事实情况；（3）与相关工作人员和有攻击行为的家庭成员一起讨论事实情况。Vinton 和 Mazza（1994）指出，由于列举在调查表中的其他可供选择的方法，例如在职培训、利用住院者的保健计划作为服务标准、制定政策以及与家庭成员签订协议，没有被使用，因此疗养院社会工作者以及其他被要求处理此类问题的人也就没有探讨许多其他可能的冲突解决办法。

一项对全美范围内的家庭看护者——他们是服务提供者支持性小组的成员——进行的调查发现，那些目前有亲戚接受疗养院服务的人，对于自己未来进入老年的担忧水平是最高的。不清楚这是由于害怕退化，还是由于害怕自己会成为这种机构所提供的不良保健服务的接受者。但是，据报告，对于自己未来的老化问题的过度担忧可能会有助于解释某些家庭成员对疗养院工作人员所采取的攻击行为，正如在其他研究结果中所报告的一样（Wullschleger et al.，1996）。

帮助早期的家庭服务提供者

正如前面段落中所建议的，住院者的家庭成员在住院者适应住院安排有特殊困难的时候，往往会充当家庭服务提供者（Montgomery & Kosloski，1994；Riddick et al.，1992）。

根据 Riddick 及其同事们（1992）的论述：

> 当疗养院入院减少了家庭保健服务提供者日常奉献给他所爱的家人的时间时，很明显会出现其他的关注点并且会引起服务提供者的注意。尤其比较常见的是，服务提供者仍然要承担着与服务提供者角色相关的负担，其情绪冲突可能会超过住院者对疗养院住院安置的情绪冲突。（1992：70－71）

此外，家庭服务提供者在他们所爱的人进入疗养院之前，通常会在相当长的一段时间里牺牲自己的生活而充当服务提供者的角色。Riddick 及其同事们发现，这一平均时间为七年（1992：58），而且对疗养院的满意度与家庭服务提供者正在经历的住院安置负担呈负相关。

家庭服务提供者的负担指的是家庭服务提供者对这些情感如苦恼、内疚、愤怒、压抑以及对未来的担忧等的内心冲突（Riddick et al.，1992：52）。Monahan（1995）称之为“感受到的压力”，并且指出，一些观察者已经提出建议，这种压力可能会在住院安置发生之后表现得更加明显。Riddick 及其同事们（1992）报告了一个女儿在把她患有痴呆症的父母送进疗养院之后的感受：“［我意识到］我必须以某种方式让自己了解我必须首先对自
277 己负责，否则我将会死掉。从理智上讲，我知道答案，但却很难接受。你怎么能放弃那些你所爱的人呢？”（1992：72）

Riddick 及其同事们（1992）指出，其实践意义在于社会工作者必须：（1）为家庭服务提供者提供咨询以处理他们在住院安排之前和之后都可能会经历的情绪问题；（2）为他们提供关于疗养院生活方面的宣传教育；（3）使疗养院工作人员对家庭服务提供者的感受具有敏感性；（4）教给疗养院工作人员一些有助于住院者及其家人适应和接受疗养院生活的行为——尤其是住院者的配偶，他们要放弃自己先前的角色并把其交给工作人员，这对他们来说是比较困难的（1992：72）。

早期的家庭服务提供者仍旧继续感到有责任监督他们所爱的人在疗养院里的生活，这一点也得到了另一项由 Dempsey 和 Pruchno（1993）所开展的研究的结果的证实。家庭服务提供者在家人入院后对自己又提出任务，这反映了“替代原则”。也就是说，家庭服务

提供者往往会认为他们可以满足住院者的任何需求，而工作人员却没有能够提供全部的服务，尤其是在非技能性机构中（1993：141）。

Dempsey 和 Pruchno（1993）建议：（1）家庭服务提供者需要了解哪些任务是疗养院应该负责提供的（大多数应该是技术性任务，如上厕所、洗澡、穿衣服、吃饭、管理吃药和治疗）；（2）应该鼓励疗养院工作人员把家庭服务提供者看做是有能力帮助他们为住院者提供服务的人，尤其是提供非技术性服务（如管理他们的钱物，购物，提供房间里摆放的植物以及其他“额外的东西”，在住院者的衣服或其他物品上做标记，同意或拒绝治疗程序，写信等）；（3）工作人员应该帮助家庭服务提供者找出一些他们在探视时能够一起分享的活动以减轻家庭成员的无助感（1993：143）。

Monahan（1995）报告了一项对纽约一家疗养院痴呆中心病人的早期家庭服务提供者进行的调查结果，该调查的目的是发现与服务提供者的负担水平相关的变量。能够很好地解释服务提供者负担差异的变量包括：服务提供者的健康状况（健康状况比较差的人负担比较大），年龄和性别（年龄比较大的人以及男性服务提供者感到负担比较大），种族、婚姻状况和文化水平（非白种人、已婚以及那些文化程度比较高的人负担比较大），服务提供者对于疗养院服务质量的认知（服务质量越差，负担也就越大）。Monahan（1995）也建议疗养院社会工作者帮助家庭服务提供者及工作人员在制订和实施服务计划时建立伙伴关系，以避免工作人员认为家人“过度参与”，并且帮助家庭服务提供者减轻负担。

Kramer（2000）开展了一项关于丈夫作为服务提供者，为患有痴呆的妻子提供家庭 278
保健服务的纵向研究。这些人不仅在家中为妻子提供保健服务，而且有些人在一年后才将其妻子送进服务机构里去。Kramer 的研究目的是为了比较在妻子得到机构安置前后，丈夫的变化模式。Kramer 根据丈夫的判断、妻子的记忆和行为问题、丈夫的经济负担水平以及由服务提供者自己报告的健康状况，使用了不同的工具来测量妻子的功能损伤水平。丈夫们认为妻子的功能限制以及自己的心理幸福水平会对他们产生压力。总之，目的是要按照紧张性刺激、资源、评价以及心理幸福来比较“时间 1”（在妻子得到机构安置之前）与“时间 2”（在妻子得到机构安置之后）。

最奇怪的发现是，与那些继续在家中照顾精神错乱的妻子的丈夫们相比，那些把妻子安置在保健机构中的丈夫报告其感觉到的压力水平要更高一些，即使是压力的客观水平也要更高。尽管一些把妻子安置在疗养院里的丈夫表示有相当大的担忧，担心因支付疗养院费用而增加经济负担，但不清楚这是否是唯一的变量。相反地，经济上的考虑及其他变量在起作用，这一切都表明家庭服务的提供是一个复杂的现象，可能与动机、满意来源、控制感、伙伴关系及良心有关。

正如 Kramer（2000）所指出的那样，医疗社会工作者应该帮助家庭服务提供者认真找出这些因素并且把它们依次排序，以决定是否需要采取疗养院安置，或者从家庭保健及日托照顾中寻求可选择的补充资源。

评论

很显然，疗养院有建立保健补偿机制的需要，以促进高质量的保健服务，不仅包括医疗服务，也包括个人保健服务，希望对康复有极大帮助，而不只是“储藏室”。疗养院保健需要被设计成在实际工作中体现持续保健第三个阶段的理论概念，如康复以及使舒适度和功能得到最大限度的发挥。

人们不应该为了能够获得医疗补助补偿疗养院保健费用而耗尽自己的财物，长期保健
279 需要由医疗保险提供，无论保健水平如何。因此，除了要处理保健依赖性之外，还要让需要服务的人不用由于经济依赖而感到羞耻。

如果把高质量服务作为主要目标的话，那么卫生服务和社会服务必须是非营利性的。对于一个商业公司来说，减少疗养院保健或任何其他卫生和社会服务是一件令人不快的事情。当然，如果家庭保健更具有可行性、经济上更适宜，那么疗养院保健就可能会减少。

高质量的非营利性机构毫无疑问能够利用一些以前积累的资金为注册护士助理（CNA）提供更好的培训、报酬和福利，从而提高服务质量并减少一线工作人员的工作量。此外，CNA 需要被包括在小组会议成员中，因为他们是与病人一起亲密工作的人。

病人自身也需要参与重新设计疗养院计划，这不仅会有助于对病人赋权，从而有利于增强他们潜在的幸福感，而且更有助于提供一个满足住院者文化、健康状况及个人爱好需求的适宜性环境。因此，如果任何一个组织能够让“消费者”在其中感到满意并真正喜欢其服务，那么它就是一个令人愉快的地方，对工作人员也是如此。正如资料所示，在疗养院中，这明显地体现了工作人员和住院者赋权的功能。

很显然，许多疗养院没有雇用足够的社会工作者，这些社会工作者经过了所需的技能培训，可以适当地满足住院者的需求，或者在疗养院中可以提供符合 NASW 标准所规定的社会工作服务。之所以出现这样的问题，在很大程度上，是由于美国的大多数疗养院是营利性的，它们所提供的服务往往只是法律要求的内容，并且在处理疗养院的期望与服务提供者的适当要求时，缺乏与相关联邦法规的一致性。正如我们在其他卫生保健机构社会工作中所看到的那样，社会工作人员的数量和学历水平往往与机构的利益倾向密切相关。毕竟，雇用“临时人员”而不是全职人员，当需要 2～3 个人时只雇 1 个人，并且选择具有社会工作学士（BSW）的人而不是社会工作硕士（MSW）的人，要便宜得多。问题是如果机构确实需要一个或多个 MSW 的全职人员，而且他们必须解决的问题不是 BSW 就有能力解决的，那么，关于所提供保健服务的适宜性问题就出现了。

最后，希望每个人都同意，家庭保健服务提供者及其所爱的家人不应感觉他们把自己的亲人送进了一个“恐怖的房子里”，希望不是到了他们临去世的时候，才意识到他们只能让所爱的人进入疗养院。同时任何人都不应该带着这可能也是他们自己的结局的恐惧，度过余生。

第七章

临终关怀社会工作 281

历史背景

“朝拜旅客招待所”、“医院”、“旅馆”以及“招待所”这几个词语都表示招待或提供盛情款待的意思，也就是说，热情地接受并且照顾人们的需要。公元4世纪时，朝拜旅客招待所在东正教徒的努力下出现于圣地（巴勒斯坦），作为一种为有需要的旅行者提供帮助的手段，因为这些旅行者会经常往返于一些宗教地区（Kerr，1993：13）。一名有钱的罗马妇女Fabiola目睹了东正教堂提供的这种服务，并把这种服务理念带回了意大利，在那里她和一名罗马参议员Pammachius开始在奥斯蒂亚——意大利中西部一个几乎全部被陆地包围的港口城市开展类似的项目（Phipps，1988）。

到5世纪的时候，修女圣布里奇特在爱尔兰建立了一个相当于朝拜旅客招待所的机构，为生病的人和濒临死亡的人提供服务（Richman，1995：1358）。在中世纪时期，宗教机构经常会对那些需要帮助的旅行者——如穷人、生病的人、残疾人以及濒临死亡的人敞开它们的大门，并且把它们的服务称为临终关怀或者招待所（Proffitt，1987：813）。

1846年，一名天主教嬷嬷、爱尔兰修女、慈善团体的奠基人Mary Aikenhead修女在爱尔兰首都都柏林敞开了她的大门，来照顾那些濒临死亡的人。在她去世后，她的后继者以她为楷模，继承她的精神，建立了“圣母临终关怀机构”（Richman，1995：1359-1364；Kerr，1993：13）。

19世纪晚期，在美国，多明我会的修女们依照英国的模式，开始为濒临死亡的人提供住院病人看护服务，她们的项目一直持续到现在（Proffitt，1987：813）。1905年，临终关怀的概念开始在伦敦出现，并且建立了圣约瑟夫临终关怀机构，一名医务社会工作者、护士Cicely Saunders后来在那里工作并最终成为一名医生（Richman，1995：1359）。1967年，在Saunders 57岁时，她开办了另一家临终关怀机构，称为伦敦的“圣克里斯托弗临终关怀机构”，该临终关怀机构成为了一家著名的濒临死亡病人保健研究和教育中心，而且也是高质量临终关怀服务的典范，它不但为住院病人提供服务，而且为住在家中的病人
提供服务（Richman，1995：1359；Kron，1978）。因为Saunders的工作，圣克里斯托弗临 282

终关怀机构在疼痛治疗方面处于非常领先的地位，同时，她的工作引领了现代临终关怀运动（Proffitt，1987：813）。

在圣克里斯托弗建立的模式之后，1974年，在美国纽黑文建立了康涅狄格临终关怀机构（Hayslip & Leon，1992；McNulty & Holderby，1983；Paradis，1985；Saunders，1982）。然而，在美国，临终关怀的概念很快发展成为一门特殊的保健哲学体系，除了在一种特殊的场所提供服务外，还有其相关的服务项目。而欧洲的临终关怀模式围绕着治标不治本的保健服务循环，这样的机构所提供的服务被称为“临终关怀”。在美国，临终关怀成为一种以家庭保健为基础的项目。1983年10月，临终关怀项目得到了医疗保险的批准，不管病人进入的是什么样的机构，都可以提供持续的保健服务（NAHC，1996）。

临终关怀的发展与成本

2001年1月，医疗保险项目确定了2 273家参与提供保健服务的临终关怀机构，也就是说，它们是通过了医疗保险认证的临终关怀机构。此外，估计在美国还有200家志愿性的临终关怀机构（NAHC，2001：2）。

医疗保险

1985年是医疗保险开始支付临终关怀服务费用的第一年，临终关怀的费用是3 400万美元，在1998年，医疗保险支付的临终关怀总费用为280亿美元。尽管这个数字是医疗保险在前14年所支付的临终关怀费用总和的61倍，然而，1998年，在医疗保险支付的所有类型卫生保健服务费用中，只有1%用于临终关怀（U. S. Government Printing Office，2000：114，Table 168）。

了解目前美国获得临终服务相关信息的一个主要途径就是，考虑在美国每年有多少人死亡并且把这个数字与使用临终关怀计划的人数相比较。根据美国宁养与善终护理机构（NHPCO）的统计数据，1999年，在美国有将近240万人死亡（2000：3），但只有60万人，即25%死于临终关怀机构，另外有25%死于疗养院，还有大约50%的人死于医院（NHP-CO，2000：4）。在整个美国，人们死亡场所的变化在很大程度上反映了医院床位的可获得性，可获得性越高，它们被使用的也就越多（Bern-Klug，Gessert & Forbes，2001）。

283 根据Naomi Naierman（2001），美国临终关怀基金会的主席和CEO的观点，符合医疗保险赔付条件的临终关怀应该要求：

1. 病人是医疗保险（A方）的受益者。
2. 病人的主治医生和临终关怀医疗指导确定病人的预期寿命在六个月之内（这个时间可以每六个月更新一次）。
3. 病人书面同意不再继续治疗。

根据美国家庭保健协会（2001：2）的描述，“临终关怀机构可以与正规医院或技能型护理机构签订合同，为其住院病人提供临终关怀服务，临终关怀可以为疗养院住院者提供日常家庭保健服务以及帮助住院者实现生活功能”。医疗保险给予临终关怀的赔付费用按照每日津贴标准变化如下：

> 2001 年 4 月 1 日，卫生保健财政管理局（现在的医疗保险和医疗补助服务中心）提供给临终关怀服务的费用增加了 5%。目前，美国的医疗保险费用中用于日常家庭保健的费用每日是 106.93 美元；持续保健为 625.13 美元；延期保健为 110.62 美元；常规住院病人保健为 475.69 美元（调整了地区工资差异）……在 1999 年，95%的日间服务是日常家庭保健，3%的日间服务是住院病人保健，1%是延期保健，1%是持续家庭保健。(NHPCO，2000：3)

医疗补助

临终关怀是医疗补助的一个可选择性的受益项目，在 2001 年，有 44 个州的医疗补助为临终关怀提供支持，而且在哥伦比亚地区，1998 年由医疗补助支付给临终关怀服务的费用只相当于医疗补助总支出费用的 0.2%（NAHC，2001：8）。

其他支付者

下面的内容显示了 1998 年临终关怀主要费用来源的分布情况（U. S. Department of Health and Human Services，Centers for Disease Control and Prevention，National Center for Health Statistics，1998，被 NAHC 引用，2001：4）：

> 医疗保险：72.4%。 284
> 医疗补助：4.9%。
> 私人保险：14.2%。
> 贫困者的保健：3.4%。
> 其他：5.1%。
> 总计：100.0%。

医疗保险作为临终关怀的最大支付者，在 1998 年的记录中，为 401 140 个临终关怀病人提供了经费支持（NAHC，2001：6)。据推测，其他的临终关怀服务是以现金形式支付的，因为有些临终关怀提供机构没有通过任何一家标准认证机构的认证。

理论视角

保健的概念

正如其历史所显示的，临终关怀是一种道德需要，根源于人们关心受苦的人的价值观以及有伦理责任来帮助他们减轻这样的痛苦。Eric Cassell（1982）指出，痛苦不仅是由身体疼痛造成的，而且也是由于个体完整性受到损害造成的。

在20世纪的时候，医学专业出现了一种治疗技术并建立了与其相关的价值体系，医生们开始把慢性健康问题和晚期健康问题看做是他们自己的个人失败，当结束治疗的时候他们会有这样的态度或评价，即“没有什么更多的事情可做了”（Preston，1979）。这种情况反映了缺乏这样的认识：即使当病人处于疾病晚期的时候，他们仍然会有其他的需求，只要他们还活着，例如减轻他们的痛苦，无论是生理上的、心理上的、社会上的或精神上的。减轻痛苦指的是舒缓治疗。

Wade Smith（1994）详细阐述了医学模式与临终关怀模式之间的差异，以及在传统卫生保健场所中引入临终关怀服务的困难。他指出，不仅要把重点从以治愈为中心转移出来，而且要从技能性服务转移到利用人际关系作为主要的治疗手段，在某些领域里，医生没有得到良好的训练（1994：204－206）。Freund 和 McGuire（1991）在此基础上补充了一些看法，他们认为当时的生物医学对于指导战胜死亡是必需的，即使生物医学不能包治百病，但它经常能够起到延长生命的作用，这反映了对技术的需要，也就是说，如果可以，必须选择一种技术（1991：253－254）。

临终关怀的目的是为了让病人能够最大限度地维持生命，并且能够有助于他们的“安
285 全离开”。按照 Corbett 和 Hai（1979）的观点，临终关怀的目的就是安乐死，或者一种“好的死亡方式”，也就是说，死亡时得到了悉心照顾而不是细心的保健。临终关怀不能取代家人提供的保健，而是在需要时作为家人提供保健的补充和支持。在临终关怀这一哲学体系中，关注点和保健单位是病人、家人和提供服务的工作人员（Rusnack，Schaefer & Moxley，1988），而且临终关怀的概念被定义为在病人走向死亡的过程中，为他们提供保护，在这一过程中，有服务提供者陪伴着濒临死亡的人以确保他们安全地离去（Corr & Corr，1985）。

从本质上，临终关怀可以被看做是卫生服务的第三个阶段的照顾形式之一，即提供支持性帮助以使病人最大限度感到舒适并发挥其功能，并且预防第二个阶段的残疾因为缺乏适当的社会照顾而变成一种主要损伤。这可以通过提供所需的服务、工具、设备、收入支持、环境改变以及支持性人际关系而实现。无论是何种形式的照顾，都应该围绕为个体赋权而展开，即增强他们的整体感、完整性和控制感，因此，病人必须是一个有独立人格、被个别化对待的个体，且有稳定的支持性关系。

生物—心理—社会视角和整体视角

提供临终关怀的动机应该是基于伦理考虑的，临终关怀工作人员提供的干预来自于一套处于发展阶段的理论体系以及与此类问题相关的知识体系，如痛苦的本质及疼痛控制，健康的以及不健康的丧亲悲伤，思维、身体、社会环境、文化环境以及精神需求的相互作用和相互依赖，家庭系统，病因学以及个体控制感的变化。

临终关怀具有一种整体视角，在这一视角的指导下，把关注点放在整个人的需求上面。在一次无主题的自由演讲中，Balfour Mount（1993），蒙特利尔的 McGill 大学舒缓治疗中心的医生和主管，谈到了病人作为一个整体的人，其保健应该不仅应该关注他们的身体需求，而且也应关注他们的精神层面。Mount 把精神描述为一个人的卓越才能的一部分（1993：34）。

临终关怀也具有一种生物—心理—社会视角，它认识到我们生命中的生物、心理和社会层面的因素会相互作用并相互影响。我们使用的“社会”这个词，不仅包括了通过家庭、群体、机构、社区和社会与其他人发生关系并相互影响，而且也包括文化影响，例如，伦理、语言、价值观和信仰、习惯和传统、社会地位以及宗教和精神信仰。临终关怀 286
卫生保健专业人员知道，当病人感到饥饿、孤独、内疚、懊悔、害怕、无助、羞愧、不适、被误解、被拒绝或被抛弃的时候，身体疼痛的感受会更加强烈（Strang，1992；Mount，1993：28）。

保健的可持续性

因为晚期病人在他们被确诊为晚期到死亡这一段时间内，往往居住在许多不同的地方，包括医院、家庭以及疗养院，所以临终关怀哲学体系也包括确保保健持续性的重要意义。作为一个服务计划，而不是一个地方，临终关怀能够跟随病人从一个地方到另一个地方，而且临终关怀哲学认为这么做是必要的，以保证不断提供高质量的舒适治疗。

初级预防

从某种意义上讲，临终关怀不仅是三级保健的一种形式，而且也是初级预防保健的一种形式，因为它包括了在病人去世后，继续为其家人提供丧亲服务，帮助他们减轻未被解决的哀伤压力对家庭成员的健康和预期寿命所造成的潜在影响（Stubblefield，1990）。临终关怀哲学认识到，面对所爱的人的离去，剩下的人需要有时间和机会表达他们的哀伤，这样他们才能够继续让自己的生活过得有意义。事实上，压力研究表明，未解决的哀伤是预测健康状况和预期寿命的一个显著性因素（Weiner，1984：258）。

系统视角

临终关怀项目以及在此项目中开展的社会工作，也具有一种系统视角，认识到生物、心理以及社会系统与不同水平的社会组织，即个人、家庭、小团体、组织、社区和社会之间的相互依赖。也就是说，临终关怀项目本身的有效性在部分程度上依赖于病人的家庭，临终关怀机构的结构、支持和哲学体系，从其他社区组织可以获得的资源，以及社会经济和政策体系所提供的社会福利政策和计划。总之，我们如何活着以及如何死去并不完全取决于我们自己，而是受到我们所依赖的环境中的所有社会组织的影响。

287 人类多样性的意义

在谈到社会工作者对临终关怀病人及其家人所做的社会心理评估时，Lusk（1983）写道："考虑到每个病人的家庭系统的独特性，在社会史部分必须认识到伦理和文化考虑。"（1983：213）在对待死亡和濒临死亡的问题时，尤其要注意不同民族、宗教、伦理、性取向和性别的人，其态度和行为会有显著不同。对临终关怀工作者来说，明白这些差异，知道到哪里去了解服务对象的文化情况是很重要的。最近，关于此类信息的一个重要来源可以参考 Parry 和 Ryan（1995）编写的一本书，其他相关的资源清单能够在本章的末尾部分看到。

正如在本书前面部分所阐述的那样，差异不仅存在于不同的群体之间，而且也存在于同一群体内部，因此，不可能假定某个人是某一群体中的一员，那么他们便具有和这一群体相同的价值观、信仰、习惯等。社会工作者不但需要熟悉服务对象共同的群体文化，而且还应该与个体和家庭一起探索他们是如何确定自己是否遵循群体文化的。

文化差异影响适宜的临终关怀的一些方式如下：

- 是否告诉病人（及其家人）处于疾病晚期的相关信息。
- 对于使用不同类型药物的态度，包括传统药物和民间药物（例如，在许多文化中，禁止大量使用含鸦片或其衍生物的镇静剂来控制疼痛）。
- 对于什么类型的身体状况是安宁的、美好的、舒适的等的认知。
- 鼓励病人和/或家人表达焦虑、关心、疑问、内疚感等。
- 当一个人处于极度疼痛且死亡是不可避免的时候，对于努力延长生命和/或加速死亡的态度。

总之，人类多样性变量可能会影响他们对实际生活中的每一件事情的看法：合适的穿着、食物、交谈以及减轻疼痛，死亡的意义和角色分配，处理死亡的躯体，丧亲的体验，某些颜色的显著意义，在家中去世，以及病人、家人和卫生保健提供者应该参与决策的程度（Parry & Ryan，1995；Storey，1993）。

288 跨学科协作

跨学科协作的概念

跨学科协作不同于多学科合作，因为在跨学科协作中，小组成员不仅仅是参与同一个案，而且在他们的工作中相互合作和协调，一起工作达到同一目的。

跨学科协作的基本原理

因为临终关怀认识到了生物、心理和社会因素的相互作用，所以它采用一种小组的方法，这个小组可以包括家人、主管医生、护士、护士助理、社会工作者、牧师、物理治疗师、职业治疗师等，在需要时，小组成员可以在小组活动中相互合作。医疗保险赔付的临终关怀服务内容包括：

- 医生家访。
- 技能性护理服务。
- 身体、语言障碍和职业治疗。
- 家庭保健助理家访。
- 社会工作及支持性服务。
- 医疗设备及供给。
- 精神咨询。
- 营养咨询。
- 志愿服务。
- 处方疼痛治疗药物。
- 住院病人缓解期保健。
- 至少在病人死亡后一年内，为家人提供丧亲支持。(Naierman，2001)

医疗保险界定的临终关怀小组成员

医疗保险为临终关怀计划提出了跨学科团队成员的标准，跨学科团队的主要成员至少应该包括“一名内科医生或骨科医生、一名注册护士、一名社会工作者以及牧师或其他咨询者”，在需要时，可以增加其他专业人员（U. S. Government Printing Office，1994：26）。

美国临终关怀机构提议的临终关怀小组成员 289

美国临终关怀机构建议，提供高质量临终关怀服务需要的主要小组成员应该包括病人的主治医生、注册护士、牧师或其他精神健康咨询者、取得硕士学位的社会工作者以及经过培训的志愿者（Richman，1995：1360－1361）。这一建议与医疗保险标准的不同之处在于突出了对取得社会工作硕士学位的工作者和经过培训的志愿者的需求。

小组成员每日偿付津贴的作用

目前在医疗保险给临终关怀的每日偿付津贴中存在的一个问题是，临终关怀机构，无论公立的、私立的或志愿性的，都必须决定哪种服务是它能够支付得起每日津贴的，这可能会使得机构不能组成最适宜的小组以提供最适宜的服务。

不进行角色分类的角色灵活性难题

因为并不是所有的小组成员都一直与病人在一起，角色需求具有很大的灵活性。这可能不仅是临终关怀小组工作的优势，而且也是紧张和角色不明确的来源（McDonald，1991：276；Kulys & Davis，1986；Donovan，1984）。

根据 Fish（1994：411）的观点，角色重叠或模糊不清是不可避免的。一个潜在的问题在于，那些被要求尽量与病人待在一起的专业人员例如护士，可能会承担其他小组成员的功能，例如提供社会心理评估和咨询或与其他社区机构联络，而这些却是社会工作者的职责。这么做会导致后者被使用的减少并最终被排除出主要小组成员之列（Dush，1988a）。同时，承担其他功能的工作人员的负担则会加重，而病人及其家人得到的服务质量却会因为具体培训和经验的不同而下降。

Rodway 和 Blythe（1994）评论道："虽然小组方法对舒缓治疗有许多益处，但在舒缓治疗中缺乏清晰详细的记录模式可能也是跨学科本身的结果。"（1994：421）

Reece 和 Sontag（2001）回顾和总结了在卫生保健跨学科协作中，解决影响社会工作
290 者角色和职责问题的文献，并且提出了如何寻找困难来源的建议，例如：

- 跨学科团队应该遵循一种"尊重彼此的知识和专业技术"的标准（2001：168），而且应该以彼此的知识和专业技术为中心制定一个让小组里的每一个专业人员进行联合家访的方案。
- 角色重叠问题可能会导致某种方案的建立，依靠给定的标准决定由哪个专业人员来负责个案（2001：169）。
- 因为研究结果表明医生—社会工作者组成的小组有利于增强预先指示，而且社会工作者更有可能与临终关怀病人讨论死亡焦虑和社会支持，因此，其他小组成员应该把这样的问题转介到社会工作者那里，尽管他们自己也可以对病人提出的某些问题作出回应（2001：169）。
- 价值观与理论基础的差异，如认为专业人员与病人之间的关系是一种比较权威式的关系还是为病人赋权的关系，再如在小组分享时如何看待病人的保密权，保密权被界定为病人—专业人员之间的关系还是人—人之间的关系，这些可以通过在小组成员的相互影响下坚持以病人为中心的指导原则而得到解决（2001：169-170）。
- 理论视角的差异，例如人在情景中，还是以人为中心，再如首先处理医学问题还是处理生物—心理—社会问题。这些应该被非批判性地接受（2001：171）。

● 小组冲突的其他来源，如小组工作的障碍源于地位不同，可以通过指导新的成员积极遵守小组规则而得到解决。

● 因为一般公众经常会对社会工作产生误解，往往把它与福利联系在一起，所以让临终关怀的新病人及其家人一起参加小组，或者让小组代表与临终关怀的病人先进行初步接触，然后给病人介绍小组里的每一个人并解释其角色和职责是非常有效的做法（2001：173）。

● 最后，临终关怀机构中社会工作者人数的增加，可能是由于一些证据表明社会工作者不但有利于通过把病人与适当的资源联系在一起，从而降低临终关怀服务提供者的成本，而且通过解决社会心理问题而使病人及其家人的功能运行趋于稳定，因此避免了那些未解决的压力对他们躯体造成的损伤（2001：173）。

机构考虑 291

影响其他卫生服务领域社会工作实务的机构考虑同样也会影响临终关怀社会工作。

机构的所有权

机构是公立的、私立非营利性的或者私立营利性的将决定着机构的目标和目的。最近开展的大多数家庭保健和疗养院保健调查结果显示，73.0%的临终关怀机构是志愿性的非营利性机构，23.0%是私立的，4.0%是政府或其他形式的机构（U. S. Government Printing Office，2000：132，Table 205）。在 1994 年的时候，只有 7.3%的临终关怀机构是私立的，也就是说，这种性质的疗养院数目增加了两倍以上。

当卫生服务机构的主要目标是为了股东们的经济利益，而不是尽可能为它的服务对象提供最优质的人类卫生服务的时候，除非正规机构要求提供特殊数量和质量的服务，否则这种经济利益的刺激将会降低服务的质量和减少服务的数量，因为不管是何种水平的机构都会受到利益的驱动，通常情况下，会导致机构雇用的工作人员数目减少，往往是以最小的配比而不是以最佳的工作人员资质来开展工作，那些适宜于以定性方式测量其影响的“软性”服务，例如社会工作和牧师提供的服务，可能会被减少到最低限度。工作人员人数的减少和资质的降低意味着提供给服务对象的保健服务数量的减少和质量的降低。

宗派的或非宗派的

机构是一个宗派主义或非宗派主义机构，以及一个宗派主义机构的宗教信仰的性质将会影响临终关怀专业实务。

管理标准

符合服务条件的合格服务对象，他们的经费管理规则和规章制度也有所不同。例如：是否需要有家庭看护者在场；对服务的补偿是按日给予的，还是按人数分配的，或者是免费服务。另外，按日给予补贴或按人数分配津贴的机构可以通过减少服务来降低成本。

292 ## 认证情况

在 2001 年 1 月，医疗保险确定了 2 273 家参与提供临终关怀服务的机构，也就是说，它们是经过医疗保险认证的临终关怀机构。此外，在美国，估计还有 200 家志愿性临终关怀机构。在这 2 273 家临终关怀机构中，有 960 家（42.2%）是独立机构（不依附于疗养院、医院或其他卫生保健机构），739 家（32.5%）是以家庭保健机构为基础的，554 家（24.4%）是以医院为基础的，其余 20 家（0.9%）是以技能型护理机构为基础的。对于那些不参加医疗保险或医疗补助项目认证而由它们所在的州政府许可的临终关怀机构所知不多，它们的规章制度也有所不同（NAHC，2001）。

根据《美国统计摘要》的数据（U. S. Government Printing Office，2000：132），在 1998 年，提供临终关怀服务的机构中，有 96.6%得到了医疗保险的认证，92.3%得到了医疗补助的认证，这些数据同样来自于美国的家庭和临终关怀调查。

在 1993 年年底和 1994 年年初，Sontag（1996）开展了一项随机分层抽样的美国临终关怀调查项目，该研究发现，医疗保险认证项目寻求资格认证的主要目的是为了增加经过认证的临终关怀机构的可信度，从而增加它们的收入。与没有经过医疗保险认证的临终关怀机构相比，它们更有可能把关注点放在病人的医疗问题以及使用较多的专业人员和较少的志愿者工作人员上面。此外，没有经过认证的临终关怀机构中，其工作人员报告的有高度工作热情的人员所占比例较高。最后，经过医疗保险认证的临终关怀机构比较有可能要求病人签署一份不复苏（DNR）抢救协议，并且在接受病人进入它们的项目之前，不太可能会要求必须有一个主要的家庭基本保健提供者（PCG）（1996：37－40）。

Sontag（1996）也发现，医疗保险认证的临终关怀机构比较有可能是依附于某个医疗服务机构的，例如医院或家庭保健机构，因此也就比较有可能会采纳传统的医学模式，假如是这样的话，就不太可能会注意病人及其家人的社会心理需求。这些需求通常是由经过培训的 MSW 进行评估并提供咨询的，而且其他工作人员可能也会感觉到在病人及其家人中缺乏这样的服务而造成的负面影响，因此而影响到员工的士气。

随着医疗保险认证比例的增加以及依附于医疗保健机构而不是依附于独立的志愿性机构的增加，临终关怀项目也开始雇用多种技术人员（Kaye & Davitt，1995：263）。这些技术的出现带来了一个问题，即是否纯粹的临终关怀哲学正在经受传统的卫生保健及其医学模式的影响。

服务对象的问题与社会工作者的职责

介绍

正如曾经被指出的那样，临终关怀是一个项目和一种哲学体系，而不是一个特殊的地方或场所。然而，尽管大多数临终关怀是在家庭中提供的，但临终关怀机构有时会到疗养 293
院随访先前的家庭保健病人，以持续提供适宜的服务。此外，急性病保健医院有时会在医院里提供临终关怀服务——部分是由于在医院里存在的一种趋势，即临终关怀服务与卫生保健服务纵向联合而不是与急性病保健纵向联合，因为急性病保健的住院时间由于节约成本的政府措施而被缩短了。另外，在美国还存在一些独立的临终关怀机构，专门为艾滋病病人提供服务。因此，在临终关怀中，服务对象的问题以及社会工作者的职责由于组织机构类型的不同而变得更加复杂。

服务对象的问题

从社会工作者的职责这一视角出发，临终关怀病人的问题可以被分为下面几个方面：

1. 获得临终关怀服务的障碍。
2. 适应服务或机构。
3. 适应诊断、预后或保健计划。
4. 缺乏做出知情决策和获得控制感的信息。
5. 缺乏所需的支持性资源，例如支持性工具和设备、支持性服务、收入支持、支持性环境适应和人际支持。
6. 结束服务或离开机构的障碍。

准入障碍

晚期病人及其家人经常会需要某人来评估他们的经济资源，以及是否符合获得由不同来源资金补偿的临终关怀的条件，此外，他们也可能需要帮助来适应诊断、预后及推荐的保健计划。例如，他们要接受医疗保险所资助的临终关怀，就会被要求同意为了有利于舒缓治疗而停止所有的治疗努力。在达成协议的过程中，经常会需要通过与有问题的病人及其家人一起工作，从而向他们提供有助于解决问题的信息，解决相关的情绪问题。最后，
晚期病人及其家人可能会遇到一些实际问题——如果家庭成员离开工作岗位来帮助照顾家 294
中病人的话，那么他们如何处理经济问题；或者是如果家庭看护者外出购物或只是离开病人一会儿的话，那么谁能陪病人待在一起。

给病人提供临终关怀的另一个问题可能在于，有时医生会错误地认为他们必须确定病人的生存时间少于 6 个月，因为他们担心会受到医疗保险的调查，因此他们往往会推迟做出临终关怀的建议。根据美国宁养和善终护理机构（2001）的规定，“目前，在无限制的 60 天期限之后，还有两次单独开始的 90 天有效期。医生必须确定病人在每个有效期开始之前都只有 6 个月或更短的存活时间”（2001：3）。医生这种谨慎地做出临终关怀转诊的倾向得到了 NHPCO 所提供资料的支持：“1999 年，在接受临终关怀的病人中，32%的病人死于获取服务后 7 天或更短时间内，11%死于 180 天或其之后，平均临终关怀时间是 45 天。”（2001：2）

病人和家人获得临终关怀的另一个相关障碍在于，虽然继癌症之后，充血性心力衰竭和慢性阻塞性肺部疾病是第二位和第三位主要死亡原因，但还存在更多的慢性疾病可能会对病人的舒适感和独立功能造成影响，因此他们通常不适于使用临终关怀的时间限制，结果，卫生经济学家 Haiden Huskamp 与她的同事们在哈佛大学医学院提出了一个建议：当病人希望采用舒缓治疗而疾病的进展情况又不可预测的时候，医疗保险可以考虑排除这样的病人（American Society on Aging，2001：15）。获得临终关怀的一个附加障碍是，目前有 75%被调查的美国公众不知道临终关怀可以在家中提供，90%的人不知道这一服务可以完全由医疗保险资助（NHPCO，2000：6）。

适应服务或机构

大部分临终关怀是在病人家中由家庭保健机构提供的，对大多数人来说，有“外人”进进出出是一个主要的适应问题。有些人关心的可能是工作人员会偷家里的东西，或者当工作人员离开时不能安全地锁门，或者只是担心会侵犯家人的隐私。大多数人通常会感到相当不自在，尤其是在他们自己的家中。结果，家庭临终关怀中可能会存在这样的冲突，既感谢得到的帮助，又对无助感和依赖性感到憎恨。然而，我曾经从临终关怀社会工作者
295 那里得到的信息却是，他们与病人及其家人的关系变得非常亲密，不久之后他们就被病人及其家人接受，好像他们是家庭成员之一。

如果病人被某个临终关怀机构所接受，无论是一个独立的临终关怀机构，还是在疗养院或医院中的临终关怀部门，处于“一个死亡的地方”这种想法似乎是比较危险的想法。大多数人在这样一个机构中会感到比较脆弱，他们宁愿待在自己的家里。然而，社会工作者却能够帮助他们发现这样一个地方的益处。例如，一些临终关怀机构可能会保证提供有效的疼痛控制，得到合格专业人员的督导，迅速得到氧气以缓解呼吸困难，获得高标准的清洁条件以及在需要时得到已有的工作人员的帮助。此外，一些晚期病人可能发现与其他晚期病人交往会感到舒适一些，并且可以与其他人分享共同的经历，尤其是当机构提倡一种家庭式氛围的时候，例如允许病人养宠物，或者如果病人愿意，在晚饭时可以饮酒。1991 年，有 61%在家中接受临终关怀的人死亡，在他们死后三个月内，对他们的家庭成员进行了一项抽样调查。当被问到“你是否会向其他人推荐临终关怀”时，99%的人回答

是“会的”（NHPCO，2000：5）。

大多数临终关怀病人确实是在家中去世的，而且他们对临终关怀服务的接受性与他们对预后的接受性有关，经过良好训练和充分知情的社会工作者，对于病人及其家人适应预后并获得控制感可能是最有帮助的人。

适应诊断、预后或保健计划

适应一个严重的诊断，尤其是一个急性晚期诊断，通常被看做是一种严峻考验，这个过程包括应对许多复杂的感受和问题。除了晚期预后以外，诊断本身有时就会引起一些问题，如可能对身体造成的显著影响，其他人对疾病病因及病人以前的生活方式可能给予的评判，关于疼痛和痛苦的预想，以及所爱的人将会如何应对这一诊断。

众所周知，意识到即将到来的死亡，无论病人本人，还是爱他的人，都会经历失去的悲痛，这种悲痛会经历不同的阶段，对不同的人顺序也会有所变化，但总的来说包括如下的反应，如否认、愤怒、讨价还价、压抑和接受或屈从（Kübler-Ross，1969）。

适应推荐的保健计划带来的问题包括讨论关于舒适治疗的进一步治疗方案，适应机构和/或在可选择的情况下选择服务提供者。根据 Bern-Klug、Gessert 和 Forbes（2001）的 296
描述，“社会工作者通过为病人及其家人提供所需要的信息，可以帮助他们理解疾病过程的本质、可能的死亡轨迹以及他们可能要面对的医疗决定，从事这些工作的社会工作者成为了‘环境解说员’”（2001：44）。

缺乏做出知情决策和获得控制感的信息

晚期病人尤其容易有一种失去控制感的感觉，社会工作者与其他小组成员一起，可以通过真诚而及时地解答病人及其家人的问题，并且提供相关的信息以帮助他们全面地考虑他们的决定，从而在帮助他们扭转这种倾向中发挥关键作用。正如 Bern-Klug、Gessert 和 Forbes（2001）所指出的：“大多数人都应该在清楚自己的价值取向的情况下面对死亡，并且在生命的最后时刻仍感到有控制权，尤其是在面对医疗决定时更应如此。”（2001：43）

缺乏资源来满足需求

个案管理者的角色通常由社会工作者扮演，而且社会工作者也最适宜于通过与病人、家庭成员以及其他小组工作人员交谈，来确定病人的资源需求，并且帮助他们获得这些所需的资源。资源需求不但会随着病人及其家人所处的情况不同而有所变化，而且也会随着临终关怀场所的不同而发生变化。但是，大多数病人是在家中接受保健服务的，也就不太可能会拥有设备，如医院的病床、床边的盥洗台、吸引器、推车、便携式氧气袋等。病人所需的资源可能包括医疗援助设备和器具/工具、附加服务、收入支持、环境适应以及人际支持。

出院障碍

出院计划指的是帮助病人及其家人安排某项服务的终止并且转诊到另一个机构和/或服务中去。在临终关怀案例中，对病人的服务通常会在其死亡后终止。但是，大多数临终关怀项目会在病人死后向其家人提供不同数量的哀伤辅导服务。医疗保险资助的临终关怀项目至少会为家人提供死后一年的哀伤辅导。有的家庭成员在这个过程中可能会发现，他
297 们与工作人员的关系变得相当亲密，很难终止他们之间的关系，社会工作者可以利用其接受的终止服务培训和技巧，有助于及时终止对家人提供的临终关怀服务。

但有时，在某一机构中提供的临终关怀服务可能在病人被转诊到另一个机构时需要结束。例如，一个在医院中接受临终关怀的住院病人可能会得不到家庭临终关怀服务；一个家庭临终关怀服务病人可能会决定进入一家独立的临终关怀机构；或者一个接受没有经过认证的家庭临终关怀机构的服务、以现金支付费用的病人可能会决定进入一家疗养院，并且通过一家经过医疗补助认证的临终关怀机构申请那里的临终关怀服务。在这些情况下，可能会存在一些经济、心理、信息或实际的障碍需要解决。

服务对象的健康问题及其影响

诊断。根据《美国统计摘要》（U. S. Government Printing Office，2000：132，Table 206）的数据，1998 年，57.5%的临终关怀病人的入院诊断是肿瘤，12.6%的是循环系统疾病，10.6%的是呼吸系统健康问题，9.5%的有神经系统或感觉器官疾病，剩余 9.8%病人的诊断因为缺乏准确性和可靠性而没有给出。

身体痛苦。有晚期健康问题的人常常会经历许多相关的身体不适，例如疼痛、呼吸困难、身体虚弱、吃饭和睡觉问题、消化和排泄问题、感觉损伤、麻痹、皮肤问题或吞咽困难（Fish，1994；Germain，1984：183）。有效的疼痛控制是临终关怀的中心，也是一个高科技课题（Doyle，1994）。按照 Buckingham（1996）的观点，医生有时会在医嘱中写上“PRN”即“在需要时”下达一个疼痛药物控制的命令，这可能会导致无效的疼痛控制，因为临终关怀工作人员会一直等到病人出现疼痛时才会采用药物控制的办法来缓解疼痛（1996：69）。

Janet Abrahm（2001），肿瘤学家，丹娜—法伯癌症研究所、布里格姆与妇科医院的疼痛与舒缓治疗项目主任，在波士顿开发了一套“评估和治疗疼痛的障碍”分类目录：

298 卫生保健专业人员

- 可能不相信病人所报告的疼痛强度。
- 可能不了解急性疼痛和慢性疼痛的表现差异。
- 可能不会使用有效的疼痛评估工具。
- 在评估疼痛时可能不让病人的家人参加。
- 可能把老化问题误认为是治疗问题。
- 对于认知功能受损的病人，可能做出的评估不够全面和准确。
- 可能不知道与癌症相关的常见疼痛症状。

老年病人

- 可能会把疼痛当做是自然现象，是衰老不可改变的结果。

- 可能不使用“疼痛”这个词来描述自己的症状。
- 可能由于认知、视力、听力或运动神经受损而不会或不能使用疼痛评估工具。
- 可能会不愿意服用治疗疼痛的药物。

家庭看护者

- 可能不知道慢性疼痛看起来像什么。
- 可能不知道如何评估副作用。
- 可能会否认老年病人的疼痛强度，因为担心它意味着疾病恶化。
- 可能会担心给予病人药效强的治疗药物。

情绪和精神压力。无论有没有身体不适和功能受损，临终关怀病人通常都会经历相当大的情绪压力，如担心死亡、失去控制感、独处、被社会拒绝、感到无助，以及担心“未完成的事业”，对过去感到遗憾，因为自己增加家庭成员的负担而感到有压力（Germain，1984：184；Allison，Gripton & Rodway，1990：207）。

Van Loon（1999）研究了这样一个问题：当一个晚期病人表达了他的死亡愿望的时候，意味着什么。她得出的结论是，它可能意味着这个人处于严重的抑郁情绪中，正在考虑自杀，或者已经对其状况和生活表示妥协并准备死亡。但是，因为有前两种可能性存在，这样的表达应该被评估为适宜提供适当的干预。Van Loon建议，认知疗法有助于帮助抑郁病人梳理他们的思绪和感受并对他们进行检查，而对于那些想要自杀的病人， 299
可能需要抗抑郁药物治疗和/或住院治疗。在任何情况下，所有晚期病人都需要相当大的社会支持。

评估和治疗疼痛的障碍

卫生保健专业人员

- 可能不相信病人所报告的疼痛强度。
- 可能不了解急性疼痛和慢性疼痛的表现差异。
- 可能不会使用有效的疼痛评估工具。
- 在评估疼痛时可能不让病人的家人参加。
- 可能把老化问题误认为是治疗问题。
- 对于认知功能受损的病人，可能做出的评估不够全面和准确。
- 可能不知道与癌症相关的常见疼痛症状。

老年病人

- 可能会把疼痛当做是自然现象，是衰老不可改变的结果。
- 可能不使用“疼痛”这个词来描述自己的症状。
- 可能由于认知、视力、听力或运动神经受损而不会或不能使用疼痛评估工具。
- 可能会不愿意服用治疗疼痛的药物。

家庭看护者

- 可能不知道慢性疼痛看起来像什么。
- 可能不知道如何评估副作用。
- 可能会否认老年病人的疼痛强度，因为担心它意味着疾病恶化。
- 可能会担心给予病人药效强的治疗药物。(Abrahm，2001)

关于社会工作者遇到病人表达他们希望得到自杀帮助的愿望并且要求有社会工作者在场这样的问题时，该如何选择，Van Loon 引用了 NASW（1997）的描述认为所有的社会工作者都应该熟悉这样的情况。

家庭成员的问题与需求

家庭成员被认为是服务对象系统的一部分，具有他们自身的问题和需求，例如：

- 缺乏休息（精神和身体）。
- 精疲力竭。
- 社会孤立或失去外面的社会生活。
- 经济需求。
300 ● 由于提供保健服务而失去工作收入。
- 预料中的悲伤。
- 与病人之间未被解决的冲突关系。
- 除了不能挽救病人的无助感之外，所有上面提到的这些综合压力。
- 病人死后的哀伤。

正如 Fish（1994）所描述的："这些社会心理和情绪问题是社会工作者能够对病人及其家人的生活产生影响的领域。"(1994：408)

社会工作者的职责和干预

临终关怀的目的

概括社会工作者的作用和干预的一个方法就是考虑临终关怀的目的，包括：

- 减轻痛苦。
- 维持重要的关系。
- 降低预料中的悲伤。
- 解决剩余的冲突。
- 支持病人的完整性以及他们对重要决定的控制感。(Weisman，1972，被 Moore 引用，1984：269)

临终关怀社会工作者的作用

因此，临终关怀社会工作者的主要作用，就是最大限度帮助临终关怀病人及其家人应对他们面临的挑战（Richman，1995：1361）。

临终关怀社会工作者的角色

临终关怀社会工作者的主要作用是通过社会工作者的角色而实现的，Richman（1995）把它描述为经纪人、联络者、管理者、咨询者、教育者、项目计划者以及游说者，即：

> 1. 提供信息和经济援助（经纪人）。
> 2. 与社区接触（联络者）。
> 3. 经营和管理（临终关怀）机构（管理者）。
> 4. 为个体及家人开展临床工作（咨询者）。 301
> 5. 促使病人、卫生保健系统以及社会整体上接受临终关怀哲学和服务（教育者、项目计划者、游说者）。（1995：1361）

Fish（1994：410）引用了 Pilsecker（1979）所界定的一些临终关怀社会工作者的主要任务：

> 1. 帮助病人及其家人：
>   a. 了解他们的感受并且理解他们的选择。
>   b. 建立或维持有意义的交流。
>   c. 寻找并使用所需的社区资源。
> 2. 帮助其他相关的卫生专业人员：
>   a. 了解并承认他们自己的感受。
>   b. 理解并尊重病人及其家人的需求。
>   c. 以一种积极的方式满足病人及其家人的需求。

Bern-Klug、Gessert 和 Forbes（2001）提出了四种临床社会工作者的角色及相关的任务，分别是：

> 1. 咨询者——与濒临死亡的人及其家人一起工作，解决价值澄清、情绪评估、危机干预、目标场所、决策、处理转变和丧失、积极追求人际关系发展以及追求心灵宁静的问题。
>
> 2. 背景解释员——与其他卫生专业人员一起工作，以确保医学诊断在病人所处的社会环境中被（病人、家人及小组成员）理解；为了一个有意义的人生尾声，促使各方制定目标达成共识；帮助他们提前制定保健计划。
>
> 3. 倡导者——帮助病人在他们所处的地区获得接受医疗保健的机会；倡导积极

地减轻疼痛；倡导减轻经济压力；帮助他们与权威人士协商；帮助他们获得精神卫生服务和灵性服务的机会以及关注他们的精神需求。

4. 小组成员——指导病人及其所爱的人认识并交流身体疼痛、症状及痛苦；帮助病人实现一个好的死亡过程；帮助小组中其他成员处理与提供临终关怀有关的情绪问题。

302 **临床社会工作者在临终关怀中经过选择的角色与任务**

1. 咨询者——与濒临死亡的人及其家人一起工作，解决价值澄清、情绪评估、危机干预、目标场所、决策、处理转变和丧失、积极追求人际关系发展以及追求心灵宁静的问题。

2. 背景解释者——与其他卫生专业人员一起工作，以确保医学诊断在病人所处的社会环境中被（病人、家人及小组成员）理解；为了一个有意义的人生尾声，促使各方制定目标达成共识；帮助他们提前制订保健计划。

3. 倡导者——帮助病人在他们所处的地区获得接受医疗保健的机会；倡导积极地减轻疼痛；倡导减轻经济压力；帮助他们与权威人士协商；帮助他们获得精神卫生服务的机会以及关注他们的精神需求。

4. 小组成员——指导病人及其所爱的人认识并交流身体疼痛、症状及痛苦；帮助病人实现一个好的死亡过程；帮助小组中其他成员处理与提供临终关怀有关的情绪问题。(Ben-Klug，Gessert & Forbes，2001)

急性病保健医院里的临终关怀社会工作者

Stark 和 Johnson（1983）探讨了在急性病保健医院的肿瘤科，社会工作者在解决晚期病人及其家人、工作人员及学生的问题时所扮演的角色和任务，概括如下：

1. 对病人及其家人：
   - 咨询。
   - 倡导。
   - 联系社区资源。
   - 在需要时，协调病人、家人与工作人员。
2. 对工作人员及学生：
   - 合作、协调并促使小组成员共同努力。
   - 为新工作人员/学生提供临终关怀概念方面的教育。
   - 为新工作人员/学生提供相关的社区资源教育。
   - 在需要时，提供支持性咨询。

临终关怀工作经历对急性病保健工作人员的影响。Stark 和 Johnson（1983）报告了许多他们在自己所工作的教学医院肿瘤科努力建立临终关怀服务时偶然发现的影响：

1. 当医院里所有的科室都理解了临终关怀这一哲学体系时，能够增加对病人症状的关注程度。 303

2. 把目标从治疗转移到保健时，可以增加病人的舒适感。

3. 了解病人及其家人有被清晰地提供选择的需求，有时间允许他们处理所接受的信息，在必要时，支持和帮助他们做出决策。

4. 增加对工作人员在疾病不同阶段与病人一起工作的益处的评价，允许工作人员感觉自己有责任帮助病人好好地生活，直到他们去世，并且提供一个与病人家人一起工作的机会。

5. 不断提高对具有与濒临死亡病人及其家人一起工作的经历的益处的认识，学生可以进入所有科室，他们可以把自己的经验带入他们工作的所有专业领域。(1983：68)

疗养院中临终关怀社会工作者的角色

Amar（1994）探讨了疗养院保健与家庭保健中临终关怀病人及其家人的社会工作之间的差异。Amar 发现，疗养院病人的年龄要更大一些，也更虚弱一些，有更多的慢性健康问题和更差的精神健康状况，因此，在讨论治疗方案时，也就比较不容易顺从；同时，疗养院病人可获得的家人支持也比较少，病人比较容易受到机构环境、文化、疗养院功能及其工作人员能力的影响。因此，人在情景中的观点就比较适合于形容疗养院病人与疗养院环境之间的关系，认识到这一点对于在这样的场合中为临终关怀病人提供有效的社会工作是至关重要的。

Amar（1994）认为，为疗养院病人提供服务的临终关怀社会工作者已经处于一种比较复杂的组织环境中。在临终关怀项目中，尤其是附属于某个外部机构的临终关怀项目，病人及其家人与疗养院机构，都具有彼此希望得到的东西，社会工作者需要公正地协调他们之间的关系。临终关怀和疗养院机构具有利益攸关的经济利益关系，疗养院中的临终关怀社会工作提倡更多的小组工作、协商、教育和倡导，并且把关注点从病人及其家人扩大到了疗养院，临终关怀工作人员也包括在内（Amar，1994：22）。

临终关怀社会工作中的社会心理评估

据推测，大部分疗养院社会工作者都将会同意 Quig（1989：22－23）的观点，Quig 认为，在临终关怀中，社会工作的本质应该围绕社会心理评估以及为病人及其家人提供的支持性咨询——通过运用系统视角或社会生态学视角，关注病人和家人以及他们之间的相 304
互作用。

Fish（1994）把社会工作者提供的熟练的社会心理评估看做是为病人及其家人提供适宜临终关怀小组服务的关键因素：

> 评估优势和缺点、应对策略和防御机制、交流模式、家庭成员之外的社会支持的可获得性、法律和经济援助的需求，并且把这些问题解释给小组其他成员，可以帮助整个小组更好地理解全部情况并在合适的框架下制订保健计划。(1994：408)

Lusk（1983）曾经提出过一个适用于临终关怀社会工作的社会心理史提纲（见框7.1）。希望使用这一社会心理评估工具的读者一定急于看到Lusk的文章，在他的文章中，Lusk详细阐述了提纲中每一部分的基本原理，以有利于最大限度地促使该提纲作为一个社会工作工具来使用。Lusk（1983）提醒我们：

> 病人的社会心理评估是为临终关怀病人及其家人提供保健的重要的第一步，它是干预的指南……临终关怀应该认识到，每一个人在面对生活的最后挑战时，都有作为一个个体的独特性，适当的社会心理评估可以把这一独特性带入工作的中心。(1983：217)

社会心理史的另一个潜在作用是它可以作为病人的生命回顾或口述病史，并且可以作为帮助老年人的工具，尤其是帮助老年人获得自我完整感。但是，对于进一步的研究来说，一个有趣的问题就是这样一个生命回顾如何影响一个不愿意活到老年的晚期病人。

临终关怀社会工作独特的作用

按照McDonald（1991：274－275）的观点，在社会工作文献中，许多角色、作用及活动已经分配给了临终关怀社会工作者，包括转介、付给经纪人佣金、一般的解决问题服务、支持性咨询及丧亲咨询、社会心理评估、个案管理、服务对象倡导、工作人员培训和支持、危机干预、临终关怀立法改革、研究，以及社区教育。

305

框7.1　临终关怀服务对象的社会心理评估

Ⅰ. 基本信息（姓名、婚姻状况、诊断等）

Ⅱ. 社会史

A. 成长史

1. 家庭系统的背景
2. 教育史和工作史
3. 明显的丧失和危机
4. 伦理及文化思考

B. 目前的家庭系统

1. 大小和结构
2. 稳定性
3. 看护者和支持者
4. 可能的问题领域

Ⅲ. 物质资源
- A. 收入来源及是否足够
- B. 医疗保险
- C. 服务或转介需求
  1. 经济服务
  2. 医疗设备
  3. 社会服务
- D. 死后的安排

Ⅳ. 社会心理功能
- A. 精神状况
  1. 知觉水平
  2. 定位力
  3. 记忆与认知功能
  4. 外貌和表情
  5. 情绪和影响
  6. 行为适宜性
- B. 病人对疾病的反应
  1. 悲伤阶段
  2. 防御机制
  3. 对增加的依赖性的反应
- C. 家人对疾病的反应
  1. 悲伤阶段
  2. 防御机制
  3. 对病人增加的依赖性的反应
  4. 主要看护者与病人之间的关系
- D. 角色损害
  1. 病人在家庭中的角色
  2. 受到疾病影响的角色
  3. 重新分配给其他人的责任

资料来源：Lusk & Mark (1983). The psychosocial evaluation of the hospice patient. *Health and Social Work*, 8 (3)：211.

临终关怀社会工作者作用的潜在发展领域

很少有研究针对社会工作者在临终关怀项目中实际做了什么这一现象揭示了社会工作 306

者普遍缺乏一种独特的角色和作用，并且与其他学科之间有相当大的角色重叠，尤其是在疗养院中（McDonald，1991：275）。McDonald 报告了他在纽约州的临终关怀协会会议上观察到的社会工作者与其他临终关怀工作者之间的相互影响，他的发现与 Kulys 和 Davis 在 1986 年的研究结果一致："非社会工作者在临终关怀中定期提供社会心理服务，同时经济和民事法律援助则是护士和其他小组成员在临终关怀社会工作中能够明确发挥作用的唯一领域。"（McDonald，1991：276）

研究、政治行动与社区组织。同时，McDonald 提出，临终关怀社会工作者可能需要更多地考虑临终关怀的其他需求，例如研究、政治行动以及社区组织（1991：279），因为粗略地回顾一下临终关怀病人的人口学特征就会发现，它不足以代表有色人种、贫困的人以及没有保险的人。而且，通常没有充分的资金用于为病人及其家人提供所需的所有服务。除此之外，临终关怀项目往往会倾向于增加病人的负担和文书工作量，而牺牲掉病人及其家人得到的服务质量。

社会心理疼痛控制技巧。Rodway 和 Blythe（1994）报告了他们在 1988 年所开展的一项研究的发现，很少有临终关怀社会工作者从事于这种可能是有用的疼痛控制干预，以减少治疗、催眠或冥想的使用。

提供舒适的物质环境。另一个社会工作潜在发展的领域包括关注病人的物质环境，例如，提供一个装饰得令人愉悦的房间，能够让病人感到舒适。

提供充分的丧亲和其他社会心理服务。Rodway 和 Blythe（1994）也表达了对临终关怀项目应该倾向于为病人及其家人提供重要的丧亲咨询和社会心理服务的关注，但在实际工作中，对合格的专业人员所提供的有组织的社会心理服务的必要性通常得不到理解（1994：426）。根据 Buckingham（1996）的研究，临终关怀项目通常只为丧失亲人 90 天和 180 天之后的家人提供丧亲服务，不同项目的研究结果会有所不同（1996：74）。

为悲伤的孩子们提供丧亲服务。在失去亲人时，通常会感到悲伤的人是孩子，记住这
307 一点很重要。Sontag、Nadig 和 Henry（1994）曾经报告用一种富于想象力的描述性方法来帮助孩子们表达他们的悲伤，并对悲伤情绪进行处理。治疗方法是小组工作，社会工作者采用一些工作技巧来帮助孩子们，例如：

1. 在小组内分享死者的故事以及死亡时的情景。
2. 在小组内分享死者的照片和传记。
3. 在小组中留出专门的时间让他们表达失去亲人的感受。
4. 学习放松方法和身体健康锻炼的方法。
5. 谈谈他们对死亡和来生的看法。

每个孩子也都会编辑一本关于死者的记忆之书。社会工作者可以帮助父母处理他们自己的悲伤情绪，并且让他们了解如何帮助孩子们处理悲伤。

扩大到处理其他人的悲伤。社会工作者需要牢记，不仅是孩子们在应对死亡及表达他

们的悲伤感受时感到困难，成年人也需要在不同程度上得到指导。当然，尤其是男性，在表达他们的感受时会感到比较困难，并因此而承受更长时间的悲伤情绪。

也许某一天，临终关怀机构将会负责招募志愿者来专门阅读当地新闻中的讣告，并且走到每一个最近丧失过亲人的家庭里——去发现他们是如何做的，告诉他们当地的支持性资源有哪些，例如哀伤支持性小组。这将有可能成为一种健康问题和死亡问题的主要早期干预方式。

知识要求

除了一般的社会工作知识外，临终关怀社会工作者还需要具有特殊的临终关怀知识，包括：

1. 服务对象群体及其问题。
2. 机构场所。
3. 社区及其资源。
4. 干预形式。
5. 所需的研究、评估及记录。

Kovacs 和 Bronstein（1999）开展了一项对美国临终关怀机构中的社会工作人员的调查，以了解他们在准备临终关怀工作过程中对自己所获得的社会工作教育充分性的认识，按照 5 个测量尺度，从 1 到 5（最有帮助到最没有帮助），平均评分小于 3 的四门课程依次 308
是实务、医务社会工作、家庭治疗和危机干预。应答者普遍表示，尽管跨学科协作非常重要，但它不仅可以通过课堂信息获得，也可以通过实习课或在职培训获得。此外，临终关怀社会工作者注意到需要更多地学习医疗方面的保健知识，例如医疗程序、术语和文书工作。应答者也表示，更多的哀伤辅导和临终关怀社会工作教育将会起到帮助作用。

服务对象群体

人口学特征

年龄。下面的数据为临终关怀病人的年龄分布（U. S. Government Printing Office，2000：132，Table 206）：

小于 45 岁：4.6%
45～54 岁：6.4%
55～64 岁：10.6%
65 岁及以上：78.4%
合计：100.0%

尽管有超过 3/4 的临终关怀病人年龄都在 65 岁以上，但并不是所有的致命性疾病都在生命的后期阶段才出现，而且所有的临终关怀必须是因人而异的。记住这一点很重要。

性别。临终关怀病人的性别分布如下（U. S. Government Printing Office，2000：132，Table 206）：

男性：42.7%

女性：57.3%

合计：100.0%

明显地，女性接受临终关怀的比例要比男性稍微高一些，而且这一数据分布显示，临终关怀病人的性别分布与家庭保健病人的性别分布相比，要更平均一些。在家庭保健中，只有 33.6%是男性病人。

309 **婚姻状况**。最后，临终关怀病人的婚姻状况分布如下（U. S. Government Printing Office，2000：132，Table 206）：

已婚：44.6%

丧偶：35.8%

离婚/分居：8.5%

未婚：7.5%

未知：3.6%

合计：100.0%

尽管有超过 78%的临终关怀病人年龄在 65 岁及以上，但大约有 45%的病人仍旧是已婚的，所以，社会工作者所接触的案例中，有将近一半的案例需要社会工作者在解决病人的问题时，同时考虑其配偶的情况。

健康状况

临终关怀病人的基本健康状况就是他们正在面临死亡，死亡和濒临死亡的本质已经在一个世纪之前发生了变化。Bern-Klug、Gessert 和 Forbes（2001）在 21 世纪之初曾经强调过死亡和濒临死亡的特征，包括：

- 大多数死亡是由慢性疾病导致的。
- 大多数死亡发生在老年期。
- 高科技医疗干预可能会中断、推迟、延长或改变死亡过程。
- 死亡有许多不同的轨迹，在大多数死亡发生之前，并不存在一段时间让人们意识到正在面临死亡。
- 具有医学知识与没有医学知识的人相比，在疾病发展轨迹、治疗影响以及死亡过程等方面有所不同。
- 疼痛和不舒适症状在大多数个案中能够被减轻，但通常不容易被识别出来并加以治疗。

● 濒临死亡通常被认为是医疗事件，认为濒临死亡是一个社会心理的、心灵的和个别化过程的观点正悄然兴起。

● 预先计划过程，包括一系列井井有条的决策计划，正在变得越来越普遍。

● 在所爱的人去世过程中，有 1/3 的家庭面临经济上的贫困。

也许临终关怀病人这一群体的一个共同特征就是所有的病人都正在面临死亡，通常预计的死亡日期是在六个月之内。因为这一原因，临终关怀社会工作者需要在帮助其他人处理他们的哀伤和丧亲问题之前，能够平衡自己对于死亡的感受和态度（Moore，1984）。在这种情况下，社会工作者所具备的不能只限于熟悉实际情况和理论知识，而且必须包括一些能够帮助建立移情作用的经验。Moore 报告了一项针对临终关怀社会工作者的敏感度培 *310*
训项目，包括如下几方面的训练：

1. 完成一份多项选择调查问卷，内容包括：对于死亡，你过去的经历、目前的看法以及个人认识。

2. 如果你只有 10 年时间可以活的话，写下你将会希望做什么。然后，间隔 5 年，1 年，1 个月，最后是 1 周，重复回答同样的问题。

3. 虚构一下你自己的讣告，当做是在今天就要写下它，如果是在你老年的时候写下它，那么又会如何呢？

4. 想象你自己到了一个墓地，站在你自己的墓碑前，看着墓碑上所写的悼词。

5. 给某个已故的人写封信，谈谈“没有完成的事业”以及“没有解决的感情问题”，然后签上名字，并且如果愿意的话，与其他人分享你的信。

6. 想象一下，你收到了一封电报，告诉你某个对你来说很重要的人即将死亡（数分钟之内），你有 5 分钟时间说出你对那个人最后想要说的话。（Moore，1984：270）

Moore（1984：271）也描述了一系列的结束练习来帮助抵消参与者的情绪枯竭，Moore 指出，前面描述的练习对于那些具有折中式应对能力的人来说，可能会带来一些伤害，同时，这些练习在使用时也需要根据具体情况而定。

21 世纪初的临终特征

● 大多数死亡是由慢性疾病导致的。

● 大多数死亡发生在老年期。

● 高科技医疗干预可能会中断、推迟、延长或改变死亡过程。

● 死亡有许多不同的轨迹，在大多数死亡发生之前，并不存在一段时间让人们意识到正在面临死亡。

- 具有医学知识与没有医学知识的人相比，在疾病发展轨迹、治疗影响以及死亡过程等方面有所不同。
- 疼痛和不舒适症状在大多数个案中能够被减轻，但通常不容易被识别出来并加以治疗。
- 濒临死亡通常被认为是医疗事件，认为濒临死亡是一个社会心理的、心灵的和个别化过程的观点正悄然兴起。
- 311 预先计划过程，包括一系列井井有条的决策计划，正在变得越来越普遍。
- 在所爱的人去世过程中，有 1/3 的家庭面临经济上的贫困。（Ben-Klug，Gessert & Forbes，2001）

为了在临终关怀机构中能够有效开展工作，社会工作者必须了解病人是谁以及他们的特征所具有的重要意义，包括健康特征和人口学特征。譬如说，了解患有晚期乳腺癌的年轻妇女与患有晚期白血病的儿童有何不同，或与患有艾滋病的年轻男同性恋者、患有充血性心力衰竭的老年人有何不同，这些都是很重要的。

机构背景

正如早期所预言的那样，理解临终关怀机构的本质很重要——是附属于医院、家庭保健机构、疗养院、临终关怀住院病人机构，还是一个独立的机构。同时，了解它与其他临终关怀机构有何不同，是否从属于某个宗教团体，目前的领导者的个性特征，资金来源政策，或其他影响因素例如社区或宗教态度及价值观等，这些方面也很重要。

有必要意识到，临终关怀的哲学和价值观体系往往代表着其他卫生保健系统的一种可选择性模式，在这一体系中，强调的是过程而非结果，服务的性质而非结果的数量。按照 Gummer（1988）的观点，临终关怀项目应该是以下面的可选择性功能模式为基础的，因此，他强调了组织形式的三种功能：（1）注重过程而非结果；（2）与参与决策同等重要的权力；（3）鼓励小范围内的私密性。

总之，最重要的是临终关怀工作人员与病人及其家人之间相互影响的性质，通过影响决策为病人及其家人赋权，并且维持他们之间以相互支持和相互影响为特征的关系。这些结构模式取得了成果，也就达到了临终关怀的目的。

社区及其资源

临终关怀社会工作者需要知道有什么样的政策和项目是可以用来帮助临终关怀病人
312 的。大多数临终关怀病人处于家庭保健之中。在家庭保健中，病人不但经常需要医疗保险和医疗补助的补偿以支付他们的保健费用，而且也需要家庭送餐服务、工具和设备租用、家庭看护者支持性小组以及朋友和邻居的拜访等资源。

社区文化可能会影响人们帮助某些类型问题受害者的态度及准备。例如，某些社区可能会对某种健康状况，如癌症和艾滋病，由于不了解和迷信而感到恐惧。

越靠近农村的社区，越不可能拥有专业资源或“高科技”资源。在这些地区，通常需要开发出一些可选择的资源。

干预形式

临终关怀社会工作者应拿出他们全部的本领，采取有效的干预来满足服务对象的需求，病人及其家人的社会心理评估将会决定选择什么样的方法。例如，干预方式的选择取决于他们对信息和转诊、疼痛控制、技能发展、支持性咨询、行为改变、认知改变、家庭内部交流与理解的改善、环境变化、社会支持性网络、赋权和应对技能的发展以及倡导的需要程度。临终关怀社会工作者的作用和干预在本章社会工作者的职责和干预部分已经讨论过了。

所需的研究、评估和记录

Dush（1988a，b）指出，尽管护士和其他临终关怀工作者往往认为社会工作者应该负责社会心理评估和治疗部分的工作，但很少有研究能够证实关于某种特殊的干预方式对于某种特殊类型的病人或病人问题是最有效的知识。

在家庭卫生保健部分所讨论的研究和评估也适用于临终关怀社会工作（见第五章），同时，社会工作者需要了解服务提供者及资助者的文件要求，正确而完全遵守这些要求以确保其对社会工作的持续支持。过去，文件中出现的错误曾经导致失去补偿金以及服务提供者对那一学科人员的使用减少。

价值观及伦理思考 313

社会工作专业价值观和伦理原则与临终关怀的价值观和伦理原则非常一致。首先，每一个从事临终关怀项目的人都必须尊重每一个个体的价值、服务对象保密原则、人类多样性和社会公正，承担为弱势群体提供服务的义务，并尊重服务对象的自主权。

Stark 和 Johnson（1983）描述了他们在教学医院中与社会工作者一起努力，把临终关怀服务整合进对肿瘤病人的服务之中的工作。他们指出了在工作中出现的一些伦理问题：

- 什么组成了一般性的/特殊的干预方式？
- 社会工作者应该如何参与这一决定？

● 当病人与家人之间或病人/家人与医生之间关于病人的保健决定出现了不可调和的冲突时，社会工作者应该对谁负责？

因为大多数临终关怀是在家中提供的，所以，在家庭卫生保健部分所讨论的价值观和伦理原则也适用于临终关怀保健（见第五章）。此外，一些对于社会工作者来说比较明显的价值观和伦理挑战对于临终关怀社会工作来说也是最敏感的，包括如下可能发生的情况：

● 社会工作者察觉到病人和/或家人的某种重要需求没有被满足，但临终关怀机构和/或资助单位却不愿意或不能够满足这种需求。

● 病人或家人秘密地告诉社会工作者一些其他小组成员也应该知道的事情。

● 社会工作者了解到临终关怀机构对某些没有提供的服务收取了费用。

● 社会工作者发现临终关怀机构违背了某些规定，或者不符合资助机构或认证机构的某些标准。

● 社会工作者有一个到其他地方任职的好机会，但某个或更多的临终关怀病人以及他们的家人因为社会工作者的理解和情绪支持已经发展到了非常依赖社会工作者的地步，并且表示如果社会工作者离开，他们将“不能够接受”。

314 技能要求

专业技能是一种出色地完成某人工作中所包含的任何活动的能力，并且必须反映相关知识的整合以及价值观和伦理原则。在一个复杂的不断变化的环境中通常会用到这些技能，因此，真正的专业技能是有意识的、有目的的、有原则的和负责任的。

仅仅关心人是不够的，还需要去了解如何帮助他们以及如何照顾他们。不幸的是，一些善意却不合格的帮助者在提供“保健”的过程中，由于没有理解这一点，结果导致很多努力都成为泡影，甚至造成了伤害。

Bern-Klug、Gessert 和 Forbes（2001）推荐了一项技能，而一些读者可能会更愿意把它看作是一种医疗或护理作用，那就是疼痛评估。Bern-Klug、Gessert 和 Forbes（2001）认为，临终关怀病人并不是一直都能够准确地向别人描述他们的身体不适情况，也不能够意识到他们有权利希望得到干预来减轻痛苦，在这样的情况下，不可避免地就会导致过量的疼痛药物治疗。随之出现的不适问题并不只局限于疼痛，而是包括许多其他可能的表现，例如抽筋、发痒、恶心、呼吸短促等（2001：46）。这些可以被看做是临床社会工作者工作范围之内的事情，同时也是他们潜心于解决病人的情绪和认知问题的出发点。此外，社会工作者应该把重点放在对病人不适的解释说明上，帮助病人认识并详细描述他们的不适，并倡导减轻不适症状，这些应成为体现病人价值的形式。

评论

虽然临终关怀社会工作不是每一个社会工作者或其他卫生专业人员都可以提供的。然而，来自一些从事临终关怀工作的人的各种案例的报告经常会认为，临终关怀工作是他们人生中最有意义的经历，即使他们没有立即被它吸引。因此，劝告读者在没有通过实习课对临终关怀工作进行近距离观察的情况下，不要轻易把它排除在你的工作领域之外。

相关资源

Ford, Gillian (1993). Hospice in English—A palliative care system: The Marie Curie model. *The American Journal of Hospice and Palliative Care* (July/August): 27 - 29.

Johanson, Gary A. (1993). Palliative care in Argentina: A gringo's perspective. *The American Journal of Hospice and Palliative Care* (July/August): 11 - 12.

Kerr, Derek (1993). Lin zhong guan huai: Terminal care in China. *The American Journal of Hospice and* 315
Palliative Care (July/August): 18 - 26.

Parry, Joan K. & Ryan, Angela Shen (Eds.) (1995). *A cross-cultural look at death, dying, and religion*. Chicago: Nelson-Hall.

Rosner, Fred (1993). Hospice, medical ethics, and Jewish customs. *The American Journal of Hospice and Palliative Care* (July/August): 6 - 10.

Storey, Porter (1993). Hospice settings around the world. *The American Journal of Hospice and Palliative Care* (July/August): 4 - 5.

Suzuki, Shizue, Kirsschling, Jane Marie & Inoue, Iku (1993). Hospice care in Japan. *The American Journal of Hospice and Palliative Care* (July/August): 35 - 40.

Zylicz, Zbigniew (1993) . Hospice in Holland: The story behind the blank spot. *The American Journal of Hospice and Palliative Care* (July/August): 30 - 34.

第三部分 Part Three 3

卫生服务多样性与经费

第八章

美国卫生保健系统的优势与问题 319

对系统的描述与评估

获取卫生服务的经济要求

美国在非体制化阶段时，获取卫生保健服务所需的经济要求代表着一个复杂的模式，它具有如下几个基本形式：（1）医疗保险，等于是国家为某些群体（符合社会保障条件的老年人和残疾人、依赖于昂贵的血液肾透析治疗存活的肾脏疾病晚期病人）所提供的健康保险，资金来源于从员工工资总额中抽取的税金。（2）医疗补助，一种由州或联邦政府的普通税收所资助的公共援助项目，救助对象为符合政府最低生活收入救助要求的人，以及低收入的妊娠妇女和儿童，所覆盖对象类型及救助水平随不同的州而有所不同。（3）私人健康保险，覆盖了大部分有工作的员工，他们的健康保险由他们的雇主全部或部分支付。

未保险人群体

遗憾的是，这三种基本的健康保险形式综合在一起也没有把所有的美国人都包括在内；相反地，还有相当大一部分人没有被健康保险覆盖到。1998 年，在所有美国人中，有 16.3%也就是 4 428.1 万人没有任何形式的健康保险——医疗保险、医疗补助或私人健康保险（U. S. Government Printing Office，2000b：118，Table 178）。

最近增加的未保险人群。在近几年，未保险人群数目有所增加。没有参加健康保险的美国人从 1987 年的 12.9%增加到了 1995 年的 15.4%（U. S. Government Printing Office，1997b：120）以及 1998 年的 16.3%（U. S. Government Printing Office，2000b：118，Table 177）。

地区差异。在美国，未保险人群数目随不同的州而有所不同。1998 年，未保险人群所占百分比最低的为内布拉斯加州的 9.0%，最高为得克萨斯州的 24.5%（U. S. Government Printing Office，2000b：118，Table 178）。而 1997 年，在美国人中，没有参加任何形式健康保险的人所占百分比最高的为南部地区（20.7%），其次为西部地区（20.4%），次低的是东北部地区（13.4%），而最低的是中西部地区（13.1%） 320

（U. S. Government Printing Office，2000a：341，Table 128）。

民族差异。像美国很多其他方面的情况一样，有色人种和少数民族群体所享受的待遇往往不如白种人。在美国，1998 年，15.0%的白人、22.2%的黑人以及 35.3%的西班牙裔没有健康保险（U. S. Government Printing Office，2000b：118，Table 177）。

年龄差异。在不同年龄组中，老年人是最大的健康保险受益群体。1998 年，只有 1.1%年龄在 65 岁及以上的老年人没有健康保险，而 30.0%年龄在 18 到 24 岁之间的年轻人，23.7%年龄在 25 到 34 岁之间的成年人，以及 15.4%年龄在 18 岁以下的儿童没有健康保险（U. S. Government Printing Office，2000b：118，Table 177）。

工作状况。按照 Billings（1999）的描述，“未保险人的典型特征可能是受雇于一个零售业/服务业小老板、工资收入较低的年轻人……超过一半的未保险人的年收入低于 10 000美元，85%的未保险人的年收入低于 20 000 美元”（1999：406）。

公司规模。另一个影响人们使用健康保险的变量就是员工的数目。明显地，随着公司规模的扩大，老板提供健康保险作为一种额外福利的可能性也增加。1997 年，有略微超过一半（52.4%）的私人公司提供了健康保险，只有 32.9%员工数目少于 10 人的公司为其员工提供了健康保险，但有 93.8%员工数目在 100 人及以上的公司为其员工提供了健康保险（U. S. Government Printing Office，2000b：119，Table 179）。

保额不足的群体

除了未保险的人群之外，在美国，还有很大一部分人只接受了部分健康保险，需要被保险人以现金形式支付可扣除保险、共同保险以及未被保险的服务。1998 年，美国人以现金形式支付的费用占医院保健总费用的 3.4%，疗养院保健费用的 32.5%，占医生所提
321 供的总服务量的 15.6%，占其他个人卫生保健费用的 38.4%——或者说占到所有个人卫生保健费用 10 193 亿美元的 19.6%（U. S. Government Printing Office，2000a：327，Table 119）。在 1998 年，美国人的卫生保健费用现金支出总额是 5 746 亿美元，大约占总的国家卫生费用支出 11 491 亿美元的 17.7%（U. S. Government Printing Office，2000b：108，Table 152）。需要指出的是，国家的卫生费用不仅包括个人卫生保健费用（例如卫生服务和卫生用品以及保险费用），而且也包括医学研究及医疗机构建设等费用。

医疗保险和医疗补助计划最初的目的与目前的结果

也许是反映了社会福利政策和项目一种采用追加资金的方法的弊端，医疗保险和医疗补助制度都没有按照设计者最初的目标往前发展，在一篇关于美国国会 1965 年通过的医疗保险历史（《社会保障法》中的第 XVIII 条款）的有趣报告中，Robert M. Ball（1996）列举了种种促使美国通过国家健康保险立法的努力。Robert M. Ball 帮助制定了医疗保险政策，他以前是社会保障部的一个委员，并且目前仍然是社会保障倡导委员会的成员。他解释道，他本人以及其他所有提出并为医疗保险的通过而斗争的人把医疗保险看做是为所有美国人赢得国家健康保险的“最后一招”。医疗保险从来就没有抱着只局限于老年人可以

获得健康保险的目的，相反地，把对象锁定为老年人是基于下面的假设而采取的一种政治策略。这个假设就是：公众对这一群体是最具有同情心的；美国医学会如果想反对这个帮助老年人的计划，将会经历一段比较艰难的历程；医院将会很乐意有这样一种方式可以得到老年病人的保健补偿金，这些老年病人在过去往往是没有能力支付他们的住院费用的，因为他们退休了，而他们的雇主又没有为他们提供个人健康保险。

另一方面，医疗补助（《社会保障法》中的条款 XIX）也在 1965 年被通过了，最初的目的是要为公共接受救助者提供健康保险，例如未成年儿童家庭援助计划（AFDC）（Lyons，Rowland & Hanson，1996）。然而，由于长期以来医疗保险的覆盖人群只局限于老年人，许多贫困的人和有残疾的人得不到其他保险。到 1993 年为止，只有 27%的医疗补助资金是用于接受救助者的卫生保健，而 28%的医疗补助用于支付老年人的疗养院保健和家庭保健费用，31%用于残疾人的卫生保健，其他 14%用在了超份额（DPS）医院上—— 322
也就是说，医院为穷人和未保险的人提供的昂贵卫生保健服务（Lyons，Rowland & Hanson，1996）。

尽管医疗补助的最初目的是为贫困人口提供卫生保健资助的，但截至 1998 年，在美国，收入处于政府规定的贫困线以下的人口中，只有 50.6%获得了医疗补助（U. S. Government Printing Office，2000b：115，Table 170）。

卫生服务组织的类型

多种模式并存是卫生服务的特征，在卫生服务中，有医院、疗养院、家庭保健机构、门诊诊所以及其他组织场所，这些组织有的是公共税收支持的，有的是私立非营利性的，有的是私立营利性的。目前的趋势是以营利性组织为主，但在医院和临终关怀组织中，虽然营利性组织有所增加，但仍是以非营利性组织为主的。截至 1998 年，只有大约 31.7%的美国医院是营利性的（U. S. Government Printing Office，2000b：127，Table 194），而且只有 23.0%的临终关怀组织是私立的（U. S. Government Printing Office，2000b：132，Table 206）。

卫生服务支付者的变化趋势

然而，尽管提供卫生服务的组织中，私立组织在增加，但通过公共税收支付的卫生保健费用也在增加。大约有 44%（43.6%）的费用是由公共税收支持的计划提供的，例如医疗保险、医疗补助及退伍军人管理局（U. S. Government Printing Office，2000a：327，Table 119）。政府健康保险及其他政府卫生项目所承担的医院保健费用从 1960 年的 42.5%增加到了 1998 年的 60.8%，疗养院保健费用从 1960 年的 15.7%增加到了 1998 年的 60.4%，医生服务从 1960 年的 7.1%增加到了 1998 年的 31.9%，其他个人卫生保健从 1960 年的 8.1%增加到了 1998 年的 26.8%（U. S. Government Printing Office，2000a：328，Table 119）。

卫生保健质量

在美国，只要你支付得起，你可以得到几乎所有你想要的卫生保健服务或程序，而且
323 通常是质量非常高的服务——不但包括日常干预，而且包括整形手术、器官移植及人工关节置换术。总之，绝大多数美国人对于他们获得的卫生保健服务都非常满意（Zis，Jacobs & Shapiro，1996），而且专业卫生保健提供者，例如医生、护士和其他相关卫生保健专业人员（社会工作者、物理治疗师、职业治疗师、语言治疗师）一般都受过良好训练，具备高水平法律的和专业的实践标准。

经常听到美国人说："美国的卫生保健是世界上最好的；这就是为什么那些有钱人会从世界各地来到美国，寻求他们在本国得不到的卫生服务！"或者，"如果加拿大的服务很优秀，那么为什么还会有这么多加拿大人来美国寻求他们在自己国家得不到的服务呢?"（第二种言论主要是针对那些选择到美国接受非急性病保健服务，而不是在本国等待接受健康保险资助的加拿大人）

第一种言论可能反映了我们高科技的"恢复"工作，或者在美国卫生保健中被称为"科技增殖"的现象。美国哈佛大学卫生政策研究与教育部门的主任 Joseph Newhouse（1996）断言：卫生保健费用增加的主要原因可能是医疗能力的极大提高，即科技的发展。

然而，美国卫生保健领导联盟的主席 Harry E. Simmons（1996）曾经说过："我们的卫生保健体系面临的三个严肃而且相互关联的问题是……费用增加、覆盖面减少以及质量问题。"（1996：57）Simmons 把"我们的人均卫生保健费用几乎是其他发达国家的两倍"这一问题归因于滥用高科技，我们甚至在预期结果不确定的情况下往往也会使用它。事实上，许多美国医生所实施的医疗和手术干预并没有得到结果研究的很好验证；医疗保健数量和干预类型都随不同的地理区域而有很大不同，缺乏结果变量的证据（Simmons，1996；Kane，1995：13，15）。

所有这些都反映了医疗领域比我们以往预测的更加缺乏科学知识（Simmons，1996）。此外，科技有时会被故意错用。例如，迫于病人的压力而给感冒病人进行抗生素治疗；由于医院的压力而使用昂贵的设备，如核磁共振显像机（MRI），让病人支付高额费用；或者由于病人或其家人的压力，甚至是在针对问题的治疗性干预措施未明的情况下，医生就"做一些事情"（采取这种措施）。

而且，医疗干预的事故率要远远高于每年的重大交通事故的发生率，这预示着质量控
324 制的严重缺乏，并对病人的满意度调查这一测量卫生保健系统质量的指标的使用提出了挑战（Simmons，1996）。总之，通过增加与干预结果相关的知识、减少医疗事故以及正确地使用干预措施从而提高卫生保健的质量，可以显著降低卫生保健的成本。

1999 年，医学研究所（IOM）公布了一份题为"人类在犯错"的关于医疗事故的报告，其中提供了在我们的卫生保健体系中存在的那些本能够避免的令人担忧的伤害和死亡

统计数据。2001 年，IOM 又公布了一份关于医疗事故的追踪报告，题为“质量差异的十字路口：一种面向 21 世纪的新型卫生系统”，要求对我们的卫生保健系统进行一次全面大检查（Sarudi，2001a）。

一个私人监督团体——飞跃集团（Leapfrog Group）曾经要求目前的医疗系统必须满足三个主要标准：(1) 实施一种计算机化的医生命令登录系统；(2) 为某些复杂程序，如冠状动脉搭桥手术及食管外科手术，开辟大量的登录窗口；(3) 雇用大量的保健专家（Sarudi，2001b）。

2001 年春季，许多美国人在看到公共频道的四部纪录片系列节目“严峻的形势：你的健康保健状况如何”时，都表示深信不疑。节目的一个组成部分是“质量差异：医学的秘密杀手”，其中报道了美国每年估计有 90 000 例死亡是由于医疗事故引起的［节目来源于电影——《人类与科学》（http://www.films.com）］。这一系列节目报道医疗事故实例及其原因，并披露了一些不同卫生中心对医疗事故进行处理时取得的显著而成功的经验。

Shi（2000）报告了最近开展的一项研究结果，该研究调查了人们获得的初级保健的质量与他们是否参加私人或公共（医疗补助）健康保险之间的关系。研究发现，参加私人保险的人与参加公共保险的人相比，能够获得更好的初级保健服务，而且那些计划以现金形式支付服务费用的人与健康维护组织计划中的病人相比，也能够获得较高质量的初级保健，他们也更有可能获得一般形式的初级保健。Shi 提出了一个问题，是否该研究发现提示，在美国由于经济地位的不同而存在着两个层次的卫生保健系统。

卫生保健成本

有趣的是，与有工作的人——医疗补助的接受者和没有工作的人相比，医疗保险的接受者对于他们的健康保险计划感到比较满意，而且医疗保险的行政管理费用低于私人健康保险项目（Lave，1996）。按照 Lave（1996）的观点，造成医疗保险所覆盖的临床服务成 325
本比较高的原因包括：科技快速发展；医疗保险的覆盖面主要是急性病治疗保健，而不是预防和长期支持性保健服务；一般控制成本的办法是努力通过价格控制、减免保险费用和共同保险来实现，而不是通过改变利用卫生服务的动机来实现。

回顾世界范围内卫生保健改革的发展趋势，人们发现，所有的改革方向都是围绕着控制卫生保健成本而展开的，Kirkman-Liff（1996）列举了这些改革方向的常见特征如下：

1. 利用国内的全球卫生保健预算来达到成本控制的目的。
2. 把管理责任从政府转移到私人/准私人组织。
3. 按人头支付初级保健中团体医疗服务的费用。
4. 把初级保健医生作为其他卫生保健系统的守门人。
5. 鼓励团体或卫生中心场所的医疗实践。
6. 对医生的经济刺激集中在卫生服务的持续性方面。

7. 为医院提供预先支付（如诊断相关小组），或者以风险为导向与医院签订协议为某个群体服务，而这一群体的服务费用在此之前是通过人头预算由初级保健医生团体（如健康维护组织）支付的。

8. 把专家与医院整合在一起。

9. 在初级保健医生团体预算持有者或健康保险预算持有者的控制之下，消费者选择服务提供者整合网络（管理型保健组织）。

10. 保证所有市民能够得到基本的服务。

11. 个人有自由选择是否购买额外的健康服务保险。(1996：69)

卫生保健中存在的问题之一在于非营利性或营利性卫生保健组织哪个比较好，这一问题一方面关系到保健质量，另一方面关系到成本/收益。

目前在美国，公众选择的两个相关倾向包括：(1) 把开放的市场经济体制与政治体系中的自由和民主混淆在一起；(2) 假设市场机制会使得健康和社会保障项目更加有效，就像它们在其他行业和产业运作中也往往会产生效益一样。

326 **世界范围内卫生保健改革的趋势**

1. 利用国内的全球卫生保健预算来达到成本控制的目的。

2. 把管理责任从政府转移到私人/准私人组织。

3. 按人头支付初级保健中团体医疗服务的费用。

4. 把初级保健医生作为其他卫生保健系统的守门人。

5. 鼓励团体或卫生中心场所的医疗实践。

6. 对医生的经济刺激集中在卫生服务的持续性方面。

7. 为医院提供预先支付（如诊断相关小组），或者以风险为导向与医院签订协议为某个群体服务，而这一群体的服务费用在此之前是通过人头预算由初级保健医生团体（如健康维护组织）支付的。

8. 把专家与医院整合在一起。

9. 在初级保健医生团体预算持有者或健康保险预算持有者的控制之下，消费者选择服务提供者整合网络（管理型保健组织）。

10. 保证所有市民能够得到基本的服务。

11. 个人有自由选择是否购买额外的健康服务保险。(Kirkman-Liff，1996：69)

然而，有一些研究报告对这些假设提出了挑战。例如，最近开展的一项大规模研究发现(Woolhandler & Himmelstein，1997)，通过与1994年的成本相比较，并根据医院提交给医疗保险公司的报告，三种组织类型的医院中，营利性医院的成本显著高于非营利性医院和公立医院的成本，其主要表现在三个方面：(1) 医院预算中用于行政管理的平均比例；(2) 每个住院病人日间的平均费用；(3) 每个出院/住院病人留院的平均费用。另外，营利性医院用在员工工资、薪水和福利方面的成本比较低（引起服务质量问题）。营利性精神病医院和康复医院的行政管理费用（其是被诊断相关小组豁免的）显著高于其他类型的医院。

Rachlis（1995）在《美国从加拿大的卫生保健体制中汲取的教训》中指出：

> 单一支付者计划确实可以节约成本。在加拿大，大约有3%①的国内生产总值用于卫生保健，远远低于美国，节约的成本应该归因于与单一支付者计划相关的因素，包括较低的行政管理费用，并且降低了医院和医生的费用（与文书工作量减少有关）。与美国人相比，加拿大人可以享受到几乎所有的卫生服务，（事实上）加拿大人要比美国人享用更多的医生服务和医院服务。（1995：151）

与国家健康保险系统如加拿大的单一支付者系统相比，很多私人健康保险公司，例如美国的那些私人健康保险公司，都受到了巨额行政管理费用的拖累，除了要关注这一事实之外，还应该尤其关注 Woolhandler 和 Himmelstein（1997）所说的话： 327

> 在最近这些行政管理费用增加之前，美国会计总署考虑，由于向国家健康保险转变而节约的行政管理费用将全部用于资助全球范围内的卫生服务。［Woolhandler, Steffie & Himmelstein, David U. (1997). Costs of care and administration at for-profit and other hospitals in the United States. *New England Journal of Medicine*, 336 (11): 769 - 799, Copyright 1997 Massachusetts Medical Society. All rights reserved.］

即便如此，还是让卫生保健专业或组织的领导感到震惊。他们公开表示：虽然在美国卫生保健费用不断增加，但解决的办法不应该是求助于国家健康保险机制，例如像加拿大那样，因为这样做将只能导致保健费用的进一步增加。

一个奇怪的现象是，加拿大人使用的医生和医院服务多于美国人，但在加拿大的卫生保健体制中，行政管理费用却明显低于美国（Rachlis，1995：144，146）。当然，这与美国超级大国的地位不太一致。虽然说没有任何一个国家的机制可以确保所有人在经济上能够获取基本卫生保健，但美国却比其他工业化国家花费了更多的资金用于卫生保健，不管是按人均计算，还是按国内生产总值（GDP）计算。而其他工业化国家有国家健康保险——一种国家卫生服务，或其他能够使人们在经济上获取基本卫生保健的机制。

美国政府出版局（2000a：321，Table 114）提供了一些关于美国与其他 29 个工业化国家卫生费用的比较数据，从 GDP 和人均费用两个方面比较，数据显示，1997 年，美国将 13.4%的 GDP 用于卫生保健，排在第二位的是德国，其卫生费用占 GDP 的 10.7%，而这 29 个国家中的 24 个国家的此项费用都小于 9%。

此外，美国在 1997 年的人均卫生保健费用是 3 912 美元。第二高的是瑞士，其当年的人均卫生保健费用是 2 611 美元。加拿大在 1997 年的人均卫生保健费用是 2 175 美元，虽

---

① 1997 年为 2.7%。——作者注

328 然美国人经常宣称加拿大人支付不起他们的卫生保健费用，加拿大的此项费用也只相当于美国的55.6%，然而，以慷慨的卫生和社会福利体制而闻名的瑞典、丹麦和芬兰，它们的人均卫生保健费用也只分别相当于美国的45%、52%和39%（见表8—1）。

328 **表8—1　美国和其他一些国家的卫生保健费用、期望寿命及婴儿死亡率*（1995—1997年）**

国家	1997年费用		1995年出生时的期望寿命（年②）	1996年婴儿死亡率（每1 000个新生儿）③
	占国内生产总值的百分比①	人均费用（美元）		
美国	13.4	3 912	72.5m 78.9f	7.3
瑞士	10.0	2 611	75.1m 81.9f	4.7
德国	10.7	2 364	73.3m 79.8f	5.0
加拿大	9.2	2 175	75.2m 81.2f	6.1
法国	9.6	2 047	74.2m 82.6f	4.9
丹麦	8.0	2 042	72.8m 77.9f	5.7
瑞典	8.6	1 762	76.2m 81.6f	4.0
日本	7.2	1 760	76.4m 82.9f	3.8
芬兰	7.4	1 525	72.8m 80.3f	4.0
英国	6.8	1 391	74.3m 79.6f	6.1

*表中所列国家是按人均卫生保健费用排序的。

① U. S. Government Printing Office (2000a). *Health, United States*. Washington, DC: Author, 321, Table 114.

② U. S. Government Printing Office (2000a). *Health, United States*. Washington, DC: Author, 158, Table 27.

③ U. S. Government Printing Office (2000a). *Health, United States*. Washington, DC: Author, 157, Table 26.

329 ## 成本—收益问题

美国人喜欢宣称美国有世界上最好的卫生保健体制——尽管美国的基本人口健康状况指标排名低于许多其他国家，例如期望寿命和婴儿死亡率。1996年，美国的婴儿死亡率是7.3/千个活产新生儿。这个数字高于其他25个工业化国家，几乎相当于同年日本婴儿死亡率的两倍（U. S. Government Printing Office，2000a：157），尽管日本的人均卫生保健费用低于美国人均卫生保健费用的一半（1 760 美元对 3 912 美元）（U. S. Government Printing Office，2000a：321，Table 114），但日本却是世界上期望寿命最长的国家，不管是出生还是 65 岁时，不管是男性还是女性（U. S. Government Printing Office，2000a：158，Table 27）。表 8—1 中列举了一些类似的比较数据。

美国的卫生保健体制怎么了？简而言之，它是无效的。我们比世界上其他国家的投入都要多，但人口健康指标如婴儿死亡率和期望寿命，却显示我们国家民众的健康状况低于许多其他国家，也许是时候考虑下面由 Woolhandler 和 Himmelstein（1997）所提出的建议了：

> 美国的卫生保健成本与世界上其他国家的成本之间的差距在不断加大，而且未保险者和保险不足者之间的阶级差别也在不断加大。也许是时候该问这样一个问题了：我们的市场医疗实验是否已经失败了？（1997：774）［Woolhandler，Steffie & Himmelstein，David U.（1997）. Costs of care and administration at for-profit and other hospitals in the United States. *New England Journal of Medicine*，336（11）：769－799. Copyright 1997 MassachuSetts Medical Society. All rights reserved.］

美国卫生保健费用的分布。表 8—2 表明，1998 年，总费用为 11 491 亿美元用于卫生保健。超过一半（53.3%）的卫生保健费用只用于两个方面：住院病人的医院服务（33.3%）和医生服务（20.0%）。相反地，所有的卫生保健费用中，只有 3.2%用于政府公共卫生服务，大部分公共卫生费用是用于初级预防和早期预防的，初级预防是努力预防卫生问题的发生，而早期预防则是努力预防早期问题进一步恶化。

表 8—2　　美国卫生数目的分布，包括种类、百分比、数目和排名（1998 年） 330

排名	种类	百分比（%）	数目（亿美元）
1	医院	33.3	3 828
2	医生	20.0	2 295
3	药物和其他非持久性药品	10.6	1 219
4	疗养院	7.6	878
5	其他专业服务	5.8	666
6	保险和行政管理	5.0	577
7	牙科	4.7	538
8	政府公共卫生	3.2	366
9	其他卫生服务	2.8	321
10	家庭卫生保健	2.6	293
11	医学研究	1.7	199
12	医疗机构建设	1.4	156
13	未来的产品和其他医疗耐用品	1.3	155
合计		100.0	11 491

资料来源：U. S. Government Printing Office（2000b）. *Statistical Abstracts of the United States*. Washington，DC：Author，108，Table 152.

医疗保险费用的分布。表 8—3 说明，1998 年，有 65%（64.8%）的医疗保险 A 部分费用用于急性住院病人医院保健——最昂贵的保健水平。而在医疗保险的 B 部分费用中，最大一部分（42.7%）是用于门诊病人医生服务的。长期保健如疗养院保健、家庭卫生保健和临终关怀的总费用占所有医疗保险费用的 22.2%。

331 **表 8—3　医疗保险费用的分布，A 部分和 B 部分，包括种类、数目和百分比（1998 年）***

支出类型	数目（亿美元）	百分比
A 部分：医院保险		
住院病人医院保健	869.98	64.8
技能型护理机构	136.30	10.1
家庭卫生机构	138.06	10.3
临终关怀机构	20.80	1.5
管理型保健	178.07	13.3
A 部分合计	1 343.21	100.0
B 部分：补充医疗保险		
医生	323.41	42.7
门诊病人医院保健	90.56	11.9
家庭卫生机构	2.02	0.3
管理型保健①	141.32	18.6
媒介实验室	14.70	1.9
耐用性医疗设备	41.08	5.4
医生办公室实验室或独立的实验室	21.68	2.9
肾脏透析费用	64.92	8.6
独立的外科中心、救护服务和补给	58.45	7.7
B 部分合计	758.14	100.0
总数之和（A 部分+B 部分）	2 101.35②	

* 数字疑有误，原文如此。——译者注

① 包括实验经费、示范项目以及同行评审费用。

② 1998 年医疗保险费用总和数据来源于美国政府出版局（2000a）（*Health*，*United States*. Washington，DC：Author，348，Table 133）。

资料来源：U. S. Government Printing Office（2000b）. *Statistical Abstracts of the United States*. Washington，DC：Author，114，Table 168.

医疗补助费用的分布。表 8—4 显示，1998 年，将近一半（46.2%）的医疗补助费用用在了住院病人医院和疗养院保健方面，也就是说，用在了机构服务方面，即表中所列的前三项。1998 年医疗补助项目提供的总费用是 1 423.18 亿美元，相当于当年美国全国卫生服务费用 11 491 亿美元的 12.4%。值得注意的是，在医疗补助费用中，只有 0.3%是用于计划生育的，但计划生育却是卫生保健预防的一个重要方面。

表 8—4　　医疗补助费用的分布，包括种类、数目和百分比（1998 年）* 332

种类	数目（亿美元）	百分比
住院病人医院保健		
综合医院	214.99	17.9
精神医院	28.01	2.3
中间保健机构（智力发育迟缓）	94.82	7.9
护理机构服务	318.92	26.6
医生	60.70	5.1
牙科	9.01	0.8
其他行医者	5.87	0.49
门诊病人医院保健	57.59	4.8
临床	39.21	3.3
实验室	9.39	0.8
家庭卫生	27.02	2.3
处方药	135.22	11.3
计划生育	4.49	0.4
预先支付的卫生保健	192.96	16.1
合计	1 423.18	100.09

* 数字疑有误，原文如此。——译者注

资料来源：U. S. Government Printing Office (2000b). *Statistical Abstracts of the United States*, Washington, DC: Author, 116, Table 172.

管理型保健

管理型保健出现的背景

作为一种控制卫生保健成本的方法，美国出现了管理型保健。美国的卫生保健成本在不断增长，直到年增长率从 1980 年的 13.6%下降到 1985 的 11.6%。增长率的下降明显反映了 1983 年在医疗保险制度中引入的诊断相关小组（DRG）系统。此外，卫生保健成本的增长率可能反映了健康维护组织的数目在同时期（1980—1985 年）翻了一番 333
(U. S. Government Printing Office, 1997a: 271)。令人震惊的是，从 1985 年开始，美国全国卫生保健费用的年增长率持续下降，到 1996 年下降到了历史最低水平，1995 年到 1996 年的增长率为 4.6%。然而，到 1998 年，这个数字又开始上升，当年的增长率为 5.6%（U. S. Government Printing Office, 2000a: 325, Table 118）。

尽管如此，美国的实际卫生保健费用成本仍在继续增长，虽然增长率在下降。1985 年，美国全国卫生保健费用总数为 4 287 亿美元，但到 1998 年，这个数字已经几乎增加了两倍，达到 11 491 亿美元（U. S. Government Printing Office, 2000a: 325, Table 118）。

管理型保健的成长与发展

健康维护组织（HMO）出现于20世纪30年代和40年代，但从20世纪70年代开始，出现了一种管理型保健的新形式，被称为“管理型保健组织”。其所持观点是，除了服务提供者和病人之外，会影响到干预服务类型和服务数量的第三方将被获准得到补偿，其动机纯粹是为了成本控制（Freeman & Trabin，1994，被Manderscheid & Henderson引用，1998：114）。事实上，Munson（1998）曾经开玩笑地把管理型保健组织称为“管理型成本组织”（1998：480）。

HMO起源于19世纪，当时农场主、矿业公司和木材厂将为工人提供卫生保健服务（并非健康保险）作为一种额外利益，以此来吸引和留住工人们（Friedman，1996，被Kovner引用，1999：283）。第一个真正的HMO出现于20世纪30年代。当时，HMO作为凯泽永久卫生计划来招募并留住修建华盛顿大古力水坝的工人们，以及在第二次世界大战期间，在加利福尼亚州的奥克兰被用来吸引造船工人（Kovner，1999：283）。

在尼克松总统执政期间（1969—1974年），“1973年的《健康维护组织法》（PL93－222）刺激了发展缓慢的健康维护行业，使其进入快速发展期”（Karger & Stoesz，1998：187）。1973年的《健康维护组织法》授权联邦政府在许多受人欢迎的商业领域帮助建立HMO机构，与疗养院和医院管理行业联合在一起共同发展，并且引发了投资者的兴趣。在1973年的《健康维护组织法》通过10年之后，已经有了60家私有制形式的健康维护组织了（Karger & Stoesz，1998：190）。

美国的管理型保健组织从1976年只有174家增加到1999年的643家，其中包括309家
334 （48%）独立从业协会（IPA），123家（19%）团体从业协会，以及208家（32%）混合模式的组织（U. S. Government Printing Office，2000a：345，Table 131）。① HMO增加速度最快的时期是在1980年到1985年之间，数量翻了一番，从235家增加到478家，这也许与DRG系统被推荐来控制医院成本有关系。从1997年开始，HMO的数目稍微有些下降。

1997年，在参加保险的美国人中，将近29%（28.7%）被招徕入管理型保健组织（U. S. Government Printing Office，2000a：344，Table 130）。其中，西部所占的比例最高，为41.4%；东北部为36.7%；南部为23.9%；最低的是中西部地区，为23.3%。这当中包括12.7%的医疗补助接受者和8%的医疗保险接受者（U. S. Government Printing Office，2000a：345，Table 131）。

什么是“管理型保健”？

管理型保健指的是一组卫生服务体系，包括健康维护组织，具有四种主要模式：（1）小

① 数据疑有误，原文如此。——译者注

组；（2）职员；（3）独立从业协会模式；（4）健康维护组织（HMO）的最新形式，如提供者服务组织（PSO）。管理型保健也包括其他非 HMO 形式，例如优先选择提供者组织（PPO）和服务点（POS）计划。

我将努力阐明每种管理型保健模式的独特特征；但是，在文献中有些混淆，因为对词语的使用缺乏一致性（尤其是这些词语，如小组模式、职员模式和网络模式），同时，不同模式的特征差异不仅存在于模式之间，而且也存在于模式之中。

小组模式（例如，凯泽永久计划）

根据 Mechanic（1999）的描述：

> 传统上，被研究得最多的 HMO 模式是小组模式。在这一模式中，保险计划涉及一个或多个专业的小组，在有资金支持的基础上仅为其保险人群提供服务。专业小组负责其内部运作，并且负责小组内部的收入分配，而保险计划提供者负责为医院或其他有需要的医疗机构提供服务，这些机构可能是直接归这个计划所有的，或通过合同方式获得的，或两者兼而有之。（1999：154）

在小组模式中，提供者组织也就是专业小组，假定提供服务的资金风险（即成本）大 335
于预先支付的资金总数。

职员模式（例如，普吉特海湾团体健康合作计划）

> HMO 的职员模式在很多方面与小组模式有相似之处，但在职员模式中，不同之处体现在医生会被支付薪水，而且医生本人也不会被置于风险之中，尽管可能会存在经济刺激促使他们采取某些行为。然而，保险组织却处于风险中。医生们往往不喜欢职员模式，因为这一模式会使医生成为雇员。经过一段时间之后，它们通常会转变为小组模式。（Mechanic，1999：154）

独立从业协会模式/网络模式

1999 年，独立从业协会（IPA）模式成为管理型保健的主要模式，在 643 家管理型保健组织中，有 309 家（48.0%）属于此种模式（U. S. Government Printing Office，2000a：345，Table 131）。根据 Mechanic（1999）的描述，IPA 模式也指网络模式，其常见的方式是由保险组织在独立执业医生或小组执业医生中建立一个医生网络，他们将为参保者提供服务。这些保险计划和医生经常会得到资金支持，同时，并不要求这些医生只局限于为一个 HMO 服务，相反地，许多医生可以分别参加几个 HMO，也可以接诊逐次付费的患者。IPA 模式或网络模式的优势在于它为医生提供了更大的灵活性和自主权，同时，病人具有更多的机会可以选择医生。但是，在 IPA 模式中，医生参与预防和其他创新活动的努力或者在小组中参与其他卫生保健专业的努力可能会比较少（Mechanic，1999：154－155）。

提供者服务组织

最新的HMO类型之一就是提供者服务组织（PSO）。Rovner（1998）论述道：

> PSO与HMO的相似之处在于它们都要求病人接受计划中规定的医生和医院所提供的保健，病人必须同意他们的保健处于计划的“管理”之下。PSO与其他计划的不同之处在于PSO通过医生和医院来提供服务，而这些医生和医院则是PSO的所有者。（1998：2）

336 美国医学会主席Dick Davidson把PSO看做是“社区保健网络”，并且显然把它们看做是解决近几年来医院住院病人减少问题，以及由于管理型保健组织致力于通过降低住院率从而降低卫生保健成本所导致的医院收入减少问题的一个可能办法。Davidson倡导PSO的部分原因是，他认为它有可以实现在当地纵向整合卫生保健系统的优势，而不是通过与其他州的大型HMO合作实现对卫生保健系统的控制（Grayson，1998）。

优先选择提供者组织

有一种相关的卫生保健组织类型是优先选择提供者组织，它并不是一种真正的HMO形式，只是有保险组织的意味。如蓝盾，与医生和其他卫生服务提供者组成网络，约定以折扣价为病人提供服务。当然，它之所以不被认为是一种HMO形式，是因为它保留着一种逐次付费的机制，只是医疗费用的数额有所降低。

服务点

“服务点”指的是提供可能与任何HMO模式相关的服务，即这种模式可以为病人提供利用HMO之外的卫生保健提供者的机会，但病人必须为这些外部服务支付更多的现金。

正如Kovner（1999）所述：

> 管理型保健组织是，在卫生保健体系之下，通过预先协商，以固定数额的资金提供全面的医疗服务……健康维护组织是管理型保健的模式之一。（1999：280）
>
> 导致HMO（并非都是管理型保健组织）与传统卫生保健提供模式之间存在差异的因素体现在以下几个方面：（1）在一种单一组织实体之下，把资金筹措机制与服务提供机制结合在一起；（2）广泛的利益；（3）对象自愿参与该计划（除非雇主没有为雇员提供可供选择的计划）；（4）预先支付；（5）有组织的提供者体系；（6）由HMO假设资金风险。（1999：282）

Kovner（1999：285－286）确定了“HMO的五个主要要素：购买者、成员、计划、医院提供者及医疗提供者”：

337 1. 购买者是为其员工寻求某种卫生保健计划的雇主，他们预付了该计划的费用以为其招募的员工提供服务。

2. 成员是参加计划的员工。

3. 计划既指合同本身，也指与购买者订立合同的组织，它与提供者可以相同，也可以不同。

4. 医院提供者既为计划组织所有，也为与计划组织订立合同的人所有，为 HMO 医生所指定的成员提供所需的医院服务。

5. 医生提供者是在 IPA 模式、小组模式或职员模式中与计划有关的人。

许多 HMO 计划是由保险公司所有的，但它们也由合作团体、非营利性组织、医院和医生团体所有（Kovner，1999：284）。

健康维护组织的主要特征

1. 购买者是为其员工寻求某种卫生保健计划的雇主，他们预付了该计划的费用以为其招募的员工提供服务。

2. 成员是参加计划的员工。

3. 计划既指合同本身，也指与购买者订立合同的组织，它与提供者可以相同，也可以不同。

4. 医院提供者既为该计划的组织所有，也为与计划组织订立合同的人所有，为 HMO 医生所指定的成员提供所需的医院服务。

5. 医生提供者是在 IPA 模式、小组模式或职员模式中与计划有关的人。（Kovner，1999：285－286）

管理型保健的趋势和影响

从 19 世纪 70 年代开始，管理型保健组织开始从以非营利性组织占优势转变为以营利性、由股东所有的组织占优势。此外，最初健康维护组织的理论基础在于把重点放在初级保健和预防性保健上面，那么卫生保健成本就能够通过降低对高成本专家恢复服务的需求而得到控制（Mechanic，1999：155）。通过从逐次付费体系转移到预支付服务体系，为医生和其他提供者提供了一种财政激励机制，使他们把重点放在健康维护上面（Mizrahi，1993）。

然而到如今，管理型保健似乎很少被包含在预防性保健中（Munson，1997），而是更 338
多地参与避免医生和其他卫生服务提供者使用未经结果研究证实成本效益的预防措施。HMO 方向的这一变化对“专业”概念产生了重要影响，把专业服务的重点从提供者—病人关系及所谓的把治疗权力作为干预媒介，转移到某种具体干预技术的独特作用方面，例如某种药物、手术程序或心理治疗方式。

引入管理型保健也影响到了“专业”的意义。因为长时间以来，在这一概念中存在着的一个关键要素就是专业必须在实践中有相对自主权；相反地，如果第三方官方人员虽没有或很少具备相关专业教育或培训，但根据计算机程序方案推荐治疗某种特殊健康问题，并有权力批准或否定专业卫生保健提供者提出的干预计划，就像传统概念中认可的那样，那么显然就会失去专业的自主权（Munson，1997）。

正如 Cornelius（1994）所指出的："其实，社会工作者成为了管理型保健的代理人，同意在公司指南的指导下为公众服务，并且不必要根据案主的需求评估来提供服务。"（1994：52）Strom-Gottfried（1998b）表达了对管理型保健带给专业服务提供者的潜在影响的关注，以确保对病人信息的保密权，同时确保病人所有的干预措施和信息公开事先得到他们的知情同意。

最近由 Chambliss、Pinto 和 McGuigan（1997）开展的研究发现，在随机选择的 200 个精神卫生保健专业人员中，有 139 个人接受了问卷调查，他们相当关注被贬低了的病人保密权，以及由于评价病人给病人带来的负面影响（1997：149）。Davidson 和 Davidson（1996）指出："从商业视角看，一份包含高度机密材料的文件，在管理型保健行政人员手中怎样利用将会是最有效的呢?"（1996：209）在调查报告中，社会工作者经常提到，即使知道服务对象的临床信息可能会被错误地使用，自己还是不得不强迫自己的服务对象为得到补偿而签订知情同意书，同意公开信息文件（Davidson & Davidson，1996）。

Strom-Gottfried（1998a）曾经提出，有可能通过使用仲裁技术，利用评论组织来解
339 决提供者和个案管理者之间的许多冲突。引用 Moore（1986）的观点，Strom-Gottfried（1998a）列举了常见的有争论的问题，包括："资料的不一致；关系问题；价值冲突；结构问题，如权力不平等，或者资源、地理或身体的障碍；以及利益冲突。"并且得出了有意义的观察报告："解决冲突的一个主要原则是把重点放在利益和详细的说明上面，而不是地位上。"（1998a：395）。

在某种意义上，私人所有的管理型保健组织是市场经济条件下卫生保险行业针对从单一支付计划所感受到的威胁的目前解决办法，这些单一支付计划，指国家健康保险、国家卫生服务，或其他作为控制卫生保健成本方法的政府干预机制。

"HMO 对于传统保障资金的反应是向购买者提供一个只相当于传统价格 80%的价格，同时，制定其获益底线，即高出传统保障保险公司 50%的利益。"（Hodge，1996，被 Kovner 引用，1999：297）这种私人支出的减少体现在三个方面：支付给专家、药品供应商和医院的费用分别减少 1/3（Kovner，1999：297）。

有些 HMO 执行官的年薪高达 1 000 万美金，而且由于 HMO 的股票价格上涨，他们的红利甚至比这个数字更高（Kovner，1999：299）。营利性 HMO 的收益快速增长，很大一部分原因在于它们在保障大量资金收益上优于非营利性 HMO（Kovner，1999：284）。"1997 年，营利性 HMO 的 CEO 的平均年薪相当于 200 万美金。"（Shindul-Rothschild，2001：25）根据 Shindul-Rothschild（2001）的论述，1997 年获得最高收入的执行官是牛津健康计划也就是一个营利性 HMO 的 CEO，其年薪为 3 070 万美金，股票收益为 870 万美金。奇怪的是，这些数字代表着收入增加了 1 000 万美金，但 HMO 当年的亏损却超过

了 8 000 万美金。

应该强调这样的证据：我们的利益导向卫生保健机制没有受到公共利益动机的驱使，Shindul-Rothschild（2001：25，引自 Limbacher，1998）指出："即使经历了美国历史上最大的医疗保险诈骗案，全美最大的医院连锁机构美国医院集团（HCA）报告的净利润也在 51%以上。"

在评论目前的市场驱动主宰美国的卫生保健体系时，美国老年科学院的院长 Robert B. Friedland（1996）预言：

> 在大约 20 年里，曾经以市场为导向的优胜劣汰将会变为以政府为基础的公共事业。管理型保健将会继续存在，但在很大程度上会用来管理资金，正如州政府利用委员会调整保健率和保健政策一样，而这些保健是由公共调节健康计划提供的。（1996：41） *340*

小结

美国卫生保健系统的优势包括普遍高质量的医疗保健和先进的技术干预以恢复和管理健康问题。此外，在美国，不管是从法律角度还是从专业角度，培训和锻炼医生及其他卫生和联合卫生专业人员的标准普遍比较高。尽管美国全国的卫生保健系统常常受到批评，但大部分美国人对自己接受到的卫生保健服务感到相当满意。

另一方面，美国的卫生保健系统确实存在着明显问题。例如，人口健康状况指标不能充分反映我们用于卫生保健的经济资源比例。在认真地考虑其他国家的卫生保健系统可能存在的有利之处的同时，我们反而转向这样的方法，如营利性管理型保健（或管理型成本?）组织和预支付系统，对于 1984 年的医院及 1997 年的家庭保健组织和疗养院而言，这样做就是在努力控制卫生服务成本。

如果管理型保健只是减少了卫生保健系统中存在的浪费，而没有降低保健质量，那么它的主要价值将会被认可。然而，不幸的是，我们努力控制成本的效果较多地体现在定量配给服务上，因为它有助于降低相应卫生保健成本的年增长率。

但是，有人对这样的服务会给人们带来什么以及会带来什么样的健康问题感到担忧，人们会选择其他药物或转向非正式家庭保健，或别的什么吗?

2001 年 3 月，在美国医学会的出版物中刊登了关于医院和卫生网络中存在的问题的文章，只要看一下文章中相关表格的内容就能够发现，美国的卫生保健系统正处于麻烦之中。文章主题包括护理和其他急诊室工作人员的缺乏，由于医生们正在不断提前退休导致的医生的缺乏，医疗事故问题，有问题的注射器带来的威胁（HCFA 曾经警告这样的风险会突然而至并带给病人过多的治疗）。

尽管卫生保健成本的年增长率已经普遍有所下降，但总的卫生保健成本仍在继续增加，超过了世界上任何其他国家，无论是按国内生产总值还是人均计算。推测起来，我们的卫生保健成本过高可能是由于我们把重点放在急性病（恢复）卫生保健水平上造成的，
341 而相对较少关注支持性干预以实现：（1）改善健康状况并预防疾病发作；（2）一旦疾病的发作不可避免，那么通过提供支持性帮助来补充治疗效果，以预防疾病进一步加重并出现并发症；（3）预防慢性疾病或晚期疾病患者、精神或身体疾病病人在舒适感和功能方面可避免的伤害出现，改善其健康状况并预防继发残疾。换句话说，我们要在所有卫生服务水平上，全神贯注于治疗保健的疏漏之处。我们往往会过度使用诊断和恢复技术，卫生保健提供者经常会在成本效益都没有经过很好验证的情况下就使用它。

我们曾经把“有所作为”与诊断和治疗个体存在的精神和身体健康问题等同起来，有时候失去了对事情的正确判断，没有想到我们能够在较大范围的社区中做一些社会干预以促进健康，预防疾病造成的伤害，减少伤害带来的可避免的影响，降低疾病损伤到病人的舒适和功能并由此降低生活质量的可能性。我们也需要重新考虑美国目前存在的导向是否合适，即认为私人专业实践和高技术是令人振奋的，认为公共卫生、全科医学、初级保健和长期保健前景黯淡并且没有挑战性。总之，我们需要回顾目前关于社会不平等对健康问题的影响方面的文献，并较多关注公共卫生视角，而较少关注医学模式视角。

我认为，在我们的卫生保健系统中有一些倾向在发挥作用。例如，通过纵向整合卫生保健系统来达到卫生保健更大的持续性，更多地把资源集中在初级保健，更加注意把结果研究作为制定干预计划的标准，限制支付卫生保健服务时可获得的资源以及强迫提供者更多地考虑干预选择的成本效益。

另一方面，有人对营利性管理型保健组织 CEO 的职业伦理提出了质疑，他们的年薪高达数百万美元，而与此同时，在美国却有 4 400 万人没有健康保险，还有数百万人必须定期在食品和卫生保健需求之间做出选择。在这里，问题就在于是否平等，也就是说，什么是公平和公正。

而且，在加拿大实行的单一支付者机制似乎不能解决目前在美国由于多家保险组织存在而造成的行政管理成本偏高问题，Shindul-Rothschild（2001）引用一些经济合作和发展组织的发现解释了出现这种现象的原因，即美国有 1 500 家私人健康保险公司，1994 年美国用于行政管理的费用是人均 194 美元，而在同年，加拿大的人均行政管理费用是 42 美元。此外，单一支付者机制在美国的健康保险机制中可以消除“恶意欠账”，并因此而减
342 少提供者的日常开支，但目前在美国，这一开支转移到了那些支付了的费用中（Belcher，1993）。加拿大的医院在每年年初会收到一份年度全球预算，它们必须按照预算运作；它们也没有填写补偿申请的开支，因为它们已经得到了当年的资金，更进一步节约了行政管理成本。

此外，我认为我们需要更多的凯泽永久类型的 HMO，也就是说，非营利性的 HMO，在这种模式中，卫生保健提供者可以自己选择干预措施，并假定资金风险超出

了预付的资金，同时，跨学科协作在这种模式中被认为是一种行为准则，包括致力于疾病预防和早期预防。一个“真正的 HMO”应该知道，如果它不能够保持病人的健康和功能，并且预防严重的健康问题，那么将会需要更多更昂贵的医疗程序，这将会降低 HMO 的利润。

第九章

343 对未来医疗社会工作实务的设想

导言

在最后一章中，我们将根据发生在卫生领域的变化以及健康和疾病决定因素的知识，立足于目前所需的社会工作者的专业知识、技能、价值观和伦理学，对卫生领域社会工作的过去和未来做一反思。

卫生保健服务中出现的趋势

在美国卫生保健领域中发生的变化如下：

1. 卫生保健提供中心从医院转移到了社区。
2. 在健康问题的病因学中，增加了社会和环境因素。
3. 在复杂医疗和手术干预选择增多的情况下，公众要求更多参与个体卫生保健决策。
4. 家庭成员将不得不更多地为其家人提供各种形式的保健服务，而这种需求会不断增加。
5. 健康问题从急性逐渐过渡到慢性，需要更多的长期保健。
6. 利益导向管理型保健及其原则与这些变化之间相互影响。(Vaghy，1998：8)

略微调整一下说法，卫生保健服务的主要趋势如下：

1. 从急性疾病转向慢性疾病和老年疾病保健。
344 2. 把重点放在市场影响力和成本控制方面。
3. 强调卫生保健干预的结果测量。
4. 增加对疾病的社会和环境因素的认识。
5. 从广义的角度，要增强家人在提供家庭保健中的作用。
6. 增加病人对卫生保健决策的参与。(Volland et al.，2000：1)

卫生保健的这些趋势对所有卫生专业人员的影响如下：

- 把长期管理慢性疾病作为卫生保健提供系统的重点。
- 从急性病保健场所转向流动性场所。
- 利用以人为本的干预措施改善健康状况。
- 更多强调疾病预防和健康促进。（Volland et al.，2000：1）

美国卫生保健的变化

1. 卫生保健提供中心从医院转移到了社区。
2. 在健康问题的病因学中，增加了社会和环境因素。
3. 在复杂医疗和手术干预选择增多的情况下，公众要求更多参与个体卫生保健决策。
4. 家庭成员将不得不更多地为其家人提供各种形式的保健服务，而这种需求会不断增加。
5. 健康问题从急性逐渐过渡到慢性，需要更多的长期保健。
6. 利益导向管理型保健及其原则与这些变化之间相互影响。（Vaghy，1998：8）

卫生保健的这些趋势对社会工作者产生的影响如下：

- 从分等级的实务转向以小组为基础的方法。
- 关注简短的干预、关键路径模式以及以解决问题为中心的治疗方法。
- 个案管理的需求和重要性增大。
- 更多强调病人的结果研究以及社会工作服务评估。
- 病人关于卫生保健覆盖和资助的教育需求增加。
- 更多强调健康促进和预防性干预。 345
- 增加针对不同特殊人群的社会工作实务，例如老年病人、HIV 携带者/AIDS 病人、慢性身体疾病病人、慢性精神疾病病人，以及其他特殊群体包括成瘾者、肾病病人和肿瘤病人。（Volland et al.，2000：2）

卫生保健趋势产生的背景

健康问题性质的转变：从急性转向慢性保健管理

主要健康问题的整体变化表现在由细菌和病毒感染引起的疾病在很大程度上通过公共卫生策略得到了控制。同时，医疗管理水平的提高降低了许多慢性疾病的急性发作次数，例如糖尿病、癫痫症、心脏病和高血压。因此，目前占突出位置的健康问题大部分是慢性的，在机构之外也可以比较容易得到管理，随着老年人口增多，这些慢性疾病问题显得尤其重要。

更多倾向于以小组为基础的方法的趋势

可能是由于以下两方面知识的增长——在精神和身体健康问题上生物—心理—社会因素的互相影响和向慢性疾病个案管理转变的趋势，通过专业服务和非正式社会支持达到更好的协调与合作，这个必要性被提了出来。

卫生保健提供的主要趋势

1. 从急性疾病转向慢性疾病和老年疾病保健。
2. 把重点放在市场影响力和成本控制方面。
3. 强调卫生保健干预的结果测量。
4. 增加对疾病的社会和环境因素的认识。
5. 从广义的角度，要增强家人在提供家庭保健中的作用。
6. 增加病人对卫生保健决策的参与。(Volland et al.，2000：1)

346

卫生保健趋势的影响

对所有卫生专业人员的影响。

- 把长期管理慢性疾病作为卫生保健提供系统的重点。
- 从急性病保健场所转向流动性场所。
- 利用以人为本的干预措施改善健康状况。
- 更多强调疾病预防和健康促进。(Volland et al.，2000：1)

对社会工作专业人员的影响。

- 从分等级的实务转向以小组为基础的方法。
- 关注简短的干预、关键路径模式以及以解决问题为中心的治疗方法。
- 个案管理的需求和重要性增大。
- 更多强调病人的结果研究以及社会工作服务评估。
- 病人关于卫生保健覆盖和资助的教育需求增加。
- 更多强调健康促进和预防性干预。
- 增加针对不同特殊人群的社会工作实务，例如老年病人、HIV 携带者/AIDS 病人、慢性身体疾病病人、慢性精神疾病病人，以及其他特殊群体包括成瘾者、肾病病人和肿瘤病人。(Volland et al.，2002：2)

更多倾向于个案管理/保健管理的趋势

慢性疾病管理的要求是达到并维持慢性疾病的稳定状态，具体方法包括适当的饮食、锻炼、药物治疗以及适宜的社会、情绪和物质环境，可以获得任何所需的服务。这就意味着需要加强多方服务提供者和非正式帮助者之间的联合与合作，同时保持病人与提供者之间的联系以监控病人的状况并提供人际支持，也就是说，明显需要个案管理/保健管理。

特殊群体的社会工作实务增加

据估计，希望有更多的特殊群体社会工作实务反映了某种健康相关问题人群的增多，不仅数目增多，而且造成的社会负担加重，同时带来不同特殊群体的相关问题和需求，例如老年群体、慢性肾病患者以及 HIV 携带者/AIDS 病人。这些群体要求有专门的服务提供者，而且这些服务提供者应具有优秀的知识和技能以有效地解决病人的不同问题。但是，除非工作在医院的特殊部门或专门为特殊群体服务的场所，医疗社会工作者将会遇到 347
有各种各样健康问题的病人，每一个病人都有一系列特殊需求。

病人关于卫生保健覆盖和资助的教育需求增加

其他工业化国家多采用单一支付者卫生保健体系，而美国有多种支付者，存在系统之外的资金来源，卫生保健覆盖范围也各有很大不同，结果造成许多人不能获得他们需要的服务，也不符合获取服务的条件。因此，从理想的角度看，医疗社会工作者能够通过帮助病人及其家人了解他们特殊的健康保险覆盖面和相关选择，从而给他们提供帮助。

社会心理问题引起的身体健康损伤增多

与此同时，许多社会心理问题已经成为卫生保健领域的主要问题，例如抑郁、杀人、自杀、家庭暴力、虐待儿童、虐待老人、饮食紊乱、药物成瘾、烟草成瘾、酒精中毒、人格缺陷以及机动车交通事故。急诊室里会不断遇到这样的问题所造成的身体健康损伤，这里面尽管有个人的行为原因，但至少一定程度上也有社会环境因素的影响。大部分医院雇用有临床社会工作执照的社会工作者在急诊室处理这样的案例，当然，他们不能负责提供及时的医疗干预。然而，也许还存在更多的干预需求，不仅在个体水平上，而且在社区和群体水平上。

市场力量和成本控制作用增大

市场力量的作用增大以及强调成本控制可能是由于 20 世纪 60 年代中期，随着医疗技术的进步，医院系统的卫生服务成本快速增加造成的。与此同时，雇主所承担的健康保险成本也相应增加，因此，他们会抱怨这增加了他们的产品成本，并且伤害了他们与国外公司有效合作的能力，因为在国外公司里，员工的健康保险是由政府利用一般税收为他们提 348
供的。

同时，一些真正非营利性 HMO（例如凯泽永久类型的 HMO）开始受到公众的关注，因为它们强调“保持人们的良好状态”，并因此降低健康保险的成本。Richard Nixon 与他的长期合作伙伴明确表示，作为一种非营利性组织，HMO 方法非常有效，它可能也是一种良好的办法来降低营利性组织的成本，并且在 1973 年，《健康维护组织法》通过了。但是，逐渐地，术语开始从“健康维护”转变为“管理型保健”，而其哲学观也从“保持人们的良好状态并预防健康问题进一步恶化”转变为“管理卫生保健提供者”，以促进更有效的职业实务。

随着20世纪60年代中期条款XVIII和条款XIX的通过，医疗保险和医疗补助制度诞生了，并最终开始帮助承担一些服务成本，例如家庭卫生保健和疗养院保健，并且也帮助促进了相关领域的营利性行业的发展。

除了未经审查就坚持以市场为基础的健康保险机制以及普遍削减用于疾病预防和健康促进的公共卫生资金以外，美国的健康问题本质性的变化还导致了美国全国的卫生保健成本几乎以几何倍数的年增长率增加。结果这使得政府开始致力于成本控制以减少卫生保健的使用，首先在住院病人机构如医院于1983年开始实施预支付机制，最近，又实施了一种比较机制，来减少医疗保险资助的家庭卫生保健和疗养院保健。

公众参与个人卫生保健决策增加

随着没有健康保险覆盖或健康保险覆盖不够的人口持续增多，以及可支付得起的传统卫生服务减少，越来越多的美国人开始选择替代疗法，包括服用非处方药物、草药疗法、按摩疗法、放松疗法、自我催眠、自然疗法、芳香疗法、热浴、极端主义饮食、祈祷、冥想、瑜伽、圣歌、声乐、桑拿等。

因为人们对健康和疾病更加关注，他们就更加有权力、更加想知道自己的选择是什么，以及每个选择意味着什么。这种对个人健康关注的增加可能也得益于与健康相关的网站和电视广告中宣传的自我帮助产品和药品公司，它们已经开始告诉公众，对于不同的健康问题可以获得哪些新药物，建议病人可以咨询一下医生“这种药物是否适合我”。

349

医院卫生服务减少及社区门诊病人增多

然而，整体趋势表现为精神病医院和综合医院的使用减少，而流动性保健机构的使用增加，如：

- 门诊病人医疗中心。
- 门诊病人手术中心。
- 门诊病人康复中心。
- 社区中召开的病人及其家人支持性小组会议。
- 家庭保健和临终关怀服务。
- 家庭看护者提供的家庭保健服务。
- 精神卫生专业个案管理小组为慢性精神疾病患者提供的外展服务［如，自信的社区治疗（assertive community treatment，ACT）小组］。
- 在社区中为有特殊保健需求的儿童和成人提供的日间保健项目。
- 为慢性疾病和其他精神和/或身体损伤病人（如早期阿尔茨海默病病人或HIV携带者/AIDS病人）提供的小组家庭/帮助生活的卫生设备。
- 老年保健服务项目（PACE）、成人日间保健项目等，包含高质量的跨学科团队服务，可以帮助老年人在家中保持较高的生活质量而不必采用机构保健（Lee et al., 1998）。

卫生保健由卫生专业控制转向商业管理

显然，美国的卫生保健系统正处在一个十字路口，到底走上什么样的道路具有太多不确定因素。然而，到目前为止，我们的营利性管理型保健资助机制要求我们都变得更加有效，也就是说，用较少的成本获得较好的结果。控制成本所要求的技术包括如下方法：

- 以解决问题为中心的短期干预。 350
- 关键路径模式。
- 结果研究。

以解决问题为中心的短期干预指的是主要干预集中在解决当下的问题，需求是：

1. 在医疗保险规定的 DRG 天数之内，让出院病人回到社区。
2. 减少病人返回急诊室的频率。
3. 使家人能够管理儿童的药物治疗方法，以降低医生家访的成本。
4. 帮助有严重精神疾病的年轻人联系一些社区个案管理项目，以预防代谢失调及由此引起的昂贵急性病保健服务需求。

从技术上讲，以解决问题为中心的治疗方法寻求从病人自己的认知框架入手构建促使问题快速解决的行为任务，强调病人的想法并促使病人把它们与预期结果联系起来（Robbins，Chatterjee & Canda，1998：314－315）。

关键路径模式类似于方案（制定规则管理一些程序或过程）或运算法则（解决问题的具体方法），清楚地说明要遵循的预先计划的程序步骤，假定 x、y 或 z（例如，“如果”，“那么”）。关键路径模式背后的观点是避免重新“发明轮子”，也可以说避免需验证每一种情况，证明它是独一无二的再使用，而是要使用简短快速的评估工具（如有效性和可靠性确定的量表）来快速确定病人的状况，然后在以前的结果研究基础上按照预先制定的步骤或一系列步骤实施，结果研究可以提示哪种干预可能是有效的。

结果研究要求详细说明一个或多个可测量的干预目标并根据这些变量测量病人的状况，并且在干预前和干预后使用简短快速的评估工具，以便社会工作者能够得到一些预期变化是否真正实现的证据。

卫生保健承担者负担的变化

美国卫生保健系统的这些趋势带来的一个影响是，卫生保健成本负担以雇员受益的方式从雇主那里转移到雇员和政府那里，从专业卫生保健提供者那里转移到家庭保健提供者那里。 351

卫生保健系统中受益者的变化

逐渐地，经济受益者不再是专业卫生服务提供者，而是营利导向的管理型保健组织的CEO、疗养院法人以及与健康相关行业的其他营利性产业链。他们往往会通过把服务成本转移为机构执行官的工资和股东个人的收益，以至于危及服务质量。

呼吁科学界增加对疾病预防和社区健康促进的关注

据《NASW 新闻》（*NASW NEWS*）报道，最近由美国国家卫生研究院与美国国家科学院开展了许多研究，常见的主题是“需求的重点不仅是医疗干预，更重要的是社会、文化、经济、家庭及社区因素对预防和治疗等健康状况的影响”（O'Neill，2001：3）。美国国家研究理事会建议把优先研究领域拓展到在全美卫生研究所（NIH）中整合行为科学、社会科学和生物医学科学。以下是七个优先领域：

1. 病前途径——识别疾病的先兆，包括暂时的和长期的生物、社会、心理及行为方面的先兆。

2. 积极的健康——识别有利因素，包括生物、社会、心理及行为因素，这些因素可以阻止疾病的发生并促进健康。

3. 个人关系——清楚健康和疾病的社会影响及其作用机制。

4. 健康社区——识别能够影响健康和疾病的社会及物质环境中的共同因素。

5. 不平等——阐明社会经济等级、种族主义、歧视和耻辱影响健康和疾病的机制。

6. 干预措施——扩大促进健康的社会和行为干预策略的影响范围及效果。

7. 方法论——通过不同水平的分析（分子的、细胞的、行为的、社会心理的、社区的及不同时间的）将信息用于发展新的测量技术和研究设计。（O'Neill，2001）

352 社会学中的多因素控制实验研究已经很好地证实，人类的健康状况在很大程度上受到社会不平等及其他方面压力的影响（某些此类资料引自第三章）（Evans，Barer & Marmor，1994；Kawachi，Kennedy & Wilkinson，1999；Poland，Green & Rootman，2000；Bracht，1999；Raczynski & DiClemente，1999）。

与此同时，美国政府正在非常努力地控制由医疗保险和医疗补助补偿的卫生保健成本，由于受到市场经济压力的限制，这种影响整个美国的政策，正在慢慢远离采取有效行动加强卫生保健系统管理并改善全民族的健康状况指标的方向。总之，在一个社会中，如果权威部门的兴趣点在于避免某些变化发生的话，那么，是很难取得变化的。我所谈到的政策需要的改变如下：

- 建立类似于加拿大的全民健康保险机制。
- 高于贫困线的最低工资水平有大幅提高。
- 制定一种比较先进的所得税标准以降低收入不平均水平。
- 公共教育资金转变为大部分由州和联邦政府提供，以努力提高所有公立学校的教学质量。
- 联邦政府增加对儿童保护服务的资助，以保证有足够的 MSW 水平的社会工作者提供有效的儿童保护服务。

- 将自动化的医疗补助覆盖面扩大至所有收入接近或低于贫困线的人（在医疗保险普及所有美国人，为所有人提供一种全民健康保险机制之前）。
- 推行强制性的家长教育项目，以帮助人们准备好如何做家长，并为需要的人提供进修课程。
- 资助由公共卫生护士和公共卫生社会工作者组成的小组到医院去拜访每一个有新生儿的父母，了解他们的保健知识和技能，确定他们的保健责任。

这些资金也将会提供自动随访式的家庭拜访，为家庭提供支持、教育并为其解决矛盾直到孩子进入学校，在每一所公立学校里，也可以获得同样的小组提供的服务，而且，联邦政府将会出资帮助那些宣称自己没有能力支付此类服务的州（一种斯堪的纳维亚模式，353
在斯堪的纳维亚地区，儿童虐待和忽视报告少之又少，明显是这种预防式外展服务的结果）。

- 恢复由公共资金全额资助建立社区心理卫生中心（CMHC）的全国机制，资助尺度可以有所不同，致力于预防和早期干预，包括药物和酒精成瘾以及吸烟的预防和治疗服务，同时治疗饮食紊乱，为亲子问题、夫妻关系问题以及认为自己需要一个专业人士来讨论自身相关问题的青少年提供咨询服务。

此外，这些 CMHC 将会有住院服务和门诊服务，并且在为慢性精神病人提供终生外展和随访支持性服务上负主要责任，以使他们不再流落街头，也不再以监狱为归宿。CMHC 也将成为公共教育中心，通过小组和公共讲座使人们了解精神健康问题，帮助人们了解如何认识和应对精神健康问题的征兆和症状，以及如何避免精神健康问题征兆和症状的出现。

- 扩展启蒙机构，以使所有需要它的孩子都能够得到其所提供的服务。

根据专业价值观和伦理，医疗社会工作者似乎应该考虑真正需要什么来促使全美范围内发生重大改善以达到以下目的：

- 提高人们的健康状况。
- 减少社会不平等。
- 增加健康促进和疾病预防的资金和项目。
- 提高公共支持性保健服务的质量及可获得性，家庭看护作为唯一一种道德选择也是一种可选择的方式。
- 提倡更多的社会工作实验研究，以建立可靠有效的医疗社会工作干预体系。
- 进一步发展有关疾病的社会和环境决定性因素知识体系，以及有效的干预知识体系，在群体水平上促进健康并且预防疾病。

请注意：西奈山医学院的医学社会学家 Bloom（2000）提议卫生领域的社会工作及
354 医学社会学应再次通力合作。他讨论了它们的历史背景以及早期亲密的伙伴关系，指出很不幸的是，由于双方都追求各自的专业地位，从而走向了分离。此时，社会工作成为一个以服务对象为中心并考虑到伦理的临床事业，而且社会学也努力成为一个有着自由价值观、以研究为导向的领域，Bloom 把此称为“倡导与客观现实之间的张力”（2000：32）。医学社会学出现在第二次世界大战之后，其中心是反映社会文化理论的以人群为基础的研究。

然而目前，Bloom 认为，医学社会学和医疗社会工作这两个领域重新成为合作伙伴关系的时机已经成熟了，因为：

> 在商品化和非人化的压力之下，在这两个学科关系中可能一直存在的偏见不再是一种理性选择，在调查和应用过程中存在的问题本质已经发生了变化，而且不可避免地必然会影响到方法和实务的选择。（2000：35）

Bloom 希望这一伙伴关系能够“迎接这样的挑战，即在卫生保健系统中，教育医生更加有效地满足病人目前面临的需求”（2000：35）。

我认为 Bloom 的提议很有意义，因为它是互惠互利的，可以满足社会工作要求的研究知识和技能，社会学提倡的以人为本的视角，而医学社会学则增强了对一个独一无二的个体与多层次的外部社会体系之间存在的复杂生物—心理—社会因素相互作用的敏感性。

启发

无论如何，Volland 和他的同事们（2000）根据卫生保健影响社会工作的趋势，确定了三组特别需要的社会工作技能：

> 1. 基本技能：访谈和评估技巧，只需保留生物—心理—社会视角的重点，但需要包含标准化的筛查方法、资料管理方法、保留以目标为基础的结果并且应用分析技能来评估资料和结果。
>
> 2. 个别化技能：种族、伦理和文化特征知识，符合病人社会地位的治疗形式知识，术语、政策、规章方面的知识以及有不同疾病和问题的人如何接受保健的方法知识。
>
355 3. 自主意识建构技能：帮助保护财物和其他经济资源的能力；强化作出伦理学决策的培训；具有项目和资金管理知识；拥有帮助病人及其家人与卫生保健系统进行协商的能力；在卫生保健场所以及更大的领域中，如卫生保健立法和管理中开展跨学科合作、冲突协调以及倡导方面的培训。

驰骋于卫生保健系统所需的社会工作技能

基本技能：访谈和评估技巧，只需保留生物—心理—社会视角的重点，但需要包含标准化的筛查方法、资料管理方法，保留以目标为基础的结果并且应用分析技能来评估资料和结果。

个别化技能：种族、伦理和文化特征知识，符合病人社会地位的治疗形式知识，术语、政策、规章方面的知识以及有不同疾病和问题的人如何接受保健的方法知识。

自主意识建构技能：帮助保护财物和其他经济资源的能力；强化作出伦理学决策的培训；具有项目和资金管理知识；拥有帮助病人及其家人与卫生保健系统进行协商的能力；在卫生保健场所以及更大的领域中，如卫生保健立法和管理中开展跨学科合作、冲突协调以及倡导方面的培训。（Volland et al.，2000）

在这些需求的基础上，Volland 和他的同事们（2000）提出了如下建议：

1. 应该在更多的社会工作院校中提供社会工作研究生水平卫生保健教育，同时，课程的数量和范围应该更加广泛。

2. 所使用的教材应该更加新颖，与医疗社会工作者所应用的实际情况更加相符，例如：

- 更多关于管理型保健是什么、它是如何运作的以及它对于社会工作的要求是什么的教育①。
- 更多关于研究方法学及统计学方面的培训，尤其是如何使用适宜的快速评估工具及结果研究。
- 加强课堂学习与实习经验之间的协调。 356
- 更多关于个案管理要求的教育。
- 更多资料管理系统培训，保留系统的个案信息计算机记录，可用于研究和社会工作项目评估。
- 更多伦理决策培训。

3. 研究生院应该为相关特殊群体提供更多的专业知识，例如老年人、外伤性脑损伤者、性虐待儿童受害者、慢性疲劳综合征患者、纤维增生患者、阿尔茨海默病患者等。可以为他们提供的专业知识包括可获得的保险及管理型保健、可获得的医学治疗及相关术语等。

4. 医疗社会工作者需要准备好在没有督导或很少有督导的情况下工作。在这种

① 为了全面了解目前美国卫生保健体系中的管理型保健及其对社会工作的影响，强烈推荐下面的两本教材：《人类管理型保健》（*Human Managed Care*，1998），Gerald Schamess 和 Anita Lightburn 主编；《人类服务中的管理型保健》（*Managed Care in Human Services*，1999），Stephen Wernet 主编。

情况下，需要具备的知识和技能如下：

- 社区资源网。
- 资金保障，使社会工作者可以开展研究或实验项目。
- 项目和财政管理要求，以充分了解如何为病人及其家人做选择时提供建议。
- 小组工作，例如冲突解决小组，使社会工作者在这些小组中能够体会领导者的角色。
- 政策倡导，成为优秀的倡导者，能够获得改变政策所需的社区支持。

此外，医疗社会工作者还需要学习开展下面的工作。

5. 从事实验设计研究。

在社会工作中经常会存在一些误解，之所以需要从事实验设计研究，是因为它是唯一的一种可以用来测量干预效果的研究方法，通过随机选择研究对象并把他们随机分配到两个或更多研究组中。另外，结果研究不能提供内部有效性，也就是说，不管用什么方法，结果只能是干预的结果，而不是其他一些变量的结果，因为没有随机选择研究对象并把他们随机分配到实验组和对照组。正如 Ell（1996）所指出的：

> 357 采用临床对照实验设计并且已经证实了其有效性的干预措施在卫生保健中被广泛接受……如果说社会工作是一个以实务为基础的专业，那么在社会工作干预中比较缺乏对照研究不但令人感到吃惊，而且也是引起关注的原因。（1996：585）

最近被社会工作者应用的一个实验设计的例子比较了两种不同的电话干预的有效性，鼓励城市父母为自己和孩子利用可获得性精神卫生服务。

6. 在卫生保健领域中而不是医院中获得实习经验。

这些领域包括公共卫生机构、疗养院、家庭保健机构以及临终关怀项目，为有特殊健康问题的病人提供帮助的支持性小组、ACT 小组，为有特殊需要的儿童和成人提供帮助的日间保健项目、小组家庭/生活帮助机构以及老年保健服务项目。也许，在不同的领域中轮转以获得不同的经验将会是有益的，同时，在特别感兴趣的领域中也可以待更长时间，获得更多的经验。

- 帮助老年病人和/或因为慢性健康问题造成残疾的病人，不管是精神问题或身体问题，与社区合作，最大限度发挥病人们的功能以及所有的幸福感。
- 与其他和病人的网络系统有联系的专业小组合作［开放式的小组工作网络，正如 Payne（2000）所提倡的］。
- 建立并利用一系列以社区为基础的支持性资源，例如保健提供者支持性资源。

- 考虑技术之外需要解决的问题，需要的是否是工具和设备、服务、收入支持、环境适应、人际支持或其他资源。
- 从事更多的社区组织/社区发展工作以在社区中实现健康促进的目的，加强公共卫生理论和方法的培训。
- 着重把社会小组工作作为相互社会支持、健康教育、赋权、意识培养、倡导技能发展及解决问题的媒介。
- 保留专业倡导中的社区需求及参与文件资料，以改善不断恶化的状况，而不是支持社区中的健康状况。 358
- 把结果研究用于干预中，作为不断构建坚固的实务研究和有效性证据体系的一部分。

建立实务研究体系过程中对社会工作的需求

Auslander（2000）指出，结果的类型有四种：（1）使命导向型；（2）使能型（作为工具，能够使另一个专业达到其为病人服务的目的）；（3）保持型（能够使主机构达到其目标）；（4）部门的或社会心理型（减少、解决或预防一项医疗干预或一个事件对病人及其家人造成的负面影响）。Auslander（2000）发现，绝大部分杂志中的文章，包括服务结果报告，都属于第四种类型，通常缺乏干预措施对组织的作用以及成本效益方面的证据，尽管许多文章中包含有病人对社会工作服务的满意度，但是，对服务质量的评价还是缺乏有说服力的指标。

近几年来，在医疗社会工作文献中出现了一种呼声，这就是，如果社会工作者还想保持自己在这个领域中的地位，那么希望社会工作者能够证明自己工作的有效性。不幸的是，这一呼声没有被充分注意到。越来越多的证据表明，社会工作并没有被广泛认为是卫生保健中的一个主要专业（Rosenberg，1998：9-10）。

Volland（1996）预言："结果管理研究将会在决定一种特殊的卫生保健服务（例如社会工作）是否能够获得经济资助及资助的程度和类型中发挥着越来越重要的作用"（1996：49）。

管理型保健本身对于社会工作者来说就是一个难题，正如 Veeder 和 Peebles-Wilkins（1998）所告诫的那样：

> 必须有委托书以评估管理型保健的各个方面，从提供的服务以及它们的结果，到行政管理问题、伦理考虑、政策的产生和执行、所有权方案以及其他法律和法规问题、管理型保健与行为卫生保健相比具有怎样的生存能力。（1998：489）

关于社会工作结果测量的一篇主要文章最近发表在 NASW 的通讯上其标题为"测量结果在人类服务：跨部门问题和方法"（Mullen & Magnabosco，1997），这篇文章共有 30 359

个章节，涉及结果研究中存在的许多实际而又至关重要的问题。例如，在这篇文章的其中一节（Berman & Hurt，1997）中讨论了人们可能会选择研究的四种主要结果类型——服务、成本、满意度和临床结果。作者对每一种类型都引用了例子，并且指出临床结果（临床变化或干预效果的测量）是最不值得研究的，尽管从服务有效性这一问题视角看它是最重要的。奇怪的是，管理型保健往往与病人对服务的满意度之间有相关关系，即病人对管理型保健的服务满意度较高，而且符合服务提供的管理标准，这再次反映了在一个行业中要优先考虑服务有效性。据估计，研究临床结果的一些例子包括：

1. 改善或保持功能。
2. 改善或保持病人的幸福感。
3. 减少复发。
4. 减少急诊的使用。
5. 减少再次住院。
6. 改善症状（例如血压、跌伤频率、与警察的冲突，或充血性心力衰竭的急性发作）。
7. 改善适当的药物摄入量。

结果研究的一些工具

随着在初级保健中对结果研究、诊断正确性和干预有效性的文件证明要求越来越多，Van Hook、Berkman 和 Dunkle（1996）建议初级保健社会工作者增加对现有工具的使用，这些工具适用于：（1）精神健康问题评估，例如首诊时精神障碍评估（PRIME-MD）；（2）老年人的功能评估，例如美国老年人资源调查（OARS）；（3）与健康相关的生活质量评估，例如健康相关生活质量（HRQL）指标（SF-36）。

首诊时精神障碍评估（PRIME-MD）的目标是：（1）情绪；（2）焦虑；（3）躯体感觉紊乱；（4）饮食紊乱；（5）酗酒以及帮助识别 18 种常见的《精神障碍诊断和统计手册》（DSM-IV）中所列的诊断类型中的任何一种（Van Hook，Berkman & Dunkle，1996）。

360 OARS（美国老年人资源调查）调查表是用来评估老年人完成 ADL 和工具性日常生活（IADL）能力水平的工具，还包括他们的社会资源、经济资源、精神健康以及身体健康。它也可以用来做筛查、结果评估以及构建可选择性保健方法的成本效益模型（McDowell & Newell，1987，被 Van Hook，Berkman & Dunkle 引用，1996：231）。

最后，SF-36 主要是从病人的视角看，健康相关生活质量（HRQL）指标关注的是身体或精神健康问题对身体活动、平常的角色、社会活动、精神健康和幸福、精力水平以及整体健康感造成的影响。此工具的一个优势在于它能够由年龄在 14 岁及以上的病人在 10 分钟之内完成。它被认为是目前最适宜用于在群体水平测量结果的评估，同时也可用于个体水平的评估（Van Hook，Berkman & Dunkle，1996；Berkman，1998）。

Davis（1998：417）指出："管理型保健中的临床实践强调以问题为中心的短期急性病保

健模式，这种模式一定程度上是以有助于诊断和结果评估的测量量表为基础而设计的。”

有两本结果研究工具书对于社会工作者来说很有用，它们是：

1.《临床实践措施：原始资料》(*Measures for Clinical Practice*：*A Sourcebook*，Concoran & Fischer，2000)。尽管书中包含的工具并不都是用来解决与健康相关问题的，但有许多是这样的。其中包括疼痛评估量表、病人满意度、认知过程、自尊心、文化一致性、墨西哥美国人的文化适应评价、老年抑郁、整体健康状况、疾病行为测量、获得的社会支持、生活满意度、自信心、强迫行为的严重程度、对医生的信任、保健意愿测量（保健提供者可能性测量）以及保健提供者压力测量、保健提供者负担测量和抑郁筛查工具。

2.《测量健康：指南量表和调查问卷》(*Measuring Health*：*A Guide to Rating Scales and Questionnaires*，McDowell & Newell，1996)。超过100种测量工具包含其中，例如疾病影响简介、简表20（SF-20）、简表36（SF-36）、不同的功能评估量表、疾病行为调查表、数种福利质量量表、社会功能障碍评估量表、社会支持量表、阿尔茨海默病评估量表、美国老年人资源调查以及其他日常生活活动评估量表，此外，还有许多其他的量表。

361

保健技术需求

正如序言所述，卫生保健各专业需要把它们的关注点从专注于纠正人类健康问题（治疗）扩展到在各层次卫生服务中获得一种较有支持性的干预方法（保健）。从某种意义上说，保健即是预防，存在于三个水平的卫生服务中：（1）健康促进与疾病预防；（2）预防现有健康问题出现并发症；（3）预防可避免的痛苦和功能损伤，例如预防继发性伤残。

需要有干预来促进（健康）行为并促使创造和维持社会支持……需要社会工作重新定义卫生保健、老龄化、残疾、精神卫生和管理型保健在整个保健和服务动态变化进程中的作用：预防、健康促进、服务提供设计、急性和慢性疾病保健、治疗、康复及长期保健。(Keigher，1997：151)

正如David Mechanic在20年前所建议的，我们需要建立一门保健技术以更加有效地处理目前占多数的慢性健康问题和社会心理健康问题。根据Mechanic（1978）的论述，保健技术构成建立在如何给人类提供支持的科学知识之上。

Davidson（1998）引用Monkman（1991）和Ell（1996）的论述指出：

个体社会心理领域的问题经常被认为是需要专家介入的领域。社会工作者有必要通过研究证明，允许我们为家人提供支持性服务的专家意见研究可以产生积极而令人满意的结果，例如减少失业或失学时间，减少压力导致的疾病，减少与缺乏知识、不

遵从治疗以及看护者负担过重相关的医疗危险。研究也可用于倡导在整个卫生保健项目中提供社会心理服务。（1998：426）

社会心理因素的病因学作用

我们目前面临的大部分健康问题明显是由于有害的人类行为或无知、未解决的环境压力、社会不公正以及其他属于社会工作者而非医生管理的社会或情绪状况造成的。初级水
362 平的保健似乎指向社区中所需的变化，以及在整个社会系统中，通过构建更强烈的社会归属感而为社会成员赋权，这种归属感体现了社会成员的价值，感到被尊重，并且通过提供公平的教育机会、对工资满意的工作、鼓励积极参与社区决策以及在病人及其家人需要时可以获得社区资源而得到强化。

Ottowa Charter 在谈到健康促进时指出："维持健康的基本条件和资源是和平、住所、教育、食物、收入、稳定的生态系统、可持续性资源、社会公正及公平。改善健康状况就要求这些基本要求得到满足。"（WHO，1986：1）

想要了解在我们整个社会和国家中需要改进什么可以参考这本书——《国家的社会健康：美国实际上是怎样做的》（*The Social Health of the Nation: How America is Really Doing*, Miringoff & Miringoff，1999），引自第三章。

社会工作者可以帮助处理的一些常见生物心理社会问题包括药物和酒精滥用、儿童虐待和忽视、家庭暴力、老人虐待、青少年怀孕、性传播疾病、自杀、抑郁、杀人、机动车交通事故、烟草成瘾、饮食紊乱、强迫性的行为、心理失衡、恐旷症、社会隔离、情绪退缩以及自残行为。

社会支持的调解作用

也许，对社会工作专业在未来卫生保健中所发挥的主要作用存在的最激烈争论在于一些起调解作用的组织成分，例如社会支持是健康的最主要决定因素的证据。不能过分强调社会支持可以促使建立一个健康社会这一主要作用（Kelner，1985）。社会支持不仅仅是一种情感经历，而通常也包括具体的物质形式。在美国，缺乏保健的例子包括：

363
- 高儿童贫困率。
- 最低工资收入。
- 数千无家可归的人。
- 大多数矫正机构里充满了儿童虐待、贫困、教育缺乏、药物成瘾、精神疾病、功能缺失以及过度使用禁闭作为一种负责任的和人道的社会选择的受害者（美国国家监狱里的人数高于世界上任何其他国家）。
- 大约 15%的美国人没有健康保险。
- 在美国的卫生费用中分配给健康促进的费用不够充分。
- 许多老年人支付不起或不能够获得处方药，他们中的许多人没有医疗保险。

● 由于普遍缺乏足够的资金以及工作人员资质低，公共儿童福利系统的服务质量令人担忧。

最后，令人恼火的是，据报告，美国政府的国防预算超过了世界上所有其他国家的国防预算之和。

结论

基本上，我们需要建立一个有效支持性干预项目，以满足老年人与其他有慢性损伤的人的需求，那些有暂时残疾、晚期疾病或需要支持性帮助来预防损伤的人的需求。例如那些生活方式散漫的人，以及那些只是需要保健来满足成长和发展需求的人的需求。有效保健的关键在于减轻无助感以及进行主观和客观评价，该评价可以是由助人者来完成，也可以是由需要保健的人来完成。

正如在第二章中所提出的，医学社会学家 David Mechanic（1978）观察到：

> 对于许多医生来说，一个不幸的共识是把医疗保健的功能只是简单地看做表达善意以及接受病人，然而，这只是一个微不足道的方面，保健是由范围很广泛的技术组成的，不仅以人的感受为基础，或者甚至以通常与心理治疗有关的技术为基础，而且还以如何提供人类支持的科学知识为基础……总之，保健是一门技术，其尺度可以被具体确定、研究、利用并转移到具体应用这一技术的实践者，保健因此就不仅仅是情感交流了。（1978：309）

这些需求可能与预防问题发生、在问题出现时提供支持性功能以及调整、适应或补偿 *364*
一种不能治愈的问题有关。保健指的是旨在增强另一个人在任何情况下——是否处于儿童期、老年期、疾病或受伤、失去所爱的人、失业、自然灾难或其他压力生活事件之中——应对损伤能力的干预。

简而言之，无论支持是人际间的还是具体的，保健的本质是增强人们应对其面临的挑战的能力，从而能够提高自己的生活质量。

也许社会工作应该起带头作用，促使其他相关团体达成一个方案，建立基金以成立一个保健技术研究与发展跨学科协会，成员包括建筑师、工程师、护士、问题治疗师、社会学家、经济学家以及医学人类学家，他们将共同识别目前卫生保健领域存在的难题，区分它们的优先次序，并形成跨学科协作共同制定有效的干预措施来解决它们，这样的社会工作及其成果将会形成新的“保健学”。

参考文献

Chapter 1

American Hospital Association (2002). *Hospital statistics.* Chicago: Health Forum, an affiliate of the American Hospital Association.

Bope, Edward T., and Jost, Timothy S. (1994). Interprofessional collaboration: Factors that affect form, function, and structure. In Casto, R. Michael, Julia, Maria C., Platt, Larry J., Harbaugh, Gary L., Waugaman, Wynne R., Thompson, Arlene, Jost, Timothy S., Bope, Edward T., Williams, Tennyson, and Lee, Daniel B. *Interprofessional care and collaborative practice.* Pacific Grove, CA: Brooks-Cole, 61-69.

Bracht, Neil F. (1978). *Social work in health care: A guide to professional practice.* Binghamton, NY: The Haworth Press, Inc.

Briggs, Margaret H. (1997). *Building early intervention teams.* Gaithersburg, MD: Aspen Publications.

Bucher, Rue, and Stelling, Joan (1978). Characteristics of professional organizations. In Schwartz, Howard D. and Kart, Cary S. (Eds.), *Dominant issues in medical sociology.* Reading, MA: Addison-Wesley, 340-351.

Cabot, Richard C. (1928). Hospital and dispensary social work. In Goldstine, Dora (Ed.) (1955), *Expanding horizons in medical social work.* Chicago: University of Chicago Press, 255-270.

Cannon, Ida M. (1923). *Social work in hospitals.* New York: Russell Sage.

Caputi, Marie A. (1978). Social work in health care: Past and future. *Health and Social Work,* 3 (1): 9-29.

Casto, R. Michael (1994). Education for interprofessional practice. In Casto, R. Michael, Julia, Maria C., Platt, Larry J., Harbaugh, Gary L., Waugaman, Wynne R., Thompson, Arlene, Jost, Timothy S., Bope, Edward T., Williams, Tennyson, and Lee, Daniel B. *Interprofessional care and collaborative practice.* Pacific Grove, CA: Brooks-Cole, 95-110.

Coe, R. (1978). *Sociology of medicine.* New York: McGraw-Hill.

Cowles, Lois A. (1990). Medical social work in hospitals: Interdisciplinary expectations of the role. Unpublished doctoral dissertation, University of Wisconsin Library, Madison. University Microfilms No. 9020434.

Cowles, Lois A., and Lefcowitz, Myron J. (1995). Interdisciplinary expectations of the medical social worker in the hospital setting: Part 2. *Health and Social Work,* 20 (4): 279-286.

Engel, George (1977). The need for a new medical model: A challenge for biomedicine. *Science,* 196: 129-136.

French, Ruth (1979). *Dynamics of health care.* New York: McGraw-Hill.

Friedson, Elliot (1978). The prospects for health services in the U.S. *Medical Care,* 16 (12): 971-983.

Gibelman, Margaret, and Schervish, Phillip H. (1996). *Who we are.* Washington, DC: NASW Press.

Ginsberg, Leon (1995). *The social work almanac* (Second edition). Washington, DC: NASW Press.

Given, Barbara, and Simmons, Sandra (1977). The interdisciplinary health care team: Fact or fiction. *Nursing Forum,* 16 (2): 165-177.

Goffman, Erving (1961). *Asylums: Essays on the social situation of mental patients and other inmates.* Garden City, NJ: Doubleday.

Grob, Gerald N. (1983). *Mental illness and American society: 1875-1940.* Princeton, NJ: Princeton University Press.

Harris, J.W., Saunders, D.N., and Zasorin-Conners, J. (1978). A training program for interprofessional health care teams. *Health and Social Work,* 3 (2): 35-53.

Jonas, Steve (1981). *Health care delivery in the United States.* New York: Springer.

Julia, Maria C., and Thompson, Arlene (1994a). Essential elements of interprofessional teamwork. In Casto, R. Michael, Julia, Maria C., Platt, Larry J., Harbaugh, Gary L., Waugaman, Wynne R., Thompson, Arlene, Jost, Timothy S., Bope, Edward T., Williams, Tennyson, and Lee, Daniel B. *Interprofessional care and collaborative practice.* Pacific Grove, CA: Brooks-Cole, 43-58.

Julia, Maria C., and Thompson, Arlene (1994b). Group process and interprofessional teamwork. In Casto, R. Michael, Julia, Maria C., Platt, Larry J., Harbaugh, Gary L., Waugaman, Wynne R., Thompson, Arlene, Jost, Timothy S., Bope, Edward T., Williams, Tennyson, and Lee, Daniel B. *Interprofessional care and collaborative practice.* Pacific Grove, CA: Brooks-Cole, 35-42.

Kane, Rosalie (1976-1977). Interprofessional education and social work: A survey. *Social Work in Health Care,* 2 (2): 229-238.

Kane, Rosalie (1978). The interprofessional team as a small group. In Bracht, Neil (Ed.), *Social work in health care: A guide to professional practice.* Binghamton, NY: The Haworth Press, Inc., 85-97.

Kane, Rosalie (1980). Multidisciplinary teamwork in the U.S.: Trends, issues, and implications for the social worker. In Lonsdale, Susan, Webb, Adrian, and Briggs, Thomas L. (Eds.), *Teamwork in the personal social services and health care.* Syracuse, NY: Syracuse University School of Social Work, 138-151.

Karger, Howard Jacob, and Stoesz, David (1994). *American social welfare policy:*

A pluralist approach (Second edition). New York: Longman.
Karger, Howard Jacob, and Stoesz, David (1998). *American social welfare policy: A pluralist approach* (Third edition). New York: Longman.
Levy, Norman B. (1974). The giving-up-given-up complex. In Simons, Richard C. and Pardes, Herbert (Eds.), *Understanding human behavior in health and illness.* Baltimore, MD: Williams and Wilkins, 430-435.
Lodge, Richard (1974). University education in interprofessional perspectives. In Rehr, Helen (Ed.), *Medicine and social work: An exploration of interprofessionalism.* New York: Prodist, 26-32.
Lonsdale, Susan, Webb, Adrian, and Briggs, Thomas L. (Eds.) (1980). *Teamwork in the personal social services and health care.* Syracuse, NY: Syracuse University School of Social Work.
Lubove, Roy (1965). *The professional altruist: The emergence of social work as a career.* Cambridge, MA: Harvard University Press.
Mailick, Mildred D., and Jordon, Pearl (1977). A multimodal approach to collaborative practice in health settings. *Social Work in Health Care,* 2 (4): 445-455.
McLachlan, Gordon, and McKeown, Thomas (Eds.) (1971). *Medical history and medical care.* London: Oxford University Press.
Nagi, Saad Z. (1978). Teamwork in health care in the U.S.: A sociological perspective. In Schwartz, Howard D. and Kart, Cary S. (Eds.), *Dominant issues in medical sociology.* Reading, MA: Addison-Wesley, 490-498.
National Association of Social Workers (1983). Membership survey data obtained through phone conversation with an NASW research associate during Summer 1992.
National Association of Social Workers (1987). *NASW standards for social work in health care settings.* Washington, DC: NASW Press.
National Association of Social Workers (2000). Practice research survey. Washington, DC: Practice Research Network; NASW. April.
Payne, Malcolm (2000). *Teamwork in multiprofessional care.* Chicago: Lyceum Books, Inc.
Platt, Larry J. (1994). Why bother with teams: An overview. In Casto, R. Michael, Julia, Maria C., Platt, Larry J., Harbaugh, Gary L., Waugaman, Wynne R., Thompson, Arlene, Jost, Timothy S., Bope, Edward T., Williams, Tennyson, and Lee, Daniel B. *Interprofessional care and collaborative practice.* Pacific Grove, CA: Brooks-Cole, 3-10.
Popple, Philip R., and Leighninger, Leslie (1993). *Social work, social welfare, and American society* (Second edition). Boston, MA: Allyn and Bacon.
Rubin, Irwin M., and Beckhard, Richard (1972). Factors influencing the effectiveness of health teams. *Milbank Memorial Fund Quarterly,* 50 (Part 1): 317-335.
Schmale, Arthur H. (1972). Giving up as a final common pathway to changes in health. *Advances in Psychosomatic Medicine,* 8: 20-40.
Sheps, Cecil G. (1974). Developmental perspectives on interprofessional education. In Rehr, Helen (Ed.), *Medicine and social work: An exploration of interprofessionalism.* New York: Prodist, 3-13.

Smith, Harvey L. (1978). Two lines of authority: The hospitals' dilemma. In Swartz, Howard D. and Kart, Cary S. (Eds.), *Dominant issues in medical sociology.* Reading, MA: Addison-Wesley, 315-322.

Stuart, Paul H. (1997). Community care and the origins of psychiatric social work. *Social Work in Health Care,* 25 (3): 25-36.

Trattner, Walter I. (1989). *From poor law to welfare state: A history of social welfare in America* (Fourth edition). New York: The Free Press.

U.S. Department of Labor, Bureau of Labor Statistics (2000). National occupational employment and wage estimates. <http://www.bls.gov/oes/2000/oes211022>.

Waugaman, Wynne R. (1994). Professionalization and socialization in interprofessional collaboration. In Casto, R. Michael, Julia, Maria C., Platt, Larry J., Harbaugh, Gary L., Waugaman, Wynne R., Thompson, Arlene, Jost, Timothy S., Bope, Edward T., Williams, Tennyson, and Lee, Daniel B. *Interprofessional care and collaborative practice.* Pacific Grove, CA: Brooks-Cole, 23-32.

Wenger, G.C. (1994). *Understanding support networks and community care: Network assessment for elderly people.* Aldershot: Avebury.

World Health Organization (1978). *Alma-Ata 1978: Primary health care: Report of the international conference on primary health care.* Alma-Ata, Union of Soviet Socialist Republics, September 6-12. Geneva: WHO.

Chapter 2

Blazyk, Stan, and Canavan, Margaret (1985). Therapeutic aspects of discharge planning. *Social Work,* 30 (6): 489-496.

DeCoster, Vaughn (2000). Health care treatment of patient and family emotion: A synthesis and comparison across patient populations and practice settings. *Social Work in Health Care,* 30 (4): 7-24.

DiNitto, Diana M., and McNeece, C. Aaron (1997). *Social work: Issues and opportunities in a challenging profession* (Second edition). Boston, MA: Allyn and Bacon.

Germain, Carel B., and Gitterman, Alex (1980). *The life model of social work practice.* New York: Columbia University Press.

Goffman, Erving (1961). *Asylums: Essays on the social situation of mental patients and other inmates.* Garden City, NJ: Doubleday.

Greenwood, Ernest (1957). Attributes of a profession. *Social Work,* 2 (3): 45-55.

Kerson, Toba Schwaber (Ed.) (1989). *Social work in health settings: Practice in context.* Binghamton, NY: The Haworth Press, Inc.

Kerson, Toba Schwaber (1997). *Social Work in health settings: Practice in context* (Second edition). Binghamton, NY: The Haworth Press, Inc.

Levy, Norman B. (1974). The giving-up-given-up complex. In Simons, Richard C. and Pardes, Herbert (Eds.), *Understanding human behavior in health and illness.* Baltimore, MD: Williams and Wilkins, 430-435.

Maslow, A.H. (1968). *Toward a psychology of being* (Second edition). Princeton, NJ: Van Nostrand.

McLachlan, Gordon, and McKeown, Thomas (Eds.) (1971). *Medical history and medical care.* London: Oxford University Press.
Mechanic, David (1978). *Medical sociology.* New York: The Free Press.
Morales, Armando, and Sheafor, Bradford (1989). *Social work: A profession of many faces.* Boston, MA: Allyn and Bacon.
Morris, Robert, and Anderson, Delwin (1975). Personal care services: An identity for social work. *Social Service Review,* 41 (2): 157-174.
National Association of Social Workers (1987). *NASW standards for social work in health care settings.* Washington, DC: NASW Press.
National Association of Social Workers (1991). *The social work dictionary.* Washington, DC: NASW Press.
National Association of Social Workers (1996). *NASW code of ethics.* Washington, DC: NASW Press.
Neuman, W. Lawrence (1994). *Social research methods: Qualitative and quantitative approaches.* Boston, MA: Allyn and Bacon.
Schmale, Arthur H. (1972). Giving up as a final common pathway to changes in health. *Advances in Psychosomatic Medicine,* 8: 20-40.
Seligman, Martin E. (1975). *Helplessness.* San Francisco, CA: W.H. Freeman and Co.
Wing, John W. (1978). *Reasoning about madness.* Oxford, England: Oxford Press.
World Health Organization (1978). *Alma-Ata 1978: Primary health care: Report of the international conference on primary health care.* Alma-Ata, Union of Soviet Socialist Republics, September 6-12. Geneva: WHO.

Chapter 3

Ajzen, I., and Fishbein, M. (1980). *Understanding attitudes and predicting social behavior.* Englewood Cliffs, NJ: Prentice-Hall.
American Psychiatric Association (1995). *Diagnostic and statistical manual of mental disorders: Primary care version* (Fourth edition). Washington, DC: APA.
American Public Health Association (2001a). Overweight, not just obesity, leads to chronic health risks. *The Nation's Health* (October): 32.
American Public Health Association (2001b). School-based health centers growing in numbers. *The Nation's Health* (May): 7.
Amick, Terrence L., and Ockene, Judith K. (1994). The role of social support in the modification of risk factors for cardiovascular disease. In Shumaker, Sally A. and Czajkowski, Susan M. (Eds.), *Social support and cardiovascular disease.* New York: Plenum Press, 260-264.
Angel, Ronald J., and Williams, Kristi (2000). Cultural models of health and illness. In Cuellar, Israel and Paniagua, Freddy A. (Eds.), *Handbook of multicultural mental health.* San Diego, CA: Academic Press, 25-44. Copyright© 2000. Reprinted with permission from Elsevier Science.
Ashton, J. (Ed.) (1992). *Healthy cities.* Philadelphia, PA: Open University Press.
Badger, Lee W., Ackerson, Barry, Buttell, Frederick, and Rand, Elizabeth H. (1997). The case for integration of social work psychosocial services into rural primary care practice. *Health and Social Work,* 22 (1): 20-29.

Bandura, A. (1986). *Social foundations of thought and action: A social cognitive theory.* Englewood Cliffs, NJ: Prentice-Hall.

Bandura, A. (1997). Self-efficacy: The exercise of control. New York: W. H. Freeman Co.

Beer, John S., Kivlahan, Daniel R., Blume, Arthur W., McKnight, Patrick, and Marlatt, G. Alan (2001). Brief intervention for heavy drinking college students: 4-year followup and natural history. *American Journal of Public Health,* 91 (8): 1310-1316.

Berkman, Lisa (2000). Social support, social networks, and social cohesion and health. *Social Work in Health Care,* 31 (2): 3-14.

Bird, Michael (2001). Community is power. *The Nation's Health* (August): 3.

Blair, Robert G. (2000). Risk factors associated with PTSD and major depression among Cambodian refugees in Utah. *Health and Social Work,* 25 (1): 23-30.

Bloom, Martin (1987). Prevention. In Minahan, Anne (Ed.), *Encyclopedia of social work* (Eighteenth edition). Washington, DC: NASW Press, 303-311.

Bloom, Martin (1995). Primary prevention overview. In Edwards, Richard L. (Ed.), *The encyclopedia of social work* (Nineteenth edition). Washington, DC: NASW Press, 1895-1904.

Bracht, Neil (Ed.) (1990). *Health promotion at the community level.* Thousand Oaks, CA: Sage Publications.

Bracht, Neil (Ed.) (1999). *Health promotion at the community level: New advances* (Second edition). Thousand Oaks, CA: Sage Publications.

Cabot, Richard C. (1928). Hospital and dispensary social work. In Goldstine, D. (Ed.) (1955), *Expanding horizons in medical social work.* Chicago: University of Chicago Press, 255-270.

Cannon, Ida M. (1923). *Social work in hospitals.* New York: Russell Sage.

Cassell, Eric (1995). Teaching the fundamentals of primary care: A point of view. *The Milbank Quarterly,* 75 (3): 373-405.

Clare, Anthony W. (1982). Social aspects of ill-health in general practice. In Clare, Anthony W. and Corney, Roslyn H. (Eds.), *Social work and primary health care.* London: Academic Press, 9-22.

Cleveland, Tessie (1981). Where are we going with specialty interest groups? *Health and Social Work,* 6 (4): 95-125.

Cochrane, Glynn (1979). *The cultural appraisal of development projects.* New York: Praeger.

Cockerham, William C. (1992). *Medical sociology.* Englewood Cliffs, NJ: Prentice-Hall.

Cook, Cynthia Loveland, Becvar, Dorothy S., and Pontious, Sharon L. (2000). Complementary alternative medicine in health and mental health: Implications for social work practice. *Social Work in Health Care,* 31 (3): 39-57.

Corin, Ellen E. (1994). The social and cultural matrix of health and disease. In Evans, Robert G., Barer, Morris L., and Marmor, Theodore R. (Eds.), *Why are some people healthy and others not? The determinants of health of populations.* New York: Aldine De Gruyter, 93-132.

Cowles, Lois A., and Lefcowitz, Myron J. (1995). Interdisciplinary expectations of the medical social worker in the hospital setting: Part 2. *Health and Social Work,* 20 (4): 279-286.

Currie, E. (1998). *Crime and punishment in America.* New York: Metropolitan Books.

Davis, King E. (1996). Primary health care and severe mental illness: The need for national and state policy. *Health and Social Work,* 21 (2): 83-87.

Dobrof, Judith, Umpierre, Mari, Rocha, Loraine, and Silverton, Marsha (1990). Group work in a primary care medical setting. *Health and Social Work,* 15 (1): 32-37.

Donaldson, Molla S., Yordy, Karl D., Lohr, Kathleen N., and Vanselow, Neal A. (Eds.) (1996). *Primary care: America's health in a new era.* Washington, DC: National Academy Press.

Dunlop, Judith, and Holosko, Michael (1992). Community social work practice: Health promotion in action. In Holosko, Michael J. and Taylor, Patricia A. (Eds.), *Social work practice in health settings.* Toronto, Canada: Canadian Scholar's Press, 643-656.

Ell, Kathleen, and Morrison, Diane R. (1981). Primary care. *Health and Social Work,* 6 (4) (supplement): 35s-43s.

Engel, George (1977). The need for a new medical model: A challenge for biomedicine. *Science,* 196: 129-136.

Evans, Robert G., Barer, Morris L., and Marmor, Theodore R. (Eds.) (1994). *Why are some people healthy and others not? The determinants of health of populations.* New York: Aldine De Gruyter.

Fitzpatrick, Tanya R., and Bosse, Raymond (2000). Employment and health among older bereaved men in the normative aging study: One year and three years following a bereavement event. *Social Work in Health Care,* 32 (2): 41-60.

Freund, Peter E.S., and McGuire, Meridith B. (1991). *Health, illness, and the social body: A critical sociology.* Englewood Cliffs, NJ: Prentice-Hall.

Friis, Robert H., and Sellers, Thomas A. (1996). *Epidemiology for public health practice.* Gaithersburg, MD: Aspen Publishers.

Garrett, Laurie (2000). *Betrayal of trust: The collapse of global public health.* New York: Hyperion Publishers.

Gaston, Marilyn H., Barrett, Sharon E., Johnson, Tamara Lewis, and Epstein, Leonard G. (1998). Health care needs of medically underserved women of color: The role of the Bureau of Primary Health Care. *Health and Social Work,* 23 (2): 86-95.

Gilliland, M. Janice, and Taylor, Judith E. (1999). Planning community heath interventions. In Raczynski, James M. and DiClemente, Ralph J. (Eds.), *Handbook of health promotion and disease prevention.* New York: Kluwer Academic/Plenum Publishers, 427-441.

Girois, Susan B., Kumanyika, Shiriki K., Morabia, Alfredo, and Mauger, Elizabeth (2001). A comparison of knowledge and attitudes about diet and health among 35-75 year old adults in the United States and Geneva, Switzerland. *American Journal of Public Health,* 91 (3): 418-424.

Goel, Vivek, and McIsaac, Warren (2000). Health promotion in clinical practice. In

Poland, Blake D., Green, Lawrence W., and Rootman, Irving (Eds.), *Settings for health promotion: Linking theory and practice.* Thousand Oaks, CA: Sage Publications, 217-249.

Gorin, Stephen H. (2001). The crisis for public health: Implications for social workers. *Health and Social Work,* 26 (1): 49-53.

Gorin, Stephen K. (2000). Inequality and health: Implications for social work. *Health and Social Work,* 25 (4): 270-275.

Green, Gilbert J. and Kulper, Teresa (1990). Autonomy and professional activities of social workers in hospital and primary health care settings. *Health and Social Work,* 15 (1): 38-44.

Green, James W. (1995). *Cultural awareness in the human services: A multi-ethnic approach* (Second edition). Boston, MA: Allyn and Bacon.

Gross, Revital, Rabinowitz, Johnothan, Feldman, Dina, and Boerma, Wienke (1996). Primary health care physician's treatment of psychosocial problems. *Health and Social Work,* 21 (2): 89-95.

Gullotta, T.P. (1987). Prevention's technology. *Journal of Primary Prevention,* 8 (1): 4-24.

Hafen, Brent Q., Karren, Keith J., Frandsen, Kathryn J., and Smith, N. Lee (1996). *Mind/body health: The effects of attitudes, emotions, and relationships.* Boston: Allyn and Bacon.

Henk, Mat L. (1989). *Social work in primary care.* Thousand Oaks, CA: Sage.

Hess, Howard (1985). Social work clinical practice in family medicine centers: The need for a practice model. *Journal of Social Work Education,* 21 (1): 56-65. (Quoted material reprinted with permission of the Council on Social Work Education, Department of Sociology, Social Work, and Criminal Justice, 1600 Duke Street, Alexandria, VA.)

Hill, Dana Robin, Kelleher, K., and Shumaker, Sally A. (1992). Psychosocial interventions in adult patients with coronary heart disease and cancer: A literature review. *General Hospital Psychiatry,* 145 (65): 28s-42s.

Katon, Wayne (1987). The epidemiology of depression in medical care. *International Journal of Psychiatry in Medicine,* 17 (1): 93-112.

Katon, Wayne and Schulberg, Herbert (1992). Epidemiology of depression in primary care. *General Hospital Psychiatry,* 14 (4) (Supplement 6): 237-247.

Kawachi, Ichiro, Kennedy, Bruce, and Wilkinson, Richard (1999). *The society and population health reader: Income Inequality and Health.* New York: The New Press.

Keigher, Sharon (1999). Editorial: Including "mental" in health and social work. *Health and Social Work,* 24 (2).

Kelner, M. (1985). Community support networks: Current issues. *Canadian Journal of Public Health,* 76 (Supplement 1): 69-70.

Kerson, Toba Schwaber and Peachey, Helen (1989). Family planning agency: An unsuccessful contraceptor. In Kerson, Toba Schwaber (Ed.), *Social work in health settings: Practice in context.* Binghamton, NY: The Haworth Press, Inc.,

231-245.

Kohler, Connie L., Grimley, Diane M., and Reynolds, Kim D. (1999). Theoretical models and evaluation methods in health promotion and disease prevention. In Raczynski, James M. and DiClemente, Ralph J. (Eds.), *Handbook of health promotion and disease prevention.* New York: Kluwer Academic/Plenum Press, 23-51.

Kozol, Jonathan (1991). *Savage inequalities: Children in America's schools.* New York: HarperCollins.

Kozol, Jonathan (1995). *Amazing grace: The lives of children and the conscience of a nation.* New York: Crown Publishing Group.

Lesser, Joan Granucci (2000). Clinical social work and family medicine: A partnership in community service. *Health and Social Work,* 25 (2): 119-126.

Levy, Jerrold E., and Kunitz, Stephen (1987). A suicide prevention program for Hopi youth. *Science and Medicine,* 25: 931-940.

Macrina, David M. (1999). Historical and conceptual perspectives. In Raczynski, James M. and DiClemente, Ralph J. (Eds.), *Handbook of health promotion and disease prevention.* New York: Kluwer Academic/Plenum Publishers, 11-20.

Marsella, Anthony J., and Yamada, Ann Marie (2000). Culture and mental health: An introduction and overview of foundations, concepts and issues. In Cuellar, Israel and Paniagua, Freddy A. (Eds.), *Handbook of multicultural mental health.* San Diego, CA: Academic Press, 3-24. Copyright© 2000. Reprinted with permission from Elsevier Science.

Marshack, Elaine, Davidson, Kay, and Mizrahi, Terry (1988). Preparation of social workers for a changing health care environment. *Health and Social Work,* 13 (3): 226-233.

McLeroy, K.R., Bibeau, D., Steckler, A., and Glanz, K. (1988). An ecological perspective on health promotion programs. *Health Education Quarterly,* 15 (4): 351-377.

Mechanic, David (1994). Integrating mental health into a general health care system. *Hospital and Community Psychiatry,* 45 (9): 893-897.

Miller, Rosalind (1987). Primary health care. In Minahan, Anne (Ed.), *Encyclopedia of social work* (Eighteenth edition). Washington, DC: NASW Press.

Miringoff, Marc, and Miringoff, Marque-Luisa (1999). *The social health of the nation: How America is really doing.* New York/Oxford: Oxford University Press.

Mittelmark, Maurice (1999). Health promotion at the communitywide level: Lessons from diverse perspectives. In Bracht, Neil (Ed.), *Health promotion at the community level: New advances* (Second edition). Thousand Oaks, CA: Sage Publications, 3-26.

Monahan, Kathleen, and O'Leary, Dan (1999). Head injury and battered women: An initial inquiry. *Health and Social Work,* 24 (4): 269-278.

National Association of Community Health Centers (1993). *National directory of community health centers, migrant health centers, health care for the homeless projects and primary care associations.* Washington, DC: Author.

National Association of Social Workers (1987). *NASW standards for social work in health care settings.* Washington, DC: NASW Press.

National Association of Social Workers (1996). *NASW code of ethics.* Washington, DC: NASW Press.

Netting, F. Ellen, and Williams, Frank G. (2000). Expanding the boundaries of primary care for elderly people. *Health and Social Work,* 25 (4): 233-241.

Neugebauer, R. (2001). Editorial: Minding the world's health day, World Health Day 2001. *American Journal of Public Health,* 91 (4): 551-552.

Oktay, Julianne S. (1984). Social workers in primary health care: A national study of tasks and functions. Presented at the CSWE Annual Program Meeting, Detroit, MI, March.

Oktay, Julianne S. (1995). Primary health care. In Edwards, Richard L. (Ed.), *The encyclopedia of social work* (Nineteenth edition). Washington, DC: NASW Press, 1887-1894.

Oliver, M.T., and Shapiro, T.M. (1995). *The black wealth/white wealth.* New York: Routledge.

Paniagua, Freddy A. (2000). Culture-bound syndromes, cultural variations, and psychopathology. In Cuellar, Israel and Paniagua, Freddy A. (Eds.), *Handbook of multicultural mental heatlh.* San Diego: Academic Press, 140-167.

Paster, Zorba (2001). Rx for a long life. *On Wisconsin* (the alumni magazine of the University of Wisconsin) 102 (1): 33-35.

Pert, Candace, Ruff, Michael, Weber, Richard, and Herkenham, Miles (1985). Neuropeptides and their receptors: A psychosomatic network. *Journal of Immunology,* 135 (Supplement 2): 820s-826s.

Poland, Blake (1992). Learning to "walk our talk": The implications of sociological theory for research methodologies in health promotion. *Canadian Journal of Public Health,* 83 (Supplement 1): S31-S46.

Poland, Blake, D., Green, Lawrence, and Rootman, Irving (Eds.) (2000). *Settings for health promotion: Linking theory and practice.* Thousand Oaks, CA: Sage Publications.

Poole, Dennis L. (1995). Editorial: Public health social work: Pro bono publico. *Health and Social Work,* 20 (4): 243-245.

Pray, Kenneth (1995). Prevention and wellness. In Edwards, Richard L. (Ed.), *The encyclopedia of social work* (Nineteenth edition). Washington, DC: NASW Press, 1879-1886.

Prochaska, J.O., and DiClemente, Ralph J. (1983). Stages and processes of self-change in smoking cessation: Toward an integrated model of change. *Journal of Counseling and Clinical Psychology,* 51: 390-395.

Prochaska, J.O., and DiClemente, Ralph J. (1984). *The transtheoretical approach: Crossing the traditional boundaries of therapy.* Homewood, IL: Dow Jones/Irwin.

Prochaska, J.O., and DiClemente, Ralph J. (1986). Toward a comprehensive model of change. In Miller, W.R. and Healther, N. (Eds.), *Treating addictive behaviors: Processes of change.* New York: Plenum Press, 3-28.

Raczynski, James M., and DiClemente, Ralph J. (1999). Future directions in research and practice. In Raczynski, James M. and DiClemente, Ralph J. (Eds.), *Handbook of health promotion and disease prevention.* New York. Kluwer Academic/Plenum Publishers, 661.

ichardson, Jean, Barkan, Susan, Cohen, Mardge, Back, Sara, Fitzgerald, Gordon, Feldman, Joseph, Young, Mary, and Palacio, Herminia (2001). Experience and covariates of depressive symptoms among a cohort of HIV infected women. *Social Work in Health Care,* 32 (4): 93-111.

ock, Barry D., and Cooper, Marlene (2000). Social work in primary care: A demonstration student unit utilizing practice research. *Social Work in Health Care,* 31 (1): 1-17.

ockhill, Beverly (2001). The privatization of risk. *American Journal of Public Health,* 91 (3): 365-368.

odriguez, Eunice (2001). Keeping the unemployed healthy: The effect of means-tested and entitlement benefits in Britain, Germany, and the United States. *American Journal of Public Health,* 91 (9): 1403-1411.

osenstock, I.M. (1974). Historical origins of the health belief model. *Health Education Monographs,* 2: 328-335.

Satcher, David (2001). Editorial: Why we need an international agreement on tobacco control. *American Journal of Public Health,* 91 (2): 191-193.

Seligman, M.E.P. (1975). Helplessness: On depression, development, and death. San Francisco: W.H. Freeman and Co.

Shannon, Mary T. (1989). Health promotion and illness prevention: A biopsychosocial perspective. *Health and Social Work,* 14 (1): 32-40.

Sidel, Victor W., Cohen, Hillel W., and Gould, Robert M. (2001). Good intentions and the road to bioterrorism preparedness. *American Journal of Public Health,* 91 (5): 716-726.

Siefert, Kristine (1995). Future directions for social work practice in maternal and child health. Paper presented at a meeting of the Ad Hoc Committee on Education for Maternal and Child Health Social Work Practice in the year 2010, Baltimore.

Siefert, Kristine, Jayaratne, Srinika, and Martin, Louise Doss (1992). Implementing the public health social work forward plan: A research-based prevention curriculum for schools of social work. *Health and Social Work,* 17 (1): 17-27.

Smith, George D. (2000). Learning to live with complexity: Ethnicity, socioeconomic position, and health in Britain and the United States. *American Journal of Public Health,* 90 (1): 1694-1697.

Smyre, Patricia (1993). *Women and health.* London and Atlantic Highlands, NJ: Zed Books.

Telfair, Joseph, and Gardner, Marilyn M. (1997). Adolescents with sickle cell disease: Determinants of support group attendance and satisfaction. *Health and Social Work,* 25 (1): 43-50.

Thompson, Beti, and Kinne, Susan (1999). Social change theory: Applications to community health. In Bracht, Neil (Ed.), *Health promotion at the community level: New advances* (Second edition). Thousand Oaks, CA: Sage Publications, 29-46.

Trattner, Walter I. (1989). *From poor law to welfare state: A history of social welfare in America* (Fourth edition). New York: The Free Press.

U.S. Census Bureau (2000). Poverty in the United States. September. <http://www.census.gov/hhes/www.poverty.html>.

U.S. Department of Health and Human Services (DHHS) (1999). Mental health: A report of the surgeon general. <http://www.surgeongeneral.gov/library/mental health/>.

U.S. Government Printing Office (2000a). *Health, United States.* Washington, DC: Author.

U.S. Government Printing Office (2000b). *Statistical Abstracts of the United States.* Washington, DC: Author.

Weiss, Gregory L., and Lonnquist, Lynne E. (1994). *The sociology of health, healing, and illness.* Englewood Cliffs, NJ: Prentice-Hall.

Wheaton, Blair (1980). The sociogenesis of psychological disorder: An attributional theory. *Journal of Health and Social Behavior,* 21 (2): 100-124.

Winslow, Charles-Edward Amory (1920). The untilled field of public health. *Modern Medicine,* 2 (March): 183-191.

World Health Organization (1978). *Alma-Ata 1978: Primary health care: Report of the international conference on primary health care.* Alma-Ata, Union of Soviet Socialist Republics, September 6-12. Geneva: WHO.

World Health Organization (1986). *Ottawa Charter for Health Promotion.* <http://www.who.dk/policy/ottawa.html>.

Young, Christine L., and Martin, Louise Doss (1989). Social services in rural and urban primary care projects. *Human Services in the Rural Environment,* 13 (2): 30-35.

Zayas, Luis H., and Dyche, Larry A. (1992). Social workers training primary care physicians: Essential psychosocial principles. *Social Work,* 37 (3): 247-252.

Zayas, Luis H., Kaplan, Carol, Turner, Sandra, Romano, Kathleen, and Gonzalez-Ramos, Gladys (2000). Understanding suicide attempts by adolescent hispanic females. *Health and Social Work,* 45 (1): 53-63.

Chapter 4

Abramson, Julie S. (1990). Enhancing patient participation: Clinical strategies in the discharge planning process. *Social Work in Health Care,* 14 (4): 53-70.

Abramson, Julie, Donnelly, James, King, Michael A., and Mailick, Mildred D. (1993). Disagreements in discharge planning: A normative phenomenon. *Health and Social Work,* 18 (1): 57-64.

Abramson, Marcia (1996). Toward a more holistic understanding of ethics in social work. *Social Work in Health Care,* 23 (2): 1-14.

American Hospital Association (1977). *Development of professional standards review for hospital social work.* Chicago, IL: Author.

American Hospital Association (1985). *Hospital statistics.* Chicago: American Hospital Association.

American Hospital Association (1993/1994). American Hospital Association profile of United States hospitals. *AHA Hospital Statistics.* Chicago, IL: Author.

American Hospital Association (1995). *1994 AHA annual survey.* Chicago: American Hospital Association.

American Hospital Association (2002). *Hospital statistics.* Chicago: Health Forum, an affiliation of the American Hospital Association.

Auerbach, Charles, Rock, Barry D., Goldstein, Marian, Kaminsky, Paula, Heft-Laporte, Heidi (2000). A department of social work uses data to provide its case (88-99B). *Social Work in Health Care,* 32 (1): 9-23.

Baker, Marjorie E. (2000). Knowledge and attitudes of health care social workers regarding advance directives. *Social Work in Health Care,* 32 (2): 61-74.

Bartlett, Maria, C., and Baum, Bernard H. (1995). What happens to patients after nursing home placement? *Social Work in Health Care,* 22 (1): 69-79.

Becker, Nancy E., and Becker, Fred W. (1986). Early identification of high social risk. *Health and Social Work,* 11 (1): 26-35.

Beckerman, Nancy, and Rock, Marjorie (1996). Themes from the frontlines: Hospital social work with people with AIDS. *Social Work in Health Care,* 23 (4): 75-89.

Bennett, Claire, Legon, Julianne, and Zilberfein, Felice (1989). The significance of empathy in current hospital based practice. *Social Work in Health Care,* 14 (2): 27-40.

Ben-Zur, Hasida, Rappaport, Batya, Ammar, Ronny, and Uretzky, Gideon (2000). Coping strategies, life style changes, and pessimism after open-heart surgery. *Health and Social Work,* 25 (3): 201-209.

Berger, Candyce S., Cayner, Jay, Mizrahi, Terry, Scesny, Alice, and Trachtenberg, Judith (1996). The changing scene of social work in hospitals. *Health and Social Work,* 21 (3): 167-177.

Berger, Candyce S., and Mizrahi, Terry (2001). An evolving paradigm of supervision within a changing health care environment. *Social Work in Health Care,* 32 (4): 1-17.

Berkman, Barbara, Millar, Sally, Holmes, William, and Bonander, Evelyn (1991). Predicting elderly cardiac patients at risk for readmission. *Social Work in Health Care,* 16 (1): 21-38.

Bloch, Linda von (1996). Breaking the bad news when sudden death occurs. *Social Work in Health Care,* 23 (4): 91-97.

Cannon, Ida M. (1923). *Social work in hospitals.* New York: Russell Sage.

Caputi, Marie A. (1978). Social work in health care: Past and future. *Health and Social Work,* 3 (1): 9-29.

Clemens, Elizabeth (1995). Multiple perceptions of discharge planning in one urban hospital. *Health and Social Work,* 20 (4): 254-261.

Congress, Elaine P., and Lyons, Beverly P. (1992). Cultural differences in health beliefs: Implications for social work practice in health care settings. *Social Work in Health Care,* 17 (3): 81-97.

Coulton, Claudia J. (1988). Evaluating screening and early intervention: A puzzle with many pieces. *Social Work in Health Care,* 13 (3): 65-72.

Coulton, Claudia J. (1990). Research in patient and family decision making regarding life sustaining and long term care. *Social Work in Health Care,* 15 (1): 63-78.

Coulton, Claudia J., Dunkle, Ruth E., Haug, Marie, Chow, Julian, and Vielhaber, David P. (1989). Locus of control and decision making for posthospital care. *The Gerontologist,* 29 (5): 627-632.

Cowles, Lois A., and Lefcowitz, Myron J. (1992). Interdisciplinary expectations of the medical social worker in the hospital setting. *Health and Social Work,* 17 (1): 57-65.

Cowles, Lois A., and Lefcowitz, Myron J. (1995). Interdisciplinary expectations of the medical social worker in the hospital setting: Part 2. *Health and Social Work,* 20 (4): 279-286.

Csikai, Ellen L., and Bass, Kelli (2000). Health care social workers' views on ethnical issues, practice, and policy in end-of-life care. *Social Work in Health Care,* 32 (2): 1-22.

Cummings, Sherry M. (1999). Adequacy of discharge plans and rehospitalization among hospitalized dementia patients. *Health and Social Work,* 24 (4): 249-259.

Cuzzi, Lawrence, Holden, Gary, Rutter, Steve, Rosenberg, Gary, and Chernack, Peter (1996). A pilot study of fieldwork rotations vs. year long placements for social work students in a public hospital. *Social Work in Health Care,* 24 (1/2): 73-91.

DeCoster, Vaughn A., and Egan, Marcia (2001). Physician's perceptions and responses to patient emotion: Implications for social work practice in healthcare. *Social Work in Health Care,* 32 (3): 21-40.

Dobrof, Judith (1991). DRG's and the social worker's role in discharge planning. *Social Work in Health Care,* 16 (2): 37-54.

Donnelly, James P. (1992). A frame for defining social work in a hospital setting. *Social Work in Health Care,* 18 (1): 107-119.

Dubowitz, Howard, Black, Maureen, and Harrington, Donna (1992). The diagnosis of child sexual abuse. *American Journal of Diseases of Children,* 146 (June): 688-693.

Egan, Marcia, and Kadushin, Goldie (1995). Competitive allies: Rural nurses' and social workers' perceptions of the social work role in the hospital setting. *Social Work in Health Care,* 20 (3): 1-23.

Epstein, Janet, Kaplan, Giora, Lavi, Bruno, Noy, Shlomo, Shahaf, Poriya, Stanger, Varda, and Rotstein, Zeev (2001). A description of inappropriate hospital stays in selected in-patient services: A study of cases receiving social work services. *Social Work in Health Care,* 32 (4): 43-65.

Evans, Ron L., and Connis, Richard T. (1996). Risk screening for adverse outcomes in subacute care. *Psychological Reports,* 78: 1043-1048.

Evans, Ron L., Hendricks, Robert D., Lawrence-Umlauf, Kaye V., and Bishop, Duane S. (1989). Timing of social work intervention and medical patients' length of hospital stay. *Health and Social Work,* 14 (4): 277-282.

Fahs, Marianne C., and Wade, Kathleen (1996). An economic analysis of two models of hospital care for AIDS patients: Implications for hospital discharge planning. *Social Work in Health Care,* 22 (4): 21-34.

Feather, John (1993). Factors in perceived hospital discharge planning effectiveness. *Social Work in Health Care,* 19 (1): 1-14.

Fillit, Howard, Howe, Judith L., Sachs, Charles, Sell, Laura, Siegel, Patricia, Miller, Myron, and Butler, Robert N. (1992). Studies of hospital social stays in the frail elderly and their relationship to the intensity of social work intervention. *Social Work in Health Care,* 18 (1): 1-22.

Foster, Larry W., Sharp, John, Scesny, Alice, McLellan, Linda, and Cotman, Kathy (1993). Bioethics: Social work's response and training needs. *Social Work in Health Care,* 19 (1): 15-38.

Gentry, Linda R. (1993). Practice forum: The special caretakers program—A hospital's solution to the boarder baby problem. *Health and Social Work,* 18 (1): 75-77.

Germain, Carel B. (1980). Social work identity, competence, and autonomy: The ecological perspective. *Social Work in Health Care,* 6 (1): 1-10.

Ginsberg, Leon (1995). *The social work almanac* (Second edition). Washington, DC: NASW Press.

Glassman, Uania (1991). The social work group and its distinct healing qualities in the health care setting. *Health and Social Work,* 16 (3): 203-212.

Globerman, Judith, and Bogo, Marion (1995). Social work in the new integrative hospital. *Social Work in Health Care,* 21 (3): 1-21.

Globerman, Judith, Davies, Joan MacKenzie, and Walsh, Susan (1996). Social work in restructuring hospitals: Meeting the challenge. *Health and Social Work,* 21 (2): 178-188.

Greenlick, Merwyn R., and Brody, Kathleen K. (1997). Home health services in a managed care system: Policy recommendations from a program of research. In Fox, Daniel M. and Raphael, Carol (Eds.), *Home-based care for a new century.* Malden, MA: Blackwell Publishers, 99-119.

Hall, James A., Jensen, Greg V., Fortney, Mark A., Sutter, Joy, Locher, Jan, and Cayner, Jay J. (1996). Education of staff and students in health care settings: Integrating practice and research. *Social Work in Health Care,* 24 (1/2): 93-113.

Hanson, James G., and Rapp, Charles A. (1992). Families' perceptions of community mental health programs for their relatives with a severe mental illness. *Community Mental Health Journal,* 28 (3): 181-197.

Hanson, Meridith, Foreman, Lewis, Tomlin, Willie, and Bright, Yvonne (1994). Facilitating problem drinking clients' transition from inpatient to outpatient care. *Health and Social Work,* 19 (1): 23-28.

Hazard, William R. (1995). Elder abuse: Definitions and implications for medical education. *Academic Medicine,* 70 (11): 979-981.

Herbert, Margot, and Levin, Ron (1996). The advocacy role in hospital social work. *Social Work in Health Care,* 22 (3): 71-83.

Holliman, Diane C., Dziegielewski, Sophia, Datta, Priyadarshi (2001). Discharge planning and social work practice. *Social Work in Health Care,* 32 (3): 1-19.

James, Catherine D., and Studs, Dip Soc (1987). An ecological approach to defining discharge planning. *Social Work in Health Care,* 12 (4): 47-59.

Julia, Maria C. (1996). *Multicultural awareness in the health care professions.* Boston, MA: Allyn and Bacon.

Kadushin, Goldie, and Kulys, Regina (1995). Job satisfaction among social work discharge planners. *Health and Social Work,* 20 (3): 174-186.

Keehn, Debra S., Roglitz, Cathy, and Bowden, M. Leora (1994). Impact of social work on recidivism and non-medical complaints in the emergency department. *Social Work in Health Care,* 20 (1): 65-75.

Landau, Ruth (2000a). Ethical dilemmas in general hospitals: Differential perceptions of direct practitioners and directors of social services. *Social Work in Health Care,* 30 (4): 25-44.

Landau, Ruth (2000b). Ethical dilemmas in general hospitals: Social worker's contribution to ethical decision-making. *Social Work in Health Care,* 32 (2): 75-92.

Lauria, Marie M., Hockenberry-Eaton, Marilyn, Pawletko, Terese M., and Mauer, Alvin M. (1996). Psychosocial protocol for childhood cancer. *Cancer,* 78 (6): 1345-1356.

Marcus, Leonard (1990). Research on organizational issues in health care social work. *Social Work in Health Care,* 15 (1): 79-95.

Mayer, Jane B. (1995). The effective healthcare social work director: Managing the social work department at Beth Israel Hospital. *Social Work in Health Care,* 20 (4): 61-72.

McCoy, H. Virginia, Kipp, C. William, and Ahern, Melissa (1992). Reducing older patients' reliance on the emergency department. *Social Work in Health Care,* 17 (1): 23-37.

Mizrahi, Terry, and Abramson, Julie S. (2000). Collaboration between social workers and physicians: Perspectives on a shared case. *Social Work in Health Care,* 31 (3): 1-24.

Mizrahi, Terry, and Berger, Candyce S. (2001). Effect of a changing health care environment on social work leaders: Obstacles and opportunities in hospital social work. *Social Work,* 46 (2): 170-182.

Morrow-Howell, Nancy, and Proctor, Enola (1994). Discharge destinations of Medicare patients receiving discharge planning: Who goes where? *Medical Care,* 32 (5): 486-497.

Nacman, Martin (1977). Social work in health settings: A historical review. *Social Work in Health Care,* 2 (4): 407-418.

Naleppa, Matthias J., and Reid, William J. (2000). Integrating case managment and brief-treatment stretegies: A hospital-based geriatric program. *Social Work in Health Care,* 31 (4): 1-23.

National Association of Social Workers (1987). *NASW standards for social work in health care settings.* Washington, DC: NASW Press, 3-30.

National Association of Social Workers (1990). *NASW clinical indicators for social work and psychosocial services in the acute care medical hospital.* Washington, DC: NASW Press, 1-8.

National Association of Social Workers (1997). Government relations alert: Large volume of letters needed to convince HCFA to retain definition of qualified social workers in Medicare's home health program. <http://www.nasw.org>.

Oktay, Julianne S., Steinwachs, Donald M., Manon, Joyce, Bone, Lee R., and Fahey, Maureen (1992). Evaluating social work discharge planning services for elderly people: Access, complexity, and outcome. *Health and Social Work,* 17 (4): 290-298.

Ortiz, Elizabeth Thompson, and Bassoff, Betty Z. (1988). Proprietary hospital social work. *Health and Social Work,* 13 (2): 114-121.

Ponto, Jade M., and Berg, William (1992). Social work services in the emergency department: A cost-benefit analysis of an extended coverage program. *Health and Social Work,* 17 (1): 66-73.

Posen, Jennie, Moore, Orna, Tassa, Dafna Sadeh, Ginsberg, Karni, Drory, Margalit, and Giladi, Nir (2000). Young women with P.D. *Social Work in Health Care,* 32 (1): 77-91.

Pray, Jackie E. (1991). Responding to psychosocial needs: Physician perceptions of their referral practices for hospitalized patients. *Health and Social Work,* 16 (3): 184-192.

Proctor, Enola K., Morrow-Howell, Nancy, Kitchen, Alice, and Wang, Yeong-Tsyr (1995). Pediatric discharge planning: Complications, efficiency, and adequacy. *Social Work in Health Care,* 22 (1): 1-18.

Proctor, Enola, K., Morrow-Howell, Nancy, Li, Hong, and Dore, Peter (2000). Adequacy of home care and hospital readmission for elderly congestive heart failure patients. *Health and Social Work,* 25 (2): 87-96.

Rauch, Julia B., and Schreiber, Hanita (1985). Discharge planning as a teaching mechanism. *Health and Social Work,* 10 (3): 208-216.

Resnick, Cheryl, and Dziegielewski, Sophia F. (1996). The relationship between therapeutic termination and job satisfaction among medical social workers. *Social Work in Health Care,* 23 (3): 17-32.

Robinson, James C. (1994). The changing boundaries of the American hospital. *The Milbank Quarterly,* 72 (2): 259-275. (Quoted material reprinted with permission of Blackwell Publishers, Malden, MA.)

Rosen, George (1958). *A history of public health: MD monographs on medical history.* New York: MD Publications.

Ross, Judith W. (1993). Editorial: Redefining hospital social work: An embattled professional domain. *Health and Social Work,* 18 (4): 243-246.

Ross, Judith W. (1995). Hospital social work. In Edwards, Richard L. (Ed.), *The encyclopedia of social work* (Nineteenth edition). Washington, DC: NASW Press, 1365-1377.

Ruster, Pamela L. (1995). The evolution of social work in a community hospital. *Social Work in Health Care,* 20 (4): 73-88.

Showers, Nancy (1992). How satisfaction with hospital field work affects social work students' willingness to accept employment in hospital settings. *Social Work in Health Care,* 16 (4): 19-35.

Smith, David R., and Anderson, Ron J. (1995). Feudal vs. futile medicine: Can we have cost containment without prevention? In Eve, Susan Brown, Havens, Betty, and Ingman, Stanley E. (Eds.), *The Canadian health care system: Lessons for the United States.* Lanham, MD: University Press of America, 247-255.

Soskolne, Varda, and Auslander, Gail K. (1993). Follow-up evaluation of discharge planning by social workers in an acute-care medical center in Israel. *Social Work in Health Care,* 18 (2): 22-48.

Spitzer, William, and Burke, Laurie (1993). Practice forum: A critical incident stress debriefing program for hospital-based health care personnel. *Health and Social Work,* 18 (2): 149-156.

Spitzer, William, and Neely, Keith (1992). Critical incident stress: The role of hospital-based social work in developing a statewide intervention system for first-responders delivering emergency services. *Social Work in Health Care,* 18 (1): 39-58.

Stuen, Cynthia, and Monk, Abraham (1990). Discharge planning: The impact of Medicare's prospective payment on elderly patients. In A. Monk (Ed.), *Health care of the aged: Needs, policies and services.* Binghamton, NY: The Haworth Press, Inc., 149-164.

Task Force on Adolescent Assault Victim Needs (1996). Adolescent assault victim needs: A review of issues and a model protocol. *Pediatrics,* 98 (5): 991-1001.

Trattner, Walter I. (1989). *From poor law to welfare state: A history of social welfare in America* (Fourth edition). New York: The Free Press.

Travis, Shirley S., Moore, Suzanne R., and McAuley, William J. (1991). A comparison of hospitalization experiences for demented and non-demented elders: Findings of a retrospective chart review. *Journal of Gerontological Social Work,* 17 (1/2): 35-46.

U.S. Census Bureau (1999). *Current population survey.* Washington, DC: Author. March.

U.S. Government Printing Office (2000a). *Health, United States.* Washington, DC: Author.

U.S. Government Printing Office (2000b). *Statistical abstracts of the United States.* Washington, D.C.: Author.

Walsh, Susan (1985). The psychiatric emergency service as a setting for social work training. *Social Work in Health Care,* 11 (1): 21-31.

Wolock, Isabel, Schlesinger, Elfriede, Dinerman, Miriam, and Seaton, Richard (1987). The posthospital needs and care of patients: Implications for discharge planning. *Social Work in Health Care,* 12 (4): 6176.

Chapter 5

Applewhite, Steven Lozano (1995). Curanderismo: Demystifying the health beliefs and practices of elderly Mexican-Americans. *Health and Social Work,* 20 (4): 247-253.

Aranda, Maria P. (1996). *Implications of diversity for practice.* Presented at the California Geriatric Education Center, Cultural Diversity in Aging, Faculty Development Program, UCLA, June 18.

Balinsky, Warren (1994). *Home care.* San Francisco, CA: Jossey-Bass Publishers.

Barnes, Carla L., Given, Barbara A., and Given, Charles W. (1992). Caregivers of elderly relatives: Spouses and adult children. *Health and Social Work,* 17 (4):

282-289.
Berg-Weger, Marla, Rubio, Doris McGartland, and Tebb, Susan Steigner (2000). The caregiver well-being scale revisited. *Health and Social Work,* 25 (4): 255-269.
Berkman, Barbara (1996). The emerging health care world: Implications for social work practice and education. *Social Work,* 41 (5): 541-555.
Binney, Elizabeth A., Estes, Carroll L., and Ingman, Stanley R. (1990). Medicalization, public policy and the elderly: Social services in jeopardy? *Social Science in Medicine,* 30 (7): 761-771.
Blazer, Dan (1988). Home health care: House calls revisited. *American Journal of Public Health,* 78 (3): 238-239.
Braus, Patricia (1994). When mom needs help. *American Demographics,* 16 (March): 38-47.
Brody, Elaine M. (1981). Women in the middle and family help to older people. *The Gerontologist,* 21 (5): 471-480.
California's Caregiver Resource Center (2001). Who are the caregivers? <http://www.caregiver.org>.
Cannon, Ida M. (1923). *Social work in hospitals.* New York: Russell Sage.
Center for the Advanced Study of Aging Services, School of Social Welfare, University of California, Berkeley (2001). Newsletter (Fall): 4.
Chadiha, Letha A., Proctor, Enola K., Morrow-Howell, Nancy, Darkwa, Osei K., and Dore, Peter (1995). Post-hospital home care for African-American and white elderly. *The Gerontologist,* 35 (2): 233-239.
Clemen-Stone, Susan H., Eigsti, Diane G., and McGuire, Sandra L. (1987). *Comprehensive family and community health nursing* (Second edition). New York: McGraw-Hill.
Concoran, Kevin, and Fischer, Joel (2000). *Measures for clinical practice: A sourcebook* (Third edition). Volume 2: *Adults.* New York: The Free Press.
Corin, Ellen E. (1994). The social and cultural matrix of health and disease. In Evans, Robert G., Barer, Morris L., and Marmor, Theodore R. (Eds.), *Why are some people healthy and others not? The determinants of health of populations.* New York: Aldine de Gruyter, 93-132.
Cox, Carole (1992). Expanding social work's role in home care: An ecological perspective. *Social Work,* 37 (2): 179-183.
Damon-Rodriguez, JoAnn, Wallace, Steven, and Kington, Raynard (1994). Service utilization and minority elderly: Appropriateness, accessibility, and acceptability. In Wieland, Daryl, Benton, Donna, Kramer, B. Josea, and Dawson, Grace D. (Eds.), *Cultural diversity and geriatric care: Challenges to the health professions.* Binghamton, NY: The Haworth Press, Inc., 45-63.
Davitt, Joan K., and Kaye, Lenard W. (1996). Supporting patient autonomy in home health care. *Social Work,* 41 (1): 41-50.
Duke University Center for the Study of Aging and Human Development (1978). *The OARS methodology* (Second edition). Durham, NC: Duke University Press.
Egan, Marcia, and Kadushin, Goldie (1999). The social worker in the emerging field of home care: Professional activities and ethical concerns. *Health and Social Work,* 24 (1): 43-55.
Ell, Kathleen (1996). Social work and health care practice and policy: A psycho-so-

cial research agenda. *Social Work,* 41 (6): 583-592.
Erikson, Erik (1950). The problem of ego identity. *Psychological Issues,* 101-164.
Erikson, Erik (1956). The problems of ego identity. *The Journal of the American Psychoanalytic Association,* 4: 56-121.
Erikson, Erik (1959). Identity and the life cycle. In Klein, George S. (Ed.), *Psychological Issues.* Independence, MD: International Universities Press, 56-121.
Ettner, Susan L. (1994). The effect of the Medicaid home care benefit on long-term care choices of the elderly. *Economic Inquiry,* XXXII (January): 103-127.
Evans, Robert G., Barer, Morris L., Marmor, Theodore R. (Eds.) (1994). *Why are some people healthy and others not? The determinants of health of populations.* New York: Aldine de Gruyter.
Fandetti, Donald V., and Goldmeier, John (1988). Social workers as culture mediators in health care settings. *Health and Social Work,* 13 (3): 171-179.
Fashimpar, Gary (1983). A management tool for evaluating the adequacy and quality of homemaker-home health aide programs. *The Gerontologist,* 23 (2): 127-131.
Fashimpar, Gary (1991). Evaluating homemaker-home health aide programs: Practical applications of the homemaker-home health aide program evaluation questionnaire. *Journal of Gerontological Social Work,* 18 (1/2): 3-16.
Fessler, Susan R., and Adams, Catherine G. (1985). Nurse/social worker role conflict in home health care. *Journal of Gerontological Social Work,* 9 (1): 113-123.
Fredman, Lisa, Droge, Janet, and Rabin, David (1992). Functional limitations among home health care users in the national health interview survey supplement on aging. *The Gerontologist,* 32 (5): 641-646.
Garner, Dianne J. (1995). Long-term care. In Edwards, Richard L. (Ed.), *The encyclopedia of social work* (Nineteenth edition). Washington, DC: NASW Press, 1625-1634.
Ginsberg, Leon (1995). *The social work almanac* (Second edition). Washington, DC: NASW Press.
Giordano, Joseph (1992). Ethnicity and aging. In Mellor, M. Joanna and Solomon, Renee (Eds.), *Geriatric social work education.* Binghamton, NY: The Haworth Press, Inc., 23-37.
Goldberg, Allen J. (1994). Book reviews: Home health care—An annotated bibliography. *Journal of the American Geriatric Society,* 42 (8): 910-911.
Hamama, Rachel, Ronen, Tammie, and Feigin, Rena (2000). Self-control, anxiety, and loneliness in siblings of children with cancer. *Social Work in Health Care,* 31 (1): 63-83.
Horowitz, A. (1984). Family caregiving to the frail elderly. In Eisdorfer, Carl (Ed.), *The annual review of gerontology and geriatrics.* New York: Springer, 194-246.
Jacobs, Phillip E., and Lurie, Abraham (1984). A new look at home care and the hospital social worker. In Dobrof, Rose (Ed.), *Gerontological social work in home health care.* Binghamton, NY: The Haworth Press, Inc., 89-90.
Jette, Alan M., Smith, Kevin W., and McDermott, Susan M. (1996). Quality of Medicare-reimbursed home health care. *The Gerontologist,* 36 (4): 492-501.
Kadushin, Goldie, and Egan, Marcia (2001). Ethical dilemmas in home health care: A social work perspective. *Health and Social Work,* 26 (3): 136-147.
Kane, Robert L., Finch, Michael, Blewett, Lynn, Chen, Qing, Burns, Risa, and

Moskowitz, Mark (1996). Use of post-hospital care by Medicare patients. *Journal of the American Geriatric Society,* 44 (3): 242-250.

Kane, Robert L., Kane, Rosalie A., Finch, Michael, Harrington, Charlene, Newcomer, Robert, Miller, Nancy, and Hulbert, Melissa (1997). S/HMO's, the second generation: Building on the experience of the first social health maintenance organization demonstrations. *Journal of the American Geriatric Society,* 45 (1): 101-107.

Karger, Howard Jacob, and Stoesz, David (1994). *American social welfare policy: A pluralistic approach* (Second edition). New York: Longman.

Kaye, Lenard W., and Davitt, Joan K. (1995). Provider and consumer profiles of traditional and high-tech home health care. *Health and Social Work,* 20 (4): 262-271.

Kenney, Genevieve M. (1993). Is access to home health care a problem in rural areas? *American Journal of Public Health,* 83 (3): 412-414.

Kerson, Toba Schwaber, and Michelson, Renee W. (1995). Counseling homebound clients and their families. *Journal of Gerontological Social Work,* 24 (3/4): 159-190.

Kramer, Andrew M., Shaughnessy, Peter W., Bauman, Marjorie K., and Crisler, Kathryn S. (1990). Assessing and assuring the quality of home health care: A conceptual framework. *The Milbank Quarterly,* 68 (3): 413-443.

Lawlor, Edward F., and Raube, Kristiana (1995). Social interventions and outcomes in medical effectiveness research. *Social Service Review,* 69 (3): 383-404. (Quoted material reprinted with permission of University of Chicago Press, Chicago, IL.)

Linsk, Nathan, Keigher, Sharon M., and Osterbusch, Suzanne E. (1988). States' policies regarding paid family caregiving. *The Gerontologist,* 28 (2): 204-212.

Loewenberg, F. M., and Dolgoff, R. (1996). *Ethical decisions for social work practice* (Fifth edition). Itasca, IL: F.E. Peacock Co.

Mailick, Mildred D., and Jordon, Pearl (1977). A multimodal approach to collaborative practice in health settings. *Social Work in Health Care,* 2 (4): 445-455.

Marder, Reggi, and Linsk, Nathan L. (1995). Addressing AIDS long-term care issues through education and advocacy. *Health and Social Work,* 20 (1): 75-80.

McCormick, Wayne C., Uomoto, Jay, Young, Heather, Graves, Amy B., Vitaliano, Peter, Mortimer, James A., Edland, Steven D., and Larson, Eric B. (1996). Attitudes toward use of nursing homes and home care in older Japanese-Americans. *Journal of the American Geriatric Society,* 44 (7): 769-777.

McDowell, Ian, and Newell, Claire (1996). *Measuring health: A guide to rating scales and questionnaires* (Second edition). New York: Oxford University Press.

Mindel, Charles, and Wright, Roosevelt (1982). Satisfaction in multigenerational households. *Journal of Gerontology,* 37 (4): 483-489.

Moody, Harry (1982). Ethical dilemmas in long-term care. *Journal of Gerontological Social Work,* 5 (1/2): 97-111.

Morrow-Howell, Nancy, Chadiha, Letha A., Proctor, Enola K., Hourd-Bryant, Maggie, and Dore, Peter (1996). Racial differences in discharge planning. *Health and Social Work,* 21 (2): 131-139.

Mullen, Edward J., and Magnabosco, Jennifer L. (Eds.) (1997). *Outcomes measurement in the human services: Cross-cutting issues and methods.* Washington, DC: NASW Press.

National Association for Home Care (1996). *Basic statistics about home care.* Washington, DC: Author.

National Association for Home Care (2000). *Basic statistics about home care.* <http://www.nahc.org/Consumer/hcstats.html>.

National Association of Social Workers (1987). *NASW standards for social work in health care settings.* Washington, DC: NASW Press, 1-31.

National Association of Social Workers (1995). *NASW clinical indicators for social work and psychosocial services in home health care.* Washington, DC: NASW Press, 1-9.

Olson, Laura Katz (1994). Public policy and privatization: Long-term care in the United States. In Olson, Laura Katz (Ed.), *The graying of the world: Who will care for the frail elderly?* Binghamton, NY: The Haworth Press, Inc., 25-58.

Proctor, Enola K., Morrow-Howell, Nancy, and Kaplan, Sally J. (1996). Implementation of discharge plans for chronically ill elders discharged home. *Health and Social Work,* 21 (1): 30-39.

Reamer, Frederic G., and Abramson, Marcia (1982). *The teaching of social work ethics.* Hastings on Hudson, NY: Institute of Society, Ethics, and the Life Sciences.

Robbins, Dennis, A. (1996). *Ethical and legal issues in home health and long-term care: Challenges and solutions.* Gaithersburg, MD: Aspen Publishers.

Silverstone, Barbara, and Burack-Weiss, Ann (1983). The social work function in nursing homes and home care. *The Journal of Gerontological Social Work,* 5 (1/2): 7-33.

Simmons, June (1994). Community based care: The new health social work paradigm. *Social Work in Health Care,* 20 (1): 35-46.

Tanjasiri, Sora P., Wallace, Steven P., and Shibata, Kazue (1995). Picture imperfect: Hidden problems among Asian Pacific Islander elderly. *The Gerontologist,* 35 (6): 753-760.

Tebb, S. S. (1995). An aid to empowerment: A caregiver wellbeing scale. *Health and Social Work,* 20: 87-92.

U.S. Department of Health and Human Services, National Institute of Health, National Institute on Aging (1993). *Profiles of America's Elderly: Racial and Ethnic Diversity of America's Elderly Population.* Number 3, November, POP/93-1-8.

U.S. Government Printing Office (1990). *The Pepper Commission final report: A call for action.* Washington, DC: Author, 101-114.

U. S. Government Printing Office (2000a). *Health, United States.* Washington, DC: Author.

U.S. Government Printing Office (2000b). *Statistical Abstracts of the United States.* Washington, DC: Author.

Wallace, Steven P. (1990). The political economy of health care for elderly blacks. *International Journal of Health Services,* 20 (4): 665-680.

Wallace, Steven P. (1996). *Stratification, ethnicity, and aging public policy.* Presented at the California Geriatric Education Center, Cultural Diversity in Aging, Faculty Development Program, UCLA, June 18.

Ware, John E., and Sherbourne, Cathy D. (1992). The MOS 36-item short-form health survey (SF-36). *Medical Care,* 30 (6): 473-483.

Welch, H. Gilbert, Wennberg, David E., and Welch, W. Pete (1996). The use of Medicare home health care services. *The New England Journal of Medicine,* 335 (5): 324-329.

White-Means, Shelly I., and Thornton, Michael C. (1990a). Ethnic differences in the production of informal home health care. *The Gerontologist,* 30 (6): 758-768.

White-Means, Shelly I., and Thornton, Michael C. (1990b). Labor market choices and home health care provision among employed ethnic caregivers. *The Gerontologist,* 30 (6): 769-775.

Wilcox, Julie A., and Taber, Merlin A. (1991). Informal helpers of elderly home care clients. *Health and Social Work,* 16 (4): 258-265.

Zimmer, James G., Groth-Juncker, Annemarie, and McCusker, Jane (1985). A randomized controlled study of a home health care team. *The American Journal of Public Health,* 75 (2): 134-141.

Chapter 6

Barber, Clinton E., and Iwai, Mieko (1996). Role conflict and role ambiguity as predictors of burnout among staff caring for elderly dementia patients. *Journal of Gerontological Social Work,* 26 (1/2): 101-117.

Beirne, Nancy F., Patterson, Margery N., Galie, Michelle, and Goodman, Patricia (1995). Effects of a fast-tract closing on a nursing facility population. *Health and Social Work,* 20 (2): 117-123.

Bogo, Marion (1987). Social work practice with family systems in admission to homes for the aged. *Journal of Gerontological Social Work,* 10 (1/2): 5-19.

Boondas, Jennifer (1991). Nursing home resident assessment classification and focused care. *Nursing and Health Care,* 12 (6): 308-312.

Brannon, Diane (1992). Toward second-generation nursing home research. *The Gerontologist,* 32 (3): 293-294. (Quoted material reprinted with permission of The Gerontological Society of America, Washington, DC.)

Brown, Lil (1989). Is there sexual freedom for our aging population in long-term care institutions? *Journal of Gerontological Social Work,* 13 (3/4): 75-93.

Bruno, Ronald (1994). Policy for the people: One facility's introduction to restraint reduction. *Journal of Gerontological Social Work,* 22 (3/4): 129-142.

Bullard-Poe, Laura, Powell, Cicely, and Mulligan, Thomas (1994). The importance of intimacy to men living in a nursing home. *Archives of Sexual Behavior,* 23 (2): 231-236.

Caplan, Arthur L. (1990). The morality of the mundane: Ethical issues arising in the daily lives of nursing home residents. In Kane, Rosalie A. and Caplan, Arthur L. (Eds.), *Everyday ethics: Resolving dilemmas in nursing home life.* New York: Springer, 37-50.

Cohen-Mansfield, Jiska, Rabinovich, Beth A., Marx, Marcia S., Braun, Judith, and Fleshner, Edith (1991). Nurses' and social workers' perceptions of elderly nursing home residents' well-being. *Journal of Gerontological Social Work,* 16 (3/4): 135-147.

Cox, Carole (1993). Dealing with the aggressive nursing home resident. *Journal of Gerontological Social Work,* 19 (3/4): 179-192.

Dane, B. O., and Simon, B. L. (1991). Resident guests: Social workers in host settings. *Social Work,* 36: 208-213.

Dempsey, Norah P., and Pruchno, Rachel A. (1993). The family's role in the nursing home: Predictors of technical and non-technical assistance. *Journal of Gerontological Social Work,* 21 (1/2): 127-145.

Dhooper, Surjit S., Green, Sharon M., Huff, Marlene B., and Austin-Murphy, Judy (1993). Efficacy of a group approach to reducing depression in nursing home residents. *Journal of Gerontological Social Work,* 20 (3/4): 87-100.

Dieckmann, Janna L. (1993). From almshouse to city nursing home: Philadelphia's Riverview home for the aged, 1945-1965. *Nursing History Review,* 1: 217-228.

Evans, L., and Strumpf, F. (1989). Tying down the elderly: A review of the literature on physical restraint. *Journal of the American Geriatrics Society,* 37 (1): 65-74.

Fairchild, Susan, Carrino, Gerard E., and Ramirez, Mildred (1996). Social workers' perceptions of staff attitudes toward resident sexuality in a random sample of New York State nursing homes. *Journal of Gerontological Social Work,* 26 (1/2): 153-169.

Flaherty, Ellen (2001). Nursing home staff. *Aging Research and Training News,* 24 (5): 49.

Foldes, Steven S. (1990). Life in an institution: A sociological and anthropological view. In Kane, Rosalie A. and Caplan, Arthur L. (Eds.), *Everyday ethics: Resolving dilemmas in nursing home life.* New York: Springer, 21-36.

Freed, Anne O. (1990). How Japanese families cope with fragile elderly. *Journal of Gerontological Social Work,* 15 (1/2): 39-56.

Freeman, Iris C. (1988). "Weighing the costs of care," in Point/Counterpoint: Caring for persons with aids in geriatric nursing homes. *Health and Social Work,* 13 (2): 156-158.

Gale Publishing Company (1997). *Wards Business Directory of U.S. Private and Public Companies.* Volume 5. Detroit, MI: Author.

Getzel, Jessica (1983). Resident councils and social action. In Getzel, George S. and Mellor, M. Joanna (Eds.), *Gerontological social work practice in long-term care.* Binghamton, NY: The Haworth Press, Inc., 179-185.

Greene, Roberta, Vourlekis, Betsy S., Gelfand, Donald, and Lewis, Judith S. (1992). Current realities: Practice and education needs of social workers in nursing homes. *Journal of Gerontological Social Work,* 18 (3/4): 39-54.

Gutheil, Irene (1991). Intimacy in nursing home friendships. *Journal of Gerontological Social Work,* 17 (1/2): 59-73.

Hancock, Tina U. (1992). Field placements in for-profit organizations: Policies and practices of graduate programs. *Journal of Social Work Education,* 28 (3): 330-340.

Harrington, Charlene, Woolhandler, Steffie, Mullan, Joseph, Carrillo, Helen, and Himmelstein, David (2001). Does investor ownership of nursing homes compromise the quality of care? *American Journal of Public Health,* 91 (9): 1452-1455. Also available online: <http://www.ajph.org/cgi/content/full/91/9/1452>.

Health Care Financing Administration (1989). *Medicare and Medicaid data book 1988.* HCFA publication number 03270. Baltimore, MD: Office of Research and Demonstrations.

Health Care Financing Administration (2000). *HCFA's National Restraint Newsletter.* VIII(1) (Summer). <http://www.hcfa.gov/pubforms/rrnews>.

Hoffman, Rosemary G. (1991). Companion animals: A therapeutic measure for elderly patients. *Journal of Gerontological Social Work,* 18 (1/2): 195-204.

Horejsi, Gloria (1987). Nursing home consultation. *Health and Social Work,* 12 (2): 155-156.

Institute of Medicine (1981). *Health care in a context of civil rights.* Washington, DC: National Academy Press.

Joint Commission on the Accreditation of Healthcare Organizations (1993). *Accreditation Manual for Long Term Care: 1994.* Volume 1, *Organization Standards.* Oak Brook Terrace, IL: JCAHO.

Kaas, M. J. (1978). Sexual expression of the elderly in nursing homes. *The Gerontologist,* 18 (4): 372-378.

Kane, Rosalie A., and Caplan, Arthur L. (Eds.) (1990). *Everyday ethics: Resolving dilemmas in nursing home life.* New York: Springer.

Karger, Howard Jacob, and Stoesz, David (1994). *American social welfare policy: A pluralistic approach* (Second edition). New York: Longman.

Kramer, Betty J. (2000). Husbands caring for wives with dementia: A longitudinal study of continuity and change. *Health and Social Work,* 25 (2): 97-107.

Kruzich, Jean M. (1995). Empowering organizational contexts: Patterns and predictors of perceived decision-making influence among staff in nursing homes. *The Gerontologist,* 35 (2): 207-216.

Kruzich, Jean M., and Powell, William E. (1995). Decision-making influence: An empirical study of social workers in nursing homes. *Health and Social Work,* 20 (3): 215-222.

Lerer, Gertie (1995). Helping the irascible patient in long term care: Toward a theoretical and practice design. *Journal of Gerontological Social Work,* 24 (1/2): 169-184.

Linsk, Nathan L., and Marder, Reggi E. (1992). Medical social work long term care referrals for people with HIV infection. *Health and Social Work,* 17 (2): 105-115.

Margolis, Richard J. (1990). *Risking old age in America.* Boulder, CO: Westview Press.

Mead, Nelson B. (1991). Some nursing home experiences. *Journal of Gerontological Social Work,* 16 (3/4): 3-15.

Mercer, Susan O. (1994). Navajo elders in a reservation nursing home: Health status profile. *Journal of Gerontological Social Work,* 23 (1/2): 3-29.

Mercer, Susan O. (1996). Navajo elderly people in a reservation nursing home: Admission predictors and culture care practices. *Social Work,* 41 (2): 181-189.

Monahan, Deborah J. (1995). Informal caregivers of institutionalized demential residents: Predictors of burden. *Journal of Gerontological Social Work,* 23 (3/4): 65-82.

Montgomery, Rhonda J. V., and Kosloski, Karl (1994). A longitudinal analysis of nursing home placement for dependent elders care by spouses vs. adult children. *Journal of Gerontology,* 49 (2): S62-S74.

Morrison, Barbara Jones (1995). A research and policy agenda on predictors of institutional placement among minority elderly. *Journal of Gerontological Social Work,* 24 (1/2): 17-28.

Morrow-Howell, Nancy, Chadiha, Letha A., Proctor, Enola K., Hourd-Bryant, Maggie, and Dore, Peter (1996). Racial differences in discharge planning. *Health and Social Work,* 21 (2): 131-139.

Mosher-Ashley, Pearl M., Turner, Barbara F., and O'Neill, Darcy (1991). Attitudes of nursing and rest home administrators toward deinstitutionalized elders with psychiatric disorders. *Community Mental Health Journal,* 27 (4): 241-253.

Nasr, S., and Osterweil, D. (1999). The nonpharmacologic management of agitation in the nursing home: A concensus approach. *Annals of Long-Term Care,* 7 (5): 171-180.

National Association for Home Care (2000). *Basic statistics about home care,* <http://www.nahc.org/Consumer/hcstats.html>.

National Association of Social Workers (1981). *NASW standards for social work services in long-term care facilities.* Washington, DC: NASW Press, 1-11.

National Association of Social Workers (1993). *NASW clinical indicators for social work and psychosocial services in nursing homes.* Washington, DC: NASW Press, 1-12.

Nelson, Wayne H. (1995). Long-term care volunteer roles on trial: Ombudsman effectiveness revisited. *Journal of Gerontological Social Work,* 23 (3/4): 25-46.

Olson, Laura Katz (1994). Public policy and privatization: Long-term care in the United States. In Olson, Laura Katz (Ed.), *The graying of the world: Who will care for the frail elderly?* Binghamton, NY: The Haworth Press, Inc., 25-58.

Ouslander, J., Osterweil, D., and Morley, J. (Eds.) (1997). *Medical care in the nursing home* (Second edition). Whitehouse Station, NJ: McGraw-Hill.

Palmer, Diane S. (1991). Co-leading a family council in a long-term care facility. *Journal of Gerontological Social Work,* 16 (3/4): 121-134.

Pepper Commission (1990). *A call for action: Final report.* Washington, DC: U.S. Government Printing Office.

Quam, Jean K., and Whitford, Gary S. (1992). Educational needs of nursing home social workers at the baccalaureate level. *Journal of Gerontological Social Work* 18 3/4 : 143-156.

Reinardy, James R. (1995). Relocation to a new environment: Decisional control and the move to a nursing home. *Health and Social Work,* 20 (1): 31-38.

Riddick, Carol Cutler, Cohen-Mansfield, Jiska, Fleshner, Edith, and Kraft, Gladys

(1992). Caregiver adaptations to having a relative with dementia admitted to a nursing home. *Journal of Gerontological Social Work,* 19 (1): 51-75.

Sahyoun, Nadine R., Pratt, Laura A., Lentzner, Harold, Dey, Achintya, and Robinson, Kristen (2001). The changing profile of nursing home residents: 1985-1997. *Aging Trends,* 4 (March). Hyattsville, MD: National Center for Health Statistics, 1-8.

Salive, Marcel E., Collins, Karen S., Foley, Daniel J., and George, Linda K. (1993). Predictors of nursing home admission in a biracial population. *American Journal of Public Health,* 83 (12): 1765-1767.

Scharlach, Andrew (1988). Peer counselor training for nursing home residents. *The Gerontologist,* 28 (4): 500-502.

Silverstone, Barbara, and Burack-Weiss, Ann (1982). The social work function in nursing homes and home care. *The Journal of Gerontological Social Work,* 5 (1/2): 7-33.

Smith, David Barton (1990). Population ecology and the racial integration of hospitals and nursing homes in the United States. *The Milbank Quarterly,* 68 (4): 561-596.

Society for Social Work Leadership in Health Care (2000). Friends or foes: Redefining hospital/nursing home relationships. *Social Work Leader,* 26 (5): 1.

Solovy, Alden (2000). Pain management: Tools for inplementing JCAHO's new standards. *Hospitals and Health Networks,* 74 (11): 51-63.

Spears, Renee, Drinka, Paul J., and Voeks, Susan K. (1993). Obtaining a durable power of attorney for health care from nursing home residents. *The Journal of Family Practice,* 36 (4): 409-413.

Tennstedt, Sharon L., Skinner, Katherine M., Sullivan, Lisa M., and McKinlay, John B. (1992). Response comparability of family and staff proxies for nursing home residents. *American Journal of Public Health,* 82 (5): 747-749.

Teno, Joan (2001). Inadequate pain treatment in nursing homes. *Aging Research and Training News,* 24 (5): 50.

Teno, J. M., Weitzen, S., Wetle, T., and Mor, V. (2001). Persistent pain in nursing home residents (letter to the editor). *JAMA,* 285 (16): 2081.

U.S. Civil Rights Commission (1963). *Civil rights: Report of the United States Civil Rights Commission.* Washington, DC: U.S. Government Printing Office.

U.S. Government Printing Office (1999). Annual statistical supplement to the *Social Security Bulletin.* Washington, DC: Social Security Administration, December.

U.S. Government Printing Office (2000a). *Health, United States.* Washington, DC: Author.

U.S. Government Printing Office (2000b). *Statistical abstracts of the United States.* Washington, DC: Author.

U.S. Senate Special Committee on Aging (1990). *Developments in aging: 1990,* Volume 1. Washington, DC: U.S. Government Printing Office.

Vinton, Linda, and Mazza, Nicholas (1994). Aggressive behavior directed at nursing home personnel by residents' family members. *The Gerontologist,* 34 (4): 528-533.

Vogel, William (1991). A personal memoir of the state hospitals of the 1950's. *Hospital and Community Psychiatry,* 42 (6): 593-597.

Vourlekis, Betsy S., Gelfand, Donald E., and Greene, Roberta R. (1992). Psychosocial needs and care in nursing homes: Comparison of views of social workers and home administrators. *The Gerontologist,* 32 (1): 113-119. (Copyright The Gerontological Society of America. Reproduced by permission of the publisher.)

Wasow, Mona, and Loeb, Martin (1979). Sexuality in nursing homes. *Journal of the American Geriatrics Society,* 27: 73-79.

Weisberg, Judith (1991). Social worker as client: My education as a family member in a nursing home. *Journal of Gerontological Social Work,* 16 (1/2): 195-203.

Williams, Ann (1997). American Healthcare Association spokesperson. Phone conversation with author, July 23.

Williams, Carter C. (1989). Liberation: Alternative to physical restraints. *The Gerontologist,* 29 (5): 385-386.

Wullschleger, Karla Scroggin, Lund, Dale A., Caserta, Michael S., and Wright, Scott D. (1996). Anxiety about aging: A neglected dimension of caregivers' experience. *Journal of Gerontological Social Work,* 26 (3/4): 3-18.

Chapter 7

Abrahm, Janet (2001). Optimal pain management in older patients: Achieving effective assesment and treatment. *Healthcare and Aging,* 8 (2) <http://www.asaging.org/han>. Reprinted with permission of Janet L. Abrahm, MD.

Allison, Helen, Gripton, James, and Rodway, Margaret (1990). Social work services as a component of palliative care with terminal cancer patients. In Davidson, Kay W. and Clarke, Sylvia S. (Eds.), *Social work in health care: A handbook for practice,* Part I. Binghamton, NY: The Haworth Press, Inc., 205-223.

Amar, Deborah F. (1994). The role of the hospice social worker in the nursing home setting. *The American Journal of Hospice and Palliative Care,* 11 (3): 18-22.

American Society on Aging (2001). Hospice needs and Medicare ru es. *Aging Today,* 22 (4): 15.

Bern-Klug, Mercedes, Gessert, Charles, and Forbes, Sarah (2001). The need to revise assumptions about the end of life: Implications for social work practice. *Health and Social Work,* 26 (1): 38-48.

Buckingham, Robert W. (1996). *The handbook of hospice care.* New York: Prometheus Books.

Cassell, Eric (1982). The nature of suffering and the goals of medicine. *The New England Journal of Medicine,* 306: 639-645.

Corbett, Terry L., and Hai, Dorothy M. (1979). Searching for euthanatos: The hospice alternative. *Hospital Progress,* 60 (3): 38-41.

Corr, Charles, and Corr, Donna (1985). Situations involving children: A challenge for the hospice movement. *The Hospice Journal,* 1 (2): 63-77.

Donovan, Jenny A. (1984). Team nurse and social worker: Avoiding role conflict. *American Journal of Hospice Care,* 1 (1): 21-23.

Doyle, Derek (1994). *Domiciliary palliative care: A guide for the primary care team.* Oxford, New York, Tokyo: Oxford University Press.

Dush, David M. (1988a). Psychosocial research in hospice care: Toward a specificity of therapeutic mechanisms. *The Hospice Journal,* 4 (2): 9-36.

Dush, David M. (1988b). Trends in hospice research and psychosocial palliative care. *The Hospice Journal,* 4 (3): 13-28.

Fish, Nina Millet (1994). Social work practice in hospice care. In Holosko, M.J. and Taylor, P.A. (Eds.), *Social work practice in health care settings* (Second edition). Toronto, Canada: Canadian Scholar's Press, 403-418.

Freund, Peter E. S., and McGuire, Meridith B. (1991). *Health, illness and the social body: A critical sociology.* Englewood Cliffs, NJ: Prentice-Hall.

Germain, Carel Bailey (1984). *Social work practice in health care: An ecological perspective.* New York: The Free Press.

Gummer, Burton (1988). The hospice in transition: organizational and administrative perspectives. In F. D. Perlmutter (Ed.), *Alternative social agencies: Administrative strategies.* Binghamton, NY: The Haworth Press, 31-43.

Hayslip, Bert, and Leon, Joel (1992). *Hospice care.* Newbury Park, CA: Sage Publications.

Kaye, Lenard W., and Davitt, Joan K. (1995). Provider and consumer profiles of traditional and high-tech home health care. *Health and Social Work,* 20 (4): 262-271.

Kerr, Derek (1993). Mother Mary Aikenhead, the Irish Sisters of Charity and Our Lady's Hospice for the Dying. *The American Journal of Hospice and Palliative Care,* 10 (3): 13-20.

Kovacs, Pamela J., and Bronstein, Laura R. (1999). Preparation for oncology settings: What hospice workers say they need. *Health and Social Work,* 24 (1): 57-64.

Kron, Joan (1978). Designing a better place to die. In Schwartz, Howard D. and Kart, Cary S. (Eds.), *Dominant issues in medical sociology.* Reading, MA: Addison-Wesley, 548-554.

Kübler-Ross, Elisabeth (1969). *On death and dying.* New York: Macmillan.

Kulys, R., and Davis, M. (1986). An analysis of social services in hospice. *Social Work,* 31 (6): 448-456.

Lusk, Mark (1983). The psychosocial evaluation of the hospice patient. *Health and Social Work,* 8 (3): 210-218.

McDonald, Douglas (1991). Hospice social work: A search for identity. *Health and Social Work,* 16 (4): 274-280.

McNulty, Elizabeth G., and Holderby, Robert A. (1983). *Hospice: A caring challenge.* Springfield, IL: Charles C Thomas.

Moore, Kathleen (1984). Training social workers to work with the terminally ill. *Health and Social Work,* 19 (4): 268-273.

Mount, Balfour (1993). Whole person care: Beyond psychosocial and physical needs. *The American Journal of Hospice and Palliative Care* (January/February): 28-37.

Naierman, Naomi (2001). The Medicare hospice benefit: Learning about a well-kept secret. *Healthcare and Aging,* 8 (2): 1-8.

National Association for Home Care (1996). *Basic statistics about home care.* Washington, DC: Author.

National Association for Home Care (2001). *Basic statistics about hospice* (1999 statistics, updated July 2001). Washington, DC: Author.

National Association of Social Workers (1997). *Social work speaks* (Fourth edition). Washington, DC: Author.

National Hospice and Palliative Care Organization (2001). NHPCO facts and figures. Phone: 703-837-3137. Alexandria, VA: Author.

Paradis, Lenora Finn (1985). *Hospice handbook: A guide for managers and planners.* Rockford, MD: Aspen Systems.

Parry, Joan K., and Ryan, Angela Shen (Eds.) (1995). *A cross-cultural look at death, dying, and religion.* Chicago, IL: Nelson Hall.

Phipps, E. E. (1988). The origin of hospices/hospitals. *Death Studies,* 12 (2): 91-99.

Pilsecker, C. (1979). Terminal cancer: A challenge for social work. *Social Work in Health Care,* 4 (4): 369-379.

Preston, Robert (1979). *The dilemmas of care.* New York: Elsevier Press.

Proffitt, Linda J. (1987). Hospice. In Minahan, Anne (Ed.), *The encyclopedia of social work* (Eighteenth edition). Washington, DC: NASW Press, 812-816.

Quig, L. (1989). The role of the hospice social worker. *American Journal of Hospice Care,* 6 (4): 22-23.

Reece, Dona, and Sontag, Mary-Ann (2001). Successful interprofessional collaboration on the hospice team. *Health and Social Work,* 26 (3): 167-175.

Richman, Jack M. (1995). Hospice. In Edwards, Richard L. (Ed.), *The encyclopedia of social work* (Nineteenth edition). Washington, DC: NASW Press, 1358-1364.

Rodway, Margaret R., and Blythe, Judith (1994). Social work practice in palliative care. In Holosko, M.J. and Taylor, P.A. (Eds.), *Social work practice in health care settings* (Second edition). Toronto, Canada: Canadian Scholar's Press, 419-437.

Rusnack, Betty, Schaefer, Sarajane McNulty, and Moxley, David (1988). "Safe passage": Social work roles and functions in hospice care. *Social Work in Health Care,* 13 (3): 3-18.

Saunders, Cicely (1982). Hospice care. In Ajemian, Ina and Mount, Balfour (Eds.), *The R.V.H. manual on pallative hospice care: A resource manual.* Salem, NH: Ayer, 21-26.

Smith, Wade (1994). Building a hospice: A personal viewpoint. In Kornblum, William and Smith, Carolyn D. (Eds.), *The healing experience: Readings on the social context of health care.* Englewood Cliffs, NJ: Prentice-Hall, 203-208.

Sontag, Mary-Ann (1996). A comparison of hospice programs based on Medicare certification status. *The American Journal of Hospice and Palliative Care,* 13 (2): 32-41.

Sontag, Mary-Ann, Nadig, Jennifer, and Henry, Lisa (1994). The children's grief

workshop: Social work practice in hospice. *The American Journal of Hospice and Palliative Care,* 11 (3): 23-29.
Stark, Doretta E., and Johnson, Edith M. (1983). Implications of hospice concepts for social work practice with oncology patients and their families in an acute care teaching hospital. *Social Work in Health Care,* 9 (1): 63-70.
Storey, Porter (1993). Hospice settings around the world. *The American Journal of Hospice and Palliative Care,* 10 (4) (July/August): 4-5.
Strang, P. (1992). Emotional and social aspects of cancer pain. *Acta Oncologica,* 31 (3): 323-326.
Stubblefield, Kristine S. (1990). A preventive program for bereaved families. In Davidson, Kay W. and Clarke, Sylvia S. (Eds.), *Social work in health care: A handbook for practice,* Part I. Binghamton, NY: The Haworth Press, Inc., 385-400.
U.S. Government Printing Office (1994). *State operations manual: Provider certification.* Health Care Financing Administration. Transmittal number 265. (Interpretative Guidelines-Hospice; regulation 418.68, tag number 265).
U.S. Government Printing Office (2000). *Statistical abstracts of the United States.* Washington, DC: Author.
Van Loon, Ruth Anne (1999). Desire to die in terminally ill people: A framework for assessment and intervention. *Health and Social Work,* 24 (4): 260-268.
Weiner, Herbert (1984). An integrative model of health, illness, and disease. *Health and Social Work,* 9 (4): 253-260.
Weisman, Avery D. (1972). *On death and dying—A psychiatric study of the terminally ill.* New York: Behavioral Publications.

Chapter 8

Ball, Robert M. (1996). Medicare's roots: What Medicare's architects had in mind. *Generations,* 20 (2): 13-19.
Belcher, John R. (1993). The trade-offs of developing a case management model for chronically mentally ill people. *Health and Social Work,* 18 (1): 20-31.
Billings, John (1999). Access to health care services. In Kovner, Anthony R. and Jonas, Steven (Eds.), *Health care delivery in the United States.* New York: Springer, 401-438.
Chambliss, Catherine, Pinto, Debra, and McGuigan, Joan (1997). Reactions to managed care among psychologists and social workers. *Psychological Reports,* 80 (1): 147-154.
Cornelius, Donald S. (1994). Managed care and social work: Constructing a context and a response. *Social Work in Health Care,* 20 (1): 47-63.
Davidson, Jeanette R., and Davidson, Tim (1996). Confidentiality and managed care: Ethical and legal concerns. *Health and Social Work,* 21 (3): 208-215.
Freeman, Michael A., and Trabin, Tom (1994). *Managed behavioral health care: History, models, key issues, and future course.* Rockville, MD: U.S. Center for Mental Health Services.

Friedland, Robert B. (1996). Managed care and all of us: The role of managed care in the future. *Generations,* 20 (2): 37-41.

Friedman, Emily (1996). Capitation, integration, and managed care. *JAMA,* 275 (12): 957-962.

Grayson, Mary (1998). An interview with Dick Davidson. *Hospitals and Health Networks,* 73 (July 5): 12-16.

Hodge, Melville H. (1996). Health care and America's rolling depression. *Health Care Management Review,* 21 (3): 7-12.

Kane, Robert L. (1995). Canadian lessons in health care reform: Reading between the lines. In Eve, Susan Brown, Havens, Betty, and Ingman, Stanley R. (Eds.), *The Canadian health care system: Lessons for the United States.* Lanham, MD: University Press, 7-18.

Karger, Howard Jacob, and Stoesz, Howard (1998). *American social welfare policy: A pluralistic approach* (Third edition). New York: Longman.

Kirkman-Liff, Bradford L. (1996). Health care reform in the Netherlands, Israel, Germany, England, and Sweden. *Generations,* 20 (2): 65-69.

Kovner, Anthony R. (1999). Health maintenance organizations and managed care. In Kovner, Anthony R. and Jonas, Steven (Eds.), *Health care delivery in the United States.* New York: Springer, 279-302.

Lave, Judith R. (1996). Rethinking Medicare. *Generations,* 20 (2): 19-23.

Limbacher, P.B. (1998). A taste of profit. *Modern Healthcare,* 28(6).

Lyons, Barbara, Rowland, Diane, and Hanson, Kristina (1996). Another look at Medicaid. *Generations,* 20 (2): 24-29.

Manderscheid, Rondals W., and Henderson, Marilyn J. (1998). Federal and state legislative program directions for managed care. In Mullen, Edward J. and Magnabosco, Jennifer L. (Eds.), *Outcomes measurement in the human services: Cross-cutting issues and methods.* Washington, DC: NASW Press, 113-123.

Mechanic, David (1999). *Mental health and social policy: The emergence of managed care* (Fourth edition). Boston: Allyn and Bacon.

Mizrahi, Terry (1993). Managed care and managed competition: A primer for social work. *Health and Social Work,* 18 (2): 86-91.

Moore, C.W. (1986). *The mediation process: Practical strategies for resolving conflict.* San Francisco: Jossey-Bass.

Munson, Carlton E. (1997). The future of clinical social work and managed cost organizations. *Psychiatric Services,* 48 (4): 479-482.

Newhouse, Joseph P. (1996). An iconoclastic view of health care cost containment. *Generations,* 20 (2): 61-63.

Rachlis, Michael M. (1995). The Canadian experience with public health insurance. In Eve, Susan Brown, Havens, Betty, and Ingman, Stanley R. (Eds.), *The Canadian health care system: Lessons for the United States.* Lanham, MD: University Press, 143-154.

Rovner, Julie (1998). Brace yourself: Expect an explosion of data about Medicare's new options. *AARP Bulletin,* 39 (8): 2, 18.

Sarudi, Dagmara (2001a). Keeping patients safe. *Hospitals and Health Networks,* 75 (4): 42-46.

Sarudi, Dagmara (2001b). The leapfrog effect. *Hospitals and Health Networks,* 75 (5): 32-36.

Schuster, James M., Kern, Edward E., Kane, Vince, and Nettleman, Leslie (1994). Changing roles of mental health clinicians in multidisciplinary teams. *Hospital and Community Psychiatry,* 45 (12): 1187-1189.

Shi, Leiyu (2000). Type of health insurance and quality of primary care experience. *American Journal of Public Health,* 90 (12): 1848-1855.

Shindul-Rothschild, Judith (2001). The macroeconomic impact of managed care. In Veeder, Nancy W. and Peebles-Wilkins, Wilma (Eds.), *Managed care services: Policy, programs, and research.* London: Oxford University Press, 15-30.

Simmons, Henry E. (1996). The nation's least understood health care problem—The quality of medical care. *Generations,* 20 (2): 57-61.

Strom-Gottfried, Kimberly (1998a). Applying a conflict resolution framework to disputes in managed care. *Social Work,* 43 (5): 393-401.

Strom-Gottfried, Kimberly (1998b). Informed consent meets managed care. *Health and Social Work,* 23 (1): 25-33.

U.S. Government Printing Office (1997a). *Health, United States, 1996-1997.* Washington, DC: Author.

U.S. Government Printing Office (1997b). *Statistical abstracts of the United States.* Washington, DC: Author.

U.S. Government Printing Office (2000a). *Health, United States.* Washington, DC: Author.

U.S. Government Printing Office (2000b). *Statistical abstracts of the United States.* Washington, DC: Author.

Woolhandler, Steffie, and Himmelstein, David U. (1997). Costs of care and administration at for-profit and other hospitals in the United States. *New England Journal of Medicine,* 336 (11): 769-799.

Zis, Michael, Jacobs, Lawrence R., and Shapiro, Robert Y. (1996). The elusive common ground: The politics of public opinion and health care reform. *Generations,* 20 (2): 7-11.

Chapter 9

Armstrong, Pat, and Armstrong, Hugh, with Fedan, Claudia (1998). *Universal healthcare: What the United States can learn from the Canadian experience.* New York: The New Press.

Auslander, Gail K. (2000). Outcomes of social work intervention in health care settings. *Social Work in Health Care,* 31 (2): 31-46.

Berkman, Barbara (1998). Outcomes measurement for social work research and practice in health care. In Mullen, Edward J. and Magnabosco, Jennifer L. (Eds.), *Outcomes measurement in the human services: Cross-cutting issues and methods.* Washington, DC: NASW Press, 218-223.

Berman, William H., and Hurt, Stephen W. (1997). Developing clinical outcomes systems: Conceptual and practical issues. In Mullen, Edward J. and Magnabosco, Jennifer L. (Eds.), *Outcomes measurement in the human services: Cross-cutting issues and methods.* Washington, DC: NASW Press, 81-97.

Bloom, Samuel W. (2000). Social work and the behavioral sciences: Past history, future prospects. *Social Work in Health Care,* 31 (3): 25-37.

Bracht, Neil (Ed.) (1999). *Health promotion at the community level: New advances* (Second edition). Thousand Oaks, CA: Sage Publications.

Brown Eve, Susan, Havens, Betty, and Ingman, Stanley R. (1995). *The Canadian health care system: Lessons for the United States.* New York: University Press of America.

Concoran, Kevin, and Fischer, Joel (2000). *Measures for clinical practice: A sourcebook* (Third edition), Volume 2: Adults. New York: The Free Press.

Davidson, Kay (1998). Educating students for social work in health care today. In Schamess, Gerald and Lightburn, Anita (Eds.), *Humane managed care.* Washington, DC: NASW Press, 425-429.

Davis, King (1998). Managed health care: Forcing social work to make choices and changes. In Schamess, Gerald and Lightburn, Anita (Eds.), *Humane managed care.* Washington, DC: NASW Press, 409-424.

Ell, Kathleen (1996). Social work and health care practice and policy: A psychosocial research agenda. *Social Work,* 41 (6): 583-592.

Evans, Robert G., Barer, Morris L., and Marmor, Theodore R. (Eds.) (1994). *Why are some people healthy and others not? The determinants of health of populations.* New York: Aldine De Gruyter.

Kawachi, Ichiro, Kennedy, Bruce, and Wilkinson, Richard (1999). *The society and population health reader.* New York. The New Press.

Keigher, Sharon M. (1997). What role for social work in the new health care practice paradigm? *Health and Social Work,* 22 (2): 149-155.

Kelner, M. (1985). Community support networks: Current issues. *Canadian Journal of Public Health,* 76 (Supplement 1): 69-70.

Lee,W., Eng, C., Fox, N., and Etienne M. (1998). PACE: A model for integrated care of frail older patients. *Geriatrics,* 53 (June): 62-73.

McDowell, Ian, and Newell, Claire (1987). *Measuring health: A guide to rating scales and questionnaires.* New York: Oxford University Press.

McDowell, Ian, and Newell, Claire (1996). *Measuring health: A guide to rating scales and questionnaires* (Second edition). New York: Oxford University Press.

McKay, Mary McKernan, Stoewe, Judith, McCadam, Kathleen, and Gonzales, Jude (1998). Increasing access to child mental health services for urban children and their caregivers. *Health and Social Work,* 23 (1): 9-23.

Mechanic, David (1978). *Medical sociology.* New York: The Free Press.

Miringoff, Marc, and Miringoff, Marque-Luisa (1999). *The social health of the nation: How America is really doing.* New York: Oxford University Press.

Monkman, Marjorie McQueen (1991). Outcome objectives in social work practice: Persons and environment. *Social Work,* 36 (3): 253-258.

Mullen, Edward J., and Magnabosco, Jennifer L. (Eds.) (1997). *Outcomes measurement in the human services: Cross-cutting issues and methods.* Washington, DC: National Association of Social Workers Press.

Munson, Carlton E. (1998). Evolution and trends in the relationship between clinical social work practice and managed cost organizations. In Schamess, Gerald and Lightburn, Anita (Eds.), *Humane managed care.* Washington, DC: NASW Press, 308-324.

O'Neill, John (2001). Social interventions in health care pushed. *NASW NEWS,* 16 (5): 3.

Payne, Malcolm (2000). *Teamwork in multiprofessional care.* Chicago: Lyceum Books, Inc.

Poland, Blake, D., Green, Lawrence, and Rootman, Irving (Eds.) (2000). *Settings for health promotion: Linking theory and practice.* Thousand Oaks: Sage Publications.

Raczynski, James M., and DiClemente, Ralph J. (1999). Future directions in research and practice. In Raczynski, James M. and DiClemente, Ralph J. (Eds.), *Handbook of health promotion and disease prevention.* New York: Kluwer Academic/Plenum Publishers, 661.

Robbins, Susan P., Chatterjee, Pranab, and Canda, Edward R. (1998). *Contemporary human behavior theory: A critical perspective for social work.* Boston: Allyn and Bacon.

Rosenberg, Gary (1998). Social work in a health and mental health managed care environment. In Schamess, Gerald and Lightburn, Anita (Eds.), *Humane managed care.* Washington, DC: NASW Press, 3-22.

Schamess, Gerald, and Lightburn, Anita (Eds.) (1998). *Humane managed care.* Washington, DC: NASW Press.

Vaghy, Andrea (1998). Report identifies health care issues affecting social work education. *Social Work Education Reporter,* 46 (3): 8, 36.

Van Hook, Mary P., Berkman, Barbara, and Dunkle, Ruth (1996). Assessment tools for general health settings: PRIME MD, OARS, and SF-36. *Health and Social Work,* 21 (3): 230-234.

Veeder, Nancy W., and Peebles-Wilkins, Wilma (1998). Research needs in managed behavioral health care. In Schamess, Gerald and Lightburn, Anita (Eds.), *Humane managed care.* Washington, DC: NASW Press, 483-504.

Volland, Patricia J. (1996). Social work practice in health care: Looking to the future with a different lens. *Social Work in Health Care,* 24 (1/2): 35-51.

Volland, Patricia J., Berkman, Barbara, Stein, Gary, and Vaghy, Andrea (2000). *Social work education for practice in health care: Final report* (Second edition). New York: The New York Academy of Medicine. <http://www.nyam.org>.

Wernet, Stephen (Ed.) (1999). *Managed care in human services.* Chicago: Lyceum Books, Inc.

World Health Organization (1986). Ottawa Charter for Health Promotion. <http://www.who.dk/policy/ottawa.htm>.

索　　引

（所注页码为原书页码，即本书边码）

缩略语

AAA（Area Agency on Aging）	地方老年机构
AAHSW（American Association of Hospital Social Workers）	美国医院社会工作者协会
AASW（American Association of Social Workers）	美国社会工作者协会
ADL（activity of daily living）	日常生活
AFDC（Aid to Families with Dependent Children）	未成年儿童家庭援助计划
AHA（American Hospital Association）	美国医院协会
AIDS（acquired immunodeficiency syndrome）	艾滋病
AMA（American Medical Association）	美国医学会
APHA（American Public Health Association）	美国公共卫生协会
BBRA（Balanced Budget Reconciliation Act）	《平衡预算改进法》
CABG（coronary artery bypass graft）	冠状动脉分支搭桥
CEO（chief executive officer）	首席执行官
CHF（congestive heart failure）	充血性心力衰竭
CHAMPUS（Civilian Health and Medical Programs of the Uniformed Services）	武装部队的文职人员保健医疗计划
CISD（critical incident stress debriefing）	关键事件应激报告
CMHC（community mental health center）	社区心理卫生中心
CNA（certified nursing assistant）	注册护士助理
COPD（chronic obstructive pulmonary disease）	慢性阻塞性肺部疾病
CSWE（Council on Social Work Education）	社会工作教育协会
DHHS（Department of Health and Human	

Services)	卫生与人类服务部
DNR (do not resuscitate)	不复苏
DOL (Department of Labor)	劳动部
DPS (disproportionate share)	超份额
DRG (diagnosis-related group)	诊断相关小组
DSM (*Diagnostic and Statistical Manual of Mental Disorders*)	《精神障碍诊断与统计手册》
EEG (electroencephalogram)	脑电图
GDP (gross domestic product)	国内生产总值
GED (general equivalency diploma)	同等学力文凭
HCA (Hospital Corporation of America)	美国医院集团
HCFA (Health Care Financing Administration)	卫生保健财政管理局
HHC (home health care)	家庭卫生保健
HIV (human immunodeficiency virus)	艾滋病病毒
HMO (health maintenance organization)	健康维护组织
HRQL (health-related quality of life)	健康相关生活质量
IADL (instrumental activities of daily living)	工具性日常生活
ID (interdisciplinary)	跨学科
IOM (Institute of Medicine)	医学研究所
IPA (independent practice association)	独立从业协会
JCAHO (Joint Commission on the Accreditation of Healthcare Organizations)	医疗机构评鉴联合会
MGH (Massachusetts General Hospital)	麻省综合医院
MRI (magnetic resonance imaging)	核磁共振显像
NAACP (National Association for the Advancement of Colored People)	美国有色人种促进会
NAHC (National Association for Home Care)	美国家庭保健协会
NASW (National Association of Social Workers)	全美社会工作者协会
NFCSP (National Family Caregiver Support Program)	全美家庭看护者支持计划
NHPCO (National Hospice and Palliative Care Organization)	美国宁养与善终护理机构
NIH (National Institutes of Health)	全美卫生研究所
NIMH (National Institute of Mental Health)	美国精神卫生委员会

NLN（National League of Nursing） 美国护理联合会
NMA（National Medical Association） 全美医学会
OARS（Older Americans Resources Survey） 美国老年人资源调查
OECD（Organization for Economic Cooperation and Development） 经济发展与合作组织
OMBRA（Omnibus Budget Reconciliation Act） 《综合预算调整法》
PACE（Program of All-Inclusive Care for the Elderly） 老年保健服务项目
PCG（primary caregiver） 基本保健提供者
POS（point of service） 服务点
PPO（preferred provider organization） 优先选择提供者组织
PPS（prospective payment system） 预支付系统
PRIME-MD（Primary Care Evaluation of Mental Health Disorders） 首诊时精神障碍评估
PSDA（Patient Self-Determination Act） 《病患自主权法》
PSO（provider service organization） 提供者服务组织
QOL（quality of life） 生活质量
QUIG（quality indicator group） 同质性指标组
RUG（resource utilization group） 资源利用群体
SNF（skilled nursing facility） 技能性护理机构
SSI（Supplemental Security Income） 附加社会保障收入
SSWAHC（Society for Social Work Administrators in Health Care） 医疗社会工作管理者学会
VA（Veterans Administration） 退伍军人管理局
VNA（Visiting Nurse Association） 家庭病房护士协会
WHO（World Health Organization） 世界卫生组织

后　记

作为一门课程，中国读者对医疗社会工作还是比较陌生的。据我们所知，国内只有几所医科大学开设了这样的课程，此外，中华女子学院的社会工作系也开设了医疗社会工作专业方向性课程。我们知道，在医疗领域推进社会工作专业，会面临很多挑战，还有很长的路要走，但是，“千里之行，始于足下”。要推进中国的医疗社会工作的发展，需要从教育做起，而本书的翻译正是其中一个重要的工作。

本书的作者洛伊斯·A·考尔斯（Lois A. Fort Cowles）是美国资深的临床社会工作者，长期从事老年社会工作和保健视角下社会工作的教学和研究，具备扎实的理论基础和非常丰富的实务经验，能够全面把握社会工作专业的精髓，并将其与美国卫生保健系统进行有机结合，因此，本书出版后得到很多专家的高度评价。总体上来看，本书具备这样几个特点：

第一，全面系统地介绍了美国医疗社会工作发展的历史脉络和现状。本书花了很多篇幅，详细介绍了医疗社会工作在美国的发展历程，阐述了美国医院社会工作向医疗社会工作、保健社会工作发展的社会、历史背景，以及目前的发展状况，对我们理解医院社会工作、医疗社会工作和保健社会工作的发展过程提供了方便。

第二，在结构安排上，本书涉及卫生保健的方方面面，从初级保健机构的社会工作到医院社会工作，从家庭保健社会工作到疗养院和临终关怀社会工作，最后，作者还专门讨论了美国的卫生保健系统，展望了医疗社会工作未来的发展方向。

第三，在内容安排上，作者非常关注将社会工作专业价值观、工作原则和工作方法，与医院背景、医疗过程和保健服务有机结合起来，同时，充分展现卫生保健机构的独特性和服务对象群体的特点，让读者能够明白医疗社会工作内在的逻辑联系，以及在卫生保健背景中，如何开展专业社会服务。

第四，强调关注人类多样性和跨学科团队协作，将微观与宏观有机结合起来。在本书中，作者特别关注人类多样性和跨学科团队在开展社会工作专业服务的不同领域中的重要地位和作用。同时，在助人过程中，也将这些关注点纳入其中，使得在干预过程中，人们能够充分考虑人类多样性和跨学科团队的作用。

经过我和王献蜜近两年的努力，《医疗社会工作》这本书的翻译工作终于完成了。王献蜜深厚的医学背景，给本书的翻译提供了一个可靠的保障。在本书书名的翻译中，我们经过反复协商和讨论，最后，决定将其译成“医疗社会工作”，而不是直白地译成“保健视角下的卫生领域社会工作”，之所以这样，主要是考虑到“医疗社会工作”这个概念比较切合中国目前的发展现状，容易让读者理解。纵观国外医疗社会工作的发展历史，我们发现，它经历了从医院社会工作走向医疗社会工作，再走向保健社会工作的三个阶段的发展过程，而在中国现阶段，医疗社会工作才刚刚开始，其关注的重点也仅仅放在医院和社区中，因此，如果直接采用有关保健社会工作的概念，读者在理解上可能会有一些偏差和难度。

本书作者基本上以美国的卫生保健状况作为背景来论述，而美国的医疗卫生保健制度与中国的医疗卫生保健制度差别很大，因此，中国读者在全面理解医疗社会工作实务的背景时，会存在一定的局限性。但是，作为一本实务教材，作者所提供的专业知识结构、视角、方法以及干预计划，还是具有很强的指导性和操作性的。我们希望本书能够起到抛砖引玉的作用，期望那些关注医疗社会工作领域的学者，能够在理论研究、教学和实务过程中，编写出建立在本土知识之上的教材，为推动社会工作本土化，特别是医疗社会工作本土化，作出贡献。

本书在翻译过程中，得到了很多人的支持，中华女子学院社会工作系的曹秋华在资料复印和文本整理等方面协助我们做了很多基础性工作。我的硕士研究生徐思思参与了后期的校对和核对工作。同时，要感谢中国人民大学出版社的潘宇博士、李颜编辑，她们为本书的出版做了很多文字工作。最后，还要感谢我先生和女儿的关爱和鼓励，他们的支持是我工作的主要动力。

刘 梦

2011 年 5 月于北京望京花园

Social Work in the Health Field: A Care Perspective, 2e by Lois Anne Fort Cowles

ISBN: 0-7890-2118-8

Copyright © 2003 by The Haworth Press, Inc.

All Rights Reserved.

Translation rights arranged with the permission of The Haworth Press, Inc.

Simplified Chinese version © 2011 by China Renmin University Press.

图书在版编目（CIP）数据

医疗社会工作：保健的视角：第 2 版/（美）考尔斯著；刘梦等译．—北京：中国人民大学出版社，2010

（社会工作实务译丛）

ISBN 978-7-300-13003-3

Ⅰ．①医… Ⅱ．①考…②刘… Ⅲ．①医疗保健事业-社会工作 Ⅳ．①R19

中国版本图书馆 CIP 数据核字（2011）第 220341 号

社会工作实务译丛

主　编　刘　梦

副主编　范燕宁

医疗社会工作：保健的视角（第二版）

［美］洛伊斯·A·考尔斯　著

刘梦　王献蜜　译

刘梦　校

Yiliao Shehui Gongzuo：Baojian de Shijiao

出版发行	中国人民大学出版社		
社　　址	北京中关村大街 31 号	**邮政编码**	100080
电　　话	010－62511242（总编室）		010－62511398（质管部）
	010－82501766（邮购部）		010－62514148（门市部）
	010－62515195（发行公司）		010－62515275（盗版举报）
网　　址	http://www.crup.com.cn		
	http://www.ttrnet.com(人大教研网)		
经　　销	新华书店		
印　　刷	北京东君印刷有限公司		
规　　格	185 mm×235 mm　16 开本	**版　　次**	2011 年 5 月第 1 版
印　　张	21.75 插页 2	**印　　次**	2011 年 5 月第 1 次印刷
字　　数	434 000	**定　　价**	45.00 元

版权所有　侵权必究　印装差错　负责调换